# Schweden
## Der Süden

Petra Juling · Jutta Westmeyer

Reise-Taschenbuch

Inhalt

| | |
|---|---|
| Schnellüberblick | 6 |
| Im Herzen Skandinaviens | 8 |
| Lieblingsorte | 10 |

## Reiseinfos, Adressen, Websites

| | |
|---|---|
| Informationsquellen | 14 |
| Wetter und Reisezeit | 16 |
| Rundreisen planen | 18 |
| Anreise und Verkehrsmittel | 22 |
| Übernachten | 25 |
| Essen und Trinken | 27 |
| Aktivurlaub, Sport und Wellness | 29 |
| Feste und Unterhaltung | 32 |
| Reiseinfos von A bis Z | 34 |

## Panorama – Daten, Essays, Hintergründe

| | |
|---|---|
| Steckbrief Schweden – Der Süden | 40 |
| Geschichte im Überblick | 42 |
| Vom Eise befreit – Schwedens Geburt aus Feuer, Eis und Wasser | 46 |
| Luchs, Bär und Wolf | 49 |
| Alternativen zur Landflucht – die Fischfabriken auf Klädesholmen | 51 |
| Die Wikinger – Seefahrer, Entdecker, Händler | 52 |
| Gustav III. – Leben und Sterben des ›Theaterkönigs‹ | 54 |
| Kapital für eine gute Sache – Alfred Nobel und sein Preis | 56 |
| Kinderbücher und mehr – Astrid Lindgren verändert die Welt | 59 |
| Design made in Sweden | 61 |

# Inhalt

Ein besonderes Licht –
   Der nordische Impressionismus   64
ABBA oder das schwedische Musikwunder   66
Ingmar Bergmans Erbe –
   Kino in Schweden   68

## Unterwegs in Südschweden

**Die Küste von Skåne und Halland**   72
**Kunst und Genuss im Süden**   74
Malmö   75
Lund   82
Landskrona und Umgebung   86
Helsingborg   86
Halbinsel Kullen   90
Bjärehalvön   94
Laholm   96
Halmstad   97
Falkenberg   99
Varberg   99

**Göteborg und Bohuslän**   102
**Maritimes Flair im Westen**   104
Göteborg   105
Tjörn und Orust   118
Lysekil   119
Uddevalla   121
Halbinsel Sotenäs   122
Tanum   125
Strömstad   127

**Ost-Skåne und Blekinge**   128
**Stolzes Erbe im Südosten**   130
Trelleborg und Umgebung   130
Ystad   131
Simrishamn und Umgebung   137
Nationalpark Stenshuvud   141
Kivik   142
Åhus   143
Kristianstad   145
Sölvesborg und Umgebung   147

# Inhalt

| | |
|---|---|
| Karlshamn | 148 |
| Ronneby | 150 |
| Karlskrona | 152 |

## Småland und Öland — 154
**Wildes Hochland, Schären und eine sonnige Insel** — 156

| | |
|---|---|
| Ljungby | 157 |
| Nationalpark Store Mosse | 158 |
| Möckeln-See | 159 |
| Växjö | 159 |
| Glasriket (Glasreich) | 161 |
| Vimmerby und Umgebung | 165 |
| Smålands Küste | 167 |
| Öland | 172 |

## Vänersee mit Dalsland und Värmland — 178
**Seenland im Westen** — 180

| | |
|---|---|
| Trollhättan | 181 |
| Lidköping | 184 |
| Skara | 187 |
| Dalsland | 188 |
| Värmland | 193 |

## Vättersee und Götakanal mit Sörmland — 198
**Kulturland im Osten** — 200

| | |
|---|---|
| Jönköping | 201 |
| Gränna und Umgebung | 202 |
| Omberg und Umgebung | 204 |
| Vadstena | 207 |
| Askersund und Umgebung | 210 |
| Götakanal | 212 |
| Norrköping | 218 |
| Sörmland (Södermanland) | 222 |

## Stockholm und Umgebung — 224
**Stockholm** — 226

| | |
|---|---|
| Kungsholmen | 227 |
| Altstadt | 227 |
| Norrmalm-City | 233 |
| Skeppsholmen | 235 |
| Östermalm | 238 |
| Djurgården | 238 |
| Södermalm | 242 |
| Außerhalb der Innenstadt | 244 |
| Ausflüge von Stockholm | 251 |

# Inhalt

| | |
|---|---|
| **Mälartal und Uppland** | 256 |
| **Schwedens Mitte** | 258 |
| Um den Hjälmaren | 259 |
| Um den Mälaren | 262 |
| Uppsala | 270 |
| Sigtuna | 279 |
| | |
| Sprachführer | 280 |
| Kulinarisches Lexikon | 282 |
| Register | 284 |
| Abbildungsnachweis/Impressum | 288 |

## *Auf Entdeckungstour*

| | |
|---|---|
| Ven – Insel für Sterngucker | 84 |
| Mit Kommissar Wallander durch Ystad | 132 |
| Eine Reise durch das Glasreich | 162 |
| Den Elchen auf der Spur – auf dem Hunneberg | 182 |
| Mit dem Rad am Götakanal entlang – Schiffstour inklusive | 214 |
| Risinge gamla kyrka – Was eine alte Kirche verrät | 220 |
| Kunst im Untergrund – Stockholmer U-Bahn-Stationen | 236 |
| Utö – Leben auf einer Schäreninsel früher und heute | 252 |
| Mit Kurt Tucholsky in Schloss Gripsholm | 268 |
| In die Natur mit Carl von Linné | 272 |

## Karten und Pläne

| | |
|---|---|
| Malmö | 76 |
| Göteborg | 106 |
| Ystad | 133 |
| Stockholm | 230 |
| Uppsala | 271 |

▶ Dieses Symbol im Buch verweist auf die Extra-Reisekarte Südschweden

# Schnellüberblick

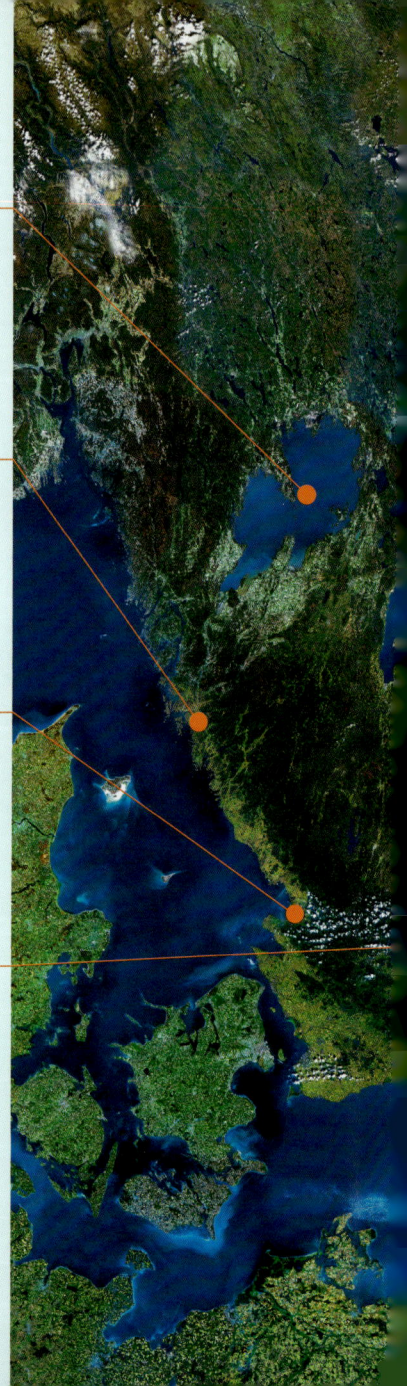

**Vänersee mit Dalsland und Värmland**
Kontraste im westschwedischen Binnenland: westlich des Vänern in Dalsland und nördlich in Värmland Einsamkeit und Stille inmitten der Natur, am Südufer dagegen eine alte Kulturlandschaft mit Kirchen und Klöstern. S. 178

**Göteborg und Bohuslän**
Maritimes Flair, Großstadttrubel und munteres Nachtleben in Schwedens zweitgrößter Stadt, Göteborg, mit der felsigen Küste von Bohuslän vor der Tür – ein traumhaftes Urlaubsziel für alle, die es gern etwas herber mögen. S. 102

**Die Küste von Skåne und Halland**
Großstadtgetümmel in Malmö, gemütliches Studentenleben in Lund, feinsandige Strände und schroffe Klippen, Hafenstädte und Fachwerkidyllen, ausgezeichnete Hotels und Restaurants in einer touristisch gut erschlossenen Region. S. 72

**Ost-Skåne und Blekinge**
Auf den Spuren von Seefahrern und Rittern zu Burgen, geheimnisvollen Steinsetzungen und mittelalterlichen Städten, vorbei an herrlichen Badestränden. Ein Kontrastprogramm bietet die zerklüftete Küste von Blekinge mit dem südlichsten Schärengarten Schwedens. S. 128

**Mälartal und Uppland**
Eine Landschaft voller Geschichte, reich an Schlössern, Herrenhäusern und nicht zuletzt Eisenhütten, die die Grundlagen für den Wohlstand des Landes schufen. Wer einfach nur ausspannen will: Überall laden einsame Buchten am See zum Baden und Picknicken ein. S. 256

**Stockholm und Umgebung**
Die schwedische Hauptstadt mit einem Mix aus Kultur, Shopping und Nachtleben – dazu reichlich Natur auf 14 Inseln. In erreichbarer Nähe weitere 24 000 Inseln in den Schären, ideal zum Abschalten. S. 224

**Vättersee und Götakanal mit Sörmland**
Spektakuläre Steilufer und reiche Historie in Östergötland, Klöster wie Alvastra und Vadstena am Vättersee. Schwedens berühmteste Wasserstraße, der Götakanal, die quirlige Industriestadt Norrköping und das beschauliche Nyköping. S. 198

**Småland und Öland**
Schwedens südlichste Wildnis, mit Seen, Mooren und einsamen Wäldern, Wiege schwedischen Designs – von Möbeln bis zu Glas. Wenig bekannt: die schärenreiche Küste. Ganz anders die Insel Öland mit kinderfreundlichen Stränden und mediterran anmutender Natur. S. 154

Petra Juling

**Mit Petra Juling und Jutta Westmeyer unterwegs**
Petra Juling und Jutta Westmeyer bereisen Südschweden seit Anfang der 1980er-Jahre. Petra Juling ist Autorin mehrerer Reiseführer über Schweden. Ihr erster Schwedensommer vor 25 Jahren war völlig verregnet, was sie nicht davon abhielt wiederzukommen, um immer neue Facetten dieses Urlaubslandes zu entdecken, das mit Kultur und Natur gleichermaßen fasziniert. Jutta Westmeyer kann sich bis heute nicht entscheiden, welches ihr Lieblingsort in Schweden ist: Stockholm mit dem kargen Schärengarten, die von der Sonne verwöhnte Westküste oder die sanft gerundeten Hügel Österlens.

# Im Herzen Skandinaviens

Fast jeder von uns war schon einmal in Schweden – zumindest in Gedanken. Ob in jungen Jahren mit Pettersson und Findus, mit Pippi, Michel und den Kindern von Bullerbü oder später im Kino bei einem Ingmar-Bergman-Film, vielleicht auch bei einem Krimi mit Martin Beck oder Kommissar Wallander. Schwedische Produkte prägen unseren Alltag, nützlich und praktisch wie Tetrapak, Knäckebrot und Bücherregale zum Selbstaufbauen. Wir verbinden sie mit solider Qualität und Design in schlichten, klaren Formen.

Ombudsmann, Mobiltelefon, Breitbandanschluss, Internet für alle – in Schweden wird häufig ausprobiert, was anderswo erst übermorgen zum Trend wird. Das beweist nicht nur das oft totgesagte, jedoch erstaunlich langlebige ›schwedische Modell‹, der Wohlfahrtsstaat. All das wirkt zusammen und trägt ein wenig von der schwedischen Lebenskultur aus dem Herzen Skandinaviens über die Grenzen nach Mitteleuropa.

Und dann ist da noch die Landschaft: eine unendliche Zahl größerer und kleinerer Seen, dunkle, endlose Wälder, liebliche, aber auch zerklüftete Küsten und eine nahezu unberührt wirkende Natur. Da das Land im Vergleich zu Mitteleuropa äußerst dünn besiedelt ist und nicht zu den bevorzugten Zielen des Massentourismus zählt, ist es immer möglich, diesen ungeheuren natürlichen Reichtum auch völlig ungestört zu genießen.

### Einsamkeit auf Zeit

Machen Sie es wie die Schweden: Verriegeln Sie die Stadtwohnung und begeben Sie sich in ein sommerliches Urlaubsidyll, beispielsweise auf eine winzige Insel in den Schären, wie es in Astrid Lindgrens Erzählung »Ferien auf Saltkrokan« Vater Melcher und seine Familie tun.

Ob sich die *sommarställe,* das sommerliche Urlaubsdomizil, nun auf einer Insel im Stockholmer Schärengarten, inmitten dunkler Wälder in Småland

Jutta Westmeyer | Bauernhof bei Sunne in Värmland

oder an der Küste in Skåne befindet, Kennzeichen eines idealen Ferienhauses ist, dass es möglichst einsam liegt. In schwedischen Ferienhauskatalogen ist deshalb – neben der Entfernung zum nächsten Laden – oft auch der Abstand zum nächsten Nachbarn angegeben, je größer er ist, desto besser. Zur perfekten Idylle gehört ein Gewässer in der Nähe – Fluss, See oder das Meer –, das man mit einem Boot befahren und wo man angeln und baden kann.

### Ein Platz zum Glücklichsein ...
*Smultronställe* heißen auf Schwedisch die versteckten Stellen, an denen die kleinen, süßen Walderdbeeren *(smultron)* wachsen. Ein solches Plätzchen bedeutet die Erfüllung schönster Kinderwünsche und gehört zu jedem Traumurlaub dazu.

Gehen Sie einfach auf die Suche nach Ihrer *smultronställe*, nach Ihrem ganz persönlichen Lieblingsplatz zwischen Öresund und Öland, zwischen Uppland und Skåne, am weißen Ostseestrand oder zwischen den von den Gletschern der Eiszeit glatt gehobelten Klippen der Westküste. Hängen Sie Ihre Hängematte auf: am stillen Seeufer zwischen im Abendlicht leuchtenden Kiefernstämmen oder zwischen alten Obstbäumen im Ferienhausgarten.

### ... und für Genießer
Und wenn Ihnen das Nichtstun zu langweilig wird: Abwechslung vom Programm der Natur bieten ein Bummel durch malerische Kleinstädte mit hübschen Holzhäusern und buckligen Kopfsteinpflastergassen, Einkaufstouren durch die Fabrikläden, die es in jeder Region gibt – von der Glashütte bis zur Leinenweberei. Oder tauchen Sie in eine lebhafte Großstadt ein mit einem munterem Nachtleben und einer vielfältigen Gastronomie.

Schweden ist immer für Überraschungen gut. Wussten Sie beispielsweise, dass Skandinaviens beste Feinschmeckerrestaurants nach Ansicht französischer Gastrokritiker in Stockholm und Göteborg zu finden sind? Dass ein gutes Glas Wein im Restaurant nicht unbedingt ein Vermögen kostet und dass an der Westküste Hummer gefangen wird?

Anheimelndes Licht im Öresund –
der Leuchtturm Kullens fyr, S. 92

Blicken Sie bis ans Ende der Schärenwelt
am Aussichtspunkt Tjörnehuvud, S. 116

# Lieblingsorte!

Bilderrätsel aus der Vorzeit: die
Felsritzungen bei Tisselskog, S. 189

Kiefernduft in der Nase, Moorwasser auf
der Haut – am Strand Vitsand, S. 208

Steigen Sie ein ins Schiff der Mythen und Legenden bei Ales stenar, S. 138

Wenn Bäume sprechen könnten – im Zauberwald Trollskogen, Öland, S. 174

Die Reiseführer von DuMont werden von Autoren geschrieben, die ihr Buch ständig aktualisieren und daher immer wieder dieselben Orte besuchen. Irgendwann entdeckt dabei jede Autorin und jeder Autor seine ganz persönlichen Lieblingsorte. Dörfer, die abseits des touristischen Mainstream liegen, eine ganz besondere Strandbucht, Plätze, die zum Entspannen einladen, ein Stückchen ursprünglicher Natur – eben Wohlfühlorte, an die man immer wieder zurückkehren möchte.

Kunstgenuss in Prinz Eugens Villa Waldemarsudde, Stockholm, S. 240

Nicht nur ›Kaffeetanten‹ fühlen sich wohl in Tant Bruns kaffestuga, Sigtuna, S. 278

# Reiseinfos, Adressen, Websites

Unter den zahllosen Seen in Südschweden findet jeder den richtigen

# Informationsquellen

## Infos im Internet

Das Internet ist eine hervorragende Möglichkeit, sich umfassend über das Reiseziel Schweden zu informieren, sowohl vor als auch während der Reise. Unterkünfte und Restaurants, Tourenveranstalter u. a. stellen wichtige Hinweise wie Öffnungszeiten und Preise auf ihre Website oder ermöglichen Onlinebuchungen. Wer auf der Suche nach interessanten Infos ist, wird auch in den deutschsprachigen Portalen von und für Schwedenfans fündig.

**www.kungahuset.se,
www.royalcourt.se**
Die offizielle Website des schwedischen Königshauses; Neues vom Hofe, außerdem Praktisches zum Besuch der königlichen Schlösser im Land.

**www.sweden.se**
Die offizielle Website des Königreichs bietet (u. a. auf Deutsch) aktuelle Infos zu Land und Leuten, Kunst und Kultur, Wirtschaft und Politik; viele nützliche Links. Vom Schwedischen Institut (SI) herausgegebene Infoblätter *(Faktablad)* in deutscher Sprache zu Themen aus Kultur, Wirtschaft und Politik können als PDF heruntergeladen werden.

**www.turism.se**
Eine Liste aller *turistbyråer* mit ihren Schwerpunkten und Angeboten, auch zum Herunterladen als PDF.

**www.visitsweden.com**
Das aufwendig mit Flash-Animationen gestaltete Portal der Schwedenwerbung für Reise und Touristik in deutscher Sprache behandelt Themen, die vor der Reise wichtig sind, und enthält zahlreiche nützliche Links. Man kann sich für die eigene Reiseplanung inspirieren lassen, einen Reiseveranstalter finden u. v. m.

**www.schwedenforum.de**
Hier tauscht sich ein munteres Forum aus, es finden sich hilfreiche Anregungen für die praktischen Seiten des Reisens, aber auch Informationen für Auswanderer und solche, die es werden wollen, lassen sich hier entdecken.

**www.schwedenstube.de**
Übersichtlich präsentiert werden nützliche Infos zu den Themen Arbeit und Studium, Reise und Urlaub. Im Forum kann man u. a. nach Reisepartnern suchen. Im Schweden-Blog (www.blog-schweden.de) sind interessante Details aus dem Alltag in Schweden zu erfahren oder Reiseberichte zu lesen. Auch Infos zu schwedischer Kultur: Musik, Sprache, Essen und Trinken .

**www.schwedentor.de**
Die übersichtlich gestaltete Seite punktet u. a. mit aktuellen Nachrichten aus Schweden, die in mitteleuropäischen Medien sonst nicht eben üppig zu finden snd. Schwedisches Radio gibt es auch auf Deutsch, aber Fernsehnachrichten im Original zu sehen bietet die Gelegenheit, Sprachkenntnisse zu üben. Praktische Reisetipps gibt es eher nur punktuell. Im Forum kommuniziert eine umfangreiche Community über alles in, über und um Schweden herum.

**www.skandinavien.eu/schweden**
Ein gut strukturiertes Portal für alle Schwedenfans. Die Themen Musik, Filme oder Kulinarisches bleiben ebenfalls nicht außen vor. Anzeigen von Onlineshops richten sich speziell an Schwedenfans.

Reiseinfos

## Fremdenverkehrsämter

Visit Sweden, das Info-Büro der Schwedenwerbung für Reise und Touristik, verschickt auf Anfrage Regionalprospekte sowie Broschüren zu Aktivurlaub und reisepraktischen Themen:
**Visit Sweden**
Stortorget 2–4, SE-83130 Östersund
Fax +46 63 12 81 37
www.visitsweden.com
**In Deutschland:** Tel. 069 22 22 34 96
germany@visitsweden.com
**In Österreich:** Tel. 0192 867 02
austria@visitsweden.com
**In der Schweiz:** Tel. 044 580 62 94
switzerland@visitsweden.com

### Fremdenverkehrsämter in Schweden

In Schweden werden zwei Arten von Auskunftsstellen unterschieden: Solche mit blau-gelbem Schild informieren außer über die Region über Ziele in ganz Schweden und reservieren Unterkünfte überall im Land. *Turistbyråer* mit grünem Schild sind bei Auskünften vor Ort behilflich und vermitteln lokale Unterkünfte. Die regionalen Fremdenverkehrsämter bieten umfassende Informationen im Internet, fast immer auf Englisch, häufig auch auf Deutsch. Das gilt auch für die lokalen Info-Büros, bis in die tiefste Provinz. Eine Liste der Adressen und Links gibt es unter www.turism.se. Schriftliches Infomaterial (oft auf Deutsch) bestellt man am besten per E-Mail.

## Lesetipps

**Jan Guillou:** Die Frauen von Götaland, u. a. München 2000. Drei spannende historische Romane aus der Kreuzfahrerzeit, in denen die Gegend um Kloster Varnhem eine wichtige Rolle spielt.
**Selma Lagerlöf:** Wunderbare Reise des kleinen Nils Holgersson mit den Wildgänsen, München 1990. Immer noch der schönste Schweden-Reiseführer.
**Stieg Larsson:** Verblendung, München 2007. Der erste Roman der Thriller-Trilogie des 2004 verstorbenen Autors. Bei einem Familientreffen verschwindet eine junge Frau; bei seinen Ermittlungen taucht ein Journalist ab in düstere Kapitel der Familiengeschichte.
**Henning Mankell:** Die fünfte Frau, München 1998; Vor dem Frost, München 2003, u. a. Die acht Bestseller-Krimis um Kommissar Wallander aus Ystad sind eine gute Einstimmung für Südschwedenreisende, die sich nicht bange machen lassen ... In dem bislang letzten Ystad-Krimi tritt Wallanders Tochter in die Fußstapfen des Vaters.
**Liza Marklund:** Olympisches Feuer u. a., Hamburg 2000. Die Romane der schwedischen ›Queen of Crime‹ spielen im Medienmilieu: Boulevardpresse und Fernsehstudios bilden die Kulissen für die spannende Handlung rund um Reporterin Annika Bengtzon.
**Maj Sjöwall/Per Wahlöö:** Die zehn Romane mit Martin Beck, Hamburg 1989. Die in den 1970er-Jahren entstandenen, auf eine Reihe von zehn Krimis angelegten Romane beschreiben die schwedische Gesellschaft jener Zeit aus äußerst kritischer Perspektive.
**Kurt Tucholsky:** Schloss Gripsholm, Hamburg 1993. Tucholskys glückliche Erinnerungen an seinen Sommer in Schweden (s. S. 268) verleihen dem Buch Zauber und Leichtigkeit, auch wenn es auf die politischen Ereignisse in Deutschland anspielt.

**www.schwedenkrimi.de**
Infos (u. a. Biografien, Interviews, Forum) zur Krimiliteratur Schwedens und anderer skandinavischer Länder.

# Wetter und Reisezeit

Hartnäckig hält sich in Zentraleuropa das Gerücht, dass es in Schweden immer kalt sei. Wer einmal das Glück hatte, das Land im Sommer zur Zeit eines stabilen östlichen Hochs zu bereisen, wird auf immer von den hellen und lauen Nächten schwärmen. Begünstigt werden sommerliche Höchsttemperaturen nicht zuletzt durch die extreme Tageslänge.

## Klima

Dem Golfstrom verdankt Schweden ein trotz seiner nördlichen Lage – Stockholm liegt auf demselben Breitengrad wie die Südspitze Grönlands – gemäßigtes Klima. Im Südwesten ist das Klima maritim geprägt, mit angenehmen Sommern und milden Wintern. In den nördlichen und östlichen Landesteilen herrscht ein eher kontinentales Klima mit entsprechend größeren Unterschieden zwischen Sommer und Winter.

Die Niederschlagsmengen nehmen von West nach Ost ab. In ihren Extremen äußert sich diese Tatsache auf den Inseln Öland und Gotland, die deshalb im Sommer oft unter großem Wassermangel leiden.

## Jahreszeiten

Die Unterschiede zwischen den Jahreszeiten sind in Schweden ausgeprägter als auf dem Kontinent. Richtiger Sommer mit Temperaturen, bei denen auch ein Mitteleuropäer es wagen würde, ein Bad im Freien zu nehmen, herrscht idealerweise von Mitte Juni bis Mitte August.

Reizvoll, besonders für Wanderer, ist der Herbst, wenn sich die Bäume in einer unglaublichen Farbenpracht präsentieren und meist auch keine Mücken mehr unterwegs sind. Der Winter stellt sich (je nach Region) zwischen Mitte Oktober und Anfang November ein und dauert nicht selten bis in den April. Die Monate Februar und März sind bei Wintersportlern äußerst beliebt, erst dann liegt meistens ausreichend Schnee.

Ein besonderes Erlebnis ist der Beginn des Frühlings Anfang bis Mitte Mai. Man hat das Gefühl, dass die Natur von einem Tag auf den anderen gleichsam explodiert und eine unvergleichliche Farbigkeit hervorbringt. Die Frühlingsblumen blühen, die Birken zeigen ein erstes zartes Grün, die Luft wird weich und erwärmt sich langsam, die Menschen ›erwachen aus ihrem Winterschlaf‹ und bereiten sich auf ihr erstes Picknick in der freien Natur vor.

**Klimadiagramm Stockholm**

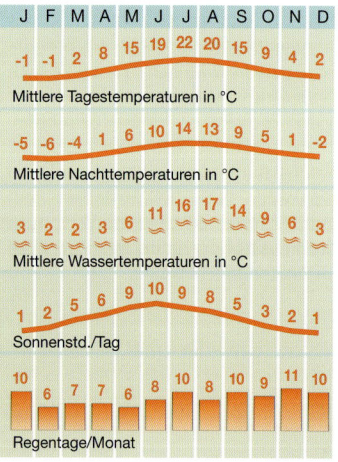

# Reiseinfos

## Mitternachtssonne

Das Phänomen der Mitternachtssonne macht sich bereits in Südschweden bemerkbar, auch wenn es in seiner vollen Ausprägung nur nördlich des Polarkreises zu beobachten ist. In der Stockholmer Region sind die Juni- und Juli-Nächte extrem kurz: Es beginnt gegen 23 Uhr zu dämmern und ist um 3 Uhr morgens bereits wieder hell. Nicht nur für die Schweden bedeutet dieser Überfluss an Tageslicht im Sommer eine beträchtliche Steigerung der Lebensqualität: Das gesamte gesellschaftliche Leben auf dem Land und in der Stadt spielt sich im Freien ab. Immerhin ist es auch im Winter nicht ganz dunkel – in Stockholm scheint zwischen 8 und 15 Uhr die Sonne.

## Die beste Zeit

Hochsaison herrscht von Midsommar (Wochenende, das dem 24. Juni am nächsten liegt) bis zur zweiten Augustwoche. Außerhalb dieser Zeit muss man selbst in touristischen Hochburgen mit eingeschränkten Öffnungszeiten rechnen. In den sechs Wochen Hochsaison ist es nicht immer leicht, eine Budgetunterkunft oder einen Stellplatz für das Wohnmobil zu finden, denn auch die Schweden, die mit großer Vorliebe im eigenen Land Urlaub machen, sind nun unterwegs. Andererseits gewähren ansonsten teure Hotels dann hohe Rabatte, da die Geschäftsleute in der Ferienzeit ausbleiben.

Wegen des Klimawandels lässt der Winter in vielen Jahren auf sich warten. Für den Winterurlaub empfehlen sich daher Februar und März. Dann sind die Tage auch schon länger. Kalenderwoche 7–10 sind *Sportlov*, Sportferien. In dieser Zeit ist es ratsam, in den Wintersportorten zu reservieren.

### Mücken – ein lästiges Thema

Von Mitte Juni bis zum Frostbeginn im September/Oktober ist Mückenzeit, besonders in der Dämmerung und an feuchten, windstillen Tagen. Ein feuchter Frühsommer führt meist zur Mückenplage. Es empfiehlt sich, bei Wanderungen Kleidung aus dichtem Stoff zu tragen, die den ganzen Körper bedeckt. Mückenschutzmittel, die den Geruchssinn der Insekten verwirren, helfen nur bedingt. Apotheken und Supermärkte halten solche Mittel vorrätig.

## Kleidung und Ausrüstung

Neben einem guten Mücken- und Sonnenschutz braucht man auch Regenzeug, Schuhe, die sich zum Wandern in unebenem Terrain eignen, eventuell Gummistiefel sowie warme Jacken und Pullover. Ansonsten ist man mit sportlicher Kleidung gut bedient.

Es empfiehlt sich, Bettwäsche mitzunehmen, die man in privat vermieteten Zimmern, Jugendherbergen und manchen Billighotels gut gebrauchen kann – hier wird Gästen häufig ein Preisaufschlag für Bettwäsche und Handtücher abverlangt. Auch ein kleines Zelt kann nicht schaden. Vielleicht finden Sie unterwegs Ihre persönliche Lieblingsstelle, an der es jedoch keine Übernachtungsmöglichkeit gibt. Das schwedische Jedermannsrecht (s. S. 35) erlaubt es, sein Zelt dort aufzuschlagen, wo es einem gefällt, sofern man die Privatsphäre anderer nicht stört und nichts beschädigt.

Picknickutensilien sind ebenfalls sehr nützlich – es gibt nichts Schöneres, als sich in einer Räucherei mit maritimen Köstlichkeiten einzudecken und diese am Strand oder auf einem Felsen sitzend im Angesicht des Meeres zu verzehren.

# Rundreisen planen

## Rundtour 1: Westschweden und die großen Seen

**Länge und Dauer:** ca. 1032 km, 10 Tage; **mit Abstecher nach Stockholm** ca. 1428 km, 14 Tage.
Mit der Fähre reist man von Kiel (über Nacht) oder Frederikshavn nach **Göteborg** an. Nach ein oder zwei Besichtigungstagen in der Westküstenmetropole geht es im Tal des Flusses Göta älv Richtung **Trollhättan** (77 km auf dem RV 45). Ein Abstecher zum **Hunneberg,** dem königlichen Elchberg, bietet sich an, dann die Weiterfahrt nach **Lidköping** (61 km auf dem RV 44) und Übernachtung im Kinnekulle-Gebiet am Südufer des Vänersees mit reicher Natur und Kultur.

Am nächsten Tag kann man die reizvolle Kulturlandschaft an Schwedens größtem See erkunden, mittelalterliche Kirchen um den Tafelberg Kinnekulle besichtigen oder den Porzellanladen der Firma Rörstrand in Lidköping unsicher machen, bevor man auf die Halbinsel **Kålland** hinausfährt, um Schloss Läckö aus der Nähe zu betrachten und Fisch in einer Räucherei am Hafen von Spiken zu essen (ca. 48 km). Alternativ startet man am Nachmittag schon in Richtung Osten, um im **Nationalpark Tiveden** zu wandern. Am Abend kann man an der Nordspitze des Vättersees nahe Askersund oder in **Örebro** das Nachtlager aufschlagen (Lidköping–Örebro 160 km).

**Variante:** Wem mehr als zehn Tage Zeit zur Verfügung stehen, der sollte an dieser Stelle einen Schlenker über **Stockholm** erwägen, bevor es Richtung Westküste zurückgeht. Bei der Weiterfahrt auf der E 20 entlang der Südseite des Mälaren, über Eskilstuna mit industriegeschichtlichen Sehenswürdigkeiten und die Kleinstadt Mariefred mit Schloss Gripsholm, ergeben sich Möglichkeiten für weitere Zwischenstopps an einem oder mehreren der zahlreichen Schlösser im Mälartal. In Stockholm gönnt man sich zwei bis drei Tage Besichtigungsprogramm: Außer den Sehenswürdigkeiten der Altstadt und den Museen locken z. B. Ausflüge per Schiff in die Schären oder auf dem Mälarsee nach Drottningholm und Birka (Abstecher Örebro–Stockholm 396 km hin und zurück).

Von Örebro führt die E 18 auf der Nordseite des Vänersees über Karlskoga und **Karlstad** (112 km) nach Värmland; von Karlstad folgt man dem Frykental nach Norden auf den Spuren der Schriftstellerin Selma Lagerlöf bis **Sunne** (134 km hin und zurück), wo man Wildnis und Wald Värmlands bei einer Zwischenübernachtung auf sich wirken lassen kann. Auf dem RV 45 geht es wieder zum Väneruferüber

# Reiseinfos

## Quick-Stop-Service für Wohnmobile und Caravans

Für Leute auf der Durchreise bieten zahlreiche Campingplätze einen günstigen Service an: Beim Einchecken nach 21 Uhr und Auschecken vor 9 Uhr am nächsten Morgen erhalten sie auf einem speziellen Teil des Platzes einen Rabatt von bis zu 35 % auf den Übernachtungspreis. Ohne andere Gäste zu stören, können sie die Sanitäreinrichtungen nutzen und sind in Sicherheit. In Schweden sind in der Hauptreisezeit schon Überfälle auf Wohnmobile und Caravans nahe viel befahrenen Strecken vorgekommen. Welche Plätze den Quick-Stop-Service anbieten, erfährt man aus der Broschüre des Campingverbands SCR oder unter www.camping.se. Die Camping Card Scandinavia ist erforderlich (s. S. 26).

---

**Säffle** Richtung **Mellerud** (119 km). Kurz vor dem Ort zweigt eine reizvolle, kurvige Route parallel zum Dalslandskanal nach Dals Långed und Bengtsfors ab. Sie führt vorbei am Technikwunder des Aquädukts von **Håverud**. In Dalsland lohnt ein Zwischenstopp, vielleicht um eine Kanutour oder einen Schiffsausflug einzuschieben (Mellerud–Bengtsfors 48 km).

Von **Bengtsfors** nimmt man die Straße RV 172/164 nach Westen, die an Ed vorbei quer zu den wasserreichen Tälern der Provinz Dalsland bis an die Westküste führt. Nach Überqueren der sich ungefähr 30 km in Nord-Süd-Richtung erstreckenden Bullaren-Seenkette biegt man auf die Straße RV 163 und kommt in das Gebiet der bronzezeitlichen Felsritzungen bei **Tanumshede** (ca. 100 km).

An der Westküste legt man am besten eine Zwischenübernachtung ein, probiert vielleicht geräucherten Fisch oder Garnelen in einem der Küstenorte wie Grebbestad oder Fjällbacka. Es lohnt sich noch ein Schlenker auf der Panoramastraße RV 160 über die Inseln Orust und Tjörn, evtl. mit einer weiteren Übernachtung, bis man bei **Stenungsund** (ca. 144 km) die E 6 und das Festland erreicht. Von Stenungsund aus gelangt man über die Straße E 6 bald nach Göteborg. Vom Fährhafen der Stadt tritt man mit dem Schiff die Rückreise an (47 km).

## Rundtour 2: Småland, Östergötland, Stockholm

**Länge und Dauer:** 1535 km, 14–16 Tage (ohne Glasreich und Öland).
Mit Start in **Malmö** oder **Trelleborg** erkundet man die Provinz Skåne mit ihren Sandstränden, Schlössern und Fachwerkstädten wie z. B. **Ystad** (Malmö–Ystad entlang der Küste ca. 79 km).

# Reiseinfos

**Spartipp: Kulturarvskort**
Wer längere Zeit in Schweden verbringen und viele Sehenswürdigkeiten besichtigen möchte, ist gut beraten mit dem Kauf der Kulturarvskort. Sie kostet 140 SEK und gilt ein Jahr (Mai–Mai). Man erhält Ermäßigungen (in der Regel 50 %) auf den Eintrittspreis sowie Rabatte im Museumsshop und -café von rund 300 Freilicht- und anderen Museen im ganzen Land. Eine Liste wird beim Kauf mitgeliefert (oder unter www.svensktkulturarv.se). Kaufen kann man die ›Kulturerbe-Karte‹ im Turistbyrå oder bei einem der betreffenden Museen.

---

Weiter östlich entlang der Küste, von der Straße RV 9 abbiegend, lohnt ein Halt bei Kåseberga an der Schiffssetzung **Ales stenar,** und eine erste Übernachtung in Ost-Skåne ist fällig, vielleicht auch eine zweite oder dritte, mit Ausflügen ins Landesinnere oder einem Faulenzertag an den Stränden der Hanö-Bucht bei **Åhus** (ca. 100 km); Gästezimmer und Campingplätze gibt es reichlich.

Entlang der Küste der Provinz Blekinge geht die Reise bis **Karlskrona,** wo man einen Besichtigungstag mit Übernachtung einlegen und Ausflüge per Boot in die flache Schärenlandschaft unternehmen kann (116 km). Die Route führt nun auf dem RV 28 nach Norden ins Landesinnere und stufenweise bergauf nach Småland, anschließend auf dem RV 25 über **Nybro** durchs Glasreich nach **Kalmar** an die Ostküste (ca. 132 km) – Zwischenstopp in einer der Glashütten nicht ausgeschlossen. Von Kalmar mit dem berühmten Schloss bietet sich ein Tagesausflug über die Brücke auf die Insel **Öland** an. Am nächsten Tag fährt man von Kalmar auf der E 22 entlang der Schärenküste von Östergötland bis Norrköping und weiter auf der E 4 bis **Trosa** vor den Toren von Stockholm. Hinter Västervik bei Loftahammar oder spätestens bei **Sankt Annas Skärgård** bietet sich eine Zwischenübernachtung an (Kalmar–Stockholm 408 km). Die nächsten Tage widmet man der Erkundung der schwedischen Hauptstadt **Stockholm** mit ihren vielen Sehenswürdigkeiten.

Schließlich fährt man auf der Südseite des Mälaren auf der E 4 über **Södertälje** – vielleicht mit Zwischenhalt in der Experimentierfabrik Tom Tits – und **Norrköping** zum **Götakanal,** den man einen Tag lang per Rad oder Schiff bereisen kann (Stockholm–Linköping 200 km). Auf der Straße RV 36 kommt man von **Linköping** parallel zum Kanal nach Motala. Von dort geht es weiter über die Straße RV 50 in die Klosterstadt **Vadstena** am Ufer des Vättersees, wo die Klosterkirche der hl. Birgitta und das Vasaschloss nähere Betrachtung verdienen. Von dort fährt man über die E 4 nach Süden mit Stopp in **Gränna,** wo man bei der Zuckerstangenfabrikation zuschauen oder einen Tagesausflug auf die Insel Visingsö unternehmen kann.

Weiter geht es über die Streichholzstadt **Jönköping** (162 km) zu Smålands größtem See **Bolmen** (125 km bis Bolmsö), an dem man mit Angel- oder Kanuausflügen noch ein bis zwei Tage lang entspannen kann, bevor es weitergeht nach **Varberg** (RV 27/153), **Helsingborg** oder **Malmö** (E 4) zur Rückreise nach Dänemark. Jeder der Fährorte lohnt einen Zwischenaufenthalt mit Stadtbesichtigung: Varberg besitzt eine Festung mit Museum und schöne Strände, Helsingborg das Freilichtmuseum Fredriksdal und Schloss Sofiero, während sich Malmö vor der Rückreise für eine letzte Shoppingtour in Sachen Design oder Mode empfiehlt (Bolmen–

Varberg ca. 120 km, bis Helsingborg 160 km, bis Malmö 217 km).

## Rundtour 3: Mit der Bahn nach Stockholm

**Länge und Dauer:** ca. 1622 km, 10–14 Tage. Es lohnt sich, jeweils mindestens zwei Übernachtungen einzuplanen, um genug Zeit für Besichtigungen zu haben.

Die bequemste Anreisemöglichkeit nach Schweden ist für Zugfahrer die Vogelfluglinie: Von Hamburg via Puttgarden per Fähre ins dänische Rødby, dann nach Kopenhagen. Von dort verkehren in dichtem Takt die Züge des Öresundståg über die Öresundbrücke nach **Malmö** (erste Zwischenstation). Von Malmö geht es entlang der Westküste mit dem Öresundståg weiter bis Göteborg, lohnende Zwischenstopps sind **Helsingborg** und **Varberg.**

Nach Zwischenaufenthalt mit Stadtbesichtigung und Übernachtung in **Göteborg** fährt man mit dem Hochgeschwindigkeitszug X2000 in drei Stunden nach **Stockholm**. Wer es nicht so eilig hat, in die Hauptstadt zu kommen, und sich für die Kulturlandschaft Västergötland interessiert, steigt in Herrljunga in den Schienenbus nach **Lidköping** um. Von dort geht es geruhsam mit dem Kinnekulletåget entlang der an Stränden und Sehenswürdigkeiten reichen Südseite des Vänern bis **Laxå,** wo man wieder auf die Strecke über Katrineholm nach **Stockholm** stößt.

Nach dem Aufenthalt in der Hauptstadt und der Erkundung des Mälartals einschließlich Uppsala mithilfe des vorzüglich ausgebauten Lokalverkehrsnetzes geht es mit Zwischenstopps auf einer anderen Strecke mit dem X2000 zurück in den Süden: über Norrköping nach **Linköping** und weiter über Nässjö nach **Alvesta**. Wer hier aussteigt und in die benachbarte ›Hauptstadt‹ des Glasreichs, **Växjö,** weiterfährt (häufige Zugverbindungen), erhält im Dom ebenso wie im Provinzialmuseum Einblick in die småländische Geschichte und die Glaskunst.

Von Växjö kann man einen Tagesausflug zu einzelnen Glashütten unternehmen – auch per Bahn ist zumindest eine kurze Stippvisite im Glasreich möglich: **Nybro** liegt an der Zugstrecke nach **Kalmar**. Statt im Glasreich zu shoppen, kann man den Tag aber auch für eine Besichtigung von Schloss Kalmar oder einen Ausflug nach Öland nutzen.

Nach diesem Abstecher nach Osten reist man auf der Hauptzugstrecke von Alvesta über Hässleholm flott gen Süden. Für einen Zwischenstopp bietet sich **Lund** an. In der gemütlichen Dom- und Universitätsstadt kann man sich nach einem Besichtigungstag einquartieren und die letzte Nacht vor der Rückfahrt verbringen. Über die Vogelfluglinie geht es dann Richtung Malmö und weiter nach Hamburg.

# Anreise und Verkehrsmittel

## Einreise- und Zollbestimmungen

Bei Aufenthalten bis zu drei Monaten reicht ein gültiger Personalausweis. Kinder bis 16 Jahre können im Pass der Eltern eingetragen sein. Autofahrern wird die Mitnahme einer grünen Versicherungskarte empfohlen.

Bei Alkohol und Tabak gelten für EU-Bürger keine Einfuhrgrenzen für den privaten Verbrauch. Bürger aus Nicht-EU-Staaten dürfen 200 Zigaretten oder 250 g Tabak, 2 l Bier sowie 1 l Wein und 1 l Spirituosen oder 2 l Wein einführen. Genehmigungspflichtig ist u. a. die Einfuhr von CB-Funkgeräten ohne CEPT-Zulassung, Jagdwaffen und Munition. Infos: Tullverket, Box 12654, 11298 Stockholm, Tel. 0771 52 05 20, Fax 08 20 80 12, www.tullverket.se.

Hunde (keine Kampfhunde) und Katzen können eingeführt werden, wenn sie durch Tätowierung oder Mikrochip zu identifizieren sind und weitere Auflagen (Impfungen, Wurmkur etc.) erfüllt sind. Informationen: Statens Jordbruksverk, 55182 Jönköping, Tel. 036 15 50 00 (deutschsprachig Mo–Fr 9.30–11.30, 13–15 Uhr), Fax 036 19 05 46, www.sjv.se.

## Anreise

### ... mit Auto und Fähre
Die 16 km lange, mautpflichtige Brücke Öresundsbron macht eine Anreise per Fähre zwar überflüssig, doch kann eine Schiffspassage ein schöner Urlaubsauftakt sein und eine Nachtfahrt eine bedenkenswerte Alternative. Infos im Reisebüro oder bei den nachfolgend genannten Fährgesellschaften.

**Fährlinien:** Kiel–Göteborg (ca. 13,5 Std.), Auto inkl. aller Pers. hin und zurück ab 250 € (Kabine 65–200 €). Frederikshavn (DK)–Göteborg (2 bzw. ca. 3,5 Std.) oder Grenå (DK)–Varberg (ca. 4 Std.), Auto inkl. 5 Pers. einfache Fahrt ab ca. 55 € (Frühbucher) bis 119 €. Stena Line Scandinavia, Schwedenkai 1, 24103 Kiel, Tel. 01805 91 66 66 (14 ct./min.), +49 431 90 99 (aus dem Ausland), www.stenalina.de.

Travemünde–Trelleborg (7,5 Std.) und Rostock–Trelleborg (ca. 5–7 Std.), z. B. Auto inkl. 5 Pers. hin und zurück Skandinavien-Spezial 215 €. TT-Line, Skandinavienkai, 23570 Lübeck-Travemünde, Tel. 04502 801 81, Fax 04502 80 14 07, www.TTline.de.

Puttgarden–Rødby (45 Min.) bzw. Rostock–Gedser (ca. 2 Std.), Helsingør–Helsingborg (25 Min.), Auto inkl. max. 9 Pers. als ›Schwedenticket‹ hin und zurück ca. 170–300 €; Sassnitz–Trelleborg (3,5 Std.) 200–350 €; Rostock–Trelleborg (ca. 6 Std.) 200–350 €. Scandlines, Tel. 0180 5 11 66 88 (14 ct./min.), www.scandlines.de.

Es lohnt sich, die von vielen Fährgesellschaften angebotenen Frühbucher-Rabatte in Anspruch zu nehmen.

### ... mit dem Flugzeug
Bei der Fülle preiswerter Angebote ist Fliegen die günstigste und schnellste Möglichkeit, nach Schweden zu reisen (ca. 2–2,5 Std.). Wenn man außerhalb der Städte flexibel sein möchte, empfiehlt sich die Kombination mit Mietwagenangeboten – das relativiert den Preisvorteil allerdings wieder.

**Stockholm-Arlanda:** u. a. Liniendirektflüge mit Lufthansa tgl. ab Düsseldorf, Frankfurt, Hamburg, München, mit SAS ab München, Frankfurt und Düsseldorf, Zürich und Wien, mit German-

## Reiseinfos

wings ab Köln-Bonn, Berlin-Schönefeld und München, mit Airberlin ab Berlin.
**Stockholm-Skavsta:** Ryanair ab Frankfurt-Hahn, Niederrhein, Salzburg, Basel.
**Göteborg-Landvetter:** Liniendirektflüge mit Lufthansa und SAS, außerdem mit Airberlin und Easyjet ab Berlin.
**Göteborg-City:** mit Ryanair ab Frankfurt-Hahn.
**Växjö:** Ryanair ab Düsseldorf-Weeze.

**Fluglinien im Internet:**
www.airberlin.com, ,
www.easyjet.com
www.flysas.de,
www.germanwings.de,
www.lufthansa.com,
www.ryanair.com.

### ... mit der Bahn

Per Bahn geht es am schnellsten mit dem Nachtzug ab Berlin-Ostbahnhof nach Malmö (www.berlin-nightexpress.com). Auf der Vogelfluglinie reist man von Hamburg bis **Kopenhagen** (4,5 Std.) und weiter über den Öresund nach Malmö (45 Min.). In Schweden ermöglicht der **Interrail-Pass** freie Fahrt im Netz der schwedischen Bahn, Informationen z. B. über **Europa-Spezial**-Angebote: www.bahn.de.

### ... mit dem Bus

Von zahlreichen Städten in Deutschland verkehren regelmäßig Busse nach Schweden, mit Halt u. a. in Malmö, Jönköping; die Reise ist relativ preiswert, es wird fast immer nachts gefahren. Informationen:
Deutsche Touring GmbH,
Am Römerhof 17,
60486 Frankfurt/Main,
Tel. 069 79 03-501, www.touring.de.

Von Berlin gibt es darüber hinaus eine Verbindung nach Stockholm mit dem schwedischen Fernbusunternehmen Swebus (s. S. 24).

**Ob mit einer großen Fähre zum Festland oder einer kleinen zu einer Schäreninsel, ein besonderes Erlebnis ist diese Form der Anreise immer**

Reiseinfos

# Verkehrsmittel in Schweden

### Bahn

Ein umfangreiches Rabattsystem und die komfortable Ausstattung der Züge machen Bahnfahren in Schweden zu einer reizvollen Reisemöglichkeit. Besonders preiswert sind lange im Voraus gebuchte Just-nu-Tickets (online buchbar). Angebote und Fahrpläne der Staatsbahnen SJ: www.sj.se. Reiseplanung Bus und Bahn: www.resplus.se.

### Bus

Strecken im ganzen Land bedienen die Expressbusse des größten schwedischen Fernbusunternehmens Swebus sowie Svenska Buss (u. a. von Malmö via Karlskrona und Göteborg via Jönköping nach Stockholm). Wichtig: Swebus-Expressbusse sind reservierungspflichtig.
**Swebus:** Tel. 0771 21 82 18, www.swebusexpress.com.
**Svenska Buss:** Tel. 0771 67 67 67, www.svenskabuss.se.

Die Lokalbusse der jeweiligen regionalen Verkehrsbetriebe (Länstrafik) bieten ebenfalls gute Reisemöglichkeiten, häufig über weite Strecken und preiswerter als die Bahn (im Reiseteil bei den jeweiligen Orten aufgeführt).

### Mietwagen

Die großen Autovermieter sind auch in Schweden mit Niederlassungen vertreten. In den schwedischen Sommerferien, wenn Geschäftsleute als Kundschaft wegfallen, werden meist erschwingliche Preise um 2000 SEK/Woche für einen Pkw angeboten. In Verbindung mit Zug- und Fluganreisen gibt es z. T. auch Vergünstigungen.

### Autofahren

Die Straßen in Schweden sind im Allgemeinen gut ausgebaut. Unterschieden werden Autobahnen bzw. Europastraßen (E, grün beschildert) und Riksvägar (Reichsstraßen, RV, blau beschildert). Ungewohnt: Den Streifen neben der eigentlichen Fahrbahn benutzen diejenigen, die langsamer fahren wollen. Sollte also von hinten ein schnelleres Auto kommen, hält man sich rechts und lässt es vorbei.

**Geschwindigkeiten:** Es herrscht generelles Tempolimit von 90 km/h auf Landstraßen, 110 km/h auf Autobahnen und autobahnähnlichen Straßen, für Pkw mit Wohnwagen grundsätzlich max. 70 km/h. Innerhalb geschlossener Ortschaften 50 km/h, in Wohngebieten 30 km/h. Es besteht Anschnallpflicht auf allen Plätzen und für Kinder bis zum siebten Lebensjahr sind Kindersitze vorgeschrieben.

Das **Alkohollimit** für den Fahrer liegt bei 0,2 Promille. Grundsätzlich muss auch am Tag mit **Abblendlicht** gefahren werden. Im Winter empfehlen sich **Winterreifen,** für schwedische Autos sind sie Pflicht vom 1. Dez. bis 31. März.

Bei **Benzin** *(bensin)* wird immer die Oktanzahl angegeben: Normal 95 Oktan, Super 98, Diesel *(diesel)* ist nicht an allen Tankstellen erhältlich. Für Tankautomaten *(sedelautomat/konto),* die in dünn besiedelten Regionen hilfreich sind, benötigt man 20-, 50- und 100-Kronen-Scheine oder eine Kreditkarte.

Das **Parken** folgt in manchen Städten einem System namens *datoparkering:* An Tagen mit geradem Datum wird z. B. auf der rechten, an Tagen mit ungeradem auf der linken Straßenseite geparkt. Schilder am Straßenrand informieren über das angewandte System. Halteverbot zeigt eine durchgehende gelbe Linie am Fahrbahnrand an, eine gestrichelte oder Zickzacklinie bedeutet eingeschränktes Halteverbot.
**Pannenhilfe:** s. Notruf, S. 36.
**Straßenzustand:** www.vv.se (Vägverket).

# Übernachten

## Buchung im Internet

Die STF-Jugendherbergen, alle Hotelketten und die meisten Touristeninformationsstellen bieten einen Online-Buchungsservice. Auch viele Touristenbüros in Schweden lenken zu einem Buchungsfenster, sobald man auf »Unterkunft« oder »Unterkunft suchen« klickt. Bei Buchungen ist stets die Angabe der Kreditkartennummer erforderlich, die Buchung ist dann verbindlich, Stornierungen sind üblicherweise bis einen Tag vor Anreise noch ohne Aufpreis möglich.

www.hrs.de – Das deutschsprachige Buchungsportal lässt sich auch für Schweden nutzen, abseits der Städte wird die Auswahl allerdings dünn.

www.hotelsinsweden.com – Suche nach Hotels in ganz Schweden.

## Hotels und Pensionen

Seit 2004 werden auch in Schweden Hotels mit Sternen klassifiziert. In der Regel sind Ausstattung und Komfort so gut, dass man kaum Häuser unter vier Sternen finden wird. Gerade in der Urlaubssaison sind Übernachtungen in schwedischen Hotels besonders günstig, da diese dazu übergegangen sind, an Wochenenden und in den Sommermonaten, wenn die Geschäftsleute ausbleiben, Touristen mit attraktiven Sonderangeboten anzulocken. Dann sind gute Doppelzimmer mit Frühstück oft schon ab ca. 800 SEK zu bekommen. Eine Ausnahme bilden lediglich ausgesprochene Ferienhotels, z. B. an der Westküste, die fast ausschließlich Urlauber zu ihrer Klientel zählen.

Eine reizvolle Alternative sind Übernachtungen in Pensionen *(pensionat)*, kleinen, oft liebevoll altmodisch eingerichteten Hotels mit meist gutem Restaurant und angemessenen Preisen.

### Hotelschecks

Preisreduzierungen bieten auch Hotelschecks der unterschiedlichen Ketten, die in Reisebüros und über Reiseveranstalter im Voraus zu erwerben sind. Der Vorteil: Man kann die Übernachtungskosten im Voraus kalkulieren; der Nachteil: Man ist auf eine Kette festgelegt und kann Sonderangebote vor Ort, die manchmal günstiger sind, nicht wahrnehmen.

## Ferienhäuser

Ferienhäuser kann man über eine Agentur mieten, vor Ort im Turistbyrå oder auch privat – mittlerweile haben viele Deutsche ein Sommerhaus, das sie einige Wochen im Jahr Fremden überlassen. Die Preise variieren je nach Lage und Ausstattung des Objektes stark und liegen bei ca. 200–300 €/Woche. Nähere Informationen entweder über Reisebüros oder bei Visit Sweden (s. S. 15), wo man auch Ferienhauskataloge schwedischer Touristenbüros erhält. Oder man fordert bei den Informationsstellen der jeweiligen Region Kataloge an.

### Städtetrips

Für die Großstädte Stockholm und Göteborg gibt es **Pauschalpakete,** die Unterkunft, Eintritt zu Sehenswürdigkeiten und Nutzung öffentlicher Verkehrsmittel kombinieren (Näheres im Reiseteil bei den jeweiligen Städten).

# Reiseinfos

## Camping

Um auf einem der ca. 650 Campingplätze übernachten zu können, die dem Schwedischen Campingverband angeschlossen sind, ist die **Camping Card Scandinavia** erforderlich, die auch in anderen Ländern gilt, einige Rabattangebote (Fähren, Einkauf, Sehenswürdigkeiten) beinhaltet und 130 SEK kostet (Bestellung über SCR, s. u.).

**Stellplätze** kosten zwischen 150 und 200 SEK, Hütten *(stuga)* mit Kochgelegenheit und 2–4 Betten zwischen 300 und 500 SEK, komfortablere Hütten mit Dusche/WC ab 600 SEK. Zu beachten ist, dass in Schweden für Kocher, Lampen und Heizgeräte nur Propangas *(gasol)*, kein Butan verwendet wird.

Ein **Verzeichnis der Campingplätze** mit sehr guten Atlasseiten, auf denen die Lage verzeichnet ist, erhält man bei Visit Sweden oder Sveriges Camping- och Stugföretagares Riksorganisation SCR, Mässans gata 10, 412 51 Göteborg, Fax 0522 64 24 30, www.camping.se oder www.stuga.nu.

**Vorausbuchungen** werden in der Regel nur telefonisch, nicht per E-Mail angenommen.

## Jugendherbergen

Die schwedischen Jugendherbergen *(vandrarhem)* kennen weder Altersbeschränkungen noch riesige Schlafsäle. Fast überall gibt es Doppel- und Familienzimmer, eine Reihe von Jugendherbergen haben sogar auf Etagenbetten verzichtet und bieten richtige Matratzen statt Schaumstoffunterlagen. So manche Jugendherberge ist in einem originellen Gebäude eingerichtet: Leuchtturmwärterhaus, ausgemusterter Eisenbahnwaggon, ehemaliges Gefängnis oder Fabrikgebäude.

Es gibt zwei **Jugendherbergsorganisationen:** STF (Svenska Turistföreningen), die mit dem deutschen DJH bzw. IYHA zusammmenarbeitet, und SVIF (Sveriges Vandrarhem i Förening), ein kleinerer, unabhängiger Verband.

Ein **Jugendherbergsausweis** des DJH ist für die Übernachtung in STF Vandrarhem von Vorteil, doch es werden auch Nichtmitglieder aufgenommen (allerdings zu etwas höheren Preisen). Außerdem entstehen pro Person Extrakosten fürs Frühstück (meist 50–70 SEK) und Bettwäsche (ca. 50 SEK). Man kann auch eigene Bettwäsche verwenden und sich das Frühstück in der Selbstversorgerküche zubereiten. Inklusive aller genannten Zusatzkosten ist eine Jugendherbergsübernachtung allerdings fast genauso teuer wie eine stark rabattierte Hotelübernachtung (ab ca. 800 SEK/DZ).

**Svenska Turistföreningen**
Box 25, 10120 Stockholm
Tel. 08 463 21 00
Fax 08 678 19 58
www.svenskaturistforeningen.se
**Sveriges Vandrarhem i Förening**
Box 9, 45043 Smögen
Tel. 0413 55 34 50
www.svif.se

## Bed & Breakfast

**www.bed-and-breakfast.se** – Agentur für Zimmer mit Frühstück bei Privatleuten in Malmö, Stockholm und Göteborg.

**www.bopalantgard.org** – Unterkünfte auf dem Land, die außer Zimmern auf dem Bauernhof ein reichhaltiges Frühstück oft mit Produkten aus der eigenen Landwirtschaft bieten (ab ca. 250 SEK/Person inkl. Frühstück), außerdem Ferienhäuser. Nur Katalogbestellung, die Buchung erfolgt direkt beim Vermieter.

# Essen und Trinken

## Hausmannskost

Traditionelle schwedische Hausmannskost ist meist einfach, deftig und nahrhaft. Zu den Rennern gehören Gerichte wie *Janssons frestelse,* ein Auflauf aus Kartoffeln, Zwiebeln, Anchovis und Sahne, *Pytt i panna,* ein Resteessen, für das Kartoffeln und Fleischreste in Würfel geschnitten und, gekrönt von einem Ei, in der Pfanne gebraten werden, *Biff à la Lindström,* Rindergehacktes mit Rote Bete und Kapern, und natürlich die berühmten *köttbullar,* Fleischbällchen, die gern mit Preiselbeeren *(lingon)* gegessen werden.

## Fisch

Die berühmte Spezialität *Gravad lax,* gebeizter Lachs, ist – wie viele andere kulinarische Köstlichkeiten – in Skandinavien entstanden, um die Ausbeute einer kurzen Erntezeit möglichst lange zu konservieren.

Eine weitere typisch schwedische Köstlichkeit ist Hering – der Ostseehering *(strömming)* ist kleiner als der Nordseehering und eignet sich gut als Zwischenmahlzeit in Form von Bratheringring *(stekt strömming).* Die Milde und die süße Würze haben dem eingelegten Hering, dem *inlagd sill* (s. S. 51), viele Liebhaber beschert. Wer die vielen Geschmacksrichtungen durchprobieren möchte, sollte bei einer Reise an die Westküste lokale Varianten einkaufen.

Ebenfalls an der Küste halten Räuchereien *(rökerier)* ein überbordendes Angebot an Schalentieren wie Garnelen oder Langusten vorrätig, die ebenso wie Lachs und Forelle häufig geräuchert angeboten werden.

## Knäckebrot

Knäckebrot gilt als das schwedische Brot schlechthin, hat aber längst zahlreichen weiteren Brotsorten Platz gemacht. Auf dem Frühstücksbuffet findet man neben weichen Sesam- oder Mohnbrötchen auch helles Ciabatta nach italienischem oder dunkles Roggenvollkornbrot nach deutschem Rezept. Knäckebrot hat seit mehr als 500 Jahren Tradition in Skandinavien. Die Bauern buken ein- bis zweimal im Jahr aus Roggenmehl, Salz, etwas Hefe- oder Sauerteig und Wasser dünne Fladen mit einem Loch in der Mitte. Neben Roggen kommen auch Mischungen aus Gerste, Hafer, Weizen und Roggen zum Einsatz. Die fertigen Fladenbrote wurden auf eine Holzstange ›gefädelt‹ und zum Trocknen aufgehängt.

*Tunnbröd* (Dünnbrot) wird ähnlich hergestellt wie Knäckebrot, aber nicht

### Gravad lax

Gravad lax kann man sehr einfach selbst herstellen: Eine Lachsseite mit Haut innen mit einer Mischung aus je einem Esslöffel grobem Salz und Zucker sowie einem Teelöffel weißem Pfeffer bestreuen, anschließend fein gehackten frischen Dill darübergeben, fest in Folie wickeln, 36–48 Stunden im Kühlschrank aufbewahren und dabei alle zwölf Stunden wenden. Den ›kalt gegarten‹ Fisch aufschneiden und zusammen mit *hovmästarsås,* einer mit Honig gesüßten Senfsauce, servieren. Für die Sauce zwei Esslöffel mittelscharfen Senf mit je einem Esslöffel Zucker, Weißweinessig und Öl sowie einem Bund gehacktem Dill verrühren, pfeffern.

# Reiseinfos

> **Preiswerter Mittagstisch**
> Zum Lunch gibt es meist ein Komplettangebot zum Festpreis, das neben *dagens rätt* (Tagesgericht) Brot, Salatbuffet, Getränk (Tafelwasser ist immer gratis zum Essen!) und hinterher eine Tasse Kaffee oder Tee einschließt.

getrocknet. Am besten schmeckt es frisch und pur aus dem Holzbackofen, wo es auf einem heißen Stein in zwei bis drei Minuten knusprig bäckt.

## Smörgåsbord

Kulinarischer Höhepunkt der schwedischen Küche ist sicherlich das *Smörgåsbord*, ein reichhaltiges Buffet. Ein ›Butterbrotstisch‹ – so die wörtliche Übersetzung – besteht aus verschiedenen Heringszubereitungen, gebeiztem und geräuchertem Lachs, Garnelen *(räkor)*, rotem Maränenkaviar *(löjrom)*, Salaten, warmen Fleisch- und Fischgerichten, z. B. Rinderbraten, sowie einer Auswahl Desserts.

## Getränke

Von hervorragender Qualität sind die schwedischen Milchprodukte: Neben Milch *(mjölk)*, die auch oft zum Essen getrunken wird, ist das Sauermilchprodukt *fil*, das geschmacklich etwa zwischen Dickmilch und Kefir liegt, zu empfehlen. Eine Morgenmahlzeit aus *fil* mit Müsli oder zerbröseltem Knäckebrot hält lange vor und ist überaus köstlich.

Über die Qualität des alkoholreduzierten Bieres *(lättöl)* sind die Ansichten geteilt, doch ist es gerade für Autofahrer angesichts der Promillegrenze von 0,2 eine gute Alternative.

## Schwedische Küche

Heute zeichnet die gute schwedische Küche aus, dass sie vor allem auf regionale und jeweils jahreszeitlich verfügbare Produkte wie Fisch und Meeresfrüchte, Pilze, Beeren, Wild sowie Elch- und Rentierfleisch zurückgreift und sie schonend verarbeitet. Dabei wird die deftige schwedische Hausmannskost durch Einflüsse aus der französischen und vor allem der mediterranen Küche verfeinert. In Stockholm und Göteborg arbeiten Skandinaviens beste Köche, aber auch Skåne und Öland haben einen guten Ruf.

## Essgewohnheiten

Die Mittagsmahlzeit heißt *lunch* und wird meist zwischen 11.30 und 14 Uhr angeboten. Das Abendessen, *middag*, umfasst in der Regel mehrere Gänge und ist entsprechend teurer, zumal auch gern Wein dazu getrunken wird.

Kaffeetrinken hat in Schweden fast Kultcharakter und wird zu jeder Tageszeit praktiziert. In einigen Cafés und Restaurants kann man sich eine zweite Tasse Kaffee gratis holen *(påtår)*. Das Angebot umfasst inzwischen die gesamte Palette italienischer Kaffeezubereitungen.

## Lebensmitteleinkauf

Selbstversorger finden in den Markthallen der Großstädte ein vielfältiges Angebot vor, auch die Supermärkte sind gut sortiert und bieten frisches Obst aus ganz Europa und Übersee zu jeder Jahreszeit an. Manche Erzeuger verkaufen erntefrische Kartoffeln und Früchte wie Erdbeeren oder Tomaten direkt ab Hof, worauf Schilder am Wegesrand hinweisen.

# Aktivurlaub, Sport und Wellness

Mit seiner wunderschönen Natur ist Schweden das ideale Land für aktive Urlauber. Wandern und Tennis spielen kann man eigentlich überall, ungewöhnlichere Unternehmungen wie Floß- und Ballonfahrten sind vielerorts möglich. Die örtlichen Touristeninformationen sowie Visit Sweden (s. S. 15) geben detaillierte Auskünfte zu den unterschiedlichen Aktivitäten.

## Angeln

Angeln ohne Angelkarte *(fiskekort)* ist nur gestattet an der Küste sowie den großen Seen Mälaren, Vänern, Vättern und Hjälmaren, auch in einigen Städten wie Stockholm (am Strömmen). Eine *fiskekort* kostet ca. 60–250 SEK/Tag, je nachdem, welche Fische geangelt werden. Schon für einen zweiwöchigen Angelurlaub lohnt sich meist eine Jahreskarte (ab 400 SEK).

## Baden

Erquicklich baden kann man im wasserreichen Schweden an vielen Stellen. Zu den schönsten zählen die Sandstrände in Halland, felsige Küstenabschnitte in Bohuslän, Sandstrände entlang der schonischen Ostseeküste, auf der Insel Öland und natürlich die Ufer der unzähligen Seen. Ausgewiesene Badestellen *(badplats),* die von den Kommunen unterhalten werden, sind häufig sehr gut ausgestattet: Stege zum bequemen Einstieg ins Wasser, kinderfreundliche Sandstrände, Toiletten und Umkleidekabinen. Oft können auch die Einrichtungen von benachbarten Campingplätzen mitbenutzt werden. Für Hunde sind Strände tabu!

## Golf

Speziell Südschweden ist mit seinen landschaftlich schön gelegenen, häufig anspruchsvollen Plätzen ein Paradies für passionierte Golfspieler. Da sich Golf fast zu einem Volkssport entwickelt hat, fehlt die elitäre Aura mancher zentraleuropäischer Golfclubs. Vielerorts darf man auch ohne Mitgliedschaft in einem schwedischen Club einlochen.

## Kanufahren

Auf ausgeschilderten Kanurouten mit speziellen Rastplätzen lassen sich entspannt die südschwedischen Kanugewässer entdecken. Beachten sollte man die Regeln des Jedermannsrechts (s. S. 35) und Abstand halten zu Wasservögeln und Nestern. Viele Inseln sind während der Brutzeit gesperrt, Schilder weisen darauf hin.

Wer noch ungeübt ist, findet in den großen Seensystemen von Småland geeignete Kanureviere. Erfahrenere Paddler können mit dem Meereskajak die Schärengebiete der Westküste und der südlichen Ostsee erkunden.

Infos und über 350 Tourenvorschläge mit Kurzbeschreibungen der Kanureviere bietet www.kanotguiden.com (u. a. auf Deutsch). Auf der Website des Kanutenverbands findet man eine Liste anerkannter Veranstalter von Kanureisen: Svenska Kanotförbundet, Rosvalla, 61162 Nyköping, Tel. 0155 20 90 80, www.kanot.com (auch auf Englisch).

## Radfahren

Südschweden bietet ideale Möglichkeiten zum Radfahren. Ausgezeichnet

## Reiseinfos

markierte Radwanderwege und wenig befahrene Nebenstraßen lassen längere und kürzere Touren zum Vergnügen werden. Neben stark befahrenen Straßen wurden häufig Radwege angelegt.

Durch ganz Schweden führt von Helsingborg nach Karesuando der insgesamt rund 9500 km lange Sverigeleden (Schwedenroute). Auch in den einzelnen Provinzen gibt es markierte Radwanderwege. Beliebte Strecken verlaufen entlang der Westküste von Halland und auf Treidelpfaden parallel zum Götakanal. Auskunft und Kartenmaterial ist beim lokalen Turistbyrå erhältlich.

In Südschweden ist die Mitnahme von Fahrrädern in Zügen oft möglich, ansonsten nur die Aufgabe als Gepäck.

Informationen zum Radfahren in Schweden beim Radfahrerverband: www.svenska-cykelsallskapet.se.

## Reiten

Von Ausritten bis hin zu mehrtägigen Trekkingtouren zu Pferd, von Reitkursen bis zu Spezialfortbildungen reicht das Angebot der schwedischen Reiterhöfe. Auch Bauernhöfe mit Pferdehaltung bieten manchmal Reiterferien an. Eine Liste findet man über Bo på

**Wassersport und Wasserspiele – die Seen bieten für beides ideale Bedingungen**

Lantgård (s. S. 26): www.bopalantgard.org.

Informationen zum Reitsport allgemein: Svenska Ridsportsförbundet, Herrskogvägen 2, 73040 Strömsholm, Tel. 0220 456 00, Fax 0220 456 70, www.ridsport.se.

## Wandern

Für Wanderungen in Schweden ist eine zweckmäßige Ausrüstung Voraussetzung: Trekking- oder Wanderschuhe mit solidem Profil für Trittfestigkeit, ein warmer Pullover, Regen- oder Windjacke gegen die Widrigkeiten des Wetters. In fast allen Regionen kann man auf ausgeschilderten Wanderpfaden (z. B. Kinnekulleleden) der Natur näherkommen, häufig liegen sogar Übernachtungshütten am Weg.

Tipps und Kartenmaterial holt man sich am besten vor Ort im Touristenbüro. Auch Naturreservate oder Nationalparks wie Stenshuvud oder Tiveden werden von deutlich markierten Pfaden erschlossen. Nicht nur hier gilt allerdings: Schweden ist im Vergleich zu Mitteleuropa dünn besiedelt und man kann nicht damit rechnen, auf ein bewohntes Haus zu stoßen, wenn man sich verlaufen hat. Unpassierbare Moore, riesige Steinblöcke und tiefe Schluchten prägen große Teile des Landes. Deshalb ist es besser, Karte, Kompass und Fernglas mitzunehmen und nicht von markierten Pfaden abzuweichen.

## Wassersport

Mit seinen zahlreichen Seen und Flüssen und durch die Lage zwischen zwei Meeren bietet Schweden fantastische Bedingungen für Wassersportler. **Segler** haben die Wahl unter mehr als 450

**Wanderkarten**
Wanderer sollten sich topografische Karten der Region besorgen. Die Terrängkarta (im Maßstab 1 : 50 000) gibt Bodenbeschaffenheit und Höhen an. Karten und Wanderkarten sind im Buchhandel erhältlich.

Gästehäfen, ein Verzeichnis ist kostenlos im Hafen erhältlich oder gegen Gebühr per Post nach Bestellung über www.gasthamnsguiden.se.

**Surfer** finden beste Bedingungen an den Stränden der ›schwedischen Riviera‹ in Halland wie Mellbystrand und Skummelövsstrand oder bei Varberg.
**Kanufahren:** s. S. 29.

## Wellness

Der Inbegriff von Wellness ist die Sauna, schwedisch *bastu*. Abgesehen davon findet man aber auch in Schweden moderne Wellnessangebote, z. B. Spa-Hotels in Kurorten wie Ronneby oder Söderköping, an der Westküste in Varberg und Strömstad oder luxuriöse Gutshofhotels in schöner Umgebung auf dem Lande.

## Wintersport

Wintersport ist von Januar bis März, in Hochlagen auch bis Mai möglich, allerdings macht der Klimawandel Wintersportlern oft einen Strich durch die Urlaubsplanung. Die Infrastruktur reicht von gespurten und beleuchteten Langlaufloipen bis zum Einsatz von Schneekanonen. *Sportlov* (Woche 7–10) ist für die Schweden die Zeit für den Winterurlaub, dann herrscht Hochbetrieb in den Wintersportgebieten Mittel- und Nordschwedens.

# Feste und Unterhaltung

## Feste und Traditionen

### Feiern mit Genuss
In Schweden feiert man gern und mit Genuss – fast immer sind kulinarische Spezialitäten mit den Festen verbunden. Man erfreut sich vor allem an der langen Helligkeit der Sommernächte und genießt sie draußen, bei einem Tänzchen auf der Holzveranda oder einem Grillabend am Strand.

### Ostern
Zu Ostern verkleiden sich die Kinder als Hexen und gehen am Gründonnerstag von Tür zu Tür, um Geld und Süßigkeiten zu sammeln. Die kleinen Hexen *(påskkärringar)* tragen Besen, zur Erinnerung daran, dass früher die Hexen zu Ostern mit Besen zum Teufel auf den Berg Blåkulla (den Blocksberg) geritten sind. Auch wenn es seit der Reformation keine Fastenzeit mehr gibt, werden nach dem Dreikönigstag bis Ostern *semlor*, süße, gefüllte Krapfen gegessen, die früher halfen, die lange Fastenzeit zu überstehen.

### Walpurgisnacht
In der Nacht zum 1. Mai *(valborgsmässoafton)* werden Feuer entzündet, um Hexen und böse Geister zu vertreiben, gleichzeitig begrüßt man den Frühling mit Böllerschüssen. Traditionell wird dieses Fest besonders lebhaft in den Universitätsstädten begangen.

### Mittsommer
Eines der wichtigsten Feste im Jahreszyklus feiern die Schweden, wenn die Tage am längsten und die Nächte am kürzesten sind. Man pflückt Blumen, sammelt Birkengrün und schmückt den Maibaum *(majstång)*. Begleitet und gefolgt wird die Aktion oft von Volksmusik- und Volkstanzdarbietungen. Familien und Freunde treffen sich, im Grünen oder im Sommerhaus, bei neuen schwedischen Kartoffeln, diversen Heringszubereitungen, frischen Erdbeeren sowie reichlich Bier und Schnaps.

Die Mittsommernacht ist eine magische Nacht, in der man, wenn man die Rituale kennt, vom Neck, einem Wassergeist, das Violinenspiel erlernen kann. Partnerlose Mädchen sollen in dieser Nacht schweigend auf sieben verschiedenen Wiesen sieben verschiedene Blumen pflücken und das Gebinde unters Kopfkissen legen. Dann träumen sie, wer ihr Zukünftiger wird.

### Krebsessen
Der Hintergrund für dieses Fest, das mit fast rituellem Eifer im August gefeiert wird, sind die im 19. Jh. erlassenen Fangbeschränkungen für Flusskrebse. Diese durften nur während zweier Monate im Herbst gefangen werden. Nachdem die schwedischen Flusskrebsbestände fast ausgerottet waren und der Bedarf vorübergehend durch Importe aus der Türkei, Spanien und den USA gedeckt werden musste, hat man amerikanische Krebse ausgesetzt, die sich gut akklimatisiert und munter vermehrt haben. Bei einer richtigen *kräftskiva* hängt man Papierlampions auf, setzt sich unter Umständen noch kleine Papierhütchen auf, bindet ein Lätzchen vor und vertilgt die leckeren, mit viel Dill gekochten Krebse zusammen mit erheblichen Mengen Aquavit, das Ganze wird begleitet von Trinksprüchen und -liedern.

### Luciafest
Den dunklen Winter erhellt am 13. Dezember die weiß gewandete Lucia mit

ihrem Lichterkranz, den sie auf dem Kopf trägt. Sie bringt *lussekatter*, ein spiralförmiges, mit Safran gewürztes und daher gelbes Hefegebäck mit Rosinen. Traditionell gehört auch *glögg* dazu, eine Art Glühwein. Das Getränk ist meist alkoholfrei, süß-fruchtig und es schwimmen ein paar Rosinen und Mandeln darin. Begleitet wird Lucia auf ihrem Weg durch Schulen und öffentliche Einrichtungen von einem Gefolge, bestehend aus einem Wichtel mit Laterne, Jungfrauen und Sternbuben *(stjärngossar)* mit Spitzhüten auf dem Kopf. Als Chor stimmen sie zusammen das traditionelle Lucia-Lied an und verbreiten Adventsstimmung.

**Weihnachten**

Das Weihnachtsfest *(jul)* wird ähnlich gefeiert wie in Deutschland, allerdings weniger besinnlich und etwas sinnenfroher. Man verzehrt im Kreis der Familie oder im festlich geschmückten Restaurant ein *julbord*, ein besonders üppiges Smörgåsbord (s. S. 28), zu dem auch ein gebackener Schinken *(julskinka)* gehört, bevor der *tomte*, die schwedische Version des Weihnachtsmanns, mit den Geschenken kommt.

## Unterhaltung

Sportveranstaltungen wie Volksläufe und Fahrradrallyes, Märkte, Oldtimertreffen und Stadtfeste sind große Publikumsmagneten und haben auch in Schweden den ganzen Sommer über Hochkonjunktur.

Zudem findet zwischen Mai und Oktober nahezu immer irgendwo ein Musikfestival unter freiem Himmel statt, werden historische Schlösser, Theater und Kirchen zur Kulisse für Aufführungen von Opern und klassischer Musik. Eine Auswahl von Veranstaltungen listet www.musikfestivaler.se.

# Reiseinfos

# Festkalender

**April**
**Walpurgisnacht:** 30. April.

**Mai**
**Tjejtrampet:** Ende Mai/Anfang Juni, Västerås, Radrennen für Frauen.

**Juni**
**Nationalfeiertag:** 6. Juni, überall wird geflaggt und die Dampfboote unternehmen ihre erste Fahrt im Jahr.
**Midsommar:** ein Wochenende in der Zeit zwischen dem 20. und 26. Juni.
**Vättern runt:** Mitte Juni, Fahrradrennen über 300 km um den Vättersee.
**Hultsfredsfestivalen:** Mitte Juni, Hultsfred/Småland, Rockmusik.

**Juli**
**Power Big Meet:** Anfang Juli, Västerås, Oldtimertreffen.
**Apfelmarkt:** Mitte Juli, Kivik.
**Geburtstag von Kronprinzessin Victoria:** 14. Juli, Feier in Solliden, Öland.
**Stockholm Jazzfestival:** Mitte Juli, Stockholm, internationale Stars.
**Emmaboda Festival:** Ende Juli/Anfang August, Pop- und Indie-Bands.

**August**
**Göteborgs Jazzfestival:** Anfang August, heimische Jazzszene.
**Göteborgskalaset:** Mitte August, Göteborg, Stadtfest mit Kulturevents.
**Kulturfestivalen:** Mitte August, Stockholm, Stadtfest mit Kulturevents.
**Malmöfestivalen:** Ende August, Malmö. Höhepunkt des Festes ist die *kräftskiva*, das öffentliche Krebsessen auf dem Markt.

**Dezember**
**Luciafest:** 13. Dezember.

# Reiseinfos von A bis Z

## Alkohol

Getränke mit einem Alkoholgehalt von mehr als 3,5 %, d. h. auch in Mitteleuropa frei verkäufliche Biersorten, sind nur in staatlichen Alkoholläden *(Systembolaget)* erhältlich. Dort gibt es auch hervorragende Importweine und (hoch besteuerte) Spirituosen. Das Mindestalter für Käufer beträgt 20 Jahre.

## Apotheken

Eine Apotheke *(apotek)* findet man flächendeckend in jedem größeren Ort. Wer auf die regelmäßige Einnahme von Medikamenten angewiesen ist, sollte einen Vorrat mitnehmen, denn bei homöopathischen Erzeugnissen wie auch bei starken verschreibungspflichtigen Arzneien kann es Probleme bei der Beschaffung geben.

## Ärztliche Versorgung

Niedergelassene Ärzte gibt es nur wenige in Schweden. Bei akuten Gesundheitsproblemen begibt man sich zur nächsten *akutmottagningen* oder *vårdcentral.* Das sind kommunale Einrichtungen der Gesundheitsversorgung mit Allgemeinmedizinern, Fachärzten und Krankenschwestern. Die Bundesrepublik Deutschland, Österreich und Schweden haben ein Sozialversicherungsabkommen getroffen, es genügt die Mitnahme der Europäischen Versichertenkarte. Außerdem empfiehlt sich aber eine private Reisekrankenversicherung. Sie erstattet in der Regel auch die Kosten der Behandlung, die jeder Schwede zu tragen hat: Vor der Behandlung ist in jedem Fall eine Selbstbeteiligung von ca. 200–300 SEK zu entrichten.

Für Campingurlauber und Wanderer wird eine Schutzimpfung gegen die von Zecken *(fästing)* übertragene Erkrankung FSME empfohlen.

## Diplomatische Vertretungen

**Deutsche Botschaft**
Skarpögatan 9, 11527 Stockholm
Tel. 08 670 15 00, Fax 08 670 15 72
www.stockholm.diplo.de

**Österreichische Botschaft**
Kommendörsgatan 35
11458 Stockholm
Tel. 08 665 17 70, Fax 08 662 69 28
www.algonet.se/~austria

**Schweizerische Botschaft**
Birger Jarlsgatan 64, 10041 Stockholm
Tel. 08 676 79 00, Fax 08 21 15 04
vertretung@sto.rep.admin.ch

## Feiertage

Arbeitsfrei sind 1. Januar, 6. Januar, Karfreitag, Ostermontag, 1. Mai, Christi Himmelfahrt, 6. Juni (Nationalfeiertag), Midsommar (das Wochenende ab Freitag nach dem 20. und vor dem 26. Juni), Allerheiligen (1. Nov.), 24.–26. und 31. Dezember.

## FKK

Einige Strände sind ausdrücklich als FKK-Gebiete deklariert *(naturistbad, nakenbad),* z. B. an der Kattegat-Küste bei Varberg und Mellbystrand. Hüllen-

# Reiseinfos

loses Baden ist an abgelegenen Stellen prinzipiell möglich und üblich, an gut besuchten Familienstränden ist Badekleidung aber durchweg angebracht.

## Geld

**Währungseinheit** ist die schwedische Krone (SEK), 1 Krone besteht aus 100 Öre, kleinste Münze ist das 50-Öre-Stück, in Geschäften wird auf- oder abgerundet. Günstige Kurse beim Geldwechsel erhält man bei FOREX an den großen Flug- und Fährhäfen und Bahnhöfen.

Gängige **Kreditkarten** werden überall akzeptiert und sind als Zahlungsmittel weit verbreitet. Mit EC/Maestro-Karte und Geheimnummer bzw.-Spar-Card der Postbank bekommt man an Geldautomaten *(bankomat)* Bargeld. **Wechselkurs:** 100 SEK = 10,4 € = 14,5 CHF; 1 € = 9,6 SEK; 1 CHF = 6,9 SEK.

## Hunde

Hunde sind dort, wo sie andere Tiere oder Menschen stören könnten, etwa an Badestränden, nicht erwünscht. In der Zeit zwischen 1. März und 20. August gehören sie generell an die Leine.

## Internetzugang

In kaum einem anderen Land der Welt haben so viele Menschen Zugang zum Internet, wie abgelegen sie auch wohnen mögen: Ob öffentliche Bibliothek, größerer Bahnhof, Flughafen oder Hotelfoyer – gratis oder gegen geringes Entgelt lässt sich fast überall gut surfen. Internetcafés sind selbst auf dem Land zu finden, und in den meisten Hotelzimmern ist es möglich, seinen Laptop anzuschließen.

## Jedermannsrecht

Das schwedische *Allemansrätt* garantiert allen Menschen freien Zugang zur Natur. Erlaubt ist es, immer vorausgesetzt, dass die Natur keinen Schaden nimmt, sich überall zu Fuß oder auf Skiern zu bewegen, Gewässer, auch private, zu befahren, an Stränden, die erkennbar nicht zu Privatgrundstücken gehören, zu baden und für kürzere Zeit, allerdings nicht in der Nähe von Häusern, zu zelten. Selbstverständlich sollte man, sofern man ihn ausfindig machen kann, immer den Besitzer des Grundstücks um Erlaubnis fragen.

Verboten ist alles, was der Natur Schaden zufügt bzw. die Privatsphäre anderer stört. Offroadfahren ist ebenso verboten wie Vogelnester ausnehmen, geschützte Pflanzen pflücken, an privaten Stegen oder Bojen Boote vertäuen oder Abfälle in der Natur zurücklassen. Angeln und jagen darf man, bis auf wenige Ausnahmen, nur mit einer entsprechenden Erlaubnis. Beim Paddeln gilt es während der Brutzeit auf am Ufer brütende Vögel Rücksicht zu nehmen. Auf Klippen (die durch die Hitze zerspringen würden) oder in brandgefährdeten Umgebungen darf nie Feuer gemacht werden.

## Kinder

Schweden zählt zu den kinderfreundlichsten Ländern der Welt. Davon zeugen Babywickelräume allerorten, Kinderspielplätze und -spielecken sowie abgesenkte Bürgersteige. Auch Sparangebote für Familien gehören zum Programm, so Gratis- oder vergünstigte Übernachtungen für Kinder. Campinghütten sind eine preiswerte Übernachtungsmöglichkeit, auch Jugendherbergen sind auf Familien eingestellt.

## Reiseinfos

Das Abenteuer Natur ist eigentlich schon Attraktion genug für junge Entdecker. Zudem haben Museen kindgerechte Angebote, vor allem die vielen Freilichtmuseen mit Bauernhoftieren.

## Notruf

Polizei, Krankenwagen, Feuerwehr Tel. 112; Pannenhilfe *(Larmtjänst)* rund um die Uhr Tel. 020 91 00 40.

## Öffnungszeiten

**Banken:** Mo–Fr 9.30–15, Do bis 18, einige bis 17.30 Uhr.
**Geschäfte:** Mo–Fr 9.30–18, Sa bis 14/16 Uhr. Die Supermärkte – ob in Wohngebieten oder auf der ›grünen Wiese‹ – sind Mo–Sa bis 20 oder 22, So 12–16 Uhr, manchmal auch länger geöffnet. *Systembolaget,* der staatliche Alkoholhandel, ist Mo–Mi 9.30–18, Do, Fr bis 19, Sa 10–14 Uhr geöffnet.

## Polizei

Der schwedischen Polizei, *polis,* begegnet man am ehesten im Straßenverkehr. Verstöße gegen die Straßenverkehrsordnung werden mit hohen Strafen belegt, bei Geschwindigkeitsüberschreitungen von mehr als 30 km/h kann das Auto beschlagnahmt werden, Bußgelder sind an Ort und Stelle zu bezahlen, gelegentlich werden auch Kreditkarten akzeptiert.

## Post

Den Brief- und Paketversand erledigt man in Schweden im Supermarkt oder an Tankstellen mit angeschlossenem Postcenter, erkennbar am gelben Posthorn auf blauem Grund. Briefmarken verkaufen auch Kioske oder kleine Läden sowie Touristeninformationsstellen. Briefe und Postkarten innerhalb Europas sind nach Mitteleuropa ca. zwei Tage unterwegs.

## Preisniveau

Die Verbraucherpreise für Lebensmittel liegen etwa 10–15 % höher als in Deutschland, Benzin ist etwa genauso teuer.

## Rauchen

In Schweden ist es selbstverständlich, sich an das Rauchverbot in Restaurants, öffentlichen Gebäuden und Verkehrsmitteln zu halten. Wer das nicht tut, den trifft ein umfassendes System sozialer Kontrolle. In den meisten Unterkünften ist Rauchen ebenfalls untersagt, besonders in *Vandrarhem*.

## Reisende mit Handicap

Im Umgang mit Menschen mit Handicap sind die skandinavischen Länder im Vergleich zum übrigen Europa vorbildlich – sowohl, was die Zugänglichkeit von Sehenswürdigkeiten, Verkehrsmitteln und Unterkünften für Rollstuhlfahrer, als auch, was die Ausstattung von Hütten und Hotelzimmern für Allergiker angeht. Infos: De Handikappades Riksförbund, Katrinebergsvägen 6, 10074 Stockholm, Tel. 08 685 80 00, Fax 08 645 65 41, www.dhr.se.

## Sicherheit

Grundsätzlich ist Schweden ein sicheres Reiseland, aber die Hauptreisezeit ist auch Hauptsaison für Diebe und Trickbetrüger, besonders in touristischen Orten. Zwar ist es erlaubt, wild zu zelten, aber vor allem in der Nähe typischer ›Touristenstrecken‹ wie der E 6/E 20 an der Westküste sollte man auch mit Zelt, Caravan und Wohnmobil zur Übernachtung aus Sicherheitsgründen unbedingt Campingplätze oder für kurze Halte vorgesehene Quick Stops (s. S. 19) anfahren. Wertsachen sollten aus dem Auto mitgenommen werden, auch wenn man es nur kurz verlässt.

## Souvenirs

Glas, Haushaltswaren, alles, was im weitesten Sinne unter das Stichwort schwedisches Design fällt, darf auf keiner Einkaufsliste fehlen. Ein Glas *hjortronsylt* (Multebeermarmelade) sowie Fischzubereitungen, Elchsalami und Rentiertrockenfleisch sind andere Mitbringsel, die Freude bereiten.

## Telefonieren

Telefonieren mit dem Handy ist allgegenwärtig, die Deckung in Südschweden durchweg ausreichend, die Tarife sind fürs Einwählen leider relativ hoch. Preisgünstiger ist es, für sein Handy eine einheimische Karte zu benutzen. Es existieren aber auch noch Münzautomaten der schwedisch-finnischen Telefongesellschaft TeliaSonera, Kartentelefone sind dagegen selten (Karten evtl. im Turistbyrå oder am Zeitungskiosk, dem *pressbyrå*). Weit verbreitet sind orange-rote Telefonautomaten, an denen man mit Münzen, Telefonkarten sowie Kreditkarten telefonieren kann.
**Vorwahlen:** für Schweden 00 46, für Deutschland 00 49, für Österreich 00 43, für die Schweiz: 00 41.

# Reiseinfos

## Trinkgeld

Trinkgeld ist im Beförderungspreis von Taxis oder in der Restaurantrechnung bereits enthalten. Dennoch ist es üblich, den Betrag um ca. 10 % aufzurunden.

## Umgangsformen

In Schweden duzt man sich gewöhnlich. Die informelle Anrede darf jedoch nicht darüber hinwegtäuschen, dass Schweden auf die Einhaltung einer gewissen persönlichen Distanz und einiger Höflichkeitsformen größten Wert legen. Wird man in Schweden eingeladen, sollte man auf die Minute pünktlich kommen und an der Eingangstür zur Wohnung die Schuhe ausziehen. Geeignete Hausschuhe mitzubringen ist durchaus üblich.

*Tack* (danke) findet häufig Anwendung. Nach dem Essen und immer nach einer Einladung bedankt man sich bei den Gastgebern: *Tack för maten* (Danke für das Essen) oder *Tack för ikväll* (Danke für heute Abend). Trifft man seine Gastgeber wieder, und sei es nach Jahren, bedankt man sich erneut: *Tack för senast* (Danke für neulich).

In vielen Einrichtungen, wo es zu Warteschlangen kommen kann, gibt es Automaten, aus denen man eine Nummer zieht; man wartet, bis die Nummer auf einer Anzeigetafel erscheint.

## Zeitungen

Deutschsprachige Zeitungen und Zeitschriften sind in der Saison in den touristischen Zentren meistens mit einem Tag Verspätung erhältlich. Auch die meisten Bibliotheken halten mindestens eine deutschsprachige Tageszeitung, die man im Lesesaal studieren kann.

# Panorama – Daten, Essays, Hintergründe

**Felskulisse inklusive: Fjällbacka in der Provinz Bohuslän an der Westküste**

# Steckbrief Schweden – Der Süden

**Daten und Fakten**
**Fläche:** Gesamtschweden 449 964 km²
**Einwohner:** Gesamtschweden 9,18 Mio. (Tendenz steigend)
**Hauptstadt:** Stockholm (1,89 Mio. Einwohner im Großraum)
**Größte Städte:** Göteborg (879 000 Einwohner), Malmö (604 000 Einwohner)
**Amtssprache:** Schwedisch (im Norden auch Samisch, Finnisch und Meänkieli)
**Zeitzone:** MEZ mit Sommerzeit
**Vorwahl:** +46

## Geografie und Natur
Grob teilt man Schweden in vier Vegetationszonen ein: Im Süden findet sich in einem schmalen Streifen entlang der Küsten die Laubwaldregion, die der mitteleuropäischen ähnelt. Den größten Teil Mittelschwedens nimmt die südliche Nadelwaldregion ein. Hier gedeihen ausgedehnte Mischwälder mit Fichten, Kiefern, Buchen, Eichen, Birken und Espen. Eine Ausnahme bilden die Ostseeinseln Öland und Gotland mit kalkhaltigen Böden und geringen Niederschlägen. Im südschwedischen Hochland liegen ausgedehnte Hochmoore, die entstanden, weil die relativ großen Niederschlagsmengen schlecht abfließen können.

## Geschichte und Kultur
Bis Mitte des 17. Jh. stand der größte Teil Südschwedens noch unter dänischer Oberherrschaft. Mit dem Aufstand unter Gustav Eriksson Vasa kam 1523 der erste Regent aus dem Geschlecht Vasa auf den Thron und nationale Eigenständigkeit, gepaart mit (lutherischem) Protestantismus, nach Schweden. Bekannt sind die trutzigen Vasa-Schlösser mit ihren runden Ecktürmen: Gripsholm, Örebro, Vadstena …

Schwedens Rolle als Großmacht im Ostseeraum endete im Fiasko der aggressiven Expansionspolitik Karls XII. (1718). Die kulturelle Blüte während der Freiheitszeit währte fast das gesamte 18. Jh. und kulminierte in Gustav III., der als ›Theaterkönig‹ der Kultur zur Blüte verhalf. Die Neuordnung Europas beim Wiener Kongress ließ Schweden kaum Besitz auf dem europäischen Kontinent, die Union mit Norwegen wurde 1905 auf dessen Wunsch und von schwedischer Seite friedlich aufgelöst. Seit 1814 hat Schweden keine Kriege mehr geführt, blieb in den Weltkriegen neutral und ist es bis heute.

## Staat und Politik
Schweden ist eine konstitutionelle Monarchie mit parlamentarischer Regierungsform. Staatsoberhaupt ist seit 1973 König Carl XVI. Gustaf, Thronfolgerin seine älteste Tochter Victoria. Die Regierung unter Leitung des Ministerpräsidenten *(statsminister)* konstituiert sich alle vier Jahre nach den Wahlen zum Reichstag. Zuletzt errang 2006 eine bürgerliche Allianz die Mehrheit im Parlament und löste die Sozialdemokraten ab. Schwedens Außenpolitik ist geprägt durch das Engagement in der UNO, es ist Mitglied der EU, gehört aber nicht der Währungsunion

an. Die politische Kultur des Landes ist seit 1932 von der Sozialdemokratie geprägt, die in Schweden ein Modell des Wohlfahrtsstaats entwickelte, das seine Vorbildrolle auch in Zeiten der Globalisierung noch nicht verloren hat.

Das Land ist in 21 Provinzen *(län)* aufgeteilt, die nicht immer mit den historischen Landschaften *(landskap)* übereinstimmen: So ist Småland in Kalmar län, Jönköpings län und Kronobergs län aufgeteilt. Der Provinziallandtag *(landsting)* wird meist gleichzeitig mit dem Reichstag direkt gewählt und ernennt einen Regierungspräsidenten *(landshövding)*. Wichtige Aufgaben der Provinzen sind u. a. das Gesundheitswesen und der Regionalverkehr.

## Wirtschaft und Tourismus

Ein Großteil der schwedischen Wirtschaftskraft resultiert aus den reichen Vorkommen an Holz, Eisenerz und Wasser. Nach einer ernsten Wirtschaftskrise Anfang der 1990er-Jahre weist der schwedische Staatshaushalt heute einen Überschuss auf, Inflations- und Arbeitslosenrate (knapp über 5 %) gehören zu den niedrigsten in Europa.

Schweden ist stark von Exporten abhängig, wichtigste Handelspartner sind Deutschland, Großbritannien, die USA und Norwegen. Ausgeführt werden überwiegend Erzeugnisse der metallverarbeitenden, der Holz-, Zellstoff- und Papierindustrie, der chemischen Industrie sowie der IT-Technologie. Schwedens Ziel, bis 2020 unabhängig vom Öl als Energielieferant zu werden, ist kaum ohne weitere Nutzung der Atomkraft möglich, auch wenn in einer Volksabstimmung 1980 beschlossen wurde, bis 2010 alle Reaktoren stillzulegen. Größte Chancen sieht man in der Nutzung von Windenergie und Biomasse, die inzwischen rund 65 % der erneuerbaren Energien ausmacht. Die Nutzung von Wasserkraft, deren Potenzial noch nicht ausgeschöpft ist, ist aus ökologischen Gründen umstritten.

Der Tourismus trägt etwa 2,8 % zum Bruttoinlandsprodukt bei, Tendenz steigend. Dieser Sektor bietet rund 140 000 Vollarbeitsplätze, vor allem in der Gastronomie. Traditionell machen die Schweden am liebsten Urlaub im eigenen Land, der Inlandstourismus macht rund 77 % aus. Unter den ausländischen Touristen liegen deutsche Besucher nur knapp hinter den Norwegern.

## Bevölkerung und Religion

Süd- und Mittelschweden mit der Hauptstadtregion und dem Mälargebiet sind der am dichtesten besiedelte Teil Schwedens: Hier leben ca. 8,5 Mio. Schweden, also mehr als 90 % der Bevölkerung auf etwa einem Drittel der gesamten Landesfläche. 12 % der Bevölkerung wurden im Ausland geboren.

Der lutherischen Svenska Kyrkan (bis zum Jahr 2000 Staatskirche) gehören ca. 75 % der Bevölkerung an, daneben gibt es u. a. Katholiken, Muslime und Juden. Sehr aktiv sind auch Freikirchen wie Baptisten und Pfingstkirchler.

## Sprache

Schwedisch ist eine nordgermanische Sprache und als solche eng mit dem Deutschen und dem Englischen verwandt. Mit etwas Geduld ist es gar nicht so schwer, Zeitungstexte auch ohne Sprachkenntnisse zu entziffern. Die Aussprache stellt für Lernwillige eher ein Problem dar als Vokabular und Grammatik (s. S. 280).

# Geschichte im Überblick

### Frühzeit

| | |
|---|---|
| ab ca. 12 000 v. Chr. | Altsteinzeit: Nomadisierende Jäger und Sammler leben im heutigen Südschweden nach dem Ende der letzten Eiszeit. |
| ab ca. 4000 v. Chr. | Jungsteinzeit: Getreideanbau und Viehzucht. Überliefert sind zahlreiche Dolmen-, Gang- und Steinkistengräber sowie Keramik. |
| ca. 1800–500 v. Chr. | Bronzezeit: Die Felsritzungen entstehen, Fernhandel mit dem übrigen Europa (Kupfer, Zinn), ausgeprägter Grabkult (Königsgrab Kivik). |
| ca. 500 v. Chr. | Beginn der Eisenzeit: Die Eisengewinnung aus Sumpferz gelingt. |
| 98 n. Chr. | In der »Germania« des Tacitus erste schriftliche Erwähnung der Suiones oder Svear, die in der Region um den Mälarsee leben |
| 6.–7. Jh. | Regionalkönige in Götaland und Svealand, Entstehung der Grabhügel in Vendel und Valsgärde sowie der Königshügel von Gamla Uppsala |

### Wikinger und Waräger

| | |
|---|---|
| um 760 | Gründung der Handelsstadt Birka auf einer Insel im Mälarsee, Handelskontakte bis nach Arabien und China |
| 829–31, 853 | Der fränkische Mönch Ansgar unternimmt Missionsreisen nach Birka. |
| 862 | Nach der Nestorchronik gründen die schwedischen Wikinger (Waräger) Rurik und seine Brüder einen Handelsplatz am Ladogasee. |
| ab ca. 1006 | Christianisierung in Götaland: Ein angelsächsischer Missionar tauft Olof Skötkonung in Husaby, Bischofssitz in Skara (1015). |
| 1164 | Der Bischofssitz zieht von Sigtuna nach Gamla Uppsala. |
| ab ca. 1250 | Das Reich konsolidiert sich, bestehend aus Finnland und etwa dem heutigen Schweden ohne Skåne, Blekinge, Halland und Bohuslän (die zu Dänemark gehören). |
| 1336 | Magnus Eriksson wird in Stockholm zum König gekrönt. |
| 13. Jh. | Kontakte zu den Kaufleuten der Hanse, die entscheidenden Einfluss auf Wirtschaft, Politik und Kultur erlangen |

### Unter dänischer Herrschaft

| | |
|---|---|
| 1397 | Kalmarer Union aus Dänemark, Schweden und Norwegen unter Führung der dänischen Königin Margarete |

| | |
|---|---|
| **1434–1436** | Aufstand gegen die Dänen im Bergbaugebiet Bergslagen unter Führung des Kleinadligen Engelbrekt Engelbrektsson. Nach Streitigkeiten innerhalb der Aufständischen wird er ermordet. |
| **1520** | Stockholmer Blutbad: Der dänische König Christian II. lässt die führenden Adligen Schwedens hinrichten. |
| **1523** | **Vasa-Dynastie**<br>Das Land wird selbständig, als Gustav Vasa die Macht übernimmt und den Staat reformiert. |
| **1527** | Gustav Vasa enteignet faktisch die Römische Kirche und schafft gegen den Widerstand der Provinzen eine zentrale Landesverwaltung. |
| **1561** | Unter Erik XIV. Vasa Anschluss von Reval (Tallinn) an Schweden |
| **1630** | Unter König Gustav II. Adolf steigt Schweden zur Großmacht auf und beteiligt sich am Dreißigjährigen Krieg. 1632 fällt der König in der Schlacht von Lützen. Nachfolgerin wird seine sechsjährige Tochter Kristina, ihr Vormund wird Reichskanzler Axel Oxenstierna. |
| **1645** | Im Frieden von Brömsebro, dem Westfälischen Frieden und anderen Friedensschlüssen erhält Schweden ungefähr seine heutigen Ausmaße. |
| **1654** | Königin Kristina dankt ab und konvertiert zum Katholizismus. Nachfolger wird ihr Vetter Karl X. Gustav (von Pfalz-Zweibrücken). |

**In Kalmar erinnern Skulpturen an die 1397 geschlossene ›Kalmarer Union‹**

## Großmachtzeit

**1650–1680** Die im Dreißigjährigen Krieg zu Reichtum gekommenen Adligen holen Baumeister und Künstler ins Land.

**1680** Reduktion: König Karl XI. entzieht zur Deckung der Ausgaben für militärische und zivile Staatsaufgaben den Adligen einen Teil ihrer Besitzungen und verteilt sie um auf Adel, Staat und Bauern.

**1697–1718** Unter Karl XII. führt Schweden Kriege gegen Russland, Polen und Dänemark. Das Ergebnis ist Schwedens Verlust seiner Vormachtstellung.

## Freiheitszeit und Beginn der Dynastie Bernadotte

**1719/20** Eine Verfassungsreform stärkt die Macht des Reichstags.

**1771–1786** Vergebliche Versuche der Könige, die Macht des Reichstags einzuschränken und ihre Macht zu steigern, Wirtschaft und Kultur blühen.

**1792** Attentat auf den ›Theaterkönig‹: Gustav III. wird auf einem Maskenball schwer verletzt und stirbt einige Wochen später.

**1818** Dynastiewechsel: Jean Baptiste Bernadotte, ein früherer Marschall Napoleons, wird vom Reichstag zum König Karl XIV. Johan gewählt.

**1856** Bei Örebro wird die erste Eisenbahnstrecke eingeweiht.

**1856/66** Ein Zweikammerparlament ersetzt das Ständeparlament.

**1889** Gründung der Sozialdemokratischen Partei

**19. Jh.** Starkes Bevölkerungswachstum und mehrere Auswanderungswellen. Um 1900 leben mehr als 5,1 Mio. Menschen in Schweden.

**1905** Die Union mit Norwegen wird auf dessen Wunsch aufgelöst. Friedliche Lösung des Konflikts auf schwedischer Seite.

**1907** Allgemeines Wahlrecht für Männer (für die Zweite Kammer)

**1909** Ein Großstreik endet mit einer Niederlage für die Gewerkschaften.

**1914–1918** Erster Weltkrieg. Das neutrale Schweden erlebt einen wirtschaftlichen Aufschwung mit dem weltweiten Export von Industrieerzeugnissen wie Eisen, Stahl, Streichhölzer und Kugellager.

**1919** Wahlrecht für Frauen (für die Zweite Kammer)

## Sozialdemokratie, UN-Engagement und Wohlfahrtsstaat

**1920–1932** Der Sozialdemokrat Hjalmar Branting wird Regierungschef. Bis 1932 erlebt Schweden, das von der Weltwirtschaftskrise hart getroffen wird, eine Reihe wechselnder Minderheitsregierungen.

**1932–1946** Unter dem Sozialdemokraten Per Albin Hansson entwickelt sich Schweden zu einem Sozialstaat mit Modellcharakter.

**1939–1945** Im Zweiten Weltkrieg bleibt Schweden neutral, gestattet aber deutsche Transporte ins besetzte Norwegen. Gleichzeitig engagiert sich Schweden humanitär und nimmt zahlreiche Flüchtlinge auf.

**1946** Tage Erlander übernimmt die Führung der Sozialdemokraten.

**1961** UN-Generalsekretär Dag Hammarskjöld stirbt bei einem Flugzeugabsturz während seiner Friedensmission im Kongo.

**1968–1970** Die USA brechen die diplomatischen Beziehungen wegen Schwedens Ablehnung des US-Militäreinsatzes in Vietnam ab.

**1969** Olof Palme wird nach dem Tod von Tage Erlander Regierungschef.

**1973** Krönung von Carl XVI. Gustaf zum König

**1986** Ermordung von Ministerpräsident Olof Palme auf offener Straße

**1994** Nach drei Jahren konservativer Regierung bilden die Sozialdemokraten eine Minderheitsregierung mit Duldung durch eine grüne Partei.

## Schweden in der EU

**1995** EU-Beitritt nach knapp positiv entschiedener Volksabstimmung

**1996** Harte Einschnitte in der Sozialpolitik helfen, den Staatshaushalt zu konsolidieren. Göran Persson wird Ministerpräsident.

**2000** Eröffnung der Brücke über den Öresund

**2003** Ablehnung des Euro als Währung in einer Volksabstimmung; wenige Tage zuvor Mord an der schwedischen Außenministerin Anna Lindh

**2006** Regierungswechsel: Nach zwölf Jahren Sozialdemokratie regiert eine Allianz aus vier bürgerlichen Parteien unter Fredrik Reinfeldt.

**2010** Kronprinzessin Victoria heiratet. Ein neuer Reichstag wird gewählt.

# Vom Eise befreit – Schwedens Geburt aus Feuer, Eis und Wasser

**Überall in Schweden trifft man auf Spuren der Erdgeschichte:** glatt geschliffene Felsen an der Westküste oder Blocksteine im Trollwald des Nationalparks Tiveden, Tafelberge wie den eigenartigen Kinnekulle in Västergötland oder skurril geformten ›raukar‹ auf der Insel Öland.

Mehr als 600 Mio. Jahre ist es her, dass Vulkanausbrüche das heutige Skandinavien erschütterten. Erkaltete Magmaströme in der Tiefe der Erde werden zu Granit, neben Gneis die harte ›Grundlage‹ des Landes. Dieser durch Erosion im Lauf der Jahrmillionen nahezu eben abgetragene Sockel aus Urgestein tritt noch immer an vielen Stellen als nackter Fels an die Oberfläche.

## Tropische Korallenriffe

Ein paar hundert Millionen Jahre später verschwand das Land unter einem tropischen, von Mangrovenwäldern gesäumten Urmeer, dessen Sedimente unter hohem Druck zu Sandstein, Kalkstein und Schiefer gepresst wurden. Die dicken Kalksockel der Inseln Öland und Gotland sowie die Plateauberge südlich des Vänersees zeugen im sonst kalkarmen Schweden von dieser Epoche der Erdgeschichte, als Skandinavien am Äquator lag; die bizarr geformten *raukar* an Ölands Küste sind sogar Reste von Korallenriffen.

## Von der Eiszeit geprägt

Mehr als alles andere hat die letzte Eiszeit ihre Spuren in der schwedischen Landschaft hinterlassen. In mindestens drei aufeinanderfolgenden Schüben – jeweils unterbrochen durch Warmzeiten – wuchsen vor etwa 100 000 Jahren ausgehend von den Fjällregionen im heutigen Norwegen und Nordschweden die Gletscherzungen als Folge von Klimaveränderungen nach allen Seiten bis tief nach Mitteleuropa hinein.

Vor 15 000 Jahren lag Skandinavien erneut unter einem 2–3 km dicken Eispanzer, der mit immensem Gewicht auf das Land drückte. Darunter gurgelte und wirbelte es und das Gletscherwasser schnitt die charakteristischen Muster in das Urgestein aus Granit und Gneis: Gletschermühlen (*jättegrytor*), die durch im Wasser rotierende Steine (*löparstenar*) ausgehöhlt wurden, und mächtige Schürfrinnen dokumentieren die Kraft des Wassers.

Vor rund 12 000 Jahren begann der Eispanzer von Südwesten her abzuschmelzen. Wo dieser Vorgang vorübergehend zum Stillstand kam, lagerten die Schmelzwasser am Gletscherrand Moränen ab, hinterließen Findlinge und kilometerlange Kiesdämme (*oser*) bzw. Geröllhalden (*klapperstensåsar*). Markante Beispiele sind die weit in den Vänersee ragende schmale Landzunge

**Felsen, die Erdgeschichte erzählen: Stockholmer Archipel**

Hindens rev und ihr Pendant auf der gegenüberliegenden Seeseite in Värmland, Hjortens udde.

Das Schmelzwasser sammelte sich in einem riesigen Eisstausee. Dieser Vorläufer der heutigen Ostsee war zunächst ein reiner Süßwassersee. Landbrücken trennten ihn von der späteren Nordsee, so bestand eine Verbindung zwischen der heutigen dänischen Insel Seeland und Skåne. Schließlich verschwand – mit dem Rückzug des Eises nach Norden und dem Anstieg des Wasserspiegels – das ganze heutige Mittelschweden unter den Wassermassen des sogenannten Yoldiameeres. Der Name ist von einer kleinen Muschelart abgeleitet, deren Schalen in den Sedimenten besonders häufig zu finden sind. Meerestiere konnten nach Osten einwandern – die Lehm- und Tonablagerungen am Boden des Yoldiameeres sorgen für die hohe Bodenfruchtbarkeit in der mittelschwedischen Senke. Sie bescherte der Mälarregion eine frühe Besiedlung und sorgt dort bis heute für eine hohe Bevölkerungsdichte.

### Daten und Fakten
**Schwedens tiefster Punkt:** Nosabyviken bei Kristianstad im Vattenriket (Skåne) mit 2,40 m unter dem Meeresspiegel
**Schwedens höchster Punkt:** Kebnekaise (Lappland) 2097 m (Nordgipfel ohne Gletscher), 2104 m (Südgipfel mit Gletscher)
**Landhebung:** Skåne 0 bis –1 mm, Stockholm +4 mm, Nordschweden +7 mm pro Jahr
**Küstenlänge:** insgesamt 3218 km
**Inseln:** ca. 150 000
**Binnenseen:** Väner 5585 km² (Europas drittgrößter See), Vätter 1914 km², Mälaren 1409 km² (zum Vergleich Bodensee: 536 km²)

**Markant: Hovs hallar in Skåne**

## Landhebung im Norden

Das vom Gewicht des Eises befreite Land hebt sich noch immer, mit der Folge, dass beispielsweise die Schäreninseln vor Stockholm immer größer werden und neue Landbrücken entstehen. Weiter südlich ist die Hebung weniger stark, und ganz im Süden, in Skåne, senkt sich das Land in einer Art Kippbewegung sogar wieder – um rund 1 mm pro Jahr. Die Erwärmung des Erdklimas, das Abschmelzen der Polkappen und damit verbunden der weltweit steigende Meeresspiegel werden vermutlich dazu führen, dass in den nächsten 100 Jahren die Landhebung in Mittelschweden kaum noch spürbar oder recht gering sein wird. Doch anders als die Bewohner flacher Inseln oder die Anrainer niedriger Küsten wie Niederländer oder Dänen sind die meisten Schweden dank der Landhebung wenigstens vor Überschwemmungen aufgrund steigender Meeresspiegel sicher.

# Luchs, Bär und Wolf

Auch wenn sie in Mitteleuropa Seltenheitswert haben: Elch und Bär stehen in Schweden nicht unter Naturschutz. Auf der Roten Liste steht dagegen der Luchs, dem man aber – wie Wolf und Bär – nicht in Südschweden, sondern allenfalls in Värmland und nördlich von Stockholm in freier Wildbahn begegnen kann. Generell haben sich die Bestände der einst nahezu ausgerotteten Raubtiere aber erholt. In Värmland ziehen alljährlich im Winter sogar wieder Jäger aus, um zum Abschuss freigegebene Tiere zu erlegen.

melschwanz ist die größte europäische Wildkatze. Knapp 1500 der als Einzelgänger lebenden Raubtiere hat man in Schweden gezählt, wobei die immensen Reviergrößen und die Wanderlust der Tiere die genaue Erfassung der Bestände schwierig machen. Der Luchs lebt versteckt im Wald, seine behaarten Samtpfoten sind bestens ausgerüstet, um auch auf einer geschlossenen Schneedecke geräuschlos vorwärtszukommen. Eine gute Gelegenheit, der in ihrem Bestand gefährdeten wilden Katze auf den Pelz zu rücken, ist ein Besuch im Tierpark Nordens Ark (s. S. 123).

## Scheuer Luchs

Auf Schwedisch heißt er *lodjur* – der Luchs mit seinen charakteristischen Pinselohren und dem schwarzen Stum-

## Schreckgespenst Wolf

Im letzten Winter blies die Jägerschaft in Värmland einmal mehr zur Wolfsjagd. Auch Wölfe sind Wanderer zwischen den Welten, besonders an der Grenze nach Norwegen. Ihre Zahl überschreitet allerdings kaum einige Hundert, wenn auch mit steigender Tendenz. Dass sie dennoch gejagt werden, hat mit der Rivalität zwischen Mensch und Raubtier zu tun. Wölfe gelten als ausgezeichnete Elchjäger. Die menschlichen Interessenten an dieser Beute rechnen regelmäßig vor, ein Wolfsrudel bringe 100 Elche im Jahr zur Strecke. Genauso wild auf den Wolf sind die Renbesitzer in Nordschweden, die ihre Existenz durch Attacken der Wölfe auf ihre Rentierherden gefährdet sehen. Kanuten im Värmland werden jedoch kaum einem Isegrimm begegnen, die Wolfsrudel halten sich allenfalls im Winter im südlichen und westlichen Schweden auf. In Skånes Djurpark bei Höör (s. S. 146) und in Kolmårdens Djurpark (s. S. 219) kann man dagegen nachts die Wolfe heulen hören.

**Nationalparks**
Schweden hat als erstes Land in Europa Nationalparks eingerichtet: 1909 waren es gleich neun, vor allem im Norden, u. a. Abisko und Sarek, aber auch Gotska Sandön und Ängsö in den Stockholmer Schären. Zusammen machen Nationalparks und Naturreservate ca. 10 % der Landesfläche aus. Von Schwedens 29 Nationalparks liegen etwa ein Dutzend im Süden, meist sind es kleinere Gebiete. Die größten Flächen bilden die lappländischen Nationalparks, wahre Wildnisgebiete. 2009 wurde Schwedens erster mariner Nationalpark Kosterhavets Nationalpark eingeweiht; er liegt östlich und südlich der Koster-Inseln an der Westküste und grenzt an einen norwegischen Nationalpark.

**Kein Spieltier: der Braunbär**

## Der Bär ist los

Südschweden ist nicht gerade das richtige Gebiet, um in freier Wildbahn auf Bärenpirsch zu gehen. Weiter nördlich, in Dalarna und in Jämtland, trifft man Bären dagegen inzwischen in zunehmender Zahl an: Die Bestände steigen, sodass im Jahr 2004 rund 100 Bären erlegt wurden.

Die bis zu 300 kg schweren Braunbären weichen Begegnungen mit Menschen in der Regel aus, doch angeschossene oder im Winterschlaf gestörte Tiere oder Bärinnen mit Jungen haben schon Menschen attackiert. Wer nördlich von Stockholm bis ans Nordende des Siljansees reisen möchte, findet im Grönklitts Björnpark bei Orsa eines der schönsten Bärengehege überhaupt.

# Alternativen zur Landflucht – die Fischfabriken auf Klädesholmen

**Die kleine, vor Tjörn gelegene Insel Klädesholmen: blank geschliffene Felsen, weiße Steinhäuschen, winzige Holzhütten, eine Brücke, an der Boote vertäut liegen. Dahinter sollen sich Fischkonservenfabriken verbergen? Kaum vorstellbar, aber wahr. Die kleinen Hallen, die sich nahtlos in die Idylle einfügen, verbergen voll durchrationalisierte Unternehmen, in denen die Produktionsprozesse strikter Arbeitsteilung unterliegen.**

Früher wurden die Heringe von einheimischen Fischern gefangen und direkt auf dem Steg – dort, wo heute die Boote liegen – ausgenommen und filetiert, bevor sie eingelegt und schließlich verpackt wurden; die Abfälle landeten einfach im Wasser. Heute ist das Verfahren internationaler, auch rationeller: Der Fisch stammt aus norwegischen oder dänischen Fanggründen, wobei der norwegische, der fetter ist und deshalb die Gewürze besser aufnimmt, wesentlich beliebter ist. Die Klädesholmer Fabrikanten versorgen die Fischer mit ihren – natürlich streng geheimen – Gewürzmischungen, die diese dann zusammen mit den filetierten Heringen in große Tonnen füllen. Damit der Fisch die Gewürze gut annimmt und gleichmäßig reift, müssen die Behältnisse regelmäßig bewegt, d.h. gerollt werden. Der gesamte Vorgang dauert mehrere Monate. Ist der Reifeprozess abgeschlossen, werden die Fischtonnen bei den Klädesholmener Fabriken angeliefert, wo der Fisch zurechtgeschnitten, in Dosen oder Gläser gefüllt und mit Lake bedeckt wird.

Im Laden vor Ort kann man die lokal produzierte Ware günstig einkaufen. Vor Midsommar schnellen die Verkaufszahlen in die Höhe, denn eingelegter *matjessill* mit neuen Kartoffeln und saurer Sahne gehört unverzichtbar zu einer zünftigen Feier.

**Fischkonservenindustrie heute**
Um 1950 gab es 25 Fischkonservenfabriken auf Klädesholmen und rund 150 Fischer. Heute existieren nach einem Zusammenschluss von drei Produzenten 2002 noch zwei Fabriken. Trotz Mechanisierung und computergesteuerter Produktion arbeiten noch 100 Personen in der *Sill*-Produktion. Erstaunlich: Der Marktanteil der Klädesholmer Heringskonservenindustrie ist gestiegen – etwa 50 % aller schwedischen *matjessill* stammen von hier.

# Die Wikinger – Seefahrer, Entdecker, Händler

**Fast zwei Jahrhunderte lang hielten die Wikingerzüge das christliche Abendland in Atem: Die verheerenden Überfälle auf Klöster und Städte, bei denen seefahrende Nordeuropäer reiche Beute machten, prägen bis heute das Bild vom Wikinger als gewalttätigem Barbaren.**

Als Beginn der Wikingerzeit ist in den Chroniken das Jahr 793 verzeichnet, als das Kloster Lindisfarne an der Küste Nordostenglands überfallen wurde. Im Jahr 843 erreichten die Wikingerzüge Nantes, 844 Sevilla, 845 Paris und Hamburg, 860 Konstantinopel, 881 Köln, Mainz, Aachen und Worms. Die zeitgenössischen Berichte über die Überfälle stammen vor allem von christlichen Chronisten. Häufig waren es Missionare, deren Bekehrungsversuchen sich die Wikinger massiv widersetzten und deren Klöster sie ausraubten und niederbrannten. Dass die Äußerungen jener, die direkt von den Überfällen betroffen waren, nicht freundlich gewesen sein können, ist nur allzu verständlich.

## Händler und Seefahrer

Arabische Quellen berichten von den Fähigkeiten der Wikinger als Händler und Politiker. Sie gründeten blühende Handelsstützpunkte wie Birka im Mä-

**Die Kämpfer von einst in Szene gesetzt: bei einem der vielen Wikingerfeste im Land**

larsee (s. S. 251) oder Haithabu an der Schlei, das ein maurischer Gesandter Ende des 10. Jh. als reichste Stadt des Nordens bezeichnete. In riesigen Hafenanlagen wurden Waren umgeschlagen und zum Weitertransport vorbereitet. Kaufleute aus aller Herren Länder trafen sich zum einträglichen und einvernehmlichen Austausch von Waren – sie handelten mit Sklaven, mit Salz aus Frankreich, Seide aus dem Orient, Luxuswaren aus Byzanz, Zinn aus England und Elchgeweihen aus Lappland. Bezahlt wurde mit Silber.

## Amerikas Entdecker

In der Schiffsbautechnik waren die Nordeuropäer ihren Zeitgenossen weit überlegen und entwickelten je nach Zweck verschiedene Schiffstypen. Die Segelschiffe konnten bei Bedarf auch gerudert werden und hatten zudem einen extrem flachen Kiel, was eine rasche Landung am Strand erleichterte. Die Wikinger befuhren mit schnellen, seetüchtigen Segelschiffen die Nord- und die Ostsee sowie die großen Flüsse Mitteleuropas. Wikinger aus dem heutigen Norwegen und Dänemark gründeten in Südengland das Königreich Danelag, entdeckten Island (874) und Grönland (986) und betrieben von dort aus Handel. Lange vor Christoph Kolumbus segelten sie in die Neue Welt und gründeten eine Niederlassung in Neufundland. Wikinger aus Schweden, Waräger genannt, machten sich auf in Richtung Süden und Osten, trieben Handel, verdingten sich in Byzanz als Leibwächter und gründeten Städte, darunter die heutige Hauptstadt der Ukraine, Kiew. Während die Männer ›auf Wiking‹ fuhren, versorgten die Frauen daheim mithilfe von Sklaven die Höfe.

**Wo Sie unterwegs mehr über die Wikinger erfahren**
**Foteviken bei Malmö:** Nachbau eines Wikingerdorfs, bewohnt von zeitgenössischen ›Wikingern‹, im Sommer diverse Veranstaltungen zum Thema (s. S. 82).
**Eketorp auf Öland:** Nachbau einer Burganlage, Alltagsleben der Wikingerzeit, Museum, Veranstaltungen, Führungen im Sommer (s. S. 175).
**Birka:** Handelsplatz der Wikinger auf einer Insel im Mälarsee, im Sommer Führungen zu den Ausgrabungen, Museum (s. S. 251).
**Historiska Museet, Stockholm:** Gut inszenierte Dauerausstellung mit einem hervorragenden Überblick über die Wikingerzeit (s. S. 238).

## Kunst der Wikinger

Zahlreiche Runensteine berichten von den Fahrten der Wikinger und sind damit auch wichtige historische Zeugnisse. Der in Runenschrift verfasste Text ist oft integriert in eine stark stilisierte, bandförmige Tierdarstellung. Von der hohen Qualität der Metallkunst zeugt besonders der Silberschmuck, den man in Gräbern oder bei Ausgrabungen fand. Verziert wurde er, wie auch Waffen und Gebrauchsgegenstände, mit geometrischen Ornamenten, Flechtwerk- und Tiermotiven. Im 11. Jh. nahmen die Wikingerzüge ein Ende, vermutlich, weil sich Reiche konsolidiert hatten, die sich gegen die Angriffe zu wehren wussten. Denn die Raubzüge der Wikinger hatten wohl auch deshalb so viel Erfolg, weil sie politische Instabilität ausnutzten.

# Gustav III. – Leben und Sterben des ›Theaterkönigs‹

Gustav III. ist eine der schillerndsten Persönlichkeiten der schwedischen Geschichte: ein machtbewusster Herrscher, der dennoch mit den Ideen der französischen Aufklärung sympathisierte. Die schönen Künste faszinierten ihn und er förderte das Geistesleben im armen Agrarland Schweden wie vor ihm kein anderer. Folgerichtig wird nach dem Neffen Friedrichs des Großen eine ganze Epoche ›Gustaviansk‹ genannt.

Am 19. August des Jahres 1772 beendete Gustav III. (1746–92) durch die Verhaftung des Reichsrats die fast 50 Jahre währende Freiheitszeit, in der sich die Anfänge des Parteienwesens herausgebildet hatten und der Monarch zum bloßen Repräsentanten degradiert worden war. Gustav III. erhob sich zum absoluten Herrscher, führte aber auch Reformen wie die Bestätigung der Pressefreiheit, die Humanisierung des Strafvollzugs und die Religionsfreiheit für Ausländer durch. In einem zweiten ›Staatsstreich von oben‹ beschnitt er 1786 wichtige Adelsprivilegien und machte sich endgültig zum absoluten Alleinherrscher.

## Förderer der Kunst

Wie viele andere europäische Herrscher jener Zeit förderte Gustav III. kulturelle Einrichtungen. Er befahl 1772 den Bau eines Opernhauses, für das er, selbst ein recht begabter Dramatiker, ein Libretto verfasste. 1771 gründete er die Musikakademie, 1773 die Akademie der Schönen Künste, 1786 die Schwedische Akademie, 1787 das Nationaltheater. In den Schlössern Drottningholm und Gripsholm ließ er Theater einrichten, die größtenteils originalgetreu erhalten sind.

## Gewaltsamer Tod

Die gustavianische Zeit brachte bedeutende Künstler wie die Maler Carl Gustaf Pilo und Alexander Roslin hervor, außerdem den Bildhauer Johan Tobias Sergel, der die Statue Gustavs III. vor dem Stockholmer Schloss schuf. Es entstanden zahlreiche Herrensitze – ausgestattet von schwedischen Innenarchitekten und Kunsthandwerkern.

Am 16. März 1792, ein halbes Jahr, nachdem er sich an einem Rettungsversuch für den französischen König Ludwig XVI. und dessen Gattin Marie-Antoinette beteiligt hatte, wurde der beim Adel nicht eben beliebte Monarch während eines Maskenballs in der Stockholmer Oper angeschossen, 13 Tage später erlag er im Alter von 46 Jahren seinen Verletzungen. Das Attentat lieferte die historische Vorlage für Verdis »Maskenball« – ein wahrhaft würdiges Denkmal für einen Liebhaber der schönen Künste.

**Herrscher mit Kunstsinn: Gustav III.**

# Kapital für eine gute Sache – Alfred Nobel und sein Preis

**Jedes Jahr im Herbst steht sein Name wieder in den Schlagzeilen, und einige Wochen später, am 10. Dezember, blickt die Welt nach Stockholm, wenn der schwedische König in einer feierlichen Zeremonie im Konserthuset die Nobelpreise verleiht. Doch wer war der Stifter der berühmten, hoch dotierten Preise?**

Alfred Nobel, 1833 in Stockholm geboren, war Erfinder und Chemiker. Der Erfindergeist und das Interesse an Chemie lagen offenbar in der Familie: Sein Vater hatte die See- und Landminen erfunden, sein älterer Bruder ein Vermögen mit der Erschließung der Erdölfelder von Baku gemacht. Als Erfinder des Dynamits, für das er 1867 das Patent erwarb – eines von 355, die er besaß –, und als Herr über ein weltweites Firmenimperium reich geworden, war Alfred Nobel dennoch nicht glücklich. Als Misanthropen und Melancholiker beschreiben ihn Freunde wie die spätere Friedenskämpferin Bertha von Suttner. Anders als sie war Alfred Nobel der Überzeugung, gerade die abschreckende Wirkung der Sprengwaffen würde die Menschheit eines Tages zur Einsicht und der Welt Frieden bringen.

## Nobels Vermächtnis

Sein Vermögen einer guten Sache zu stiften, war der Wunsch des – nach einer Romanze mit Bertha von Suttner – unverheiratet und kinderlos gebliebenen Großindustriellen, eines der reichsten Männer seiner Zeit. So verfügte er in seinem Testament, dass die Jahreszinsen aus dem riesigen Vermögen, das er mit der Sprengstofffabrikation erwarb, alljährlich in fünf Teile geteilt und damit Leistungen auf den Gebieten Physik, Chemie, Medizin und Literatur honoriert werden sollten. Der fünfte Teil sollte an den gehen, »der am meisten oder am besten für die Verbrüderung der Völker und die Abschaffung oder die Verminderung der stehenden Heere sowie die Anordnung und Förderung von Friedenskongressen gewirkt hat«. Diesen Preis nennt man heute Friedensnobelpreis.

1901 wurden die ersten Nobelpreise verliehen, bis heute stets an Alfred Nobels Todestag, dem 10. Dezember. Noch immer wird die Bekanntgabe der Preisträger alljährlich gespannt erwartet. Die Entscheidung fällt ein Gremium aus Mitgliedern der Schwedischen Akademie der Künste bzw. der Wissenschaft, mit Ausnahme des Friedensnobelpreises. Ein Preis für Wirtschaft war übrigens von Nobel nicht vorgesehen – er wurde 1968 von der Schwedischen Reichsbank ins Leben gerufen und wird auch von dieser finanziert.

## Preisverleihung in Oslo

Der Friedensnobelpreis lag dem Stifter besonders am Herzen. Dass er in Oslo verliehen wird und nicht wie die anderen Preise in Stockholm, ist in der bis 1905 bestehenden Union zwischen Schweden und Norwegen begründet. Sie existierte noch, als Nobel sein Testament schrieb. Darin verfügte er, dass fünf Mitglieder des norwegischen Parlaments Storting den Friedensnobelpreisträger bestimmen sollten. Die trotz Säbelrasselns letztendlich friedliche Auflösung der schwedisch-norwegischen Union 1905 war sicherlich ganz in Alfred Nobels Sinne.

**Der Alternative Nobelpreis (Right Livelihood Award)**
Einen neuen Nobelpreis – für ökologische und soziale Projekte – wollte der Philatelist und schwedische Politiker Jakob von Uexkull stiften. Das Nobelkomitee lehnte jedoch ab. So organisierte Uexkull die Sache selbst. Finanziert wird der seit 1980 vergebene Right Livelihood Award (»Preis für gute Lebensführung«), salopp auch Alternativer Nobelpreis genannt, aus dem Erlös von Uexkulls Briefmarkensammlung. Der Preis wird in der Regel auf vier Preisträger aufgeteilt. Er geht an Organisationen oder Bewegungen, häufig aus Entwicklungsländern, die sich der Konzeption von Modellen für ein menschenwürdiges Leben widmen. Astrid Lindgren, die den Preis 1994 erhielt, ist wohl bis heute die bekannteste Preisträgerin.

**Fast jedes Kind kennt Pippi Langstrumpf und viele auch ihre ›geistige Mutter‹, Astrid Lindgren. 1945 erschien der erste Band der Pippi-Langstrumpf-Reihe. Die Geschichte des eigensinnigen, anarchistischen, autonomen und starken Mädchens löste zunächst Proteststürme aus, u. a. seitens der Lehrergewerkschaft. Die insgesamt über 100 Bücher der Schriftstellerin sind heute in mehr als 70 Sprachen übersetzt.**

## Keine heile Kinderbuchwelt

Hervorstechendste Merkmale der Kinder- und Jugendbücher von Astrid Lindgren sind ihr emanzipatorischer Charakter und ihr Respekt vor der kindlichen Autonomie. Astrid Lindgren beschreibt starke und selbständige Kinder in einer Welt, die sowohl reale als auch fantastische Züge hat. Dabei spart sie, wie in »Die Brüder Löwenherz« und »Ronja Räubertochter«, existenzielle Erfahrungen wie den Tod oder Trennung von den Eltern und das Böse bewusst nicht aus. Astrid Lindgren war immer der Meinung, und zwar lange, bevor diese Ansicht in den 1980er-Jahren populär wurde, dass Kinder derartigen Erfahrungen durchaus gewachsen seien und z. B. Märchen eine Möglichkeit böten, sich mit ihnen auseinanderzusetzen.

## Politisches Engagement

Auch durch politische Äußerungen tat sich Astrid Lindgren hervor. 1976 erschien in einer Boulevardzeitung »Pomperipossa in Monismanien«. Die Satire über eine Schriftstellerin, die 102 % Steuern zahlen sollte, trug nicht unwesentlich zum Sturz der sozialdemokratischen Regierung bei. In den 80er-Jahren beeinflusste Astrid Lindgren mit zahlreichen Artikeln in schwedischen Tageszeitungen auch die öffentliche Meinung zum Thema Tierschutz maßgeblich. Als im Jahr 1988 ein neues Tierschutzgesetz verabschiedet wurde, sprach man daher allenthalben von einer »Lex Lindgren«.

# Kinderbücher und mehr – Astrid Lindgren verändert die Welt

1994 verlieh Jakob von Uexkull, der Stifter des Right Livelihood Award (s. S. 57), Astrid Lindgren den Alternativen Nobelpreis. Gewürdigt wurden damit ihr Einsatz für das Recht der Kinder auf Liebe und Respektierung ihrer individuellen Persönlichkeit und ihr Einsatz gegen Tiermisshandlung, ihr »Engagement für Gerechtigkeit, Gewaltlosigkeit und das Verständnis von Minderheiten« sowie ihre »Liebe und Zugewandtheit zur Natur«. Den Nobelpreis für Literatur hat Astrid Lindgren – obwohl mehrfach

**Pippi und ihre ›Mutter‹ Astrid Lindgren**

Wie aus einem ihrer Kinderbücher: Geburts- und Wohnhaus von Astrid Lindgren

nominiert – dagegen nie erhalten. Inzwischen gibt es aber einen Literaturpreis zu Ehren der Schriftstellerin: 2002 stiftete die schwedische Regierung den mit einer halben Million Euro dotierten Astrid-Lindgren-Gedächtnispreis für Kinder- und Jugendliteratur.

## Astrid Lindgrens Småland

Ihrer Heimat Småland hat Astrid Lindgrens Ruhm einen Besucherboom ohnegleichen beschert. Es wimmelt von Familien auf der Suche nach den Schauplätzen der Geschichten um Emil aus Lönneberga (der in der deutschen Fassung Michel heißt), um die Kinder von Bullerbü und um Meisterdetektiv Kalle Blomquist. Auf dem Weg zu Astrid Lindgrens Geburtshaus in Näs bei Vimmerby (s. S. 166) oder dem Themenpark Astrid Lindgrens Värld (Astrid Lindgrens Welt) kommen sie nach Småland und finden in der waldreichen Landschaft mit blumenübersäten Wiesen und kleinen Weilern, alten Steinmauern und abgelegenen Höfen tatsächlich etwas, das einer Idylle aus Kindertagen gleicht – wie aus einem Buch von Astrid Lindgren.

> **Kurzbiografie**
> Astrid Lindgren wurde am 14. November 1907 auf einem Bauernhof in Småland geboren. Ihre Schriftstellerkarriere begann sie als Lokalreporterin in Vimmerby. Sie wurde schwanger, gab ihren Sohn vorübergehend in Pflege und zog schließlich als junge ledige Mutter nach Stockholm, um dort ihren Lebensunterhalt zu verdienen. Zwischen 1946 und 1970 arbeitete sie als Lektorin bei Rabén & Sjögren, dem größten schwedischen Kinderbuchverlag, der auch ihre Werke publizierte. Am 28. Januar 2002 starb Astrid Lindgren in ihrer Wohnung in der Dalagatan in Stockholm.

# Design made in Sweden

**Zu Recht wird oft betont, Design sei im Zeitalter der Globalisierung nicht mehr länderspezifisch, sondern international. Dennoch: Seit im Jahr 1845 der Schwedische Kunstgewerbeverband – heute Svensk Form – gegründet wurde, der weltweit älteste Zusammenschluss dieser Art, ist skandinavisches Design eine Klasse für sich.**

Die schwedische Sprache bezeichnet Designer als *formgivare*. Die Bezeichnung ›Formgeber‹ umreißt die Aufgabe von Design tatsächlich sehr genau: einem Alltagsgegenstand, einem Industrieprodukt eine angemessene Form zu geben. Denn Funktionalität ist nicht alles, die schöne Form erst macht ein Produkt. Dabei ging es gerade im sozialdemokratischen Schweden seit der Svensk-Form-Ausstellung 1930 auch um den sozialen Aspekt. Es galt der Grundsatz: schöne Dinge dürfen kein Privileg der Reichen sein. So waren die Entwickler stets bemüht, durch effiziente Produktionsverfahren und Verwendung preiswerter Materialien die Produkte so erschwinglich wie möglich zu machen. Das Extrembeispiel liefert das Möbelhaus Ikea, dessen Kundschaft – so die Firmenphilosophie – »mehr Geschmack als Geld« habe.

**Immer ein Blickfang: schwedisches Design – hier in einem Möbelhaus in Stockholm**

## Klassizismus kontra Funktionalismus

Carl Malmsten und Bruno Mathsson repräsentieren die beiden Pole, die sich bei der wegweisenden Svensk-Form-Ausstellung 1930 in Stockholm gegenüberstanden: Der Klassizismus der 1920er-Jahre, auch Swedish grace genannt, auf der einen Seite und der modernere Funktionalismus – im Schwedischen oft *funkis* abgekürzt – auf der anderen Seite.

Der Name Carl Malmsten (1888–1972) steht bis heute für bequeme Sitzmöbel. Das gleichnamige Geschäft verkauft alles, worauf man Platz nehmen kann, vom großväterlichen Polster-Ohrensessel namens »Schildkröte« bis zum schlicht-genialen Küchenstuhl, dessen millionenfach kopierte Exemplare in den 1950er- und 1960er-Jahren Einzug in deutsche Wohnküchen hielten. Gefertigt werden sie zumeist in Småland, dem Zentrum der schwedischen Möbelindustrie.

Radikal und schnörkellos dagegen die geschwungenen organischen Formen der Sessel von Bruno Mathsson (1907–1988). Sein erster Sessel aus schichtverleimtem Buchenholz und einer Bespannung aus Segeltuchgeflecht entstand 1931 und hieß »Grashüpfer«. Der Tischlersohn aus Värnamo in Småland gewann diverse Preise bei Ausstellungen. Er fertigte die Möbel in der väterlichen Werkstatt und übernahm auch Vermarktung und Versand seiner Produkte anfangs selbst.

Bei der Svensk-Form-Ausstellung 1930 in Stockholm setzte sich der moderne, vom deutschen Bauhaus beeinflusste Stil des Funktionalismus gegen den Klassizismus, wie Carl Malmsten ihn vertrat, durch. Auf den Funktionalismus geht die Idee einer sozialen Verpflichtung von Design und Architektur zurück – sie sollten dazu beitragen, die Gesellschaft zu verändern, bessere Lebensbedingungen und Wohlstand für alle zu schaffen. Bruno Mathssons Minimalismus wurde symptomatisch für das moderne schwedische Design: schlichte Formen, kostengünstige Materialien, preiswerte Produkte.

## Schwedische Glaskunst

Småland ist nicht nur ›Schwedens Möbelwerkstatt‹, hier liegt auch das berühmte Glasreich (s. S. 161). Von böhmischen Einwanderern war die Glasindustrie bereits im 17. Jh. ins Land gebracht worden. Seit 1925, als Simon Gate bei der Pariser Weltausstellung Preise mit seinen in Spezialtechnik gefertigten Vasen gewann, kommen aus Smålands Glashütten erstklassige Designobjekte. Orrefors, Kosta-Boda, Pukeberg und Bergdala heißen die berühmtesten Glashütten. Ihre Produkte erzielen Höchstpreise – der gute Vorsatz vom sozialverträglichen Preis für schöne Dinge erfährt hier eine Aus-

---

**Design-Adressen**
**Bruno Mathsson Center:** Värnamo, www.bruno-mathsson-int.se
**Carl Malmsten:** Strandvägen, Stockholm, www.c.malmsten.se
**Design House Stockholm:** Smålandsgatan, Stockholm, www.designhousestockholm.com
**Klässbols Linneväveri:** Tischleinen nach traditionellen Mustern (s. S. 197)
**Röhsska museet:** in Göteborg, das wichtigste Kunstgewerbemuseum im Land (s. S. 110)

**Lange Handwerkstradition gepaart mit hohen Ansprüchen an das Design – diese Kombination zeichnet die schwedische Glaskunst aus und hat sie weltberühmt gemacht**

nahme. Die Grenzen zur Kunst sind fließend, beispielsweise bei Bertil Valliens ›Glasbooten‹ oder den Produkten der Transjö glashytta.

## Lifestyle mit bäuerlichen Wurzeln

Seine Wurzeln hat das schwedische Design in den bäuerlichen Handwerkstraditionen des 19. Jh. Damals war Schweden ein bitterarmes Land, Sparsamkeit eine Notwendigkeit, einzig die Natur lieferte erschwingliche Materialien in Fülle, vor allem Holz. Die Künstler der Nationalromantik, der Zeit der Wende zum 20. Jh., standen Pate bei der Entwicklung des schwedischen Einrichtungsstils, allen voran Carl und Karin Larsson. Ihr vom einfachen Leben auf dem Lande inspirierter bäuerlicher Minimalismus entsprach bereits dem, was man gemeinhin mit schwedischem Design assoziiert: klare, helle Interieurs, schlichte Formen. Karin Larssons den bäuerlichen Traditionen entlehnte Stoffmuster prägen bis heute die schwedische Textilkunst. ›Traditionalismus‹ kennzeichnet häufig auch die Wahl der Materialien: So finden aus dem heimischen Flachs gewonnene Fasern Verwendung, beispielsweise in der Weberei im värmländischen Klässbol.

### Infos im Internet
**www.svenskform.se** – Schwedischer Kunstgewerbeverband, Hinweise auf Ausstellungen, Messen und anderen Veranstaltungen.
**www.mobelriket.se, www.lammhult.com** – Designer-Outlet in Lammhult, Småland.
**www.glasriket.se** – Zusammenschluss von rund 15 Glashütten zwischen Växjö und Nybro in Südostsmåland, s. S. 161 und 162.

# Ein besonderes Licht – Der nordische Impressionismus

**Kurz vor der Wende zum 20. Jh. bildete sich in Skandinavien eine neue Maltradition heraus: der nordische Impressionismus. Viele Künstler dieser Richtung hatten zeitweise in Frankreich gelebt und dort den Impressionismus kennengelernt. Die zweite wichtige Voraussetzung für ihr Schaffen fanden sie zu Hause: das ganz besondere Licht des Nordens, das der Natur und den Gegenständen eine eigenartige Leuchtkraft verleiht.**

## Varberger Schule

Das spezielle Licht des Nordens auf die Leinwand zu bannen und zugleich das Lebensgefühl der Skandinavier sensibel zu erkunden, dies gelang den Malern der Varberger Schule. Karl Nordström, Nils Kreuger und Richard Bergh – sie alle arbeiteten ab 1893 in der südlich von Göteborg gelegenen Festungsstadt Varberg.

Dem nordischen Impressionismus fehlt die unbeschwerte Leichtigkeit der französischen Vorbilder. Vor allem standen die Künstler Gauguin und den Spätimpressionisten nahe. Richard Bergh (1858–1919) hatte stets ein Landschaftsbild aus der Bretagne von Paul Gauguin vor Augen, das er 1892 in Kopenhagen gekauft hatte. Der Schritt zum Expressionismus lässt sich bereits erahnen: Melancholie und Gedankenschwere durchziehen Bilder wie Berghs »Nordischer Sommerabend«.

## Rückzug aufs Land

Andere wichtige Impulse kamen für viele Künstler aus der bäuerlichen Volkskunst, aus der Verbundenheit mit der Natur und der schwedischen Landschaft – Nationalromantik heißt das Stichwort. Sie verließen die Stadt und gingen aufs Land, um ein einfaches Leben zu führen. Der in Stockholm geborene Carl Larsson (1853–1919), der zusammen mit seiner Frau Karin zeitweise zur schwedischen Kolonie im französischen Grèz-sur-Loing gehört hatte, schuf Porträts und Landschaften. Am bekanntesten dürfte aber seine 1899 veröffentlichte Aquarellserie »Ett Hem« (dt. »Das Haus in der Sonne«) sein. Die Bilder zeigen auch Räume aus seinem Haus Sundborn in Dalarna. Die Textildesignerin Karin Larsson (1859-1928) hatte es mit selbst entworfenen Tapeten, Teppichen und Möbeln eingerichtet. Larsson gehört zu den unbeschwertesten Malern des nordischen Impressionismus. Das ist vielleicht ein Grund, warum seine Gemälde – oft für Kalenderbilder, Drucke oder Postkarten verwendet – auch heute noch so unerhört populär sind.

Gut befreundet waren die Larssons mit einem ebenfalls in Dalarna lebenden Maler: Anders Zorn (1860–1920). Er richtete sich auf dem Hof seiner Großeltern in Mora ein stattliches Atelier ein und führte ein offenes Haus. Zorn malte vorwiegend Porträts, Akte und Genreszenen, die sich durch ein spannungsreiches Spiel von Licht und Schatten auszeichnen. Berühmt sind seine Mädchenfiguren, ländliche Dalarna-Bewohnerinnen, strotzend vor Energie und Lebensfreude. Zorn galt als der Star unter den schwedischen Malern jener Zeit, bis heute erzielen seine Bilder auf Auktionen Höchstpreise.

## Der Malerprinz und die Natur

Einer der besten Landschaftsmaler Schwedens war der jüngste Sohn König Oskars II., Prinz Eugen (1865–1947). Seine monumentalen Bilder zieren u. a. die Prinzengalerie des Stockholmer Stadshus, die Oper und das Theater Dramaten. Etwas kleiner ist das Gemälde »Die Wolke«. Es entstand auf seinem Landsitz bei Tyresö südlich von Stockholm, wo er sich im Sommer zum Malen aufhielt. Prins Eugens Waldemarsudde, die Prinzenvilla auf Djurgården, ist heute einer der besten Orte, um sich der Faszination des nordischen Impressionismus hinzugeben.

**Nordisches Licht im Museum**
Eines der wichtigsten Bilder ist Richard Berghs »Nordischer Sommerabend«. Zu sehen ist es im **Kunstmuseum von Göteborg** (s. S. 109), das eine der besten Sammlungen skandinavischer Malerei der vorigen Jahrhundertwende besitzt. In Stockholm ist die **Villa Waldemarsudde** (s. S. 240) des Malerprinzen Eugen die beste Adresse: Der Prinz malte nicht nur selbst, er sammelte auch Werke seiner Künstlerkollegen und Zeitgenossen.

**In dramatisches Licht getaucht sah Prinz Eugen die »Ecke des Hofs Örgården« (1922)**

# ABBA oder das schwedische Musikwunder

Die legendäre Popband aus Schweden ist auch mehr als 35 Jahre nach dem Beginn ihres kometenhaften Aufstiegs unvergessen. Ihren eingängigen Namen bildete die Kultband der 1970er-Jahre aus den Anfangsbuchstaben der Vornamen von Agnetha Fältskog, Björn Ulvaeus, Benny Andersson und Anni-Frid Lyngstad. Die vier Musiker strahlten 1974 als Sieger des Eurovision Song Contest im englischen Brighton, ihr Beitrag hieß »Waterloo« – ein Sieg fürwahr, ein Überraschungscoup.

## Der ABBA-Sound

Worin bestand das Erfolgsrezept des Quartetts aus dem hohen Norden? Musikalisch waren es der harmonische Sopranosgesang der blonden Agnetha und der brünetten Anni-Frid sowie die eingängigen Melodien, die Benny und Björn auf einer einsamen Schäreninsel in langen Sessions entwickelten – so lange, bis alles stimmte für den optimalen Dancehallsound. Fast alle Songs erwiesen sich als dauerhafte Ohrwürmer: Auf »Waterloo« folgten »Money, Money, Money«, »Fernando«, »SOS«, »Dancing Queen« und und und.

## Glitzer und Glamour

Nicht nur der Sound, auch die Optik war ein Meilenstein der Popkultur: Als eine der ersten Bands präsentierte ABBA knallige Kostüme auf der Bühne – unerreicht in ihrer Originalität. Glitter und Glamour, Plateausohlen und Rüschenröckchen waren einzigartig. Ebenfalls innovativ für die Seventies:

ABBA setzten ihre Songs in Musikvideos um. Nach den Beatles ist die Gruppe die erfolgreichste Band der Welt: Fast 400 Mio. Tonträger wurden verkauft – und täglich werden es mehr.

## Erfolgreich vermarktet

ABBA steht auch für die Geschichte einer erfolgreichen Vermarktung: Als »ABBA – Der Film« lief, klingelten die Kassen. Und als der schwedische König Carl XVI. Gustaf im Sommer 1976 seine Silvia Sommerlath zum Traualtar führte, ließen es sich die vier von ABBA nicht nehmen, in dem für sie typischen Discosound in Barockkostümen einen neuen Song zu intonieren, »Dancing Queen«. Auch dank dieses ›Werbeauftritts‹ wurde der Titel zu einem der größten ABBA-Hits überhaupt.

## Aus und vorbei

Misserfolge und persönliche Differenzen – die privat liierten Paare Agnetha und Björn sowie Anni-Frid und Benny waren schon seit Längerem getrennt – setzten dem kometenhaften Aufstieg des Glückskleeblatts 1982 ein Ende, offiziell war allerdings nur von einer Pause die Rede. Die Klatschspalten füllten sich daraufhin mit Details aus dem Privatleben der vier wie Agnethas Flugangst-Attacken, Scheidungsstreit und finanzielle Turbulenzen.

## ABBA im Museum

Und heute? Die Mitglieder der Band setzten sich nach 1982 keineswegs zur Ruhe. Björn und Benny schrieben beispielsweise das Musical »Mamma Mia«, das europaweit Erfolge feierte, Benny eröffnete ein Hotel und Kino in Stockholm.

ABBA-Songs werden von Nils Landgren verjazzt, von Unzähligen anderen gecovert, zur Show auf zahlreichen Bühnen der Welt gestylt – und ABBA soll sogar ins Museum. Zwar wurde eine für den Sommer 2009 geplante Museumseröffnung in Stockholm kurzfristig abgesagt. Aber seitdem ist die Ausstellung mit Kostümen und anderen Erinnerungen an die Sweet Seventies auf Tour zu Fans in aller Welt.

Zusammen aufgetreten sind die vier von ABBA nie wieder, obwohl immer wieder Gerüchte kursieren. Eine Museumseröffnung wäre eine gute Gelegenheit …

## Hits aus Schweden – Fortsetzung folgt

Als fünftes ABBA-Mitglied galt Manager Stikkan Anderson (1931–1997), bei dessen Plattenfirma Polar Music die Band unter Vertrag war. Als Stifter des Polar Prize für Nachwuchsmusiker gab er dem schwedischen Musikwunder in der Zeit nach ABBA wichtige Impulse: Kaum ein Land in Europa hat so viele talentierte junge Künstler wie Schweden. Das liegt auch an den zahlreichen Festivals, z.B. Emmaboda und Hultsfred in den Wäldern von Småland, die im Sommer die schwedische Provinz zum Mekka der Talentscouts machen.

---

**ABBA im Internet**
**www.abbasite.com** – Offizielle Website der Band, natürlich mit Musik und Videos.
**www.abbaworld.com** – Infos zur ABBA-Ausstellung, die bis auf Weiteres auf Welttournee ist.

# Ingmar Bergmans Erbe – Kino in Schweden

Wer an schwedisches Kino denkt, denkt zuerst an Ingmar Bergman. Aber der übermächtige Altmeister ist nicht der einzige schwedische Regisseur, der von sich reden machte. Es lohnt sich also, der Frage nachzugehen, warum gerade in Schweden so viele gute Filme entstehen.

## Filmfabrik Trollywood

Eine einmalige Regelung sorgt seit 1963 in Schweden dafür, dass heimische Filmproduktionen eine Chance haben: Vom Erlös jeder Kinokarte gehen 10 % an die zusätzlich vom Staat bezuschusste Stiftung Schwedisches Filminstitut, Svenska Filminstitutet. Es hat die Aufgabe, dem schwedischen Film unter die Arme zu greifen – auf diese Weise sponsert Hollywood indirekt Schwedens Filmschaffende. In den Filmstudios von Trollhättan, auch bekannt als ›Trollywood‹, produziert Film i Väst in ehemaligen Hallen der Autofabrikation neben zahlreichen schwedischen auch internationale Filme, beispielsweise »Dancer in the Dark« (2000) oder »Dogville« (2003) des dänischen Regis-

Mit der Kamera erkundete er die menschliche Seele: Regisseur Ingmar Bergman

seurs Lars von Trier. Neben einem weiteren Zentrum in Umeå hat sich als drittes wichtiges Standbein der Filmindustrie Film i Skåne in Ystad etabliert. Hier werden zahlreiche Fernsehfilme sowie die Kommissar-Wallander-Filme gedreht. Auch die britische BBC verfilmte Henning Mankells Romane in den Studios auf dem ehemaligen Kasernengelände in Ystad mit Kenneth Branagh in der Rolle des Kommissars.

## Ingmar Bergman

Ingmar Bergman (1918–2007) war ein Regisseur von Weltrang, der dem Film bereits in den 1950er-Jahren, der Zeit des Neorealismus, eine neue Wendung gab und anspruchsvolles Autorenkino schuf. 1918 als Sohn eines Pfarrers in Uppsala geboren, machte er 1956 in Cannes mit »Das Lächeln einer Sommernacht« Furore. Seine Filme erforschen die Tiefen der menschlichen Seele, schockierend und schonungslos legen sie die Abgründe in Beziehungen bloß, wie in »Das Schweigen« (1963) und in der Fernsehserie »Szenen einer Ehe« (1973), meisterhaft in Szene gesetzt durch dramatische Beleuchtungstechnik. Filme machen und Theaterstücke inszenieren – beides war Bergman wichtig. So arbeitete er ab 1960 am Königlichen Theater in Stockholm und 1976–85 in München. Herausragende Schauspieler brachte er von der Bühne auf die Leinwand, u. a. Liv Ullman, Erland Josephson, Bibi Andersson und Max von Sydow.

Vier Oscars erhielt Bergman allein für seinen letzten großen, in seiner Heimatstadt Uppsala gedrehten Film »Fanny und Alexander« (1982) – typisch schwedisch in seinem Kontrast zwischen heiterer sommerlicher Lebensfreude und erdrückender protestantischer Strenge. Nach diesem Film verkündete Bergman 1983 seinen Rückzug vom großen Kino. Er lebte zuletzt zurückgezogen auf der kargen Insel Fårö an der Nordspitze Gotlands.

## Vielversprechender Nachwuchs

Ingmar Bergman widerstand der Verlockung Hollywood – nicht so Lasse Hallström (geboren 1946), der seit seinen Kinohits »Chocolat« (2000) und »Casanova« (2005) international Erfolge feiert. Mit »ABBA – Der Film« hatte Hallström 1977 den Durchbruch geschafft, mit dem Kinderfilm »Mein Leben als Hund« 1985 seine Vielseitigkeit unter Beweis gestellt. Ein Nachwuchsregisseur von Format ist auch Lukas Moodysson (geb. 1969), dessen »Raus aus Åmål« (1999) und »Zusammen« (2001) in Deutschland mit großem Erfolg liefen. In »Lilja-4ever« (2002) widmete er sich einem tragischen Stoff.

---

**Orte & Events**
**Besichtigung der Filmstudios in Ystad:** s. S. 136.
**Filmfestival Stockholm:** im Nov., internationale Filme, www.filmfestivalen.se.
**Filmfestival in Göteborg:** im Feb., vor allem skandinavische Filme, www.filmfestival.org.
**Buff Filmfestival:** Mitte März in Malmö, Kinder- und Jugendfilme, www.buff.se.
Übrigens: In Schweden werden ausländische Filme nicht synchronisiert, sondern im Original mit schwedischen Untertiteln gezeigt.

# Unterwegs in Südschweden

**Ideal um Südschweden individuell zu erkunden: eine Reise mit dem Wohnmobil**

Das Beste auf einen Blick

# Die Küste von Skåne und Halland

## Highlight!

**Malmö:** Die Stadt am Öresund gilt als Kunst- und Genussmetropole: Hypermoderne Architektur am Westhafen, lauschig grüne Parks an stillen Kanälen, beschauliches Fachwerk mit mittelalterlicher Atmosphäre in der Altstadt und eine lang gestreckte Shoppingmeile lassen keine Langeweile aufkommen. S. 75

## Auf Entdeckungstour

**Ven – Insel für Sterngucker:** An schönen Sommertagen ist die 4,5 x 2,4 km große Insel im Öresund ein ideales Ausflugsziel: Wald, Felder und Wiesen, Klippen und Dünen. Doch das ist nicht alles: Die kleine Insel schrieb Wissenschaftsgeschichte, denn von hier aus griff Tycho Brahe, Inselherr und Astronom, nach den Sternen. S. 84

## Kultur & Sehenswertes

**Kulturen in Lund:** Im Freilichtmuseum wird die südschwedische Lebenskultur vergangener Zeiten lebendig. S. 83

**Sofiero slott:** Im Rhododendronpark liegt ein königliches Schlösschen mit Terrasse, in das man am liebsten gleich selbst einziehen möchte. S. 89

**Töpfereien:** Keramikfabriken und Töpferateliers findet man in Vallåkra und Höganäs bei Helsingborg. S. 89, 91

## Aktiv & Kreativ

**Klettern am Kullaberg:** Höhlen oder Steilwände – die Anforderungen sind unterschiedlich. S. 91

**Strände ohne Ende:** Sand in Mellbystrand und Skummelövstrand oder Klippen in Varberg. S. 97, 100

**Golfen:** Halmstad ist die Hochburg der Golfer. S. 98

## Genießen & Atmosphäre

**Malmös Västra Hamnen:** Ein Bummel an der Waterfront mit dem schicken Wolkenkratzer Turning Torso und Blick nach Kopenhagen ist ein Muss; außerdem liegen hier einige der besten Restaurants von Malmö. S. 79

**Villa Thalassa:** Wohnen neben einer herrschaftlichen Villa im Buchenwald bei Helsingborg mit Blick über den Sund – zum Budgetpreis in Apartments und Jugendherbergszimmern. S. 87

**Flickorna Lundgren:** ein herrliches Sommercafé mit Aussicht aufs Meer zu Kaffee oder Saft und selbst gebackenen Plätzchen. S. 94

## Abends & Nachts

Die größeren Städte Malmö, Lund und Helsingborg sind nicht die einzigen Hotspots des Nachtlebens. Überall in den Badeorten an Schwedens Westküste feiert man die kurzen Sommernächte besonders ausgiebig.

# Kunst und Genuss im Süden – Reizvolle Städte, feine Strände

Das Landschaftsbild der Provinz **Skåne,** die bis 1658 zu Dänemark gehörte, erinnert an das südliche Nachbarland. Sanft gewellte Hügel, Obstbäume, gelb leuchtende Rapsfelder, kleine Dörfer mit Fachwerkhäusern, eine Region, die mit dem dänischen Wort *hyggelig,* gemütlich, bestens charakterisiert ist. Die Flagge, ein gelbes Kreuz auf rotem Grund, ist gleichsam eine Synthese aus der schwedischen und der dänischen Staatsflagge. An der gesamten schwedischen Westküste finden sich Festungsbauten, die noch heute Zeugnis davon ablegen, dass die Region lange zwischen Dänen und Schweden umkämpft war.

Viele Küstenstädte an der Ostsee erlebten eine erste Blütezeit im Mittelalter, als die Fischer im Auftrag der Hansekaufleute die hier vorbeiziehenden riesigen Heringsschwärme an Land brachten. Der Hering wurde mit dem von der Hanse bereitgestellten Salz konserviert und als Fastenspeise in Mitteleuropa verkauft. Auch der Schiffsbau profitierte von diesem Boom.

Heute locken hier nahezu endlose Strände, überwiegend feinsandig und lieblich im Süden, felsig und gelegentlich dramatisch-schroff im Norden. Im Sommer sind Strände wie Tylösand oder Mellbystrand gut besucht und das Etikett ›schwedische Riviera‹ passt noch immer.

Der Hallandsås, ein Geschieberücken aus eiszeitlichem Geröll, das vom Schmelzwasser unter der Eisdecke transportiert und später abgelagert wurde, markiert die Grenze zwischen Skåne und **Halland,** das ebenfalls lange zu Dänemark gehörte (bis 1645). Den dänischen Einfluss zeigen noch heute die Häuser aus Ziegel und Fachwerk, die nördliche Fachwerkgrenze verläuft durch diese Provinz. Abseits vom Strandgetümmel findet man einsame Natur und kulturelle Highlights.

## Infobox

**Touristeninformationen**
**Region Skåne:** Tel. 040 623 98 00, www.skane.com.
**Region Halland:** Tel. 035 10 95 60, www.halland.se.

**Verkehrsmittel**
Der dicht besiedelte küstennahe Westen der Provinz Skåne lässt sich gut per Bahn und Bus erkunden.
**Infos zum Verkehrsnetz:** www.skanetrafiken.se, für Halland www.hlt.se.
**Öresund-rundt-Ticket:** Wer vorhat, die Region zwischen Malmö und Helsingborg auf schwedischer Seite und zwischen Kopenhagen und Helsingør auf dänischer Seite auf einer Runde um den Sund näher kennenzulernen, fährt gut mit dem Öresund-rundt-Ticket. Einzige Bedingung: eine Strecke muss über die Öresundbrücke führen und einmal die Fähre Helsingør-Helsingborg benutzt werden. Mit dem Ticket kann man zum Preis von 249 SEK an zwei Tagen öffentliche Verkehrsmittel rund um den Öresund nutzen und erhält ermäßigten Eintritt zu vielen Attraktionen. Die Karte gibt es an den Bahnhöfen und in den Touristeninformationen der beteiligten Städte.

# Malmö! ▶ C/D 15

Die Schweden bezeichnen Stockholm häufig als den Kopf, Göteborg als das Herz (die Göteborger gelten als warmherzig und weltoffen) und Malmö als den Bauch Schwedens. Die Charakterisierung ist nicht ganz falsch, liegt doch die drittgrößte Stadt des Landes in der Provinz Skåne, die für gutes Essen und eine gepflegte Lebensart bekannt ist.

Malmö war Anfang des 16. Jh. die zweitgrößte Stadt Nordeuropas. Durch den Anschluss von Skåne an Schweden 1658 lag sie plötzlich nicht mehr im Zentrum, sondern an der Peripherie des Reichs und stagnierte in ihrer Entwicklung. Über die Jahrhunderte blieben aber die Verbindungen zum dänischen Nachbarn intakt. Heute ist dies ausschlaggebend für den wirtschaftlichen Optimismus der Stadt. Kopenhagen ist über die Öresundbrücke schnell zu erreichen, inzwischen bilden beide Metropolen einen wichtigen wirtschaftlichen und kulturellen Großraum innerhalb Nordeuropas und wachsen auch verkehrsmäßig immer enger zusammen. Ein Beitrag dazu ist das Projekt einer unterirdischen Bahntrasse unter der Stadt in Malmö, Citytunneln.

Die Sehenswürdigkeiten konzentrieren sich im Stadtzentrum und sind allesamt leicht zu Fuß zu erreichen.

# Altstadt

### Stortorget

Ein Rundgang beginnt am besten am Stortorget mit dem Reiterstandbild von Karl X. Gustav, unter dessen Herrschaft Skåne zu Schweden kam. Seinen Namen, großer Markt, hat der von imposanten Bauwerken gesäumte Stortorget wirklich verdient, zählt er doch zu den größten Plätzen Nordeuropas.

Jörgen Kocks gård oder **Kockska huset** 1 ist wohl das älteste Bürgerhaus der Stadt. Errichten ließ es 1522–1525 Jörgen Kock, Malmös Bürgermeister und ebenfalls Münzmeister des dänischen Königs. Kock veranlasste auch den Bau des Rathauses und war insgesamt ein recht umtriebiger Mann, der sich große Verdienste um die Entwicklung der Stadt erworben hat. Im Kockska huset soll 1524 Gustav Vasa übernachtet haben, als er sich mit dem dänischen König zu Friedensverhandlungen traf. Heute beherbergt das Untergeschoss eines der besten Restaurants der Stadt, Årstiderna (s. S. 80).

**Residenset** 2, der Sitz des Regierungspräsidenten, besteht aus zwei ursprünglich einzelnen Häusern, die in den 20er-Jahren des 18. Jh. zu einem Gebäude im Renaissancestil verbunden wurden. Das Rathaus, **Rådhuset** 3 entstand 1546, wurde aber mehrfach umgebaut. In den original erhaltenen Kellergewölben befindet sich heute ein Restaurant.

### Am Lilla Torg

Der kopfsteingepflasterte Lilla Torg ist mit seinen Fachwerkgebäuden sowie den umliegenden Restaurants und Cafés sicher der schönste Platz der Stadt. Sobald die Temperaturen es erlauben, lassen sich die Gäste im Freien bewirten, was eine geradezu mediterrane Atmosphäre aufkommen lässt. In den kleinen Gassen rund um den Platz locken Geschäfte zum Geldausgeben; hier gibt es Schmuck, Stoffe und schöne Designerstücke schwedischer Provenienz. Angelegt wurde Lilla Torg 1591, als der Stortorget für die wachsende Zahl der Händler zu klein geworden war.

Liebhaber schwedischer Formgebung sollten das **Form Design Center** 4 (www.formdesigncenter.com, Di/Mi, Fr 11–17, Do 11–18, Sa 11–16, So 12–16

Uhr) im historischen Gebäude **Hedmanska Gården** (Anfang 17. Jh.) besuchen. Die Ausstellungen widmen sich vor allem zeitgenössischem schwedischem Kunsthandwerk und Design.

### St. Petri kyrka und St.-Gertrud-Viertel

Der grüne Kupferdachturm der **St. Petri kyrka** 5, die im 14. Jh. nach dem Vorbild der Lübecker Marienkirche vermutlich von Baumeistern aus der Hansestadt errichtet wurde, ist ein schönes Beispiel der im Ostseeraum verbreiteten Backsteingotik. Zudem ist die Kirche das älteste Bauwerk der Stadt. Sehenswert sind die Kalkmalereien vom Ende des 15. und Anfang des 16. Jh. in der Krämerkapelle. Der 1611 eingeweihte hölzerne Altaraufsatz ist mit 15 m Höhe der größte in Nordeuropa.

Östlich der Kirche liegt das **St.-Gertrud-Viertel** mit seinen gelb getünchten, niedrigen Häusern aus dem 16. Jh. Gegenüber steht **Thottska huset** 6 (Östergatan 10), das älteste Fachwerkhaus der Stadt (1558), in dem sich heute ein Hotelrestaurant befindet.

### Moderna Museet Malmö 7

*Gasverksgatan 22, www.moderna museet.se, Di, Do–So 11–18, Mi 11–21 Uhr, 50 SEK*

Das Moderna Museet in Stockholm zeigt einen Teil seiner Sammlung seit Ende 2009 in Malmö – in einem architektonischen Schmuckstück am Südrand der Altstadt, einem ehemaligen Elektrizitätswerk (1901).

## Schloss Malmöhus und Umgebung

### Malmöhus 8

*www.malmo.se/museer, Juni–Aug. tgl. 10–16 Uhr, Sept.–Mai Mo–Fr 10–16, Sa/So 12–16, 40 SEK*

Parallel zum Kanal, der die gesamte Innenstadt umgibt, gelangt man über

# Malmö

**Sehenswert**
1. Kockska huset
2. Residenset
3. Rådhuset
4. Form Design Center
5. St. Petri kyrka
6. Thottska huset
7. Moderna Museet Malmö
8. Malmöhus
9. Tekniska museet
10. Fiskehoddorna
11. Koggmuseet
12. Turning Torso

**Übernachten**
1. Hotel Kramer
2. Astoria Hotel
3. Garden Hotel
4. Baltzar Hotell
5. STF Vandrarhem Malmö City

**Essen & Trinken**
1. Johan P.
2. Anno 1900
3. Mrs Brown
4. Salt&Brygga
5. Patisserie David

**Einkaufen**
1. Formargruppen
2. Chokladfabriken

**Aktiv & Kreativ**
1. Ableger Kanalfahrt Rundan
2. Tretbootverleih
3. Badestrand Ribersborg

**Abends & Nachts**
1. Hipp
2. Kulturbolaget
3. Malmö Opera

Adelgatan, Västergatan und Malmöhusvägen zum Schloss. Die Geschichte von Malmöhus, der ehemaligen Münze des dänischen Reichs, ist eine wechselvolle und nicht immer rühmliche. 1434 ließ Erik von Pommern eine Burg anlegen zum Schutz vor den Angriffen der Hanse, die 1370 das südwestliche Skåne erobert und bis 1395 beherrscht hatte. Kristian III. ließ an dieser Stelle 1536–42 ein Schloss bauen und von einem breiten Wassergraben umgeben. Im 16. Jh. fanden hier Hexenprozesse statt. Das Schloss diente lange als Gefängnis – von 1568 bis 1573 saß hier Lord Bothwell ein, Maria Stuarts dritter Gemahl –, bis es 1870 bei einer Gefangenenrevolte schwer beschädigt wurde.

## Technikmuseum und Fiskehoddorna

Malmöhus beherbergt heute zahlreiche Museen, darunter das **Kunstmuseum** mit einer großen Sammlung skandinavischer Gegenwartskunst, das **Stadtmuseum** sowie ein naturkundliches Museum mit Tropicarium und Aquarium. Zu den Highlights des **Tekniska museet** 9 (Öffnungszeiten wie Malmöhus) im Gebäude gegenüber zählt das ›Tivoli des Wissens‹, wo die Geschichte von Technik und Naturwissenschaft anhand von Exponaten und Experimenten erklärt wird.

Gegenüber Schloss Malmöhus liegen frühere Wohnhäuser und Arbeitsplätze der Fischer, **Fiskehoddorna** 10, wo man Di–Do und So 8–13 Uhr frischen Fisch kaufen kann.

## Fahrt mit der historischen Straßenbahn

An Sommerwochenenden (www.mss.se, Sa/So Juni–Sept. 12–16 Uhr) verkehrt zwischen Schloss Malmöhus und Stadsbibliotek eine historische Straßenbahn. Während der nostalgischen Fahrt mit den bis zu 100-jährigen, mit viel Holz und Messing ausgestatteten Bahnen

# Die Küste von Skåne und Halland

Ehedem Trutzburg, Schauplatz von Hexenprozessen, Kerker – heute Museum: Malmöhus

wird man angesichts von **Kungsparken** und **Slottsparken** feststellen, dass Malmö eine Stadt der Parks ist. Endstation ist an der **Stadsbibliotek** mit dem vielgelobten Glas-Annex des dänischen Architekten Henning Larsen.

## Am Hafen

**Koggmuseet** 11
*www.medeltidsskeppen.se, Juni–Aug. tgl. 11–16, sonst Di–So 11–16 Uhr;*
*Di, Fr Bootstouren incl. Museum ab 70 SEK/Person*

Am Hafenkai kann man sich ins Mittelalter zurückversetzt fühlen: Die Nachbauten von zwei Koggen der Hansezeit (um 1390) sind nach Vorbildern von Wrackfunden originalgetreu rekonstruiert worden. Das zugehörige Koggmuseet erläutert den Schiffbau und die spannende Geschichte des Piratenunwesens im Ostseeraum. Ausfahrten mit den Schiffen gehören zum Sommerprogramm – nicht versäumen.

# Malmö

## Übernachten

Hotelzimmer bucht man am besten im Voraus unter Tel. 040 10 92 10 oder über www.malmotown.com.

*Elegant –* **Hotel Kramer** 1 : Stortorget 7, Tel. 040 693 54 00, www.scandic-hotels.com, ab 1900 SEK/DZ. Luxushotel mitten im Zentrum, elegantes Ambiente mit Kronleuchtern und dem Flair der vorigen Jahrhundertwende.

*Entspannte Atmosphäre –* **Astoria Hotel** 2 : Gråbrödersgatan 7, Tel. 040 786 60, www.astoriahotel.se, ab 995 SEK/DZ (Wochenende), sonst ab 1295 SEK. Freundliches kleines Privathotel in zentraler, aber ruhiger Lage an einem Innenhof nahe Lilla Torg, fröhlich-buntes Design in alten Mauern.

*Mit Dachgarten –* **Garden Hotel** 3 : Baltzarsgatan 20, Tel. 040 665 62 00, www.firsthotels.se/garden, ab ca. 900 SEK/DZ. Zentrale Lage in der Innenstadt, schöner Dachgarten, die meisten der 170 Zimmer blicken ins Grüne.

*Gediegen –* **Baltzar Hotell** 4 : Södergatan 20, Tel. 040 665 57 00 www.baltzarhotel.se, ab ca. 900 SEK/DZ. Zentral in einem Eckhaus in der Fußgängerzone, 41 Zimmer mit Originalparkett, mit Stilmöbeln eingerichtet.

*Schont die Reisekasse –* **STF Vandrarhem Malmö City** 5 : Rönngatan 1, Tel. 040 611 62 20, malmo.city@stfturist.se, DZ ab 440 SEK ohne Frühstück und Bettwäsche. Das 2007 eröffnete Budgethotel im Szeneviertel Davidshall bietet einen hohen Standard für wenig Geld. Viele Zimmer haben Dusche/WC.

## Essen & Trinken

Am Lilla Torg findet man vor allem die alteingesessenen Gastronomiebetriebe. Daneben hat sich das Viertel Davidshall mit trendigen Restaurants und Bars einen Namen gemacht.

**Västra Hamnen (Westhafen)**
Das Wahrzeichen für Malmös Strukturwandel ist seit 2005 der Wolkenkratzer **Turning Torso** 12 im ehemaligen Werftgebiet des Västra Hamnen. Nach dem Vorbild einer Skulptur entwickelte der Architekt Santiago Calatrava das 190 m hohe Gebäude: neun Kuben, die 90 Grad um ihre Längsachse gedreht sind. Ebenfalls im Westhafen sind Wohnhäuser und Parks entstanden sowie Flaniermeilen mit trendigen Bars und Restaurants.

# Die Küste von Skåne und Halland

*Spitze* – **Årstiderna i Kockska huset** [1]: Frans Suellsgatan 3, Tel. 040 23 09 10, www.arstiderna.se, Mo–Fr 11.30–24, Sa 17–24 Uhr (Juli–Anfang Aug. geschl.), Lunch 89–115, Hauptgerichte 150–300 SEK, 4-Gänge-Menü 495 SEK. Gourmetrestaurant, vor allem Wild- und Fischgerichte.

*Feiner Fisch* – **Restaurang Johan P.** [1]: Landbygatan 5, Tel. 040 97 18 18, www.johanp.nu, Mo–Sa 11.30–1 (Küche schließt um 23 Uhr), So 13–23 Uhr. Exzellente Fischgerichte, Bistro-Atmosphäre, Lunch (Mo–Fr) 78 SEK, Hauptgerichte 165–300 SEK.

*Echt Skåne* – **Anno 1900** [2]: Norra Bulltoftavägen 7, Tel. 040 18 47 47, www.anno1900.se, Mo–Fr 11.30–14, Fr/Sa 17–1 Uhr, Hauptgerichte 135–200 SEK. Gehobene schonische Hausmannskost im gemütlichen Ambiente der Zeit um 1900. Im Sommer sitzt man im begrünten Innenhof, Klassiker ist die Wurstspezialität Isterband, die mit Dillkartoffeln serviert wird.

*Trendig und regional* – **Mrs Brown** [3]: Storgatan 26, Tel. 040 97 22 50, www.mrsbrown.nu, Mo–Do 11.30–24, Fr 11.30–1, Sa 13–1 Uhr. Der englische Name täuscht: Es handelt sich um den übersetzten Namen der guten alten Kinderbuchfigur Tant Brun – und die kocht moderne schonische Regionalküche, französisch veredelt. Wert legt man auf die Herkunft der Produkte von Höfen aus der Region. Empfehlenswert ist das Lunch-Angebot (Mo–Fr 12–15 Uhr) 75–140 SEK, Hauptgerichte sonst ca. 200–250 SEK. Erlesene Weine.

*Slow Food am Sund* – **Salt&Brygga** [4]: Sundspromenaden 7, Västra Hamnen, Tel. 040 611 59 40, www.saltobrygga.se, Mo–Fr 11.30–15, 17–21, Sa 12.30–21 Uhr. Konsequent ökologisch: Die Zutaten

**In warmes Abendlicht getaucht ist die Promenade am Sund, wo am Västra Hamnen ein völlig neues Stadtviertel mit moderner Wohnarchitektur entstanden ist**

stammen aus der Region. Die Einrichtung gibt sich kühl und trendy, ist aber Natur pur. 3-Gänge-Menü 395 SEK, Fisch, Fleisch und Vegetarisches frisch und kreativ gewürzt. Günstig zum Lunch (99–169 SEK): Das üppige Salatbuffet und hausgebackenes Brot sind inklusive; à la carte 195–295 SEK.
*Backwerk oh la la française –* **Patisserie David** [5]: Östergatan 7, Tel. 040 12 23 30, www.sanktgertrud.se. Lunch Mo–Fr 11–14.30, Café Mo–Fr 8–17, Sa 10–16 Uhr. Im Gebäudekarree des historischen Sankt-Gertrud-Viertels sitzt man gemütlich an Tischen im Innenhof bei Kaffee und *eclairs* oder *pain au chocolat* – der *patissier* hat in Paris gelernt – voilà!

# Einkaufen

*Schwedisches Design –* **Formargruppen** [1]: Engelbrektsgatan 8, www.formargruppen.se, Mo–Fr 11–18, Sa 10–16 Uhr. Laden und Kunstgalerie.
*Süßes –* **Chokladfabriken** [2]: Bergsgatan 33, www.malmochokladfabrik.se, Mo–Fr 12–18, Sa 10–14 Uhr. Nach der ehemals hier ansässigen Schokoladenfabrik Mazetti ist das trendige Viertel rund um die Bergsgatan benannt. In der stillgelegten Fabrik von 1888 (auch Museum und Café) kann man Pralinen einkaufen.

# Aktiv & Kreativ

*Sightseeing per Boot –* **Rundan** [1]: www.rundan.se. 50-minütige Bootsfahrt durch Malmös Kanäle 11–16 Uhr stdl. vom Anleger gegenüber dem Bahnhof.
*Selbst steuern –* **Tretboot** [2]: www.cityboats.se. Verleih an der Amiralsbron (unweit Gustav Adolfs Torg).
*In Zentrumsnähe –* **Badestrand Ribersborg** [3]: Der Sandstrand liegt wenige Minuten zu Fuß vom Zentrum.

# Abends & Nachts

Rund um den Lilla Torg gibt es Cafés, Kneipen und Restaurants, bei schönem Wetter ist der Platz zugestellt mit Tischen und Stühlen. Daneben lohnt sich für Nachtschwärmer ein Bummel durch die Lokale in den Vierteln Möllevång (Bergsgatan) und Davidshall.
*Historisches Ambiente –* **Hipp** [1]: Kalendegatan 12, www.hipp.se, Fr/Sa Nachtklub 23–3 Uhr. Zwei Bars und ein Dancefloor in einem früheren Zirkus (Hippodrom). Gourmetrestaurant.
*Rockmusik –* **Kulturbolaget** [2]: Bergsgatan 18, www.kulturbolaget.se. Rockklub, jede Woche Livekonzerte.
*Vielfalt –* **Bryggeriet**: Bergsgatan 33, www.chokladfabrik.se. Pub in Chokladfabriken [2], der ehemaligen Mazetti-Schokoladenfabrik. Sa abends, manchmal auch Fr Konzerte, Club Nights, Tanz.
*Für Opernliebhaber –* **Malmö Opera** [3]: Östra Rönneholmsvägen 20, www.malmoopera.se. Renommiertes Opernhaus und Musiktheater.

# Infos & Termine

### Touristeninformation
**Malmö Turistbyrå:** Börshuset (gegenüber Bahnhof), Skeppsbron 2, 21120 Malmö, Tel. 040 34 12 00, www.malmotown.com. Eine weitere Informationsstelle, **Skånegården,** befindet sich an der Abfahrt von der Öresundbrücke.

### Termine
**Malmöfestivalen** (im Aug.): großes Fest mit *kräftskiva* (Krebsessen) auf dem Stortorget, Fressbuden, Freilichttheater, Drachenbootrennen u. v. m.

Die Küste von Skåne und Halland

**Malmökortet**
Die Rabattkarte »Malmökortet«, erhältlich bei der Touristeninformation, ermöglicht zum Pauschalpreis eine Sightseeingtour, Benutzung der Stadtbusse und kostenloses Parken auf bestimmten Parkplätzen sowie Eintritt zu einigen Museen.

**Verkehr**
**Bahn:** nach Kopenhagen, Stockholm, Göteborg, Helsingborg, Lund/Eslöv, Ystad und Karlskrona.
**Bus:** nach Kopenhagen, Trelleborg, Skanör-Falsterbo, Ystad, Lund und Jönköping.
**Flug:** vom 30 km südöstlich gelegenen Flughafen Sturup Flüge nach Stockholm und Göteborg, der nächstgelegene internationale Flughafen ist Kopenhagen (Flughafenbus).

# Ausflug nach Höllviken ▶ C 15

**Bärnstensmuseet (Bernsteinmuseum)**
*Södra Mariavägen 4, Kämpinge, www.brost.se, Juli–Mitte Aug. tgl. 10–18, Mitte Mai–Juni, Mitte Aug.–Okt. 10–17, Nov.–Mitte Mai Sa/So 11–15 Uhr, 20 SEK*
Auf der Halbinsel Falsterbo, dem Südwestzipfel Schwedens, kommen nicht nur alljährlich im Frühling die ersten Zugvögel von Süden an, die Strände gehören auch zu den bernsteinreichsten der Ostsee. Im Bärnstensmuseet werden schöne Exemplare des fossilen Schmucksteins ausgestellt, der kein Stein ist, sondern aus dem Harz besteht, das vor 30–50 Mio. Jahren ins Meer tropfte, als die Ufer der Ostsee von dichten Wäldern gesäumt waren. Besonders kostbar sind Stücke mit Einschlüssen, etwa von Insekten oder Pflanzenteilen. Das kleine Museum mit Laden zeigt außerdem Wechselausstellungen zur Region, die in der Vorzeit dicht besiedelt war, sowie zu anderen Themen.

**Wikingerdorf Foteviken**
*www.foteviken.se, Mai–Mitte Sept. Di–Fr, Juni–Aug. tgl. 10–16 Uhr, 70 SEK, Familie 200 SEK*
Ein palisadenbewehrtes Dorf, bewohnt von langmähnigen bärtigen Männern in grobem Wolltuch, mit Speeren in der Hand? Solcherart Wikingerromantik findet man in Höllviken. Der Wikingerhafen, der sich vor 1000 Jahren hier befand, war mit einer Sperre aus Holzstämmen vor Überfällen von der Seeseite geschützt. Nun bevölkern etwa ein Dutzend überzeugte ›Wikinger‹ wieder die rund 20 Häuser und Zelte. Eingeladen von holden Frauenzimmern in die bescheidene Hütte, wo das Herdfeuer brennt, erlebt man bei einer Führung, wie sich der Alltag vor 1000 Jahren gestaltete. Gelegentlich, wenn Handwerker zu Besuch sind, dürfen Besucher mitmachen beim Schmieden oder Bogenschießen.

# Lund ▶ D 14

Größte Sehenswürdigkeit der gemütlichen Universitätsstadt (101 300 Einwohner), die – ursprünglich dänisch – heute zu den ältesten Städten Schwedens zählt, ist der romanische Dom. Lund ist seit dem Jahr 1103 Erzbischofssitz und war lange das geistliche und kulturelle Zentrum des Nordens, bis ihm Städte wie Uppsala und Stockholm den Rang abliefen. Im 14. Jh. gab es in Lund insgesamt 27 Kirchen und sieben Klöster. Östlich des Doms liegen schöne Stadtviertel mit kopfsteingepflasterten Straßen, niedrigen alten

# Lund

Häusern, zahlreichen Cafés und urigen Lädchen.

# Sehenswert

### Dom und Universität
Die Bauarbeiten für den **Dom** begannen um 1080 und endeten 1145 mit der Einweihung der Kirche. Ältester Bestandteil ist die 1123 eingeweihte Krypta, deren Decke von skulptierten Säulen getragen wird. Eine stellt den Riesen Finn dar, der nach einer Legende einstmals die Kirche für den hl. Laurentius gebaut haben soll. Der beste Zeitpunkt für die Besichtigung des imposanten Doms sind die Mittags- oder frühen Nachmittagsstunden, wenn sich die astronomische Uhr aus dem 14. Jh. in Bewegung setzt (Mo–Sa 12 und 15, So 13 und 15 Uhr).

Die bei schwedischen und ausländischen Studenten gleichermaßen beliebte **Universität** ist die größte Nordeuropas. Sie wurde 1668, zehn Jahre nachdem Skåne zu Schweden gekommen war, gegründet, um die Region zu stärken und besser ›schwedisieren‹ zu können. Das Hauptgebäude entstand um 1880, die einzelnen Institute sind über die ganze Stadt verstreut. Zwischen Universitätshauptgebäude und Dom erstreckt sich **Lundagård,** ein Park mit wunderschönem altem Baumbestand.

### Freilichtmuseum Kulturen
*www.kulturen.com, Mai–Aug. tgl. 10–17, sonst Di–So 12–16 Uhr, 70 SEK*
Ebenfalls in Nachbarschaft zum Dom liegt am Tegnérplatsen Kulturen. Das 1892 eröffnete, außergewöhnlich gut ausgestattete Freilichtmuseum zeigt neben Wechselausstellungen im modernen Museumsbau vor allem Alltagsgeschichte von früher: Möbel, Kunsthandwerk und Ausgrabungsfunde aus dem mittelalterlichen Lund. Sie werden in ca. 30 Gebäuden präsentiert, die z. T. aus anderen Regionen Skånes hierher versetzt wurden. Vieles konnte aber auch gleich an Ort und Stelle bleiben, wie die Häuser einiger Altstadtgassen.

Ein Teil des Freilichtmuseums – außerhalb gelegen und gratis – ist **Hökeriet** an der Ecke Sankt Annegatan/Tomegapsgatan, ein Kaufmannsladen mit Einrichtung von 1906 und entsprechendem Verkaufssortiment.

### Skissernas Museum
*Finngatan 2, www.skissernasmuseum. se, Di, Do–So 12–17, Mi 12–21 Uhr, 50 SEK*
Etwas weiter, jenseits der Biskopsgatan, zeigt Skissernas Museum Ausstellungen zur Entstehung von Kunst im öffentlichen Raum – eine gute Gelegenheit, Einblick in kreative Prozesse zu nehmen, dem Künstler nicht nur über die Schulter, sondern ›in den Kopf‹ zu schauen. Ein Skulpturengarten ergänzt das wechselnde Programm.

# Übernachten

*Gepflegt –* **Hotel Concordia:** Stålbrogatan 1, Tel. 046 13 50 50, www.concordia.se, 1095–1995 SEK/DZ. Sehr schönes Haus in einer ruhigen Nebenstraße.
*Originell, doch einfach –* **STF Vandrarhem Tåget:** Väveregatan 22, Bjeredsparken, Tel. 046 14 28 20, www.train hostel.com, ab 160 SEK/Pers. in 2- oder 4-Bett-Abteilen. Wohnen in einem ausrangierten Zug, für Leute mit geringen Platzansprüchen – die Pritschen sind sehr schmal.

# Essen & Trinken

*Trendküche am Abstellgleis –* **Godset:** Bangatan 3–5, Tel. 046 12 16 10, www.

# Auf Entdeckungstour
## Ven – Insel für Sterngucker

An schönen Sommertagen ist die 7,5 km² große Insel im Öresund ein ideales Ausflugsziel: Wald, Felder und Wiesen, Klippen und Dünen. Doch das ist nicht alles. Das Eiland schrieb Wissenschaftsgeschichte: Von hier aus griff Tycho Brahe, Inselherr und Astronom, nach den Sternen. Ganz ohne Teleskop entdeckte er 1572 eine Supernova im Sternbild Kassiopeia und gewann bahnbrechende Erkenntnisse über die Bewegung der Planeten.

**Reisekarte:** ▶ C 14

**Infos:** www.tychobrahe.com; Tycho-Brahe-Museum April–Mittsommer, 3. Aug.-woche–Sept. tgl. 10–16, Okt. Sa/So 10–16, Mittsommer–3. Aug.-woche 10–18 Uhr, 60 SEK.

**Anreise/Inselverkehr:** Fähren ab Landskrona (ca. 30 Min., Tel. 0418 47 34 73, www.ventrafiken.se), im Sommer auch Boote ab Helsingborg (Råå-båtarna), Kopenhagen (Spar Shipping), Helsingør (DK; Harald Blåtand). Busse auf Vens Hauptstraße. Fahrradverleih oberhalb vom Hafen Bäckviken.

Egal ob mit dem Bus oder per Fahrrad, der Weg vom Fähranleger hinauf Richtung Inselmitte führt schnurstracks zu den spärlichen Fundamenten von **Schloss Uraniborg.** Inselherr Tycho Brahe (1546–1601) ließ es sich ab 1576 am höchsten Punkt der Insel 45 m über dem Meer bauen. Er war der Spross eines einflussreichen Adelsgeschlechts im damals noch von Dänemark beherrschten Südschweden. Als 14-Jähriger tief beeindruckt von einer Sonnenfinsternis, verschrieb er sich als Student in Kopenhagen der Astronomie. Der dänische König schätzte ihn auch als Astrologen, machte ihn auf Lebenszeit zum Herrn über Ven, sicherte ihm Einnahmen aus weiteren Gütern und förderte – dem Ehrgeiz einer Weltmacht entsprechend – ein wissenschaftliches Forschungsprogramm. 21 Jahre blieb Tycho Brahe auf der Insel Ven. Als er mehr Platz für seine Beobachtungsinstrumente brauchte, ließ Brahe neben dem Schloss ein unterirdisches Observatorium, **Stjärneborg,** bauen. Heute kann man durch die in den 1950er-Jahren gebauten Kuppeln hineinblicken.

## Quadratur des Kreises

Umgeben war Schloss Uraniborg von einem **Renaissancegarten,** dessen symmetrische Form Sinnbild eines wohlgeordneten Kosmos war: Die Erde dachte man sich als Quadrat, den Himmel als Kreis. An den vier Ecken des Quadrats lagen Eingangstore, umgeben war der Garten von hohen Erdwällen. Inzwischen wird der Schlossgarten Jahr für Jahr weiter rekonstruiert. In den Beeten wachsen Zierpflanzen und Kräuter, die im 16. Jh. in europäischen Gärten gezogen wurden. Inmitten der Anlage ragt die überlebensgroße graue Statue von Tycho Brahe auf, des Sternguckers mit dem Spitzenkragen.

## Kirchenschatz und Kalorien

Auch die mittelalterliche Treppengiebelkirche **Sankt Ibb** auf der Westseite der Insel birgt Erinnerungen an Tycho Brahe: u. a. ein 1578 von ihm gestiftetes Altarbild und sein Porträt – eine Schenkung anlässlich seines 300. Geburtstags 1846. Unterhalb, im **Hafen Kyrkbacken,** kann man sich im Restaurant Hamnkrogen oder in der Räucherei (nur im Sommer) stärken.

## Astronomie leicht gemacht

Der hohe Kirchturm in direkter Nachbarschaft von Uraniborg markiert die letzte Station der Tour: In der ehemaligen Gemeindekirche Allhelgonakyrkan wurde 2005 das **Tycho-Brahe-Museum** eingerichtet. Brahes wissenschaftliche Instrumente, ein Stahlquadrant und ein astronomischer Sextant – von Experten aus Tschechien rekonstruiert – gehören zu den wichtigsten Exponaten. Mit Filmen, Ausgrabungsfunden, Modellen und Bildern wird Leben und Werk des weltberühmten Wissenschaftlers dokumentiert, der ab 1597 in Prag als Hofastronom von Kaiser Rudolf II. sein Wissen um die Bewegungen der Planeten an seinen Schüler Johannes Kepler weitergab – Grundlage für heutige Raumfahrtprogramme.

## ›Weg der Planeten‹

Ausgehend von einem Sonnenmodell vor dem Museum führt der **Planetstigen** (Weg der Planeten) wieder hinab zum Hafen Bäckviken. Entlang seiner Route sind die Planeten in ihrem Verhältnis zur Sonne und ihrer Größe entsprechend in mehreren Stationen dargestellt. Bei diesem Spaziergang durch unser Sonnensystem werden dessen Dimensionen anschaulich. Nicht alle Planeten passen auf die kleine Insel: Uranus und Neptun hätten mitten im Sund platziert werden müssen.

Die Küste von Skåne und Halland

godset.se, Mo–Fr 11.30–14, Mo–Sa 18–23 Uhr, Hauptgerichte ca. 140–220 SEK, Lunch (Mo–Fr) 85–135 SEK. ›Bahnhofsgaststätte‹ mit Stil, junge Trendküche aus heimischen Zutaten.
*Historisches Ambiente* – **Stäket:** Stora Södergatan 6, Tel. 046 211 93 67, Mo–Do 11–23, Fr 11–24, Sa 12–24, So 13–23 Uhr. Fondue und deftige Hausmannskost im Gewölbekeller. Lunch 75–150 SEK (Mo–Fr), Abendkarte mit Hauptgerichten um 150–190 SEK.

## Abends & Nachts

*Im Park* – **Café Mejeriet:** Stora Södergatan 64, Tel. 046 211 13 74, www.kulturmejeriet.se. Regelmäßig Livemusik, Kino, Theater, Sa Jazzbrunch.

## Infos

**Touristeninformation**
**Lunds Turistbyrå:** Botulfsgatan 1A (am Stortorget), 22100 Lund, Tel. 046 35 50 40, turistbyran@lund.se.

**Verkehr**
**Bahn:** nach Stockholm, Göteborg, Malmö, Helsingborg, Eslöv, Landskrona, Karlskrona.
**Bus:** nach Malmö, Kopenhagen und Jönköping.

# Landskrona und Umgebung ▶ C 14

Beschaulichkeit strahlt Landskrona aus, dessen sehenswerte, Mitte des 16. Jh. errichtete **Zitadelle** (www.citadellet.com, Ende Juni–dritte Aug.woche Di–So dreimal tgl. Führungen, 50 SEK) eine von vielen Festungsanlagen an der Westküste ist.

Im **Haijiska huset** (Kungsgatan 13) gegenüber dem Hotel Öresund lebte 1885–97 Selma Lagerlöf, die an einer Mädchenschule unterrichtete.

An der Landstraße von Landskrona nach Råå und Helsingborg eröffnet sich von einem Hügel kurz vor **Glumslöv** ein herrlicher Blick zurück nach Landskrona und über die Insel **Ven** (s. Entdeckungstour S. 84). Über das pittoreske Fischerdorf **Råå**, von dem aus im Sommer Boote nach Ven fahren, gelangt man nach Helsingborg.

## Infos

**Touristeninformation**
**Landskrona & Vens Turistbyrå:** Regeringsgatan 13, 26136 Landskrona, Tel. 0418 47 30 00, www.landskrona.se/turist.

**Verkehr**
**Bahn:** Landskrona liegt an der Öresundståg-Strecke Kopenhagen–Malmö–Göteborg.
**Fähren:** nach Ven, s. S. 84.

# Helsingborg ▶ C 14

Helsingborg (121 500 Einwohner) liegt an der schmalsten Stelle des Öresund, 20 Minuten per Fähre vom dänischen Helsingør. Der Blick über den Sund reicht bis Schloss Kronborg, unter dem Namen Elsinor bekannt als Schauplatz des Shakespeare-Dramas »Hamlet«.

Die Stadt Helsingborg wurde bereits 1085 urkundlich erwähnt und gehörte einst zu den am heftigsten umkämpften Städten Schwedens, kein Wunder bei dieser strategischen Lage. Im 17. Jh. unternahmen die Schweden erhebliche Anstrengungen, die Stadt, die zum dänischen Herrschaftsbereich gehörte, ihrem Hoheitsgebiet einzuverleiben.

# Helsingborg

Sechs Mal eroberten sie Helsingborg, verloren es aber immer wieder an die Dänen. Endgültig gesichert war die schwedische Herrschaft erst 1710 nach einer blutigen Schlacht, die als schrecklichste auf schwedischem Boden gilt.

Helsingborg wirkt heute schick, ja nobel. Der mit modernen Wohn- und Bürobauten umgestaltete Nordhafen macht einen blitzblanken Eindruck.

# Sehenswert

### Dunkers Kulturhus
*Kungsgatan 11/Sundstorget,*
*www.dunkerskulturhus.se,*
*Mo–Mi, Fr 10–19, Do 10–20, Sa/So*
*10–17 Uhr, 70 SEK (Ausstellungen)*
Im 2002 eröffneten Dunkers Kulturhus beeindrucken hochkarätige Ausstellungen moderner Kunst und das Stadtmuseum mit einer multimedialen Darstellung der vom Sund geprägten Historie Helsingborgs. Der moderne Bau beherbergt auch Bühnen, Konzertsäle, einen gut sortierten Designladen, die Touristeninformation und ein Restaurant – alles mit Blick durch große Glasfronten auf den Sund und das Treiben am Segelbootkai des Nordhafens.

### Stortorget und Umgebung
Auf dem **Stortorget**, dem großen Markt, erinnert neben dem Rathaus von 1897 die Statue von Magnus Stenbock an die blutige Schlacht von 1710 gegen die Dänen. Am Markt beginnt eine der ältesten Fußgängerzonen Schwedens, **Kullagatan,** mit Modehäusern und Geschäften. In der entgegengesetzten Richtung erreicht man die **St. Maria kyrka** in der Södra Storgata. Die kleine Backsteinkirche geht zurück auf einen romanischen Sandsteinbau des 12. Jh., den der heutige gotische im 15. Jh. ersetzte. In der Norra Storgatan nördlich des Stortorget stehen einige schöne Fachwerkhäuser: etwa **Jacob Hansens hus** (Nr. 21), das älteste Wohnhaus der Stadt (1641); der Brunnen daneben erinnert an Tycho Brahe (s. S. 84).

### Kärnan
*April–Mai, Sept. Di–Fr 9–16, Okt.–März*
*Di–So 11–15, Juni–Aug. tgl. 10–18*
*Uhr, 30 SEK*
Überragt wird die Stadt von dem 34 m hohen Festungsturm Kärnan aus dem 14. Jh. Die vielen Treppenstufen hochzuklettern lohnt sich: Von oben eröffnet sich bei klarem Wetter eine fantastische Aussicht über den Öresund bis nach Dänemark und zum gegenüberliegenden Schloss Kronborg.

### Freilichtmuseum Fredriksdal
*Gisela Trapps väg, ca. 1,5 km östlich des Zentrums, www.fredriksdal.se,*
*April, Sept. tgl. 10–17, Juni–Aug.*
*10–18, Okt.–März 11–16 Uhr, 80 SEK*
Ein schöner Ausflug, besonders für Familien mit Kindern und Gartenliebhaber, führt nach Fredriksdal. Neben dem Herrenhaus aus dem 18. Jh. gehören zum Freilichtmuseum ein schonischer Bauernhof sowie eine Kleinstadtstraße mit einer Druckerei, deren Maschinen noch zeitweise in Betrieb sind. Prunkstück ist der Rosengarten, außerdem ein nach Carl von Linnés Lehre angelegter Botanischer Garten. Wer sich für alte Gemüsesorten interessiert, schaue sich im Küchengarten um. Erstklassiges Café – Betreiber ist das Restaurant Gastro (s. Essen & Trinken, S. 89).

# Übernachten

*Herrschaftlich* – **Villa Thalassa:** Dag Hammarskjöldsväg, Tel. 042 38 06 60, www.villathalassa.com, DZ 595–695 SEK ohne Frühstück und Bettwäsche. Der wunderbare Blick über den Öresund und die ruhige Lage im Wald neben ei-

# Helsingborg

ner schönen alten Villa sind die Vorzüge des bestens ausgestatteten Vandrarhem 3 km nördlich von Helsingborg.
*Sehr beliebt* – **Råå Vallar:** Kustgatan, Tel. 042 18 26 00, www.nordiccamping.se, ganzj., Stellplatz 190–270 SEK. Großer Platz 500 m von Råå (5 km südlich von Helsingborg) am Sandstrand (mit FKK-Bereich), Busverbindung, auch Campinghütten (ab 400 SEK).

## Essen & Trinken

Adressen zum Essengehen findet man unter www.destinationhelsingborg.se.
*Gourmetküche* – **Restaurang Gastro:** Södra Storgatan 11–13, www.gastro.nu, Tel. 042 24 34 70. Bistrogerichte 210–285 SEK, 3-Gänge-Menü 595 SEK. Das Spitzenrestaurant von Per und Sara Dahlberg rangiert unter den zehn besten schwedenweit.
*Fisch frisch* – **Roy's Fisk & Servering:** Kajpromenaden 21 (am Nordhafen), Tel. 042 13 31 31, www.roys.se. Fischhandel und -restaurant, preiswert, unprätentiös und gut. Lunch 75 SEK (Mo–Fr 11.30–14), à la carte 195–225 SEK. Sonntags Heringsbuffet mit sieben Sorten Hering 159 SEK (ab 12 Uhr).

## Infos

### Touristeninformationen
**Turistbyrå Helsingborg:** Dunkers kulturhus, Kungsgatan 11, 25221 Helsingborg, Tel. 042 10 43 50, Fax 042 10 43 55, www.helsingborg.se.

### Verkehr
**Bahn:** nach Malmö, Göteborg, Stockholm, Kopenhagen, Lund, Landskrona, Kristianstad und Karlskrona.

**Eingefasst in Himmelblau: das neogotische Rathaus von Helsingborg**

**Bus:** u. a. nach Höganäs, Lund, Halmstad und Ängelholm.
**Fähre:** nach Helsingør (DK).

# Umgebung von Helsingborg

**Sofiero slott** ▶ C 14
*ca. 5 km nördlich, www.sofiero.helsingborg.se, Schloss April–Ende Sept. tgl. 11–18 Uhr, Park 10–18 Uhr, 80 SEK*
Das idyllisch inmitten alten Baumbestands am Öresund gelegene Schloss ließ Kronprinz Oskar 1864 als Sommerresidenz für sich und seine Gattin Sophia errichten – daher der Name Sofiero (Sophienruhe). Später ging es in den Besitz von König Gustav VI. Adolf über, der hier im Sommer Kabinettssitzungen abhielt und sich mit Ministerpräsident Tage Erlander im Park erging – ein Sinnbild für die Übereinkunft zwischen Monarchie und Sozialdemokratie; immerhin hatte diese damals noch die Forderung nach Einführung der Republik im Parteiprogramm. Im Schloss, von dessen Terrasse der Blick über den Öresund schweift, finden Kunstausstellungen statt, die auch den Park einbeziehen. Neben Blumenrabatten und über 10 000 Rhododendren gibt es Skulpturen, einen Totempfahl und ein Labyrinth für Kinder.

**Wallåkra Stenkärlsfabrik** ▶ C 14
*Vallåkra, 15 km südöstlich von Helsingborg, www.wallakra.com, Mo–Fr 10–16, Juli–Aug. tgl. 12–17 Uhr*
In der 1864 gegründeten Fabrik in dem kleinen Ort Vallåkra wird Keramik nach historischer Rezeptur aus dem regional abgebauten Ton hergestellt: Vorratstöpfe, Krüge und rustikales Geschirr mit typischer Salzglasur. Man kann den Töpfern bei der Arbeit zusehen, im Fabrikladen stöbern oder im Café-Restaurant mit ambitionierter

Die Küste von Skåne und Halland

Küche tafeln. Schön ist auch ein Spaziergang im angrenzenden, unter Naturschutz stehenden Tal des Råå-Bachs.

## Essen & Trinken

*Königliche Gaumenfreuden –* **Sofiero Slottsrestaurang:** Sofiero slott, www.sofieroslottsrestaurang.se, Tel. 042 14 04 40, Mo–Fr 12–13.30, Di–Sa 18–22 Uhr, Lunch 155–275 SEK. Von der Glasveranda hat man einen schönen Blick über den Sund, im eleganten Speisesaal locken königliche Tafelfreuden unter Kronleuchtern. Das Restaurant ist unter den zwölf besten Schwedens.

# Halbinsel Kullen ▶ C 13/14

Am Ende der Landstraße RV 111 beginnt die Straße durch das Kullen-Naturreservat. Hier liegen ein Golfplatz, Wildgehege und diverse Restaurationsbetriebe.

»Denn der Kullaberg … hat sich gleichsam so weit ins Meer gestürzt, wie er überhaupt konnte. Nicht das kleinste Stückchen Land liegt unten am Berg, das ihn gegen die Meereswogen schützte; diese können ganz dicht bis an die Felswände heran, können sie auswaschen und nach Belieben formen. Deshalb stehen die Gebirgswände dort auch so reichverziert da, wie das Meer und dessen Mithelfer, die Winde, sie zugerichtet haben. Da sind schroffe, tief in die Bergseiten hineingeschnittene Schluchten und schwarze, hervorspringende Felsen, die unter den beständigen Peitschenschlägen des Windes blankgescheuert sind.« Treffender als Selma Lagerlöf kann man die nordwestliche Spitze der Kullen-Halbinsel nicht beschreiben, die sicher zu den schönsten Ecken Skånes zählt, auch weil der Berg von hohem Buchenwald bestanden wird, dessen Boden im Frühjahr übersät ist mit Blüten: u. a. Buschwindröschen, Veilchen, Leberblümchen. Auch deshalb ist der Kullaberg ein beliebtes Ausflugsziel und am Wochenende meist bevölkert.

# Mölle ▶ C 13/14

Seebadflair umweht das Örtchen Mölle, über dessen Jachthafen weiß und nobel das Grandhotel thront. Bis zum Ausbruch des Ersten Weltkriegs machten hier vor allem Dänen und Deutsche Urlaub, der deutsche Kaiser gab sich 1907 die Ehre. Heute stellen die Schweden die Mehrzahl der Gäste. Anfang des 20. Jh. erregte die Errichtung eines ersten Gemeinschaftsbads für Männer und Frauen die Gemüter aufs Heftigste. Man befürchtete den vollständigen Verfall der Sitten.

### Krapperups slott
*Bei Nyhamnsläge, www.krapperup.se, Café und Laden April, Mai, Sept. Fr–So, Fei 11–17, Juni–Aug. tgl. 11–17 Uhr, Park ganzj. tgl., Eintritt frei*
Der Schlosspark südlich von Mölle beweist: Nicht nur in England versteht man es, einen Garten anzulegen. Dazu passen auch Café und Shop. Das privat bewohnte Schloss der einst einflussreichen Familie Gyllenstierna bildet bisweilen den Rahmen für Ausstellungen zeitgenössischer Kunst (www.krapperupskonsthall.se). Die weißen Sterne in der Fassade des Backsteinschlosses von 1790 beziehen sich auf den Namen. »Güldenstern« ist Shakespeare-Kennern aus »Hamlet« bekannt.

### Kullabergs Naturum
*www.kullabergsnatur.se, Juni–Aug. tgl. 10–17, sonst 10–16 Uhr*

## Halbinsel Kullen

Seit 1561 weist an der Spitze der Kullen-Halbinsel Schwedens höchstgelegener und lichtstärkster Leuchtturm Kullens fyr (s. Lieblingsort S. 92) Seefahrern den Weg durch schwierige Gewässer. Am Fuß des Turms öffnete im Sommer 2009 ein Naturum, das Besuchern die einmalige Natur und Kultur des Naturreservats näherbringt. Hier starten auch geführte Wanderungen zu den zahlreichen Höhlen am Kullaberg.

## Höhlenklettern am Kullaberg ▶ C 14

Das Terrain des Kullabergs ist ein bevorzugtes Übungsgelände von Kletterern; Ungeübte sollten lieber Vorsicht walten lassen und sich auf den markierten Wegen halten. Das gilt auch für den Abstieg zu den insgesamt 24 Grotten, die überwiegend auf der Nordseite der Halbinsel liegen und teilweise bereits in der Steinzeit bewohnt waren. Die größere der beiden Josephinenlusthöhlen (Större Josefinelustgrottan) ist mit Tischen und Bänken ausgestattet. In der Umgebung liegen vier weitere Höhlen, die auch für Ungeübte relativ gefahrlos zu erreichen sind. Empfehlenswert sind geführte Klettertouren, die sich auch für Familien mit Kindern (über 7 Jahre) eignen, Kartenmaterial und Infos zu den Terminen der Führungen im Naturum.

## Höganäs ▶ C 14

Ein Halt bei der Keramikfabrik **Höganäs Saltglaserat** (gegenüber der Feuerwehr im Ortszentrum, www.saltglaserat.com, Mo–Fr 9–16, Juni–Aug. Mo–Sa 11–18 Uhr) beschert Einblicke in Töpferöfen und man kann formschöne Salzglasurkeramik erwerben, die im nordwestlichen Skåne seit Anfang des 19. Jh. hergestellt wird. Am Ortsausgang an der R 111 nach Mölle unterhält zudem der Konzern **BodaNova** einen Fabrikladen (Mo-Fr 10–18, Sa 10–16, So 11–16 Uhr) mit preisgünstiger Keramik, Glas und Heimtextilien.

## Übernachten

*Schöner Blick* – **Grand Hôtel i Mölle:** Bökebolsvägen 11, Tel. 042 36 22 30, www.grand-molle.se, ab 1200 SEK/DZ, Zimmer mit Balkon und Meerblick ab 1780 SEK/DZ. Traditionsreich und malerisch auf dem Kullaberg gelegen, mit Gourmetrestaurant.

*Golfhotel* – **Kullagårdens Wärdshus:** www.kullagardenswardshus.se, Tel. 042 34 74 20. Am Golfplatz im Naturreservat Kullaberg, hervorragende Küche, Spezialangebote wie z. B. Golfpaket oder Wochenendpaket ca. 2000 SEK/Pers. im DZ mit Vollpension.

*Günstig* – **STF Vandrarhem Jonstorp:** Gamla Södåkravägen 127, Jonstorp, Tel. 042 12 14 13, vandrarhem@jonstorp. com, DZ ab 490 SEK. Kleine Herberge auf dem Land; 46 Betten mit guten Matratzen (keine Etagenbetten) in 2- bis 4-Bett-Zimmern, Fahrradverleih.

*Meer und Heide* – **First Camp Mölle:** Tel. 042 34 73 84, Fax 042 34 77 29, www.firstcamp.se/molle, April–Mitte Nov., Stellplatz 225–315 SEK. Am Naturschutzgebiet Möllehässle.

## Essen & Trinken

*Deftig* – **Tunneberga Gästgivaregård:** Jonstorpsvägen 16, Jonstorp, www.tunneberga.se, Tel. 042 36 74 81. Hauptgerichte ab 220 SEK. Das gemütliche Lokal in einem typisch schonischen Fachwerkhaus mit niedrigen Decken liegt mitten im Dorf: Fisch oder

*Lieblingsort*

**Kullens fyr – Licht im Sund**
▶ C 13
Leuchttürme haben etwas Beruhigendes: Fest und sicher steht auch Kullens fyr auf hoher Warte auf dem Kullaberg. Sein Licht leuchtet über den Öresund, eine der am stärksten befahrenen Seefahrtsstraßen der Welt. Von der Spitze des über 100 Jahre alten Leuchtturms, die der Besucher über eine schmiedeeiserne Wendeltreppe erklimmt, ist der Blick überwältigend. Einen Leuchtturmwärter gibt es auch – doch der kommt heute nur noch hierher, um die handgeschliffenen Prismen der Linse zu säubern. Sie bündelt das Licht für die Signale, die Kullens fyr über den Sund schickt.

## Die Küste von Skåne und Halland

Klassiker der schwedischen Hausmannskost (Lunch 95 SEK), deftige regionale Küche: z. B. *äggakaka med stekt fläsk* oder *köttbullar*.
*Ausflugscafé mit Blick* – **Ellens Café**: Kullen, Tel. 042 34 76 66, www.ransvik.se, April, Sept. Fr–Mo, Juli–Aug. tgl. 11–17 Uhr. Der Abstieg in die Bucht ist die Mühe wert! Köstlich sind Kaffee, Waffeln und Kuchen sowie die kleinen Lunchgerichte (50–150 SEK), Terrassengarten über der Felsbucht mit Blick auf Mölle.

### Aktiv & Kreativ

*Vorwiegend sandig* – **Strände:** Sandstrand zwischen Viken und Nyhamnsläge, Klippen in Mölle, Kullen und Arild. Vejbystrand: wunderschöner, 5 km langer Sandstrand in der Bucht Skälderviken (nördlich, bei Ängelholm).

### Infos

**Touristeninformation**
**Höganäs & Kullahalvöns Turistbyrå:** Centralgatan 20, 26382 Höganäs, Tel. 042 33 77 74, www.hoganas.se, www.kullabergsnatur.se.

# Bjärehalvön ▶ C 13

Die Halbinsel Bjärehalvön wartet mit guten Badestränden und Häfen auf. An ihrem nordwestlichen Ende stürzen bei Hovs hallar bizarre Felsformationen dramatisch ins Meer. Hier wurden Szenen von Ingmar Bergmans Film »Das siebente Siegel« gedreht.

# Båstad ▶ C 13

Der Hauptort (14 000 Einwohner) der Halbinsel an der Laholmsbucht ist vor allem als Austragungsort eines wichtigen Tennisturniers bekannt und als Standort des schwedischen Tennisgymnasiums, wo namhafte Spieler ihr Handwerk lernten. In dem Stadion am Meer finden seit Mitte der 1920er-Jahre alljährlich die schwedischen Tennismeisterschaften statt, an denen König Gustaf V. 1930–45 unter dem Pseudonym Mr G teilnahm; nach ihm ist der Mr G.'s väg am Tennisstadion benannt.

---

*Unser Tipp*

**Ausflugscafé mit Tradition** ▶ C 14
Schon weiland machte König Oskar gern Kaffeepause im **Café Flickorna Lundgren** an der Straße nach Jonstorp, wenn er mit der Kutsche vorbeikam. Bis heute wird das Café von Nachfahren der ›Lundgren-Mädels‹ geführt, die Kaffee aus Kupferkannen sowie hausgebackenen Kuchen und Brot servieren. Der große Garten ist an schönen Sommertagen rappelvoll. An einfachen Holztischen unter Obstbäumen findet man sich ein zu *kaffe med dopp*, Kaffee mit Keksen, mit guter Butter gebacken! Besonders zu empfehlen: Vanilleherzen, einst König Oskars Favoriten, oder *Skånering* aus zartem Mürbeteig mit Kardamom. Große Auswahl an Säften (Skäret, www.fl-lundgren.se, Mai–Mitte Sept.).

Zu den ältesten Bauten in Båstad zählen die Häuser in der Agardhsgatan; sie überstanden als einzige unbeschadet den großen Brand von 1870. Die um 1500 fertiggestellte **Mariakyrka** birgt beeindruckende Kalkmalereien in Sakristei und Seitenschiffen.

## Westlich von Båstad

**Norrvikens Trädgårdar** ▶ C 13
*www.norrvikenstradgardar.se, Mai Sa/So 10–16, Juni–Aug. tgl. 10–17 Uhr, 60 SEK; Restaurant ganzjährig*
Die Gartenanlage nordwestlich von Båstad ist einen Tagesausflug wert. Mit Barockgarten, Japanischem Garten, Renaissancegarten, Rosarium, einem Puppenmuseum, Verkaufsstellen für Kunsthandwerk (Glas, Keramik), Galerie und Restaurant bietet sie reichlich Besichtigungsprogramm. Der Obstforscher und Gartenarchitekt Rudolf Abelin, ein Erneuerer des Obstbaus in Schweden, legte den Garten vor rund einem halben Jahrhundert an.

**Torekov** ▶ C 13
Der kleine Badeort und Hafen Torekov ist heute berühmt als Treff der Schönen und Reichen; entsprechend hoch ist das Preisniveau der Gastronomie. Auch haben inzwischen zahlreiche Kunstgalerien im Ort eröffnet.

**Hovs hallar** ▶ C 13
Die spektakuläre Felsküste (s. Abb. S. 48) lädt zu ausgedehnten Streifzügen ein, bei denen jedoch Vorsicht geboten ist, denn die Felsen können rutschig sein.

**Hallands Väderö** ▶ C 13
Der Küste vorgelagert ist das einzigartige Naturschutzgebiet Hallands Väderö, eine Insel mit Eichenwäldern, Sand- und Felsstränden sowie reicher Flora und Fauna. An der Westseite hat sich eine Robbenkolonie angesiedelt, im Sommer brüten Seevögel auf der Insel (per Boot ab Torekov Anfang Juni–Anfang Aug. tgl. 9–16 Uhr jede Stunde).

## Übernachten

*Sommerfrische* – **Hjortens Pensionat:** Båstad, Roxmansvägen 23, Tel. 0431 701 09, www.hjorten.net, Juni–Aug., 690–800 SEK/EZ, 950–1150 SEK/DZ mit Dusche/WC, günstige Wochenpreise. Liebevoll eingerichtete Zimmer in der ältesten Sommerpension des Ortes mit altmodischem Charme. Restaurant (Juli–Sept.).
*Am Strand* – **First Camp Båstad/Torekov:** Torekov, Tel. 0431 36 45 25, www.camping.se/L9, www.firstcamp.se/torekov, Mitte April–Ende Sept., Stellplatz 155–305 SEK. Nördlich von Torekov, auch luxuriöse Hütten (650–1700 SEK/Tag).

## Essen & Trinken

*Schick* – **G. Swensons krog & café:** Pål Romares gata 2, Torekov, Tel. 0431 36 45 90, www.swensons.net, Ostern–Sept. tgl. 12–17, 18–21 Uhr. Hauptgerichte 200–250 SEK, Menü 460 SEK. Fischrestaurant mit ambitionierter Küche am Hafen von Torekov in einem ehemaligen Landwaren- und Bootsbedarfshandel von 1907.

## Aktiv & Kreativ

*Sand und Klippen* – **Strände:** Hemmeslöv, flacher Sandstrand und gutes Surfrevier; Malen, Kattvik und Hovs hallar, Felsen.
*Entspannung pur* – **Wellness:** Warmbadehaus von Torekov, u. a. mit Tang-

# Die Küste von Skåne und Halland

Natürliches ›Flutlicht‹ und Wellen bis zum Horizont – Hallands Küste am Abend

bädern und Massagen nur 5 m vom Strand entfernt, Tel. 0431 36 36 32, www.torekovswarmbadhus.com.
*Zu den Seehunden* – **Bootsausflüge:** Seehundsafaris und Fahrten nach Hallands Väderö von Torekov, Tel. 0431 36 30 11, s. S. 95.

## Infos & Termine

**Touristeninformation**
**Båstad Turism:** Köpmangatan 1, Box 1096, 26921 Båstad, Tel. 0431 750 45, Fax 0431 700 55, www.bastad.com.

**Termine**
**Tennisturnier Swedish Open** (Anfang–Mitte Juli): in Båstad; www.swedish open.org.

**Verkehr**
**Bahn:** Züge aus Kopenhagen, Malmö und Göteborg halten in Båstad.
**Flug:** vom Flughafen Ängelholm/Helsingborg (25 km) tgl. Verbindungen mit Stockholm.

# Laholm ▶ C 13

Die älteste Stadt Hallands (23 000 Einwohner), 1231 gegründet, trägt im Wappen drei Lachse – sie verdankt wie die gesamte Provinz Halland (deren Landschaftstier der Lachs ist) ihren Reichtum dem Fang und Verkauf der Fische, die einst zahlreich vom Meer den Fluss Lagan aufwärts schwammen. Nach dem Bau eines Kraftwerks auf der Flussinsel neben der Schlossruine war ihr Weg versperrt und man errichtete eine Zuchtstation (Ausstellung Juni–Aug. Mo–Fr 13.30–15.30 Uhr).

Gamleby, der alte Ortskern, zeigt mit seinen zahlreichen eingeschossigen Ziegel- und Fachwerkbauten typische Kleinstadtidylle. In Gamleby steht auch die **Sankt Clemens kyrka** mit einem Turm von 1632. Vier ihrer Chorfenster schuf Erik Olson, Mitglied der Halmstadgruppe (s. S. 98).

Laholm gilt auch als ›kleine Stadt mit großen Kunstwerken‹. Finanziert wurden die vielen Skulpturen im Stadtbild mit Einnahmen aus Theaterfestivals. Auch dem Lachs ist eine Skulptur gewidmet: Auf dem Stortorget huldigt John Lundqvists Skulptur **Lagafontän** dem Fluss Lagan (1933). Die Figuren, der Flussmann, der Lachsjunge und das Perlenmädchen, symbolisieren den Fluss, den Lachs und die Perlen aus den früher hier gefischten Muscheln.

### Teckningsmuseet
*Hästtorget, www.teckningsmuseet.se, Mai/Juni, Aug. Di–So 12–16, Mittsommer–Ende Juli Di/Mi, Fr, So 12–17 Uhr, 50 SEK*
Das einzige Museum Schwedens, das ausschließlich Zeichnungen sammelt, ist in einem denkmalgeschützten ehemaligen Feuerwehrhaus mit modernem Anbau untergebracht und zeigt Werke schwedischer Künstler aus der Zeit nach 1780.

## Aktiv & Kreativ

*Lachsfang –* **Angeln:** Lachse und Meerforellen sind häufig im Lagan; Angelkarte im Turistbyrå erhältlich.
*Einlochen –* **Golf:** ein 18-Loch-Platz in Laholm, ein weiterer in Skogaby (ca. 10 km östlich).
*Familienfreundlich –* **Strände:** 12 km langer Sandstrand mit guter Infrastruktur in Mellbystrand und Skummeslövsstrand.

## Infos

### Touristeninformation
**Laholms Turistbyrå:** Rådhuset, Stortorget, Box 78, 31222 Laholm, Tel. 0430 154 50, www.laholm.se.

### Verkehr
**Bahn:** nach Malmö und Göteborg.
**Bus:** nach Halmstad.

# Halmstad ▶ C 13

In der im Mittelalter größten Stadt (88 000 Einwohner) der Westküste wurden die Könige der Kalmarer Union (s. S. 42) gewählt. Ein verheerendes Feuer zerstörte 1619 die gesamte Stadt, nur das Schloss und die aus Stein erbaute Kirche St. Nikolai überstanden die Katastrophe.

### Schloss und Stadtzentrum
Das **Schloss** ist als Sitz der Provinzialregierung der Öffentlichkeit nicht zugänglich, nur im Innenhof finden sommers Theaterveranstaltungen und Konzerte statt. Vor dem Schloss liegt das **Segelschiff »Najaden«** (1897), eines der kleinsten Vollschiffe, das je gebaut wurde; bis 1938 diente es als Schulschiff.
  Das Zentrum der Stadt am Nissan bildet der Marktplatz **Stora Torg,** auf dem vor Carl Milles' Statue »Europa und der Stier« lebhaft Handel getrieben wird. In den westlich gelegenen Straßen Kyrkogatan und Wallgatan lassen Fachwerkhäuser ahnen, wie die Stadt früher einmal ausgesehen hat. Sehenswert ist auch die nach einer Plastik von Pablo Picasso in Schweden angefertigte Skulptur **Kvinnohuvud** (›Frauenkopf‹) am Fluss Nissan.

### Länsmuseet Halland und Hallandsgården
*www.hallmus.se, Länsmuseet: Tollsgatan, Di, Do–So 12–16, Mi 12–20 Uhr; Hallandsgården: Sofiavägen, Galgberget, ganzj. zugänglich, Häuser Juni–Mitte Aug. 12–18 Uhr geöffnet*
Nissanaufwärts vom Zentrum zeigt das **Länsmuseet Halland** eine Sammlung von Galionsfiguren sowie bemalte Wandbehänge, wie sie früher in Südschweden die gute Stube zierten, dazu wechselnde Ausstellungen zeitgenössischer Künstler der Region.

# Die Küste von Skåne und Halland

Zum Provinzialmuseum gehört auch das **Freilichtmuseum Hallandsgården** am Stadtrand mit etwa einem Dutzend historischer Gebäude aus Halland, inklusive Einrichtung und belebtem Umfeld: Bauernhoftieren und -gärten.

**Mjellby Konstmuseum**
*5 km außerhalb in Richtung Steninge, www.mjellbykonstmuseum.se, Juli/Aug. Di–So 11–17, Mitte März–Juni, Sept.–Mitte Nov. 12–17 Uhr, 60 SEK*

In Halmstad wirkte eine Gruppe von Malern, die unter dem Namen Halmstadgruppen in die Kunstgeschichte einging. 1929 von den Brüdern Axel und Erik Olson, Waldemar Lorentzon, Sven Jonson, Esaias Thorén und Stellan Möller gegründet, existiert sie eigentlich erst seit dem Tod des letzten Künstlers 1986 nicht mehr. Die Maler lebten und arbeiteten zeitweise in Berlin und in Paris bei Fernand Léger. In ihren Werken verbanden sie den kontinentalen Kubismus und Surrealismus mit schwedischen Traditionen. Erik Olson gestaltete Kirchenfenster in Laholm und Halmstad, die gesamte Gruppe schmückte das Rathaus in Halmstad aus. Das Museum in der alten Schule von Mjällby zeigt eine Dauerausstellung zur Halmstadgruppe, deren größten Teil Viveka Bosson, die Tochter von Erik Olson, gestiftet hat.

## Übernachten

*Spa-Hotel –* **Hotel Tylösand:** Tylöhusvägen, Tel. 035 305 00, www.tylosand.se, ab 795 SEK/Pers. im DZ. Modernes 230-Zimmer-Hotel mit Beauty Center und Spa, im Sommer Zentrum des lebhaften Strandlebens mit After Beach, Disco, Nachtklub und Wellnesspaketen.
*Exzellent ausgestattet –* **First Camp Tylösand:** Tel. 035 305 10, www.camping.se/n25, www.firstcamp.se/tylosand, Mai–Ende Aug., Stellplatz 180–410 SEK. Großer 4-Sterne-Platz in schöner Lage unweit vom Strand, auch komfortable Hütten und fertig aufgebaute Hauszelte.

## Essen & Trinken

*Modernes Ambiente –* **Lilla Helfwetet:** Hamngatan 37/Ecke Bastionsgatan, Tel. 035 21 04 20, www.lillahelfwetet.se, Mo–Fr 11.30–14, 18–1 (Fr bis 3), Sa 18–3 Uhr, Lunch um 90 SEK, Hauptgerichte 200–235 SEK. Feine Küche in einem ehemaligen Elektrizitätswerk.

## Aktiv & Kreativ

*Spitzenplätze –* **Golf:** Halmstad nennt sich ›Schwedens Golfhauptstadt‹, sieben Golfplätze liegen in der Umgebung, Halmstad Golfklubb (www.hgk.se) in Tylösand ist einer der besten Europas.

## Abends & Nachts

*Höllisch was los –* **Lilla Helfwetet:** s. o. Am Wochenende macht die ›Kleine Hölle‹ ihrem Namen auf dem Dancefloor ab Mitternacht alle Ehre.

## Infos

**Touristeninformation**
**Halmstads Turistbyrå:** Lilla Torg, 30132 Halmstad, Tel. 035 12 02 00, www.destinationhalmstad.se.

**Verkehr**
**Bahn:** nach Stockholm, Malmö, Göteborg, Jönköping, Nassjö.
**Bus:** nach Helsingborg, Laholm, Falkenberg.

# Varberg

# Falkenberg ▶ C 12/13

Den Reiz der pittoresken Kleinstadt machen Kopfsteinpflasterstraßen und niedrige Holzhäuser aus, die sich vor allem am Gåsatorget (Gänsemarkt) finden. Durch den Ort fließt der Ätran, einer der besten Lachsflüsse des Landes, der u. a. von der Zollbrücke (Tullbron) aus dem 18. Jh. überspannt wird.

Mittelpunkt der sehenswerten Altstadt ist die **Sankt Laurentius kyrka** aus dem 12. Jh. In diesem Stadtteil liegt auch die älteste Töpferei Schwedens, die **Törngrens Krukmakeri** (www.torngrens-krukmakeri.se, Krukmakaregatan 4, Mo–Fr 9.30–12, 13–16.30 Uhr), die sich seit 1789 und sieben Generationen in Familienbesitz befindet.

## Aktiv & Kreativ

*Lachse* – **Angeln:** am Flussabschnitt zwischen Tullbron und Laxbron in den Monaten März–Sept., Angelkarte erforderlich (*fiskekort;* im Touristenbüro erhältlich).

**Unser Tipp**

**Lachs im Überfluss**
Laxbutiken ist ein wahres Dorado für Freunde des feinen Fischs. Man kann ihn in den unterschiedlichsten Variationen kaufen – u. a. gibt es Lachssalat, Lachspastete, Lachssuppe und Lachspirogen – oder gleich vor Ort im Restaurant des Lachszuchtbetriebs probieren, ca. 90–180 SEK (**Laxbutiken**, Heberg, E 6 südlich Falkenberg, www.laxbutiken.se).

## Infos

**Touristeninformation**
**Falkenbergs Turistbyrå:** Holgersgatan 11, Box 293, 31134 Falkenberg, Tel. 0346 88 61 00, Fax 0346 145 26, www.visitfalkenberg.se.

**Verkehr**
**Bahn:** nach Kopenhagen, Malmö und Göteborg.
**Bus:** nach Halmstad und Varberg.

# Varberg ▶ C 12

Die Bezeichnung ›mondänes Seebad‹ passt an der schwedischen Westküste am ehesten zu Varberg, das seit 1823 Badeort ist. Zu dieser Zeit wurden Parks angelegt und ein Kaltbadehaus errichtet, das auf Stelzen im Wasser steht und mit seinen fünf Zwiebeltürmchen ein wenig orientalisch anmutet. Heute kann man sich hier in Meerwasserschwimmbad und Sauna erholen oder aber luxuriöse Wellnessangebote von Spa-Hotels nutzen.

**Festung**
*www.lansmuseet.varberg.se, Mo–Fr 10–16, Sa/So 12–16, Mittsommer–Mitte Aug. tgl. 10–18 Uhr, 50 SEK*
Varbergs bedeutendste Sehenswürdigkeit geht auf eine im 13. Jh. vom dänischen Grafen Jacob av Halland errichtete Burg zurück, die spätere Besitzer bis ins 17. Jh. um- und ausbauten. Kurz nach ihrer Fertigstellung wurde sie jedoch überflüssig: Halland und Bohuslän gingen im Frieden von Brömsebro 1645 an Schweden – es gab nichts mehr zu verteidigen. Heute beherbergt die Festung das Länsmuseet mit einer Ausstellung zum Bockstensmann, der im 14. Jh. lebte. Seine sterblichen Überreste fand man in einem Moor bei Varberg; die Kleidung war vollständig erhalten.

Die Küste von Skåne und Halland

## Unser Tipp

**Von der Sauna direkt ins Meer**
Wellness wie ehedem genießen die Besucher von Varbergs historischem **Kallbadhus** (1903). Von der Sauna geht es direkt ins Meerwasser – sommers wie winters erfrischend (www.kallbadhus et.se, Mitte Juni–Mitte Aug. tgl. ab 10, Winter Mi 13–20, Sa/So 9–17 Uhr, 60 SEK).

## Aktiv & Kreativ

*Luxuriös* – **Wellness:** Wellnessangebot für Tagesgäste s. Übernachten.
*Surferparadies* – **Strände:** Apelviken, auch ein gutes Surfrevier (Segel- und Windsurfschule); Träslövsläge, altes Fischerdorf mit flachem Sandstrand. Klippen nördlich von Varberg: Getterön, auch schön zum Wandern (Naturschutzgebiet).
*Hüllenlos* – **FKK-Strand** (getrennt nach Herren und Damen) in den Klippen zwischen Festung und Apelviken.

## Übernachten

*Nah am Meer* – **Comwell Kurort Hotell & Spa:** Nils Kreugers väg 5, Tel. 0340 62 98 00, Fax 0340 62 98 50, www.var bergskurort.se, ab 995 SEK/Person im DZ. Das traditionsreiche Kurhotel verströmt 200 Jahre alte klassische Eleganz in 125 Zimmern; Schwimmen im beheizten Meerwasserbecken, römisches oder türkisches Dampfbad, Qigong u. a. gehören zum Programm (für Tagesgäste 595–1695 SEK/Tag).
*Hinter schwedischen Gardinen* – **Fästningen:** Tel. 0340 868 28 (Turistbyrå), www.fastningensvandrarhem.se, ab 220 SEK/Pers. ohne Frühstück und Bettwäsche. Die bevorzugte Lage der sehr populären Jugendherberge tröstet über die Enge und die spartanische Einrichtung der meist mit ein oder zwei Betten ausgestatteten ehemaligen Gefängniszellen hinweg.
*Vom Meer umgeben* – **Getteröns Camping:** 4km nördl. von Varberg, Tel. 0340 168 85, Fax 0340 104 22, www.getteronscamping.se. Mai–Mitte Sept., 4-Sterne-Platz auf der klippenreichen Halbinsel Getterön (im Sommer Bootsverbindung), Stellplatz 155–410 SEK, Campinghütten ab 430 SEK.

Varberg

## Abends & Nachts

*Live* – **Societetsparken:** von Mittsommer bis Anfang Aug. mehrmals in der Woche Konzerte – von Jazz bis Pop; auch Tanz.

## Infos & Termine

**Touristeninformation**
**Varbergs Turistbyrå:** Brunnsparken, Box 150, 43224 Varberg, Tel. 0340 868 28, www.marknadvarberg.se.

**Termine**
**Gladjazzdagar** (Ende Juni/Anfang Juli): Dixieland unter freiem Himmel in den Straßen.
**Medeltidsdagar** (2 Tage Anfang Juli): in der Festung. Mittelalterfest; Informationen beim Länsmuseet Varberg (s. S. 99).

**Verkehr**
**Bahn:** nach Kopenhagen, Malmö und Göteborg.
**Bus:** nach Falkenberg und Kungsbacka.
**Fähre:** nach Grenå (DK).

Wellnessstempel aus einer anderen Zeit: das Kallbadhus in Varberg

## Das Beste auf einen Blick

# Göteborg und Bohuslän

### Highlight!

**Göteborg:** Das breite Kulturangebot, die maritime Atmosphäre und die trendige Gastronomie machen die größte Hafenstadt Schwedens zu einem attraktiven Reiseziel. Zur Göteborger Museumslandschaft zählt neben dem Konstmuseet mit Werken des nordischen Impressionismus das erstklassige Kunstgewerbemuseum Röhsska museet. Publikumsmagneten sind das Naturerlebniszentrum Univeréum, der Vergnügungspark Liseberg und Maritima Centrum, die größte Sammlung von Museumsschiffen in Schweden. S. 105

## Kultur & Sehenswertes

**Akvarellmuseet in Skärhamn:** Preisgekröntes Museum mit Badestelle nebenan – wo gibt es das schon? S. 118

**Havets hus in Lysekil:** Hai und Hering geben sich ein Stelldichein in Großaquarien. S. 120

**Felsritzungen bei Tanumshede:** Die Rätsel der Vorzeit verzaubern immer wieder aufs Neue. S. 125

## Aktiv & Kreativ

**Wandern auf Dyrö:** Wie die Mufflons, die auf der Felsinsel leben, erklimmen Besucher Treppen und Stege. S. 118

**Wassersport:** Meerkajakfahrten vor der inselreichen Küste von Orust mit Einkehr bei Handelsman Flink. S. 119

**Seehundsafaris und mehr:** Von Lysekil starten Boote zu Ausflugsfahrten im Schärengarten. S. 121

## Genießen & Atmosphäre

**Åstol Rökeri:** Das Angebot an Fisch und Schalentieren ist opulent – selbst Garnelen werden geräuchert angeboten. S. 118

**Hummerstadt Hunnebostrand:** Kulinarisches Highlight im Spätsommer ist eine Hummersafari, natürlich mit anschließendem Hummeressen. S. 122

## Abends & Nachts

**Göteborg** ist bekannt für sein munteres Nachtleben, nicht nur im Vergnügungspark Liseberg: Kungsportsavenyn und Linnégatan sind die beliebtesten Flaniermeilen für Nachtschwärmer. S. 113

**Sommernächte:** Von Mittsommer bis Mitte August verlagert sich ein Großteil des Nachtlebens in die Jachthäfen. In **Marstrand, Smögen, Grebbestad** oder **Strömstad** trifft sich ein fröhliches Seglervolk zum Schampustrinken und Krabbenpulen. S. 114, 122, 126, 127

# Maritimes Flair im Westen – Felsen, Fjorde, Häfen

Schwedens zweitgrößte Stadt, **Göteborg,** wirkt fast wie eine mitteleuropäische Metropole, ist äußerst attraktiv und besitzt ein breit gefächertes Nachtleben. Mitten in der Stadt liegt Liseberg, ein riesiger Vergnügungspark, und der Prachtboulevard Kungsportsavenyn lädt zum Flanieren, Kaffeetrinken und abendlichen Ausgehen ein. Nicht zuletzt liegt die felsige Küste von **Bohuslän** sozusagen vor der Haustür, zu erreichen mit dem Schiff oder regelmäßig verkehrenden Bussen, denn auch die Göteborger verbringen dort gern das Wochenende und die Ferien.

Welchen Ort an der Küste von Bohuslän man als Stützpunkt wählt, ist Geschmackssache. Zwischen Mittsommer und Mitte August bucht man besser vor, denn dieses Gebiet zählt auch bei den Schweden zu den bevorzugten Urlaubsregionen. Kein Wunder, denn die Inseln Tjörn und Orust, pittoreske kleine Fischerdörfer und mondäne Touristenzentren, die bronzezeitlichen Felsritzungen bei Tanumshede, vor allem aber die verlockenden kulinarischen Genüsse sind Attraktion genug. Die Westküste ist ein Paradies für Feinschmecker mit Appetit auf Fisch, Garnelen oder Hummer und besitzt eine erlesene Gastronomie.

Auch heute noch leben viele Orte in Bohuslän von der Fischkonservenindustrie, zum Teil auch von den Steinbrüchen, in denen um die Wende zum 20. Jh. rosafarbener und grauer Granit abgebaut und beispielsweise als Pflastersteine nach Deutschland exportiert wurde. Wichtigster Wirtschaftsfaktor ist jedoch der Tourismus. Im Sommer steigt die Bevölkerungszahl rapide an und nimmt zu Saisonende genauso rapide ab. Das ist für die ständigen Bewohner nicht ohne Probleme. So steigen die Grundstückspreise, wenn reiche Städter verlassene Bauernhöfe und Fischerhäuser aufkaufen und sie zu Ferienhäusern machen. Die saisonalen Bewohner bringen aber nur im Sommer Geld in die Region, wenn sie die touristische Infrastruktur nutzen.

## Infobox

**Touristeninformationen**
**Västsvenska Turistrådet:** Kungsportsavenyn 31–35, 41136 Göteborg, Tel. 031 81 83 00, Fax 031 81 83 01, www.vastsverige.com.
**Södra Bohuslän Turist AB:** Kulturhuset Fregatten, Fregatten 2, 44430 Stenungsund, Tel. 0303 815 50, Fax 0303 810 01, www.sodrabohuslan.com.
**Göteborgs Turistbyrå:** s. S. 114

### Verkehr
Alle Sehenswürdigkeiten in Göteborg lassen sich bequem zu Fuß, per Bus und Straßenbahn sowie mit dem Linienboot erreichen. Außerhalb verkehren hauptsächlich Busse: von Göteborgs Busbahnhof Nils Ericsonterminalen bis nach Orust (Rönnäng), Tanumshede und Strömstad. Zugverkehr mit dem Bohuståg über Uddevalla bis Tanum und Strömstad. Uddevalla ist ein weiterer wichtiger Verkehrsknotenpunkt. Im Nahverkehr der gesamten Region gelten Magnetstreifenkarten, die man im Bus oder Linienboot entwertet. Infos: www.vasttrafik.se.

# Göteborg ❗ ▶ B/C 11

Die Göteborger bezeichnen ihre Stadt mit dem ihnen eigenen Lokalpatriotismus in Umfragen immer wieder als schönste Stadt Schwedens. Die Konkurrenz zur Hauptstadt Stockholm, die »an einem sterbenden Binnenmeer mit der sibirischen Tundra am anderen Ufer« liegt, wird mit Lust gepflegt. Die Göteborger gelten als lebenslustig und offenherzig, es herrscht ein kontinentales, geradezu südländisches Flair. Als einzige Großstadt in Schweden besitzt Göteborg ein bis in die Vororte reichendes Straßenbahnnetz und die Stadt ist ein angenehmes Pflaster für Fußgänger und Radfahrer. Das gilt erst recht, seit durch die Inbetriebnahme des Citytunnels 2006 der Autoverkehr an der Hafenmeile Packhuskajen, wo sich viele Sehenswürdigkeiten befinden und die großzügig weiter ausgebaut wird, geringer geworden ist.

Gegründet wurde Göteborg erst 1621 durch Gustav II. Adolf. Einwanderer aus Holland, England und Deutschland haben deutliche Spuren hinterlassen und waren zeitweise auch einer festgelegten Quote entsprechend im Stadtrat vertreten. Die Stadt lebte sehr gut vom internationalen Handel, der über den größten Hafen Nordeuropas abgewickelt wird. Seit der Schließung großer Werften setzt man nun verstärkt auf Wissenschaft und Kultur.

## Hafen und Nordstadt

### Göteborgshjulet 1
*Mai–Ende Sept. tgl., sonst Fr–So 11–21 Uhr, 85 SEK*
Aus 60 m Höhe hat man während der knapp viertelstündigen Fahrt in einer der 42 Kabinen des Riesenrads den besten Blick auf die sich verändernde Stadtlandschaft am Göta älv. Dort entwickelt sich am Packhuskajen eine ganz neue Flanier- und Vergnügungsmeile. Nicht nur wer sich für neues Bauen und Stadtentwicklung interessiert, sollte auch die Ausstellung **Älvrummet** am Fuß des Riesenrads nicht versäumen (tgl. 11–21 Uhr, Eintritt frei).

### Oper 2
In direkter Nachbarschaft zum attraktiven Segelboothafen am Fuße des rot-weiß gestreiften ›Utkiken‹ fällt die 1994 eröffnete, von Jan Izikovitz entworfene Oper (GöteborgsOperan) ins Auge, deren Silhouette sich hervorragend in das maritime Ambiente einfügt.

### Maritima Centrum 3
*www.maritiman.se, Mai–Aug. tgl. 10–18, März/April, Sept./Okt. Fr–So 10–16 Uhr, 80 SEK, Familie 210 SEK*
Am Packhuskajen findet man das größte Schiffsmuseum des Landes. Seine historischen Schiffe, darunter Lastkähne, aber auch Kriegsschiffe und U-Boote können erklettert und über wie unter Deck erkundet werden.

### Stadsmuseum 4
*Im Ostindiska huset, www.stadsmuseum.goteborg.se, Di, Do–So 10–17, Mi 10–20 Uhr, 40 SEK*
Die ehemalige Residenz der schwedischen Ostindischen Kompanie, Ostindiska huset, am Stora Hamnkanalen beherbergt heute das Stadtmuseum, das neben Erinnerungen an die große Zeit des Ostindienhandels Sammlungen zur Kulturgeschichte, Archäologie und Industriegeschichte besitzt. Die Reste des einzigen in Schweden geborgenen Wikingerschiffs sind hier zu sehen, ein Handelsschiff vom Typ Knarr. Allein schon die dekorative Innenarchitektur des restaurierten Ostindienhauses ist sehenswert: gusseiserne Säulen in den Hallen und das mit

# Göteborg

### Sehenswert
1. Göteborgshjulet
2. Oper (GöteborgsOperan)
3. Maritima Centrum
4. Stadsmuseum (Ostindiska huset)
5. Christinae kyrka
6. Kronhuset
7. Palmhuset
8. Röhsska museet
9. Konstmuseum
10. Skansen Kronan
11. Liseberg
12. Universéum
13. Världskulturmuseet

### Übernachten
1. Barken Viking
2. Novotel
3. Hotel Flora
4. Hotel Nice
5. Vandrarhem Stigbergsliden
6. Lisebergs Camping Askim Strand

### Essen & Trinken
1. Sjömagasinet
2. Sjöbaren
3. Linnéterrassen
4. Trädgår'n
5. Junggrens Café

### Einkaufen
1. Nordstan
2. Saluhall
3. Feskekörkan

### Abends & Nachts
1. Röda Sten
2. Storan
3. Hagabion
4. Nefertiti Jazz Club

# Göteborg

Wandmalereien und Glasfenstern ausgestaltete Treppenhaus.

## Christinae kyrka 5

Ein Stückchen weiter am Hamnkanalen liegt **Christinae kyrka**, auch Tyska kyrkan (Deutsche Kirche) genannt. Das Gotteshaus wurde 1623 als evangelische Kirche für die zahlreichen Deutschen, Holländer und Schotten errichtet. Noch immer hält die nach wie vor relativ große deutsche Gemeinde hier ihre Gottesdienste ab.

## Kronhuset 6 und Umgebung

Ein kleiner Platz mit Kopfsteinpflaster versteckt sich zwischen Hafen, Östra Hamngatan und Hamnkanalen: Hier liegt das älteste Gebäude der Stadt, Kronhuset, noch weitgehend im Zustand des 17. Jh. In dem ehemaligen Waffenarsenal finden manchmal Konzerte statt; nur bei solchen Gelegenheiten ist das Innere zu besichtigen, doch ein Besuch in den umliegenden Werkstätten, Kronhusbodarna, lohnt sich: In den niedrigen, gelb getünchten Häusern arbeiten Kunsthandwerker, z. B. ein Glasbläser, und bieten ihre Produkte zum Kauf an. Nebenan verkauft ein Laden wie aus Urgroßvaters Zeiten handgemachte Bonbons in rotweißen Papiertüten (die Öffnungszeiten der Läden sind unterschiedlich, meist Mo–Fr 11–16/17, Sa 11–14 Uhr).

## Gustaf Adolfs Torg

Den Gustaf Adolfs Torg säumen **Stadthaus**, **Börse** und **Gericht** *(rådhus)*, die ihr heutiges Aussehen allesamt Umbauten im 19. Jh. verdanken. Dies ist zum einen den zahlreichen Stadtbränden geschuldet, hängt aber auch damit zusammen, dass Göteborg nach der Gründung der Ostindischen Kompanie 1731 zu erheblichem Wohlstand gelangte.

# Jenseits des Wallgrabens

## Trädgårdsföreningens park

*www.tradgardsforeningen.se, Mai–Aug. tgl. 7–20, sonst Sa/So 9–20 Uhr, 20 SEK*

Wem der Trubel zu viel ist: Erholung findet man in den vielen Parks der Stadt, etwa dem herrlich altmodischen Trädgårdsföreningens park, der sich mitten in der Innenstadt zwischen Bahnhof und Avenyn am Kanal entlangzieht. Höhepunkt des im Stil des 19. Jh. angelegten Parks ist der Rosengarten samt Café sowie das viktorianisch anmutende **Palmhuset** 7 (Palmenhaus, geöffnet tgl. 9–18 Uhr) von 1878, wo, verteilt auf 1000 m$^2$, Exotisches aus fünf Kontinenten wächst.

## Avenyn

Auf eine Straße ihrer Stadt sind die Göteborger ungemein stolz, gilt sie doch als einziger richtiger Boulevard des Nordens: Kungsportsavenyn, kurz Avenyn genannt. Hier liegen Cafés, Restaurants und Bars dicht an dicht. Bei schönem Wetter stehen Tausende Stühle auf dem Trottoir und das großstädtische Leben spielt sich wie im Süden auf der Straße ab. Avenyn führt vom **Stora Teatern,** dem weißen, 1859 fertiggestellten ›Großen Theater‹, schnurgerade hinauf zum Götaplatsen, der gesäumt wird von **Stadtbibliothek, Stadttheater, Konzerthaus** und **Kunsthalle**. Die Mitte des Platzes ziert Carl Milles' Poseidon-Brunnen. Von den Stufen des Kunstmuseums liegt dem Betrachter der gesamte Boulevard zu Füßen.

Das **Konstmuseum** 8 beherbergt eine umfangreiche und sehenswerte Sammlung skandinavischer Malerei aus der Zeit um 1900, z. B. Werke von

---

Drei Hingucker: Hochhaus Utkiken, die Bark »Viking« und eine Skulptur zur Erinnerung an den Sänger Evert Taube

## Göteborg und Bohuslän

Edvard Munch, Carl Larsson, Bruno Liljefors, Anders Zorn u. a. (www.konstmuseum.goteborg.se, Di, Do 11–18, Mi 11–21, Fr–So 11–17 Uhr, 40 SEK).

### Vasastan

Dem innerstädtischen Trubel entfliehen kann man nicht nur in einem der Parks der Stadt, auch ein Spaziergang durch Vasastan, dem zwischen Vasaplatsen und Viktoriagatan gelegenen Universitätsviertel mit stimmungsvollen Restaurants und Kneipen, wirkt ungemein entspannend.

In Vasastan liegt auch **Röhsska museet** [9] (www.designmuseum.se, Vasagatan 37–39, Di 12–20, Mi–Fr 12–17, Sa/So 11–17 Uhr, 40 SEK/Jahr). Das 1916 in dem schlichten Backsteinbau eröffnete Kunsthandwerksmuseum zeigt eine umfangreiche Sammlung u. a. von Design aus Nordeuropa und Kunsthandwerk aus Fernost. Wechselausstellungen beleuchten die aktuelle Designszene.

### Haga

Am Fuß von **Skansen Kronan** [10] – die Schanze ist eine der vielen Militärbauten der Stadt – vermittelt der rechtwinklig angelegte Stadtteil Haga viel Kleinstadtatmosphäre mitten in der Metropole. In der autofreien Straße Haga Nygata verlocken Secondhandläden, Antiquitätengeschäfte und natürlich jede Menge Cafés zu einem gemütlichen Bummel und einer Pause im ältesten Arbeiterviertel Göteborgs.

## Südöstlich des Zentrums

### Liseberg [11]

*www.liseberg.se, Mittsommer–Mitte Aug. tgl. 10/11–23/24 Uhr, sonst wechselnde Zeiten*

Attraktion Nummer eins in Göteborg ist für viele Schweden Liseberg: auf der einen Seite ein lauter Vergnügungspark, auf der anderen eine ruhige grüne Oase. Vom Liseberg-Turm, mit 146 m ü. NN der höchste Punkt in Göteborg, hat man eine fantastische Aussicht über die Stadt.

### Universéum [12]

*www.universeum.se, letzte Juni-Woche–Aug. tgl. 9–21, sonst 10–18 Uhr, 175 SEK, Familie 595 SEK*

Neben Liseberg haben sich weitere Attraktionen angesiedelt: Das Universéum vermittelt Naturwissenschaft als Erlebnis. Die Besucher steigen über Treppen von den Baumkronen des tropischen Regenwalds zu den Krokodilstümpeln in den sumpfigen Niederungen hinunter, durchwandeln ein Aquarium mit Haitunnel, unternehmen naturwissenschaftliche Experimente – ein ideales Ausflugsziel also für Familien mit Kindern.

### Världskulturmuseet [13]

*www.varldskulturmuseet.se, Di, Fr–So 12–17, Mi/Do 12–21 Uhr, Eintritt frei*

Das 2005 an Göteborgs ›Erlebnismeile‹ eröffnete ›Weltkulturmuseum‹ trägt mit seinen Ausstellungen dem Ruf Göteborgs als weltoffene Stadt Rechnung. Es widmet sich brisanten Themen wie Migration und moderne Sklaverei und der Auseinandersetzung mit ihnen in der zeitgenössischen Kunst.

## Ausflug per Linienboot auf dem Göta älv

Die Fahrt ab Lilla Bommen mit dem Linienboot »Älvsnabben« (etwa alle Stunde) gleicht einer Sightseeingtour vom Wasser aus. Es geht vorbei an Hafenanlagen, die sich am Fluss Göta älv entlangziehen. Eine letzte kleine Werft ist hier noch aktiv. Das Boot hält in **Lindholmen,** wo Institute der Chal-

# Göteborg

mers-Universität und rund 150 Unternehmen angesiedelt wurden. Ein weiterer Halt ist beim ehemaligen Werftgelände **Eriksberg.** Gelegentlich liegt hier der stattliche Ostindiensegler »Goetheborg« vor Anker. Das Schiff, das inzwischen wieder die Route nach China besegelt hat, wurde in Eriksberg nach Vorbildern aus dem 18. Jh. gebaut. Vom Boot aus sieht man links hoch über der Stadt die markante Silhouette der **Masthuggskyrkan,** eine der wenigen schwedischen Kirchen im Stil der Nationalromantik (errichtet 1910–14). Endstation des »Älvsnabben« ist das denkmalgeschützte Viertel **Klippan** mit Bauten aus dem 17. Jh., einer hübschen Kirche und Museumsschiffen am Ångbåtskaj nahe dem Restaurant Sjömagasinet. Es liegt am Fuß der Brücke **Älvsborgsbron,** die sich hoch über den Fluss schwingt, um auch Ozeanriesen Durchfahrt zu gewähren. Für den Rückweg ins Zentrum kann man die Straßenbahn nehmen (Nr. 3 und 9 ab Jægerdorffsplatsen).

## Übernachten

Am preiswertesten übernachtet man mit dem Göteborgspaket (s. rechts). Günstiger ist nur noch die Übernachtung auf dem Campingplatz oder in der Jugendherberge.

*Schwimmendes Hotel* – **Barken Viking** 1: Gullbergskajen, Tel. 031 63 58 00, www.liseberg.se, ab 1600 SEK/DZ. Paketangebote inkl. Liseberg-Besuch. Die 29 komfortablen, 2008 komplett renovierten Doppelkajüten und großzügigen Familienzimmer (bis zu 6 Pers.) in dem schmucken Segelschiff sind auch etwas für Landratten.

*Topadresse* – **Novotel** 2: Klippan 1, Tel. 031 14 90 00, www.novotel.se, ab 990 SEK/EZ, ab 1090 SEK/DZ. Im Kulturreservat Klippan am Fuß der Älvsborgsbron, 148 geräumige Zimmer in einer topmodern renovierten ehemaligen Brauerei. Hohe Frühbucher- und Sommerrabatte.

*Designhotel* – **Hotel Flora** 3: Grönsakstorget 2, Tel. 031 13 86 16, www.hotelflora.se, ab 950 SEK/EZ, ab 1155 SEK/DZ. Als Familienbetrieb geführtes Haus in ruhiger, zentraler Lage, in modernem Stil sehr individuell eingerichtete Zimmer, über drei Etagen verteilt.

*Budgethotel* – **Hotel Nice** 4: Utlandagatan 18, Tel. 031 20 21 50, www.hotelnice.se, ab 495 SEK/DZ (Dusche/WC über den Flur). Das Budgethotel (Parkplatz inkl.) im Stadtteil Johanneberg bietet Bed and Breakfast. Lange Vorausbuchung erforderlich, da nur 14 Zimmer zur Verfügung stehen.

*Seemannsheim* – **STF Vandrarhem Stigbergsliden** 5: Stigbergsliden 10, Tel. 031 24 16 20, www.hostel-gothenburg.com, 400–430 SEK/DZ ohne Frühstück und Bettwäsche. Ehemaliges Seemannsheim mit 105 Betten im Stadtteil Masthugget.

*Direkt am Meer* – **Lisebergs Camping Askim Strand** 6: Marholmsvägen, Askim (15 km südlich), Tel. 031 28 62 61, www.camping.se/O38, www.liseberg.se, Mai–Anfang Sept., Stellplatz ca.

### Göteborg im Paket
Im Touristenbüro kann man den **Göteborgspass** kaufen, der zur Benutzung der öffentlichen Verkehrsmittel und zu Sightseeing-Fahrten berechtigt, gratis Parken auf kommunalen Parkplätzen und freien Eintritt zu zahlreichen Museen und nach Liseberg sowie weitere Vergünstigungen beinhaltet. Oder man bucht gleich das **Göteborgspaket:** Hotelübernachtung mit Frühstück plus Göteborgspass – konkurrenzlos günstig, wenn man in kurzer Zeit viel von der Stadt sehen möchte.

# Göteborg und Bohuslän

245–375 SEK. Großer Platz mit familienfreundlichem Strand, Expressbusverbindung nach Göteborg.

## Essen & Trinken

*Fisch fein* – **Sjömagasinet** 1: Klippan 6, Tel. 031 775 59 20, www.sjomagasinet.se, Mo–Fr 11.30–14, 18–22, Sa 17–22 Uhr, Lunch (Mo–Fr) 150 SEK, Hauptgerichte Abendkarte 400–500 SEK. Im ehemaligen Magazin der Ostindiska Kompaniet genießt man Fischgerichte der Gourmetklasse.
*Fisch gemütlich* – **Sjöbaren** 2: Haga Nygata 25, Tel. 031 711 97 80, www.sjobaren.se/haga, Mo–Do 11–23, Fr 11–24, Sa 12–24, So 13–21 Uhr, Hauptgerichte 120–280 SEK. Fischspezialitäten in lockerer Atmosphäre im netten Innenhof oder im kleinen Barlokal.
*Fischhalle* – **Gabriel Fisk och Skaldjursbar:** Feskekörkan 3, Tel. 031 13 90 51, Di–Do 11–17, Fr 11–18, Sa 11–13.30 Uhr, 200–350 SEK. Ein Muss für Freunde von Fisch & Co. Auf der Empore der ›Fischkirche‹ (1874) am Rosenlundskanal wird Gourmetküche serviert.
*Aussicht aufs Geschehen* – **Linnéterrassen** 3: Ecke Prinsgatan/Linnégatan, Tel. 031 24 08 90, www.linneterrassen.se, Mo–Fr 16–1, Sa/So 13–1 Uhr, Hauptgerichte 100–170 SEK. Von der Balkonterrasse im ersten Stock des denkmalgeschützten Gebäudes genießt man bei verfeinerter Hausmannskost den besten Überblick über die Straßenkreuzung im Szeneviertel.
*Bistro im Park* – **Trädgår'n** 4: Nya Allén, Tel. 031 10 20 81, www.tradgarn.se, Mo–Fr 12–14, Mo–Sa 17–22.30 Uhr, 2-Gänge-Menü inkl. Getränk 200 SEK. Am Rand von Trädgårdsföreningens park liegt das geräumige Restaurant, das gute Bistroküche bietet.
*Hoch belegte Brote* – **Junggrens Café** 5: Avenyn/Ecke Engelbrektsgatan, bis 22 Uhr, 60–100 SEK. Bilderbuch-Sandwiches *(smörgåsar)* – auch warme – zu akzeptablen Preisen, in einem urgemütlichen Lokal mit Jugendstilambiente und großen dekorativen Wandgemälden.

## Einkaufen

*Riesiges Angebot* – **Nordstan** 1: Mo–Fr 10–19, Sa 10–18, So 11–17 Uhr. Schwedens größtes Einkaufszentrum mit Filialen diverser Ketten; Lebensmittel, Kleidung, Schuhe etc.
*Spezialitäten* – **Saluhall** (Markthalle) 2: Kungstorget. Breit gefächertes An-

# Göteborg

gebot an Spezialitäten aus aller Welt. Verkostung von Lebensmitteln an einigen Ständen und Imbiss.
*Aus dem Meer* – **Feskekörkan** 3: Di–Do 11–17, Fr 11–18, Sa 11–13.30 Uhr. Verkaufsstände mit allerlei Köstlichkeiten des Meeres, wie Räucherfisch und Garnelen zum Selberpulen.

## Aktiv & Kreativ

*Sightseeing per Boot* – **Paddan:** Göteborg von seiner schönsten Seite – über die Kanäle und unter den Brücken hindurch fahren die breiten, flachen Boote, begleitet von kundigen Guides (auch in deutscher Sprache), Abfahrt Kungsportsbron, Dauer ca. 45 Min.
*Sightseeing per Bus* – **Stadtrundfahrt:** mehrsprachige Führungen, Abfahrt der offenen Busse vor Stora Teatern, Kungsportsavenyn (Dauer 50 Min.).

## Abends & Nachts

**Kungsportsavenyn** ist äußerst populär – hier trifft sich alle Welt, ab und an wird die Flaniermeile auch zur Bühne. Die Flaneure auf der **Linnégatan** sind nicht ganz so jung und etwas anspruchsvoller, die Restaurants etwas trendiger und die Portionen kleiner.

Nachts doppelt schön: Göteborgs Oper, ein Musentempel mit Jachthafen vor der Tür

## Göteborg und Bohuslän

*Innovativ* – **Röda Sten** [1]: Majorna (Straßenbahn 3 und 9), www.rodasten.com. Tagsüber Experimentelles und Alternatives, Kunstausstellungen, Theater, Tanz im ehemaligen Heizwerk. Samstags 22–3 Uhr wird dann eingeheizt, mit Club- und Musikevents.
*Schick* – **Storan** [2]: Kungsparken 1, http://storan.sami.se. Tagsüber Terrassencafé am Wasser, abends Club.
*Alternativ* – **Hagabion** [3]: Linnégatan 21, www.hagabion.nu. Programmkino mit alternativem Kulturtreff, Café, Lunch-Restaurant im Herzen des Szeneviertels um die Linnégatan.
*Live Music* – **Nefertiti Jazz Club** [4]: Hvitfeldtsplatsen 6, Tel. 031 711 15 33, www.nefertiti.se. Legendärer Jazzclub mit hervorragenden Live Acts, auch Rock-, Hip-Hop- oder Reggae-Stars.
*In-Treff* – **Linnéterrassen** [3]: Ecke Prinsgatan/Linnégatan, Tel. 031 24 08 90, www.linneterrassen.se, Mo–Fr 16–1, Sa/So 13–1 Uhr, Fr ab 18 Uhr Jazz live.
*Nachtclub* – **Trädgår'n** [4]: Nya Allén, www.tradgarn.se, ab 22 Uhr. Bereits seit Jahrzehnten eine Topadresse für den Abend, Dancefloor ab 22 Jahre.
*Musikgenuss* – **Oper (GöteborgsOperan)** [2]: Tel. 031 13 13 00, www.opera.se. Anspruchsvolles Programm im bildschönen Wahrzeichen der Stadt.

## Infos & Termine

**Touristeninformation**
**Göteborgs Turistbyrå:** Kungsportsplatsen 2, 41110 Göteborg, Tel. 031 368 42 00, www.goteborg.com. Info-Tisch auch im Einkaufscenter Nordstan.

**Termine**
Mehrmals im Jahr ist Göteborg Schauplatz sportlicher Großveranstaltungen, z. B. der Jugend-Fußball-WM um den Gothia Cup Mitte Juli.
**Filmfestival** (Ende Jan./Anfang Feb.): internationale, aber auch viele skandinavische Filme; www.filmfestival.org.
**Göteborgs Jazzfestival** (Anfang Aug.): vor allem skandinavische Jazzszene; www.gothenburgjazzfestival.com.
**Göteborgs Kulturkalas** (Mitte Aug.): gratis Theater, Film, Musik an vielen Schauplätzen in der Stadt, Feuerwerk und Kinderzirkus; www.goteborg.com/kalaset.
**Way Out West** (Anfang–Mitte Aug.): Musikfestival; www.wayoutwest.se.

**Verkehr**
**Flug:** Der internationale Flughafen Landvetter bietet die meisten Verbindungen nach Mitteleuropa, der kleine Flughafen Göteborg-City nördlich der Stadt bei Säve wird von Ryanair angeflogen.
**Bahn:** nach Stockholm, Malmö, Oslo, Karlstad, Kalmar, Karlskrona, Borås, Uddevalla, Trollhättan.
**Bus:** nach Stenungsund und Lysekil.
**Fähre:** nach Kiel und Frederikshavn (DK).
**Stadtverkehr:** In Göteborg lässt man das Auto besser stehen und bewegt sich zu Fuß oder benutzt Straßenbahn und Bus. Zwischen Hauptbahnhof und Liseberg verkehrt im Sommer alle 15–20 Min. eine historische Straßenbahn. »Älvsnabben«, ein Linienschnellboot, verbindet die abwärts des Göta älv gelegenen Stadtteile mit dem Zentrum (etwa alle Stunde). Infos zum Nahverkehr: Göteborgsregionens Lokaltrafik Tel. 031 80 12 35, www.vasttrafik.se.

## Umgebung von Göteborg

**Marstrand** ▶ B 11
Die autofreie Seglermetropole Marstrand ist von Göteborg via Kungälv über die Landstraße 168 und eine Fähre zu erreichen. Marstrand ist seit

## Umgebung von Göteborg

1822 Badeort, einen Aufschwung erlebte es aber erst Ende des 19. Jh., als König Oskar II. hier regelmäßig Urlaub machte und sich irgendwann auch zu den bis dahin als gefährlich für Leib und Leben geltenden Bädern im kalten Wasser hinreißen ließ. Aus dem 18. und 19. Jh. stammen viele reich verzierte Holzhäuser, die nicht zuletzt den Charme des Ortes ausmachen. In der **Festung Carlsten** saß zeitweise Lasse-Maja, ein schwedischer Robin Hood, ein, berühmt auch als Ausbrecher.

### Bohus fästning ▶ C 11
*Kungälv, April Sa/So 11–17, Mai–Aug. tgl. 10–19, Sept. 11–15, Okt. Sa/So 11–15 Uhr, 50 SEK*

Kungälv ist mit seiner Festung Bohus wesentlich älter als Göteborg. Die trutzige Burg, deren runder Turm heute noch drohend aufragt, gab der Provinz den Namen und ist heute im Sommer Schauplatz mittelalterlicher Festivitäten. Bis zum Frieden von Roskilde im Jahr 1658 markierte die Festung die Grenze zu Norwegen. Nur wenige Kilometer weiter südlich begann dänisches Gebiet, sodass Schweden nur rund 20 km Westküste besaß.

### Gunnebo slott ▶ C 11
*ca. 6 km südlich (E6 Richtung Mölndal), www.gunneboslott.se, Führungen Mai–Mitte Juni Sa/So 12, 13, 14, Mitte Juni–Mitte Aug. tgl. 12, 13, 14, sonst So 12, 13 Uhr, 80 SEK*

Gunnebo slott ist zwar kein Potemkinsches Schloss – also nur Fassade –, aber dennoch eine Imitation: Man sieht dem eleganten Herrenhaus im gustavianischen Stil nicht an, dass es bis auf den Sockel nicht aus Stein, sondern aus Holz gebaut ist. In den Jahren 1784–96 ließ es der Göteborger Kaufmann John Hall errichten, der durch Fischtran- und Holzhandel seinerzeit einer der reichsten Männer des Landes war. Auf dem Weg zum Anwesen durchquert man einen wunderschönen Park mit altem Baumbestand, der sich an einem Flüsschen entlangzieht und zu Exkursionen in die Natur einlädt.

### Kungsbacka und Onsala ▶ C 12
Hübsche pastellfarbene Holzhäuser aus der Zeit der vorigen Jahrhundertwende machen **Kungsbacka,** das von deutschen Kaufleuten gegründet wurde, zu einem attraktiven Ausflugsziel.

Lohnend ist ein Abstecher in den Süden der Halbinsel in das Dorf **Onsala.** In der von außen unscheinbaren Kirche mit wunderbar bemalten Holzdecken und einem prächtigen Barockaltar liegen die sterblichen Überreste von Lars Gathenhielm (1689–1718), einem angesehenen Piraten, der die dänischen Schifffahrtsbeschränkungen unterlief und zudem erfolgreich dänisch-norwegische Piraten in Schach hielt. 1715 wurde er für seine Verdienste geadelt.

### Tjolöholm slott ▶ C 12
*www.tjoloholm.se, Mitte Juni–Ende Aug. tgl. 11–16, April–Mitte Juni, Sept./Okt. Sa/So, Fei 12–16 Uhr, 100 SEK*

Am Kungsbackafjord, ca. 10 km südlich von Kungsbacka, ließ sich der schottische Kaufmann James Fredrik Dickson um die Wende zum 20. Jh. ein Schloss errichten: aus rotem Granit und im Tudorstil. Der Bauherr sorgte auch für diverse Bequemlichkeiten: Das Schloss besaß luxuriöse Badezimmer, ein ausgeklügeltes Heißluftheizsystem und eine Art Zentralstaubsauger, der von Pferden angetrieben wurde. Die Inneneinrichtung zeigt Renaissance- und Jugendstilelemente. Tjolöholm lohnt einen Tagesausflug: Spazierwege und schöne Badeplätze an der felsigen Küste sowie das Restaurant Storstugan (Hauptgericht 130 SEK) laden zum Verweilen ein.

*Lieblingsort*

**Tjörnehuvud – Rundumblick über die Schärenwelt** ▶ B 11
Aussichtspunkte gibt es viele an der Westküste, aber Tjörnehuvud ist ein ganz besonderer. Nicht nur, dass der Aufstieg zu dem mit 85 m höchsten Punkt von Rönnäng neben dem Hotell Bergabo durch steile Holztreppen ermöglicht wird. Auch der Blick reicht besonders weit: hinaus zu den immer spärlicher werdenden walrückengleichen Schärenbuckeln, hinaus auf die Inselwelt vor Tjörn. Nur einen Steinwurf von Tjörnekalv entfernt ist das grüne Dyrö zu erkennen. Der Blick gleitet weiter zur Insel Åstol – dicht bepackt mit Häusern, deren Dächer in der Ferne blitzen – und zur markanten Silhouette von Marstrand, der Festungsinsel vor den Toren von Göteborg. Und wenn eine Segelregatta steigt, reicht die Kette weißer Segel bis zum Horizont.

Göteborg und Bohuslän

**Zur Räucherei auf Åstol** ▶ B 11
Die dicht mit Häusern in allen möglichen Farben bebaute Insel Åstol ist bekannt für ihre gute Rökeri (Räucherei) mit Restaurant. Fisch oder Garnelen – alles gibt es lecker geräuchert mit hausgebackenem Brot (ab Rönnäng auf der Insel Tjörn fahren Linienschiffe).

# Tjörn und Orust ▶ B 10/11

Ein Urlaubsparadies vor allem für Wassersportler sind die Inseln Tjörn und Orust, die ca. 60 km nördlich von Göteborg liegen und seit 1960 über Brücken mit dem Festland verbunden sind. Zum Festland hin präsentiert sich die Landschaft lieblicher, zum Skagerrak hin sehr viel rauer. Die Landstraße RV 160 führt von Stenungsund über Brücken, Tunnel, vier Inseln und drei Sunde nach Orust und zählt zu den schönsten Straßen Schwedens. Da sich das herumgesprochen hat, muss man am Brückenkopf in Stenungsund, wo sich auch die größte Konzentration von Einkaufsmöglichkeiten weit und breit findet, mit Staus rechnen.

**Akvarellmuseet in Skärhamn**
*www.akvarellmuseet.org, Juni–Aug. tgl. 11–18, sonst Di–So 12–17 Uhr, Sommer 70 SEK, Winter 45 SEK*
Für Kunstinteressierte ein Muss ist der Abstecher in den Westen von Tjörn zum Nordischen Aquarellmuseum in Skärhamn. Die Wechselausstellungen zeigen Aquarelle von Künstlern nicht nur aus Skandinavien. Im Offenen Atelier können Besucher auch selbst mit Wasserfarben experimentieren. Schön sitzt man auf der Caféterrasse direkt am Wasser, für noch mehr Erfrischung sorgt der Badeplatz gleich nebenan (Södra Hamnen, Skärhamn).

## Wanderung auf Dyrön

Die Insel Dyrön liegt dem an der Südwestspitze von Tjörn gelegenen Rönnäng direkt gegenüber und ist mehrmals täglich per Fähre erreichbar. Anders als auf Åstol ist die Bebauung auf Dyrön eher spärlich und konzentriert sich in einem geschützten Tal im Zentrum der kargen, felsigen Insel, auf der außer den menschlichen Bewohnern eine Herde Mufflons lebt. Besucher werden die Wildschafe kaum zu Gesicht bekommen, sich aber ähnlich fortbewegen wie sie: Auf der ausgeschilderten Rundwanderstrecke steigt man Treppen, überbrückt auf Holzstegen tiefe Felsschluchten und erreicht Aussichtspunkte und Klippenstrände. Ein Café und ein Restaurant am Anleger sorgen für Stärkung – oder man packt sich einen Picknickkorb für den Tagesausflug.

## Übernachten

*Am Steilhang* – **Bergabo Hotell:** Kyrkvägen 22, Rönnäng, Tel. 0304 67 70 80, www.bergabo.com. Viele der Hotelzimmer des im Schutz der Felsen von Tjörnehuvud gebauten Hauses haben Aussicht auf die Schären. Zwölf DZ (ab 1390 SEK) und zehn Apartments. Schön ist die Lounge mit Bar auf der Veranda (Sommer Di–So ab 17 Uhr).
*In den Schären wohnen* – **Tofta Sjögård:** Stockenvägen 25, Ellös, Tel. 0304 503 80, www.toftagard.se, DZ ab

460 SEK, EZ 330 SEK (zzgl. Bettwäsche und Frühstück). Gemütliche Herberge an der äußersten westlichen Schärenküste der Insel Orust, 10 Min. Fußweg zum Meer. Jeweils zwei bis drei der 31 Zimmer (1–4 Betten) teilen sich Dusche/WC. Frühstück auf Bestellung, Selbstversorgerküche, Sauna, Spa-Abteilung (Rabatt für Gäste).

## Essen & Trinken

*Am Wasser* – **Handelsman Flink:** Ellös, Flatön, Tel. 0304 550 51, www.handelsmanflink.se, tgl. 12.30–22 Uhr, 85–350 SEK. Beliebtes traditionelles Ausflugslokal mit Aktivangeboten, u. a. Kanuverleih. Abends oft mit Musik und Erinnerungen an den in Schweden sehr populären Volkssänger Evert Taube, der Bohuslän und genau dieses Lokal, den früheren Laden von ›Handelsman Flink‹, oft besang. Serviert werden Fisch und Schalentiere, auch Vegetarisches und Fleischgerichte. Auch Paketangebote incl. Übernachtung und Abendessen 1300 SEK/Person im DZ.

## Aktiv & Kreativ

*Kanu- & Kajakverleih* – **Stocken Camping:** Orust, Tel. 0304 512 00, www.orust-kajak.se. Große Auswahl an Kajaks und Sit-on-Tops, 350–390 SEK/Tag, Verleih von Zelten u. a. Ausrüstung, auch Paddelkurse, geführte Touren.

### Angeltouren im Schärengebiet
Zwischen Mai und Oktober starten täglich Angeltouren von Rönnäng und Skärhamn (zahlreiche Anbieter, Adressen im Turistbyrå Skärhamn oder Stenungsund erfragen). Gefangen werden Dorsch, Makrele, Dornhai, Rochen.

## Infos & Termine

**Touristeninformationen**
**Stenungsunds Turistbyrå:** Kulturhuset Fregatten, Box 66, 44431 Stenungsund, Tel. 0303 833 27, Fax 0303 680 49, turistbyran@stenungsund.se.
**Orusts Turistbyrå:** Kulturhuset Kajutan, Hamntorget, 47334 Henån, Tel. 0304 33 44 94, turistbyran@orust.se.

**Termine**
**Segelregatta Tjörn runt** (3. Sa im Aug.): Bis zu 1000 Boote nehmen teil.

**Verkehr**
**Bus:** von Göteborg nach Stenungsund, Skärhamn und Rönnäng.
**Fähre:** von Rönnäng zu den kleineren Inseln.

# Lysekil ▶ B 10

Über die Landstraße RV 160, die lange Zeit fast schnurgerade über Berg und Tal führt, und den RV 161 gelangt man via Fähre ab Bokenäs über den Gullmarsfjord (Gullmarn) nach Lysekil. Der wichtigste Fischereihafen weit und breit ist ein guter Ausgangspunkt für Bootsausflüge in die Schärenwelt. Der große Frachthafen, Ölraffinerien, ein Meeresforschungszentrum und Betriebe der Fischereiindustrie sind Arbeitgeber für viele der etwa 14 750 Einwohner der Gemeinde.

## Sehenswert

Lysekil besitzt noch Zeugnisse aus seiner großen Zeit als Badeort, darunter zwei Villen am Hafen, Storstugan und Lillstugan, die sich der Badearzt Carl Curman 1878–80 errichten ließ. Die Häuser, die man heute sieht, wurden nach einem Brand neu gebaut, zeigen aber

# Göteborg und Bohuslän

**Ein guter Ort für einen Zwischenstopp auf der Radtour: Lysekil**

noch die von der Wikingerzeit beeinflussten Stilelemente wie geschnitzte Drachenköpfe. Von der Kirche führt ein kurzer Weg zu einem Aussichtsturm, von dem aus sich ein schöner Blick auf die vorgelagerten Inseln bietet.

**Havets hus**
*www.havetshus.lysekil.se, Mittsommer–Aug. tgl. 10–18, sonst 10–16 Uhr, 95 SEK*
Das ›Haus des Meeres‹ ist nicht nur geeignet als Programm für Regentage. Die Unterwasserwelt der westlichen Ostsee wird großen und kleinen Besuchern in diversen Meerwasser-Aquarien näher gebracht. Einige davon sind so gestaltet, dass man quasi unter Wasser wandern kann.

## Übernachten

*Für jeden Geldbeutel* – **Kusthotell Strand:** Strandvägen 1, Tel. 0523 797 51, www.strandflickorna.se, DZ 500–1120 SEK, ab 200–480 SEK/Pers. je nach Komfort. In zentraler Lage und mit Meerblick, alle 20 Doppel- und Mehrbettzimmer haben Dusche/WC (Vandrarhem mit eigener Bettwäsche und Selbstversorgung oder mit Hotelservice).

*Mit Badestelle* – **Siviks Camping:** Tel. 0523 61 15 28, www.sivikscamping.nu, Mai–Mitte Sept. Sehr kinderfreundlich, Sandstrand und Felsen. Es werden auch stationäre Wohnwagen (32 m²) mit Dusche/WC vermietet (ab 690 SEK), Stellplatz 150–290 SEK.

Uddevalla

## Aktiv & Kreativ

*Bootsausflüge* – **Touren in die Schären:** in der Saison z. B. auf die Inseln Kornöarna, Gullholmen und Käringö oder nach Smögen;
*Seehundsafaris* – **Sälsafari:** Mo–Sa ab Anleger gegenüber Havets Hus.
*Fische angeln oder sehen* – **Angelfahrten und Tauchen:** Infos im Turistbyrå.

## Infos

**Touristeninformation**
**Lysekils Turistbyrå:** Södra Hamngatan 6, Box 113, 45323 Lysekil, Tel. 0523 130 50, www.lysekilsturist.se.

**Verkehr**
**Bus:** nach Uddevalla und Göteborg.
**Fähre:** Autofähre über den Gullmarn; Personenfähre nach Fiskebäckskil.

# Uddevalla ▶ B 10

Die Hauptstadt (50 000 Einwohner) der Provinz Bohuslän mit ihrem Hafen an der Mündung des Bäveån in den Byfjord ist bis heute ein industrielles Zentrum und eine wichtige Einkaufsstadt. Nicht nur das Bohusläns museum ist einen Zwischenstopp wert.

**Bohusläns museum**
*www.bohusmus.se, Mai–Aug. Mo–Do 10–20, Fr–So 10–16, sonst Di–Do 10–20, Fr–So 10–16 Uhr, Eintritt frei*
Gemälde und Textilien sowie Nachbauten von Konservenfabriken und Wohnstuben dokumentieren die Geschichte und Kultur der Provinz. Die Gemäldesammlung, die der Kaufmann John Johnsson 1951 dem Museum vermachte, umfasst Werke flämischer und holländischer Meister des 15. Jh. sowie der Düsseldorfer Malerschule des 19. Jh.

## Spaziergang am Byfjord – Strandpromenaden

Ein schöner Wanderweg, »Strandpromenaden« genannt, beginnt vor dem Touristenbüro gegenüber dem Museum auf der anderen Seite des Flusses Bäveån (wahlweise auch ab Svenskholmen ca. 1 km stadtauswärts, wo man parken kann). Die Strecke führt immer am Wasser des Byfjorden entlang, vorbei an Badestellen und Aussichtspunkten. Höhepunkt ist eine 600 m lange Hängebrücke neben der Steilwand **Hästepallarna** hoch über dem Wasser. Kurz darauf ist **Gustafsberg** erreicht (4 km). Der nach Gustav III. benannte älteste Badeort Schwedens liegt direkt am Byfjord. 1774 wurde hier das erste Badehaus eröffnet, mit angewärmtem Salzwasser, denn Baden im kalten Wasser galt als gesundheitsschädlich. Noch heute kann man sich gut vorstellen, wie um die Wende zum 20. Jh. die Damen nach dem Bade mit langen Kleidern und Sonnenschirmchen zwischen den pastellfarbenen Holzvillen lustwandelten. Der Wanderweg endet nach einem weiteren Kilometer an einer Badestelle mit Jachthafen in **Lindesnäs.**

## Übernachten

*Historisch* – **STF Vandrarhem Uddevalla:** Gustafsberg, Tel. 0522 152 00, www.gustafsberg.se, Mitte Juni–Mitte Aug., ab 225 SEK/Pers. ohne Frühstück und Bettwäsche. 2- bis 5-Bettzimmer im alten Badehaus.

## Aktiv & Kreativ

*Bootsausflüge* – **Per Boot nach Smögen:** Start gegenüber dem Bohusläns museum, Tickets über das Turistbyrå.

Göteborg und Bohuslän

## Infos

**Touristeninformation**
**Uddevalla Forum/Turistbyrå:** Södra Hamnen 2, 45181 Uddevalla, Tel. 0522 977 20, Fax 0522 997 10, www.uddevalla.com.

**Verkehr**
**Bahn:** nach Vänersborg, Herrljunga, Göteborg und Strömstad.
**Bus:** Busbahnhof Kampenhof im Zentrum (gegenüber Bohusläns museum), ein wichtiger Knotenpunkt mit Verbindungen in alle Richtungen.

# Halbinsel Sotenäs ▶ B 10

Ein Abstecher auf die Halbinsel Sotenäs lohnt in jedem Fall, denn hier befinden sich einige der größten touristischen Attraktionen von Bohuslän.

## Smögen ▶ B 10

Sehen und gesehen werden ist das Motto in Smögen, einem überaus belebten – für manch einen sicher schrecklich überlaufenen – Ort. Im Hafen dümpeln schöne und beeindruckende Luxusjachten, die man beim Spaziergang entlang der 1 km langen Smögenbryggan in aller Ruhe betrachten kann. Auf ihrer Landseite drängen sich entlang der Seebrücke dicht an dicht Imbissbuden, Souvenir- und Designeroutfit-Läden.

## Sotenkanalen

Auf der Weiterfahrt über die Landstraße RV 174 von Smögen nach Bovallstrand ist ein Abstecher zum 7,6 km langen und 4,5 m tiefen Sotenkanalen möglich; er verbindet Väjern mit Hunnebostrand. Der teilweise in die Granitklippen gesprengte Kanal wurde 1931–35 gebaut und diente als Arbeitsbeschaffungsmaßnahme für die von der Wirtschaftskrise betroffenen Arbeiter in den Steinbrüchen der Region.

# Hunnebostrand und Bovallstrand ▶ B 10

An die Zeit der 1930er-Jahre erinnert in **Hunnebostrand** das Steinmetzmuseum an der Hauptstraße. Von hier bezog Deutschland seinerzeit Granit für sein Straßenbauprogramm (Stenhuggarmuseet, Juli–Mitte Aug. Di–Fr 15–18 Uhr). Der Ort profiliert sich seit der Gründung einer ›Hummerakademie‹

# Halbinsel Sotenäs

auch als Ziel für Gourmets: Im Herbst können Besucher am Hummerfang einschließlich abendlichem Hummeressen teilnehmen (Hummercentrum mit Museum und Aquarien, Södra Strandgatan 4, Juni–Aug. 16–20 Uhr).

**Bovallstrand,** eines der ältesten Fischerdörfer in Bohuslän, ist ein sehr hübscher Ort, der noch eine gewisse Echtheit und Ursprünglichkeit bewahren konnte. Die schönen Häuser sind nicht so herausgeputzt und nicht in jedem befindet sich ein Laden.

## Nordens Ark
*www.nordensark.se, tgl. Ende April–Mittsommer und Sept. 10–17 (letzter Einlass 15 Uhr), Mittsommer–Mitte Aug. 10–19 (letzter Einlass 17 Uhr), sonst 10–16 Uhr (letzter Einlass 15 Uhr), 100 SEK*

In der ›Arche des Nordens‹ gibt es keine Elche und Bären, wohl aber Luchs, Vielfraß und Waldren, denn Nordens Ark versammelt vom Aussterben bedrohte Arten. Hier begegnet man auf der Nordhalbkugel der Erde rar gewordenen Tieren, etwa dem Kleinen Panda und dem Himalayatahr aus Asien oder der Schneeziege aus Amerika. Großkatzen sind Besuchermagnet Nummer eins. 2007 haben Amurtiger Einzug gehalten. Besucherrekorde verzeichnet das Gehege der Schneeleoparden. Man sollte sich Zeit nehmen für den Spaziergang durch das wildromantische Gelände mit Laubwaldhängen, steilen Felsschluchten und kleinen Bächen. Mit den Eintrittsgeldern unterstützt man die weltweite Arbeit des Zoos: Gefährdete Arten werden in Gefangenschaft unter

Bootshäuser am Fuß der Felsen, Wohnhäuser mit schönem Blick hoch oben: Smögen

# Göteborg und Bohuslän

naturnahen Bedingungen gezüchtet, um sie in den angestammten Gebieten wieder anzusiedeln. Durch einen Straßentunnel gelangt man zum Bauernhof, wo heute seltene Haustierrassen wie *Fjällko* (Bergkuh) und *Gutefår* (Gotlandschaf) gezüchtet werden.

## Übernachten

*Wellness im Paket* – **Smögens Havsbad:** Hotellgatan 26, Tel. 0523 66 85 40, www.smogenshavsbad.se, ab ca. 1600 SEK/Pers. im DZ, Vollpension. Der moderne Hotelbau hinter dem denkmalgeschützten Eingangsgebäude liegt teilweise im Fels, herrlicher Meerblick, Zimmer in nordischem Stil, Spa-Pakete (u. a. Massage mit warmen Steinen).
*An einer Meeresbucht* – **Wiggersviks Familjecamping:** Kungshamn, Tel. 0523 326 35, www.wiggersvik.nu, Mitte April–Mitte Okt., Stellplatz je nach Ausstattung und Saison 190–260 SEK. Rund 2 km von Kungshamn. Campinghütten, Ferienhäuser.

## Essen & Trinken

*Noble Sommerküche* – **Bryggcafét:** Bovallstrand, Tel. 0523 510 65, www.bryggcafet.com, Ostern–Sept. Fisch und Schalentiere, große Terrasse am Wasser, eines der besten schwedischen Restaurants, mehrfach ausgezeichnet; im Bistro günstigere Gerichte.
*Hier wird jeder satt* – **Bella Gästis:** Norra Kajen, Hunnebostrand, Tel. 0523 500 00, www.bellagastis.se, tgl. ab 12 Uhr. Sehr populäres Lokal mit breitem Angebot – vor allem Fischgerichte, z. B. Fischsuppe (139 SEK) oder Hummer zum Tagespreis; schöne Terrasse mit Hafenblick. Kinderfreundliche Gerichte von Pizza (83–165 SEK) über Fischstäbchen bis Fleischklößchen (69 SEK).

## Einkaufen

*Ganz frisch* – **Fisch- und Krabbenmarkt:** in Smögen Mo–Do um 8, 17 und 20, Fr nur um 8 Uhr.

## Aktiv & Kreativ

*Entlang der Küste* – **Bootsausflüge:** im Sommer ab Smögenbrygga, u. a. zur unbewohnten, naturgeschützten Insel Hållö (20 Min.) mit Strand, dem ältesten Leuchtturm der Westküste und riesigen Granitflächen von karger Schönheit.

## Infos

**Touristeninformation**
Sotenäs Turistbyrå Kungshamn/Smögen: Hamnen, Box 58, 45622 Kungshamn, Tel. 0523 66 55 50, Fax 0523 66 55 59, www.sotenasturism.se.

**Verkehr**
**Bus:** nach Uddevalla und Göteborg.

*Unser Tipp*

**Eiskalt und köstlich – Pipers glass**
Freunde kalter Köstlichkeiten sollten in Hamburgsund (▶ B 10) einen Zwischenstopp bei Pipers glasscafé, einer Filiale der ältesten Eisfabrik Schwedens, einlegen. Sie wurde 1920 von dem italienischen Einwanderer Pietro Ciprian in Stockholm gegründet. Unter Wahrung der traditionellen Rezepte hat sich die Fabrik in Hamburgsund auf Ökoprodukte spezialisiert – besonders gut ist das Vanilleeis (mit Bäckerei, Mai–Sept., Strandvägen 5, Hamburgsund).

# Tanum ▶ B 9/10

Die Gemeinde Tanum ist flächenmäßig die größte von Bohuslän. Sie reicht weit ins Landesinnere mit der wunderschönen Seenlandschaft um Norra und Södra Bullaresjön, Bullarebygden.

# Fjällbacka ▶ B 10

Die Häuser des Örtchens ducken sich unter den Felsüberhängen des Vetterberges. Der Weg zum Gipfel führt durch eine Schlucht (Kungsklyftan), in der Szenen zu dem Lindgren-Film »Ronja Räubertochter« gedreht wurden. Oben eröffnet sich ein fantastischer Ausblick auf den vorgelagerten Schärengarten – für viele der schönste der Westküste. Zu den regelmäßigen Besuchern von Fjällbacka zählte auch die Schauspielerin Ingrid Bergman; ihrer gedenkt der Ort mit einem nach ihr benannten Platz und einer Büste.

3000 Jahre alte Menschenbilder

## Übernachten

*Mit Aussicht* – **Café Bryggan:** am Hafen, s. Tipp S. 126. Zehn Zimmer und Dachwohnung mit herrlichem Blick (12000 SEK/Woche), ab 490 SEK/Pers. im Mehrbettzimmer, DZ ab 1290 SEK.

## Infos

**Touristeninformation**
**Fjällbacka Turistinformation:** Ingrid Bergmans torg, 45071 Fjällbacka, Tel. 0525 321 20 (Mittsommer–Aug.).

# Tanumshede ▶ B 9

Kultureller Höhepunkt einer Reise entlang der Westküste sind die bronzezeitlichen Felsritzungen *(hällristningar)* bei Tanumshede, von der Unesco als Welterbe eingestuft. Die Zeichnungen wurden mit hartem Stein, z. B. Diabas, in den Granit geschlagen und entstanden im Fall von Vitlycke zwischen 1500 und 500 v. Chr. Sie zeigen z. B. Schwerter und Äxte, wie man sie auch in bronzezeitlichen Gräbern gefunden hat. Menschen sind ebenfalls abgebildet, z. B. in Schiffen oder beim Pflügen. Weitere Motive sind Jagdszenen, Tierdarstellungen, u. a. Hirsche und Stiere. Kreise, große Hände und Füße werden als Sonnensymbole gedeutet. Jünger sind Felszeichnungen in Litsleby südwestlich. Sie zeigen u. a. eine männliche Figur mit Speer. Doch sind letztlich alle Deutungen der Bilder reine Spekulation, da Zeugnisse über Religion und Gesellschaft jener Zeit fehlen.

**Vitlyckemuseum**
*www.vitlyckemuseum.se, Mai–Aug. tgl. 10–18, Sept. Di–Do, Okt. Sa/So 10–16 Uhr, Eintritt frei*
Mit wechselnden Ausstellungen werden Aspekte des Lebens in der Bronze-

Göteborg und Bohuslän

**Unser Tipp**

**Feinschmeckerparadies**
Das beliebte Fischrestaurant Café Bryggan am Hafen von Fjällbacka besticht durch seine tolle Lage am Wasser und zieht vor allem Segler an. Durch große Panoramafenster blickt man auf den Hafen, und im Sommer sitzt man auf dem Steg, unter den Füßen plätschern die Wellen. Vom Speisesaal mit offener Küche kann man den Köchen (fast) in die Töpfe schauen. Von Entenleber bis Heilbutt wird alles aufgefahren, was der Feinschmeckergaumen begehrt. (**Café Bryggan**, Tel. 0525 310 60, www.brygganfjallbacka.se, Mitte Juni–Sept. tgl., sonst nur Sa/So, Hauptgerichte 150–300 SEK. Hummerpaket: Ausfahrt mit dem Hummerfischer inklusive 2600 SEK/Pers., Golfpakete ab ca. 1100 SEK/Pers.; auch Unterkunft, s. S. 125).

zeit beleuchtet und gleich praktisch erprobt: Zur Anlage gehört auch der Nachbau eines bronzezeitlichen Bauernhofs mit Kleinvieh und Schafen, der im Sommer bewirtschaftet wird wie vor 2500 Jahren.

## Übernachten

*Traditionshotel* – **Tanums Gästgifveri:** Apoteksvägen 7, Tel. 0525 290 10, www.tanumhotel.se. Das komfortable Hotel mitten in Tanumshede wurde 1663 gegründet und ist damit eine der traditionsreichsten Herbergen im Land, heute im Stil eines englischen Landhaushotels (ab 990 SEK/EZ, ab 1290 SEK/DZ); Golfpakete. Dazu gehört eines der besten schwedischen Restaurants.

## Infos

**Verkehr**
**Bahn:** Züge von Uddevalla und Strömstad nach Tanumshede.
**Bus:** Halt der E 6-Expressbusse Göteborg–Oslo.

## Grebbestad ▶ B 10

Das Hafenstädtchen Grebbestad gehört wie Smögen zu den stark frequentierten Orten der Westküste – auf den Holzstegen am Jachthafen wimmelt es im Sommer von Bootstouristen und anderen Besuchern. Hier kehrt man in Lokale ein und schwelgt in frischem Fisch und Schalentieren. 90 % der schwedischen Austern werden hier produziert.

## Essen & Trinken

*Austern und Garnelen* – **Grebys:** Strandvägen 1, Grebbestad, Tel. 0525 107 16, www.grebys.se. Beliebtes Restaurant in einer ehemaligen Konservenfabrik am Wasser, wo man sich zum gemeinschaftlichen Krabbenpulen versammelt (die Schalentiere kauft man nach Gewicht), mit Blick auf Seglerhafen und Flaneure, Meeresfrüchte vom Feinsten, auch frische Austern.

## Infos

**Touristeninformation**
**Grebbestad Turistbyrå och Infocenter:** Nedre Långgatan 48, 45772 Grebbestad, Tel. 0525 100 80, www.grebbestad.se (zuständig für Tanumshede).

**Verkehr**
**Bahn:** nach Göteborg, Uddevalla und Strömstad.
**Bus:** nach Uddevalla und Strömstad.

# Strömstad ▶ B 9

Die Region um Strömstad (11 400 Einwohner) wirbt mit der höchsten Anzahl von Sonnenstunden in Nordeuropa. Vielleicht entstand deshalb in der ›Stadt der Garnelen‹ das erste Meerwasserschwimmbad Schwedens. Heute versucht man an die Traditionen als Kurort anzuknüpfen; der Tourismus profitiert allerdings vor allem von der Nähe zu Norwegen, dessen Bewohner gerne das Preisgefälle Richtung Süden nutzen.

20 km nördlich verläuft die norwegisch-schwedische Grenze durch den Svinesund. Ihn überspannt eine 420 m lange Brücke, von der sich eine wunderbare Aussicht über den Sund bietet.

## Aktiv & Kreativ

*Schwimmen* – Das aus Holz gebaute Kaltbadehaus, **Strömstads Badanstalt,** (www.stromstad-bad.se) schaukelt auf den Wellen an der Strandpromenade. Wer hier in die Sauna geht, kann direkt ein kaltes Bad im Meer nehmen. Außerdem gibt es eine **Schwimmhalle** mit beheiztem Meerwasser und Hafenblick (Mo–Fr 6.30/8–19/20, Sa 10.30–16, So 12–17 Uhr) sowie Trainingsmöglichkeiten und Spa-Behandlungen.

## Übernachten

*Schick mit Meerblick* – **Laholmen Hotel:** Tel. 0526 197 00, www.laholmen.se, ab 1540 SEK/DZ. Das topmoderne Konferenzhotel der Rica-Kette bietet allen Komfort einer großen Anlage. Es wurde so gebaut, dass die Mehrzahl der Zimmer Aussicht über den Kosterfjord bietet, Terrasse mit Seeblick, Restaurant, Nachtklub, Wellnesspakete.
*Familienfreundlich* – **Daftö Feriecenter:** Dafter, südlich von Strömstad, Tel. 0526 260 40, www.dafto.com, Stellplatz 200–425 SEK je nach Saison. 5-Sterne-Campingplatz am Strand, Hütten und Ferienhäuser, sehr komfortabel, mit Pool.

## Infos

**Touristeninformation**
**Strömstad Turist:** Tullhuset, Norra Hamnen, 45222 Strömstad, Tel. 0526 623 30, www.stromstadtourist.se,

**Verkehr**
**Bahn:** nach Uddevalla und Göteborg.
**Bus:** nach Uddevalla, Göteborg und Oslo (www.timekspressen.no).
**Fähre:** nach Sandefjord in Norwegen (www.colorline.com).

## Kosterhavets Nationalpark

Für Naturbegeisterte lohnt ein Ausflug vom Hafen Strömstad von den autofreien Koster-Inseln (Kosteröar) mit ihren Robbenkolonien, die mehrmals täglich mit Booten (Mitnahme von Fahrrädern möglich, Fahrtdauer ca. 1 Std.) zu erreichen sind. Das etwas kargere Nord-Koster besitzt schöne Badeplätze und einen Leuchtturm, die Südinsel kann mit Wäldern aufwarten. Im Kosterfjord zwischen den Inseln und dem Festland wurde 2009 Schwedens erster mariner Nationalpark, Kosterhavets Nationalpark, eingeweiht, der auf norwegischer Seite an den Nationalpark Ytre Hvaler grenzt – ein wertvolles Meeresbiotop.

Ein Naturum entsteht in Ekenäs auf Sydkoster, seit Juli 2010 werden Besucher in einem vorläufigen Naturum in Västrabo auf Nordkoster (nahe der Västra Bryggan) über die Vielfalt unter und über Wasser informiert (Infos auch unter: www.kosteroarna.com).

## Das Beste auf einen Blick

# Ost-Skåne und Blekinge

### Highlight!

**Karlskrona:** Nicht von ungefähr gehört die im 18. Jh. generalstabsmäßig angelegte Garnisonsstadt zum Welterbe der Unesco. Zu den architektonischen Meisterstücken aus König Karls Zeiten gesellt sich ein hervorragendes modernes Seefahrtsmuseum. S. 152

### Auf Entdeckungstour

**Mit Kommissar Wallander durch Ystad:** Nicht nur die Leser von Henning Mankells Kriminalromanen sind eingeladen, den Spuren von Kommissar Wallander durch die Fachwerkstadt zu folgen. S. 132

## Kultur & Sehenswertes

**Glimmingehus:** Heute spielt sich in weiland Graf Wolfzahns fester Burg allerhand Mittelalterliches ab. S. 141

**Park von Wanås slott:** Zeitgenössische Kunst wird im Rahmen eines herrschaftlichen Parks präsentiert. S. 145

**Laxens hus:** Das ›Haus des Lachses‹ in Mörrum ist eine Quelle des Wissens an den Wassern des Mörrumsån und verrät Details aus dem Leben des Raubfischs. S. 149

## Aktiv & Kreativ

**Stenshuvud:** Zum Baden und Wandern lädt der Nationalpark mit eigenem Sandstrand ein. S. 141

**Eriksbergs Viltreservat:** Auf Wisentsafari kann man sich im Wald von Blekinge begeben. S. 150

## Genießen & Atmosphäre

**Picknick mit Räucherfisch:** Die Adressen sind zahlreich. Räuchereien säumen die Ostseeküste, beispielsweise in Kåseberga oder Kivik. S. 136, 143

**Hovdala slott:** Frisches aus dem schlosseigenen Kräutergarten serviert man in Hovdala – köstlich und leicht. S. 147

## Abends & Nachts

Allenfalls Städte wie Ystad, Kristianstad und Åhus bieten ein Nachtleben, das aber vergleichsweise wenig aufregend ausfällt.

# Stolzes Erbe im Südosten – Schlösser und Bastionen

Im Vergleich zur Öresund-Region (s. S. 74) ist **Ost-Skåne** (Österlen) wesentlich dünner besiedelt. Hier gibt es kaum Industrie; Haupterwerbszweig ist neben der Landwirtschaft der Tourismus. Das Landschaftsbild ist bestimmt durch gelb blühende Rapsfelder, Äcker, die durch Weidenalleen voneinander getrennt sind, und den karierten Flickenteppich bilden, den Nils Holgersson aus der Luft sah, strahlend weiße Landkirchen mit Treppengiebeln, sanft gewellte Hügel, flache Sandstrände. Alles ist in ein besonderes Licht getaucht, das die Farben erstrahlen lässt und seit jeher Künstler anzieht. Auch dieser Teil von Skåne ist für eine reichhaltige Küche bekannt. Zu den kulinarischen Genüssen zählt die Ålagille (›Aalfest‹) im August, zu der neben dem Verzehr von mindestens sieben Aalzubereitungen auch der Konsum von reichlich Schnaps gehört. Im November steht dann überall die Martinsgans auf der Speisekarte.

**Blekinge** gehörte ab 1101 zu Dänemark, war im 16. Jh. heftig umkämpft und kam 1658 im Frieden von Roskilde zu Schweden. Die Landschaft hat einen völlig anderen Charakter als Skåne. Es gibt dichte Wälder, auch vereinzelte rote Holzhäuser sieht man hier bereits. Vor der wild zerklüfteten Küste erstreckt sich der südlichste Schärengarten Schwedens, der einen natürlichen strategischen Schutz bildet. Traditionell befinden sich hier die größten Marinestützpunkte des Landes. Blekinge bezeichnet sich nicht zu Unrecht als Garten Schwedens – was für Österlen die Äpfel sind, sind für Blekinge die Erdbeeren, die hier angebaut werden.

## Infobox

**Touristeninformationen**
Region Skåne: Tel. 040 623 98 00, www.skane.com.
Region Blekinge: Tel. 0455 30 50 00, www.blekinge.se.

**Internet**
Offizielles Portal für die vier Kommunen von Österlen: www.osterlen.se. Weitere Angebote unter www.osterlen.com.

**Verkehr**
Infos zum Nahverkehr in Skåne: Skånetrafiken Tel. 0771 77 77 77, www.skanetrafiken.se. Zum Verkehrsnetz der Provinz Blekinge gehören neben Bussen auch die Linienboote in die Schären; Infos: www.blekingetrafiken.se.

# Trelleborg und Umgebung ▶ D 15

*Porten mot Kontinenten,* das Tor zum Kontinent, so nennen die Schweden Trelleborg (39 600 Einwohner) und zeigen damit, obwohl sie ›nur‹ auf einer Halbinsel leben, eine gewisse Insulanerattitüde. Gut 600 Jahre nach seiner Gründung begann am 1. Mai 1897 ein neues Zeitalter für die Stadt, als die Einweihung der Schiffsverbindung Trelleborg–Sassnitz, der sogenannten Königslinie, stattfand. Seither wird Trelleborg vom großen Fährhafen dominiert.

## Trelleborg und Umgebung

**Trelleborgen**
*Bryggaregatan, ganzjährig zugänglich, Mittsommer–Aug. 10–17 Uhr, tgl. Führungen; Café*
Die im Jahr 1991 entdeckte, mittlerweile rekonstruierte Verteidigungsanlage Trelleborgen gab der Stadt offensichtlich ihren Namen und ist die bisher einzige ihrer Art in Schweden. Mehrere solche Wikingerburgen sind in Dänemark gefunden worden. Der Holzpalisadenbau hat einen Durchmesser von 140 m und wurde vermutlich auf Befehl des dänischen Königs Harald Blauzahn Ende des 10. Jh. errichtet.

## Smygehuk und Smygehamn

Etwa 15 km östlich von Trelleborg ist Schweden zu Ende: Der Leuchtturm von **Smygehuk** markiert die Südspitze des Landes. Er war bis 1975 in Betrieb, jetzt wird das Leuchtturmwärterhaus als Jugendherberge genutzt.

Am kleinen Hafen **Smygehamn**, der heutzutage mehr Freizeit- als Fischerbooten Zuflucht bietet, gibt es neben der Fischräucherei ein weiteres beliebtes Fotomotiv: den Wegweiser mit dem Abstand zwischen Smygehuk und anderen ›Metropolen‹ wie Moskau, London und Berlin. Das ab 1806 errichtete **Köpmansmagasinet** östlich des Hafens diente während der Kontinentalsperre, die Napoleon gegen England verhängt hatte, als Aufbewahrungsort für Schmuggelware, heute beherbergt es die Touristeninformation.

## Übernachten

*Mit Leuchtturm* – **STF Vandrarhem Smygehuk**: Kustvägen, Tel. 0410 245 83, www.smygehukhostel.com, außerhalb der Saison (Mitte Mai–Mitte Sept.) Vorausbuchung obligatorisch, aber auch im Sommer ratsam, ab 360 SEK/DZ. Die Zimmer im alten Leuchtturmwärterhaus und in den Holzhütten im Hof um den Leuchtturm sind einfach, die Aussicht vom Leuchtturm ist für Gäste inklusive.

## Infos

**Touristeninformation**
**Trelleborgs Turistbyrå:** Kontinentgatan 2, 23142 Trelleborg, Tel. 0410 73 33 20, Fax 0410 134 86, www.trelleborg.se/turism.
**Smygehuks Turistbyrå:** Köpmansmagasinet, Kustvägen, 23179 Smygehamn, Tel./Fax 0410 240 53, www.smygehuk.com, Juni–Aug.

**Verkehr**
**Bus:** nach Ystad und Malmö.
**Fähre:** nach Travemünde, Rostock und Sassnitz.

# Ystad ▶ D 15

Krimilesern ist Ystad (27 000 Einwohner) vor allem durch die Romane von Henning Mankell ein Begriff: als Wohnort seines Helden Kommissar Kurt Wallander und Schauplatz der Ereignisse (s. Entdeckungstour S. 132). Doch die Stadt hat noch viel mehr zu bieten, als nur Kulisse fiktiver Verbrechen zu sein.

Ystad kam im Mittelalter durch den Heringsfang zu gewissem Reichtum und gilt als eine der schönsten Städte in Skåne. Nahezu 300 pittoreske Fachwerkhäuser machen das besondere Flair von Ystad aus. Da diese Bauten naturgemäß sehr stark feuergefährdet sind, organisierten die Bewohner bereits früh effektive Brandschutzmaßnahmen. Zu Beginn des 19. Jh. wurde hier die erste freiwillige Feuerwehr

# Auf Entdeckungstour

## Mit Kommissar Wallander durch Ystad

Kommissar Wallander, der nachdenkliche Polizist aus Ystad, ist in aller Munde. Nachdem die gut ein Dutzend Romane von Henning Mankell die Bestsellerlisten mehrere Jahre dominiert hatten, begann ab 2004 in den eigens eingerichteten Filmstudios in Ystads ehemaligem Kasernenviertel die Verfilmung der Krimis. Sie laufen mit großem Erfolg auch im deutschen Fernsehen.

**Infos:** www.ystad.se. Bei Ystads turistbyrå gibt es eine Karte mit Infos (auch auf Deutsch) und mit der Lage von Schauplätzen und Drehorten auch in der Umgebung.

**Studioführungen:** s. S. 136

**Lektüre:** s. S. 15

**Internet:** www.henningmankell.se

Am besten beginnen Sie den Spaziergang zu Schauplätzen aus Henning Mankells Romanen und den Drehorten von Kommissar-Wallander-Filmen im **Turistbyrå** am Sankt Knuts torg. In der Touristeninformation mietete Rykoff in »Die weiße Löwin« ein Ferienhaus, um einen Mann aus Südafrika zu verstecken. Sie können sich vor Ihrer Entdeckungstour auf den Spuren von Kurt Wallander hier mit einem Stadtplan und mit u. a. deutschsprachigen Broschüren versorgen. Das Tässchen Kaffee in **Fridolfs konditori** heben Sie sich besser für den Schluss der Tour auf. Vielleicht treffen Sie dort auf Kommissar Wallander, der sich zwischendurch *smörgåsar,* belegte Brote, holt oder wieder einmal seiner Schwäche für *wienerböd* nachgibt. Die Auswahl an Gebäck ist nämlich verführerisch …

Anschließend bummeln Sie die **Stickgatan** Richtung Zentrum entlang. An der Stickgatan liegt in »Der Mann der lächelte« das Haus des Sekretärs, der für den ermordeten Anwalt Torstensson arbeitet. Im Garten lässt Wallander aus sicherer Entfernung durch einen verblüffend einfachen Trick eine Mine hochgehen. Die kleine Grünoase **Bäckahästens torg** ist für ihn ein Ort zum Nachdenken, als er bei den Ermittlungen im »Mittsommermord« an einem toten Punkt ist.

### Brutalen Mördern auf der Spur

Nun steuern Sie den Marktplatz Stortorget an, wo im alten Rathauskeller das **Restaurant Storethor** einlädt – Kurt Wallander preist es im Film »Tödliche Fracht« als bestes Restaurant von Ystad und lädt seine Europol-Kollegin aus Kopenhagen in das romantische Gewölbe zum Tête-à-Tête – als vertrauensbildende Maßnahme sozusagen. Die beiden versuchen herauszufinden, wer für den grausamen Erstickungstod von zahlreichen Menschen in einem abgestellten Lkw-Container verantwortlich ist.

In dem Film »Tod in den Sternen« kommt das weiß getünchte Rathaus als Drehort vor, es ist eine Bankfiliale.

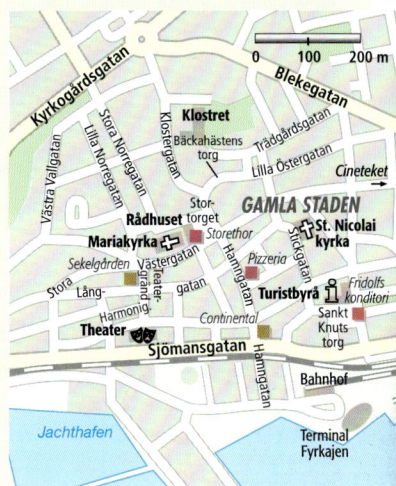

Auch das Geiseldrama in diesem Film wurde auf dem Stortorget gedreht. Hinter der **Mariakyrka,** deren Bau den Platz beherrscht, geht es in die **Lilla Norregatan,** wo im Roman »Mittsommermord« Wallanders Kollege Svedberg in seiner Wohnung brutal erschossen wird. Er ist eines der Opfer eines Serienmörders, der die Polizei einen ganzen Sommer lang in Atem hält. Vom **Stortorget** sind es nur wenige Schritte zum Sekelgården in der Långgatan. In dem historischen Fachwerkhaus nimmt sich eine aus Stockholm angereiste Ministerialbeamtin in dem Roman »Die Hunde von Riga« ein Hotelzimmer. Kommissar Wallanders knifflige Ermittlungen führen bis ins Ausland – diplomatische Verwicklungen eingeschlossen.

### Verbrecherjagd am Jachthafen

Vom Stortorget Richtung Hafen spaziert man die Teatergränd hinab und passiert dabei die Querstraße **Harmonigatan**. In **Haus Nr. 18** hatte sich der Mörder im Roman »Mittsommermord« seine Wohnung eingerichtet – bei der Durchsuchung staunten die Polizisten nicht schlecht, als sie einen Schallschutzraum entdeckten. Am Theater rechts und dann über die viel befahrene Durchgangsstraße hinweg gelangen Sie zum **Jachthafen.** Auf einer der Bänke mit Blick auf die Boote lohnt eine Verschnaufpause – auch Kommissar Wallander sitzt hier zuweilen und sinniert über den Lauf der Welt. In »Mittsommermord« hat er anderes im Sinn: In aller Eile durchsucht er ein verdächtiges Boot nach dem Mörder – vergeblich, der Täter ist ihm erneut einen Schritt voraus.

Etwas weiter östlich, am Fährhafen, führt die Hamngatan wieder hinauf in die Stadt. An der Ecke liegt das **Hotel Continental,** das in »Mittsommermord« als Schauplatz eines Verbrechens infrage kommt. Doch statt bei dem historischen Maskenfest dort zuzuschlagen, plant der unberechenbare Serientäter ein Attentat auf eine völlig ahnungslose Person.

Die **Hamngatan** ist mit ihren Imbissbuden ein gefährliches Pflaster für Kommissar Wallander, der mit Übergewicht zu kämpfen hat. Als der Arzt Diabetes feststellt, wird Wallander in seiner Lieblingspizzeria vom Wirt István auf Diät gesetzt. In dem Roman »Die Brandmauer« starten zwei bis dahin unbescholtene junge Mädchen vor dem Lokal in der Hamngatan zu einer Taxifahrt, die mit dem Mord an dem 60-jährigen Taxifahrer endet – nicht der einzige grausame und unerklärliche Mord, der die Ystader Polizei in jenen Herbsttagen in Atem hält.

Der **Hafen** von Ystad spielt in vielen Wallander-Romanen und -Filmen eine Rolle. In »Tödliche Fracht« kommen hier die verdächtigen Lkw mit der Fähre an. Auch der Showdown und das Ende einer Geiselnahme spielen sich in einer Halle im Hafengelände ab.

**Krimi-Schauplatz in Schieflage: Stortorget, der Marktplatz von Ystad**

# Ystad

Schwedens gegründet. Noch heute beobachtet ein Wächter von einem Kirchturm aus nächtens die Stadt und stößt, wenn keine Gefahr besteht, alle Viertelstunde in sein Kupferhorn.

## Sehenswert

### Rund um den Stortorget
Westlich des Stortorget liegt **Sankta Maria kyrka,** deren älteste Teile aus dem 13. Jh. stammen. In direkter Nachbarschaft finden sich das älteste Schulhaus Schwedens, **Latinskolan,** ein recht unscheinbarer Backsteinbau mit Treppengiebel aus dem 16. Jh., sowie zwischen Stora und Lilla Västergatan der Fachwerkhof **Kemnerska Gården** mit Gebäudeteilen aus dem 16. Jh. **Änglahuset,** nördlich des Stortorget an der Ecke Sladdergatan/Stora Norregatan gelegen, besticht durch seine reichen Verzierungen.

### Gråbrödraklostret
*Hospitalsgatan 4,*
*www.klostret.ystad.se, Juni–Aug.*
*Mo–Fr 10–17, Sa/So 12–16, sonst Di–Fr 12–17, Sa/So 12–16 Uhr, 30 SEK*
Vom Stortorget über die Klostergatan ist Ystads größte Sehenswürdigkeit zu erreichen, das um 1260 von Franziskanern gegründete Gråbrödraklostret. Nach der Reformation diente die Klosteranlage u. a. als Hospital, Schnapsbrennerei und als Getreidelager. Der Widerstand der Einwohner Ystads verhinderte 1901 den Abriss der baufälligen Gebäude. Heute ist in dem restaurierten Backsteinbau ein Museum zur Stadtgeschichte eingerichtet.

### Stora Östergatan
Lohnend ist ein Bummel entlang der Fußgängerzone Stora Östergatan. An der Ecke zur Pilgränd steht das älteste Fachwerkhaus der Stadt, **Pilgrändshu-** **set,** das in Teilen schon um das Jahr 1480 entstand. **Pär Hälsas gård,** Schwedens größtes Fachwerkviertel, befindet sich nur wenige Querstraßen weiter östlich zwischen Besökaregränd und Piparegränd.

## Übernachten

*Fachwerkhotel –* **Anno 1793 Sekelgården:** Långgatan 18, Tel. 0411 739 00, www.sekelgarden.se, ab 995 SEK/DZ. Kleines Stadthotel in einem historischen Fachwerkhaus, lauschiger Innenhof mit Kopfsteinpflaster.
*Strandhotel –* **Löderups Strandbad Hotell & Restaurang:** Löderup, Tel. 0411 52 62 60, www.loderupsstrandbad.com, ab 740 SEK/DZ. Weitläufige Ferienanlage auf einem Hügel über der Ostsee, auch Apartments und Ferienhäuser.
*Auf dem Land –* **STF Vandrarhem Backåkra:** Tel. 0411 52 60 80, www.back akra.se, Mai–Sept., ab 220 SEK/Pers. ohne Frühstück und Bettwäsche. Kleines, gemütliches Haus (80 Betten) an der Küstenstraße nahe der Gedenkstätte für Dag Hammarskjöld, der das Anwesen dem STF vermachte.
*Strandlage –* **Löderups Strandbads Camping:** Tel./Fax 0411 52 63 11, www.camping.se/m12, April–Sept., Stellplatz ab 190 SEK. Östlich von Ystad gelegener, teils schattiger Platz.

## Essen & Trinken

*Deftiges im Brauhaus –* **Bryggeriet:** Långgatan 20, Tel. 0411 699 99, www.restaurangbryggeriet.nu, Mo 11.30–14, Di–Sa 11.30–24, So 15–24 Uhr. Im alten Brauhaus aus dem 18. Jh. wird schonische Küche serviert, Schwerpunkt: Grillgerichte (89–186 SEK). Das hausgebraute *Ystad färsköl* ist ein hefetrübes Bier, das frisch gezapft am

## Ost-Skåne und Blekinge

besten schmeckt. Man sitzt unter Holzbalken mit Blick auf die kupfernen Braukessel im Saal oder im Innenhof.
*Hübsches Café* – **Bäckahästens kaffestuga:** Lilla Östergatan 6/Bäckahästgränd, Tel. 0411 140 00, Mai–Okt. Das Café an einem kleinen Platz in der Altstadt serviert Kaffee und Kuchen sowie leckere Kleinigkeiten zum Lunch.

## Aktiv & Kreativ

*Nicht nur für Krimifans* – **Stadtführung:** im Sommer Stadtrundgänge (u. a. auf Deutsch), Touren mit dem historischen Feuerwehrauto; Bustouren zu den wichtigsten Krimischauplätzen außerhalb; Buchung über Turistbyrå.
*Für Filmfans* – **Cineteket:** Elis Nilssons väg 8 (Bus 2 bis Regementet). Mitte Juni–Aug. 11–17 Uhr, inkl. Führung durch Ystad Studios (Do, So) 100 SEK.

## Infos

**Touristeninformation**
**Ystads Turistbyrå:** Sankt Knuts Torg, 27142 Ystad, Tel. 0411 57 76 81, Fax 0411 55 55 85, www.ystad.se.

**Verkehr**
**Bahn:** nach Malmö und Simrishamn.
**Bus:** nach Trelleborg, über Simrishamn und Kivik nach Kristianstad.
**Fähre:** tgl. nach Rønne/Bornholm (Fahrzeit 1 Std. 15 Min., www.bornholms trafikken.dk; nach Swinoujscie (Swinemünde)/Polen (Fahrzeit 9 Std. über Nacht bzw. 7 Std., www.unityline.se).

## Ausflüge von Ystad

### Svaneholm slott ▶ D 15
*www.svaneholms-slott.se, Mai, Juni, Aug. Di–So, Juli tgl. 11–17, April, Sept. Mi–So 11–16, Okt. Sa/So 11–16 Uhr, 50 SEK (Museum)*
Bei Skurup an der E 65 trifft man auf eines der Landschlösser, von denen es in Skånes Osten besonders viele schöne Exemplare gibt. Der eher trutzig als romantisch wirkende Backsteinbau aus der Mitte des 16. Jh. war um die Wende zum 19. Jh. Sitz des Gutsherren Freiherr Rutger Macklean, der die Landwirtschaft in Schweden modernisierte. Ein Besuch des Schlossmuseums eröffnet einen Blick in den Gutsherrenalltag und die halbindustrielle Landwirtschaftspraxis früherer Jahrhunderte. Im Schloss ist auch das noble Restaurant Svaneholms Gästgifveri eingerichtet (Küche auf Vorbestellung und am Wochenende). Einen Spaziergang durch den Schlosspark sollte man nicht versäumen und sich vielleicht Zeit für eine Ruderpartie auf dem See nehmen (50 SEK).

### Kåseberga und Umgebung ▶ D 15
Fährt man hinter Nybrostrand auf die kleine Landstraße Richtung Kåseberga, die direkt an der Küste verläuft, gelangt man bei Kåseberga zu einem imposanten Monument der älteren Geschichte Schwedens. In einer kleinen Räucherei am Hafen des Ortes kann man sich zunächst mit Essbarem für ein Picknick eindecken. Vom Hafen ist es ein kurzer steiler Anstieg hinauf zur Schiffssetzung Ales stenar (s. Lieblingsort S. 138). Von hier reicht der Blick weit übers Meer – bei gutem Wetter kann man die Silhouette der Insel Bornholm erkennen.

### Sandhammaren ▶ E 15
Die Dünen von Sandhammaren an der Südostspitze Schwedens säumen einen schönen, breiten Sandstrand. Hier geht häufig ein kräftiger Wind, was vor allem den Surfern gefällt. Doch die Strömungsverhältnisse an diesem Teil der

Mit seinem feinkörnigen Sand einer der schönsten Strände Schwedens: Sandhammaren

Küste sind nicht ohne Tücke. Es gilt: Weht der Wind vom Land, ist hier Vorsicht beim Schwimmen geboten.

# Simrishamn und Umgebung ▶ E 15

Pittoreske einstöckige, pastellfarben bemalte Häuschen, liebevoll bepflanzte Blumenkästen auf den Treppenstufen, die zahlreichen Straßencafés in der Storgatan, ein lebhafter Hafen, das alles macht den Charme des Ortes (19 400 Einwohner) aus. Besonders schöne Fotomotive finden sich z. B. in Brunnsgatan und Stora Norregatan, wo früher die Handwerker wohnten. Die Votivschiffe in der **Sankt Nicolai kyrka** erinnern daran, dass Simrishamn seit dem Mittelalter einer der wichtigsten schonischen Fischereihäfen ist. In einem ehemaligen Getreidespeicher wurde auf drei Etagen **Österlens Museum** (Storgatan 24, Mitte Juni–Aug. Mo–Fr 11–17, Sa 10–14, sonst Di–Fr 12–16, Sa 10–14 Uhr) eingerichtet, mit Sammlungen zur Geschichte und Kultur des östlichen Skåne. Das **Konstmuseet Gösta Werner & Havet** (Strandvägen 5, www.gostawerner.se, Ostern, Mitte Juni–Aug. Di–So, Sept. Sa/So 12–17 Uhr) ist dem Maler und Isaak-Grünwald-Schüler Gösta Werner gewidmet, der seine Erfahrungen als Seemann künstlerisch verarbeitet hat.

Die Fans von Motorfahrzeugen werden das **Autoseum** nicht auslassen: über 40 Pkw, 30 Motorräder und etliche Flugzeuge – allesamt historisch (Fabriksgatan 10, www.autoseum.se, April/Mai Sa/So, Juni, Sept. Fr–So, Juli/Aug. Di–So 11–17 Uhr, 100 SEK).

## Lieblingsort

**Ales stenar – Im Schiff der Mythen und Legenden** ▶ D/E 15

Wie ein riesiges Wikingerschiff liegt die größte Schiffssetzung Skandinaviens über dem steilen Ufer mit Blick auf Bornholm. Menschen der Wikingerzeit waren es vermutlich, die die 58 z. T. mehr als 2 m hohen Granitblöcke aufgestellt haben. Schiffssetzungen gibt es nur in Skandinavien. Man nimmt einen Zusammenhang mit der in der Bronzezeit üblichen Bestattung hochgestellter Toter in Schiffen an. Neue Untersuchungen brachten zutage, dass sich unter der heute sichtbaren eine kleinere Schiffssetzung und eine oder mehrere weitere runde Steinsetzungen befinden. Das Alter der Anlage ist noch nicht geklärt; viele Forscher datieren die Anfänge in die Bronzezeit vor 3500 Jahren. Auch die Funktion ist nach wie vor ungeklärt. Rätselhaft: Der Vordersteven des Schiffs zeigt genau auf die Stelle, wo an Midsommar die Sonne untergeht, während der Achtersteven den Punkt des Sonnenaufgangs zur Wintersonnenwende (21. Dez.) markiert.

# Ost-Skåne und Blekinge

Vor der Zerstörung bewahrt: die mittelalterliche Burg Glimmingehus

## Übernachten

Bed & Breakfast ist vielerorts möglich, Vermittlung über das Touristenbüro.
*Mit Hafenblick* – **Maritim Krog & Hotell:** Hamngatan 31, Tel. 0414 41 13 60, www.maritim.nu, 1100–1700 SEK/DZ. Individuell gestylte Zimmer am Hafen.
*Bornholm im Blick* – **Branteviks Bykrog & Hotell:** Mästergränd 2, Brantevik, 5 km südlich von Simrishamn, Tel. 0414 220 69, www.branteviksbykrog.se, ab 800 SEK/DZ, mit Dusche/WC 1200 SEK. Nettes Hotelrestaurant am Nordhafen von Brantevik. Sieben recht kleine, individuell eingerichtete Doppelzimmer.

## Essen & Trinken

*Spitze* – **Karlaby Kro:** Karlaby, Tommarp, 7 km westlich von Simrishamn, Tel. 0414 203 00, www.karlabykro.se, Lunch (Mo–Fr) 220 SEK, 3-Gänge-Menü abends 595 SEK. Spitzengastronomie in einem ehemaligen Stallgebäude – bis 1990 war Karlaby ein Bauernhof, und noch heute ist es von Rapsfeldern und Äckern umgeben. Mediterran verfeinerte schonische Küche, zur Spargelzeit pilgern viele hierher, auch luxuriöse Zimmer (2400 SEK/DZ).
*Jung und ambitioniert* – **Måns Byckare:** Storgatan 8, Tel. 0414 100 60, Hauptgerichte 140–225 SEK. Populäre Bar (Fr/Sa) und Restaurant in Simrishamns kopfsteingepflasterter Hauptstraße, ungefähr 50 m vom Hafen entfernt, Fleisch, Fisch, Wild, wochentags einfache Gerichte zum Lunch 85 SEK.

## Aktiv & Kreativ

*Stadtführungen* – **Simrishamn:** Mitte Juni–Mitte Aug. Mo 18.30 Uhr, gratis.

*Radfahren* – **Radurlaub:** Paketangebote auf Anfrage beim Touristenbüro.
*Golf* – **Österlens Golfklubb:** www.osterlensgk.com. Zwei 18-Loch-Plätze: Djupadal und Lilla Vik.

## Infos

**Touristeninformation**
**Simrishamns Turistbyrå:** Tullhusgatan 2, 27231 Simrishamn, Tel. 0414 81 98 00, Fax 0414 163 64, www.simrishamn.se/turism.

**Verkehr**
**Bahn:** nach Ystad.
**Bus:** über Kivik nach Kristianstad.
**Fähren:** Mai–Aug. tgl. Passagierfähren nach Allinge/Bornholm (Fahrzeit 1 Std., www.bornholmexpress.dk).

## Glimmingehus ▶ E 15

*www.raa.se/glimmingehus, April–Mai, Mitte Aug.–Sept. tgl. 11–16, Juni–Mitte Aug. 10–18, Führungen Juni–Sept. tgl., Okt. Sa/So 12, 15 Uhr, 60 SEK*

10 km südwestlich von Simrishamn liegt der älteste erhaltene Profanbau Schwedens, die Burg Glimmingehus. Das von Adam von Düren, der auch an den Arbeiten der Domkirchen zu Köln und Lund beteiligt war, 1499–1505 errichtete sogenannte Feste Haus zeigt noch den Originalzustand. Es diente als Wohnung und zugleich als Festung – nie wurde es von Angreifern eingenommen. Über 2 m dicke, nur mit winzigen Schießscharten versehene Sandsteinmauern sowie 18 Kanonen auf dem Dachboden und ein Wassergraben waren offensichtlich ein guter Schutz. Bewohnt war die Anlage, die über ein ausgeklügeltes Wärmesystem verfügte, bis ins 17. Jh.

Nationalpark Stenshuvud

# Nationalpark Stenshuvud ▶ E 14/15

Der 390 ha große Nationalpark wurde 1986 eingerichtet, um die dank traditioneller landwirtschaftlicher Nutzung entstandene Biotopvielfalt zu erhalten. Dafür sorgen heute wieder Kühe, Schafe und Ziegen. Dank des milden Klimas konnten sich zahlreiche Wildtiere und Pflanzen ansiedeln, die in Schweden selten sind, wie Eidechsen und Orchideen. Das Areal liegt an der Küste mit wunderschönen Stränden.

Der Höhenzug Linderödsåsen, an dessen südöstlichem Ausläufer Stenshuvud liegt, wurde bereits kurz nach dem Abschmelzen des Inlandeises vor etwa 10 000 Jahren besiedelt und vor allem im 17. und 18. Jh. intensiv von den Bauern genutzt. Heute versucht man neben Weideflächen wieder Laubwald mit dichtem Unterholz entstehen zu lassen.

Ein Informationszentrum **(Naturum)** informiert über Geologie, Fauna und Flora im Nationalpark (www.stenshuvud.se, Feb.–April, Mitte Aug.–Nov. tgl. 11–16, Mai–Mittsommer 11–17, Mittsommer–Mitte Aug. 11–18 Uhr).

## Essen & Trinken

*Kuchenbuffet* – **Kaffestugan Annorlunda:** Stenshuvud, Tel. 0414 704 75,

> **Wanderungen im Nationalpark**
> Vorschläge für unterschiedliche Touren (1–3 km lang) durch den Nationalpark Stenshuvud bekommt man im Naturum oder unter www.stenshuvud.se. Ganzjährig finden geführte 1,5-stündige Touren statt, meist am Wochenende (Termine im Internet).

## Ost-Skåne und Blekinge

www.kaffestugananorlunda.se, Mitte Mai–Aug. tgl. 11–17 Uhr, April, Sept. nur am Wochenende. So viel Kuchen, wie man möchte, zum Festpreis.

# Kivik ▶ E 14

Die idyllische Kleinstadt ist das Zentrum des Apfelanbaus und der Cider-Herstellung in Schweden. Ca. 50 % der schwedischen Äpfel werden in Österlen, dem östlichen Teil Skånes, geerntet. Im Frühjahr ist die hügelige Landschaft ein einziges Apfelblütenmeer. Alljährlich im Juli zieht der große Markt (s. Termine, S. 143). Tausende Besucher an. Das von der Mosterei Kiviks Musteri eingerichtete ›Haus des Apfels‹, **Äpplets hus** dokumentiert die Geschichte des Obstbaus und der Mosterei (www.kiviksmusteri.se, März, Nov./Dez. Sa/So 10–16, April–Juni, Sept./Okt. 10–17, Juli/Aug. 10–18 Uhr, 50 SEK).

Bedeutendste Sehenswürdigkeit in Kivik ist das 3000 Jahre alte **Kungagraven** (Königsgrab, Mitte Mai–Aug. tgl. 10–18 Uhr, 20 SEK). Steine bilden einen Hügel von 75 m Durchmesser, in einem Hohlraum im Inneren finden sich acht Steinplatten, deren Reliefdekor an bronzezeitliche Felsritzungen erinnert. Da der Grabhügel bis zu seiner Restaurierung in den 1930er-Jahren als Steinbruch genutzt wurde, geht man davon aus, dass das ursprüngliche Grab dreimal so groß war.

## Übernachten

*Für Pferdefreunde –* **Logi Blåsingsborg:** Tel. 0414 702 18, 2 km südlich von Kivik, www.blasingsborg.se, 750–980 SEK/DZ, Apartments 1200 SEK/2 Pers. Familiäre Unterkunft in einem schonischen Bauernhof mit Islandpferdehaltung, 18 Zimmer (manche ohne Dusche/WC)

in rustikalem Stil: niedrige Decken, gefliester Boden, bucklige Wände im ehemaligen Stall. Café, Restaurant, Reiterpakete, Reitstunden, Ausritte; Pauschalangebote inkl. Verpflegung.

*Gemütlich –* **STF Vandrarhem Haväng:** Skepparpsgården, Kivik, Tel. 0414 740 71, www.stfhavang.com, Mai–Sept., DZ ab 500 SEK. Gemütliche Zimmer in einem alten schonischen Bauernhof mit gepflastertem Innenhof, 300 m bis zum Strand, Wandermöglichkeiten. Sehr beliebt, deshalb rechtzeitig reservieren!

*Am Meer –* **Kiviks Familjecamping:** nördl. von Kivik am RV 9, Tel. 0414 709 30, April–Mitte Okt., www.kivikscamping.se, Stellplatz ab 155 SEK. Ein schön gelegener Platz mit Hüttenvermietung.

## Essen & Trinken

*Weekend im Weinschloss –* **Kronovalls vinslott:** Fågeltofta, Tel. 0417 197 10, www.petripumpa.se, Wochenendpakete inkl. Afternoon Tea, Weinprobe, 5-Gänge-Abendessen und Frühstück ab 2290 SEK/Pers. im DZ. Genug von geräuchertem Fisch und *lättöl?* Wie wäre es mit Pizza, kleinen italienisch angehauchten Leckereien und einem Glas Wein im Angesicht eines Barockschlosses? Kronovalls vinslott bietet genau das. Außerdem einen englischen Park mit Seerosenteichen sowie Wein- und Champagnerproben. Auch 22 Zimmer – wie es sich für ein Weinschloss gehört, tragen sie die Namen berühmter Weine …

*Deftige Landküche –* **Brösarps Gästgifveri:** Brösarp, Tel. 0414 736 80, www.brosarpsgastgifveri.se, Hauptgerichte 158–265 SEK. Hausmannskost und Fisch, Spezialitäten sind Wildschwein und *äggakaga* (Eierkuchen) mit Schweinefleisch und Preiselbeeren. Auch Zimmer.

# Åhus

*Imbiss oder Picknick* – **Buhres Fisk:** Hamnplan, Tel. 0414 702 12, www.buhresfisk.se, Mitte Juni–Mitte Aug. Imbiss tgl. 11–20, Verkauf Mo–Fr 10–18, Sa 10–17, So 11–17 Uhr, sonst reduzierte Öffnungszeiten. Im Hafen kann man einen Imbiss zu sich nehmen: Fischspezialitäten wie Pasteten, eingelegter Hering oder frisch Geräuchertes. Wer will, kann sich auch mit Köstlichkeiten für ein Picknick eindecken.

## Aktiv & Kreativ

*Dampfzug und Draisine* – **Museumseisenbahn von Sankt Olof nach Brösarp:** Fahrt mit Dampfzügen auf der ca. 15 km langen Strecke, Draisinefahrten in südliche Richtung ab Sankt Olof, www.skanskajarnvagar.se.

## Infos & Termine

Infos zu Kivik bei Simrishamns Turistbyrå, s. S. 141.
**Markt** mit Volksfestcharakter drei Tage Mitte Juli, u. a. Flohmarkt, Infos: www.kiviksmarknad.com.

# Åhus ▶ E 14

Das hübsche, heute etwas verschlafen wirkende Städtchen war im Mittelalter ein bedeutender Hafen der Aalfischer. Nachdem es 1617 zugunsten von Kristianstad seine Stadtrechte verloren hatte, stagnierte die Entwicklung. Die Burg verfiel, Teile der Stadtmauer und der mittelalterliche Stadtplan haben sich erhalten. Kopfsteingepflasterte, enge Straßen und niedrige Häuser locken heute zahlreiche Besucher nach Åhus. Wichtigster Wirtschaftszweig ist nicht mehr die Fischerei, sondern die Spirituosenherstellung. Heute herrscht lebhafter Frachtverkehr über die Ostsee ins Baltikum.

## Übernachten

*Mit Hafenblick* – **Åhus Gästgifvaregård:** Gamla Skeppsbron, Tel. 044 28 90 50, www.ahusgastis.com, Wochenendpakete HP 1500 SEK/Pers. Über 100 Betten, zahlreiche Zimmer haben Hafenblick, exzellentes Restaurant.
*Zentral* – **STF Vandrarhem Åhus:** Stavgatan 3, Tel. 044 24 85 35, www.cigarrkungenshus.se, ab 200 SEK/Pers., DZ ab 400 SEK. Die kleine Herberge mit 33 Betten ist in der Villa (1893) des ›Zigarrenkönigs‹ am Hafen eingerichtet. Rauchen ist trotzdem nicht erlaubt. Die Doppelzimmer sind mit nebeneinander stehenden Betten und TV ausgestattet. Weitere 34 B&B-Zimmer in der renovierten Fabrik nebenan (DZ ab 590 SEK inkl. Frühstück).
*Ideal für Familien* – **Regenbogen Camp Åhus:** Tel. 044 24 95 30, www.regenbogen-camp.se, April–Mitte Okt., ab 135 SEK. In einem lichten Kiefernwäldchen nahe dem Meer und dem weißen Sand der Hanöbucht; Sauna, Hüttenvermietung.

## Essen & Trinken

*Renommiert* – **Wärdshuset Kastanjelund:** Yngsjö, Tel. 044 23 25 33, www.kastanjelund.se, Hauptgerichte 200–250 SEK. Traditionsreiches Wirtshaus (und Hotel), bekannt für Aal- und Gänsegerichte. Im Sommer auch Café.

## Infos

### Touristeninformation
**Åhus Turistbyrå:** Järnvägsgatan 7, Tel. 044 13 47 77. Internet s. Kristianstad.

# Kristianstad ▶ D/E 14

Nachdem die Vorgängerstadt Vä zwischen 1452 und 1612 mehrmals niedergebrannt worden war, zuletzt von Gustav II. Adolf, gab Dänenkönig Christian IV. sie 1614 auf und ließ die Bewohner in eine neue, befestigte Stadt umsiedeln, nach Kristianstad (75 600 Einwohner). Das an der Grenze zum feindlichen Schweden gelegene Bollwerk wurde nach den Idealen der Renaissance angelegt, was der rechtwinklige Straßenverlauf noch heute erkennen lässt. Die 1617–28 erbaute **Trefaldighetskyrkan** (Dreifaltigkeitskirche) gilt als schönste Renaissancekirche Nordeuropas. Ein Gutteil der Innenausstattung des 17. Jh. blieb erhalten.

Ein paar Schritte weiter informiert das moderne **Regionmuseet** über ganz Skåne (www.regionmuseet.se, Juni–Aug. tgl. 11–17, Sept.–Mai Di–So 12–17, Eintritt frei) mit Wechselausstellungen. Heute ist Kristianstad vor allem Einkaufsstadt für die gesamte Region. In einem Atelier in der heutigen Fußgängerzone, im Haus Östra Storgatan 53, entstand 1909 der erste schwedische Film, heute befindet sich dort das **Filmmuseet** (Juni–Aug. Di–Fr 13–16, Sa/So 12–17, sonst nur So 12–17 Uhr, Eintritt frei, gelegentlich Stummfilmvorführungen).

## Essen & Trinken

*Alles vom Grill* – **Bar B Ko:** Tivoligatan 4, Tel. 044 21 33 55, www.bar-b-ko.se, Mo–Sa ab 18 Uhr. Spezialität ist das Qualitätsrindfleisch vom Grill, es gibt aber auch Geflügel und Fisch. Als Beilagen Kartoffelgratin oder Backkartoffeln und leckere Saucen. Spareribs um 189 SEK, Grillspieß 249 SEK.

*Innovative Küche im Museum* – **Café Miró:** im Regionmuseet, Öffnungszeiten s. dort. Fisch, Gemüse, frische Salate und alles, was Vegetarier freut.

## Infos & Termine

### Touristeninformation
**Kristianstads Turistbyrå:** Stora Torget, 29180 Kristianstad, Tel. 044 13 53 35, Fax 044 12 08 98, www.kristianstad.se. Auch zuständig für Åhus.

### Termine
**Christianstadsdagarna** (10 Tage im Juli): Rock, Jazz und Tanz, Freilufttheater u. a.
**1800-tals-dag** (letzter Sa im Aug.): In der Stadt wird Markt im Stil des 19. Jh. abgehalten, Varieté.

### Verkehr
**Bahn:** nach Hässleholm, Malmö, Kopenhagen und Karlskrona.
**Bus:** nach Simrishamn und Älmhult.

## Ausflüge von Kristianstad

**Wanås slott** ▶ D 14
*www.wanas.se, über RV 19 von Kristianstad, bei Knislinge Wegweisern folgen, Skulpturenpark im Sommer tgl. 8–19, Gebäude April–Aug. Di–So, Sept., Okt. Sa/So 11–17 Uhr, 80 SEK*
Der Park von Wanås slott – mit seinen umgestürzten moos- und pilzbewachsenen, z. T. viele hundert Jahre alten Bäumen selbst ein Kunstwerk der Natur – ermöglicht die glückliche Verbindung eines erquicklichen Spaziergangs durch einen dichten Buchenwald bei gleichzeitigem Kunstgenuss, denn in der Umgebung des Schlosses werden

**Nur von außen zu besichtigen, doch in jedem Fall eindrucksvoll: Trolle-Ljungby slott nahe Kristianstad**

# Ost-Skåne und Blekinge

erlesene Kunstwerke präsentiert. Seit 1987 finden alljährlich von Mai bis Oktober wechselnde Ausstellungen statt. Da von jeder Ausstellung einige Exponate stehen bleiben, ist der Skulpturenpark von Jahr zu Jahr besser bestückt.

## Nationalpark Söderåsen ▶ D 14
*www.nationalpark-soderasen.lst.se*
Das größte zusammenhängende Laubwaldgebiet Nordeuropas mit tiefen Schluchten und sprudelnden Bächen erschließen Wanderwege ab dem **Naturum** in Skäralid. Hier bekommt man Routenvorschläge und Kartenmaterial, um der Natur auf die Spur zu kommen (Feb.–April, Okt–Nov. Di–So 11–16, Mai–Aug. tgl. 10–20, Sept. 10–17 Uhr).

## Skånes Djurpark ▶ D 14
*www.skanesdjurpark.se, April–Sept. tgl. 10–17,sonst 10–15 Uhr, 200 SEK (Ticket gilt das ganze Jahr)*
Südschwedens größter Tierpark 10 km nordöstlich von Bosjökloster bei Höör ist einen Ausflug wert, besonders wenn man auf eine Begegnung mit Wolf, Bär oder Luchs aus ist: In dem Tierpark leben diese Raubtiere und andere vor allem in Schweden heimische Tiere – insgesamt rund 80 Arten – wie Moschusochsen, Wisent oder Elch, die sich in dem vergleichsweise rauen Klima von Frostavallen in Zentralskåne wohlfühlen.

## Bosjökloster ▶ D 14
*www.bosjokloster.se, Mai–Sept. 10.30–17.30, Park ganzj. 8–19 Uhr (im Winter bis Sonnenuntergang), 75 SEK*
Weiße Treppengiebel am blauen See, so präsentiert sich das im 11. Jh. von Benediktinerinnen gegründete Bosjökloster auf einer Landzunge im Ringsjö. Heute ist es in Privatbesitz und bewohnt. Eine Galerie zeigt wechselnde Ausstellungen zeitgenössischer Kunst, die Anlage verschönern Blumenbeete und duftige Rosenrabatten. Doch erst ein Spaziergang im Park mit riesigen alten Eichen und Tiergehegen sowie zum Seeufer, wo man Ruderboote mieten kann, macht den Besuch zum Erlebnis, besonders mit Kindern.

## Trolle-Ljungby slott ▶ E 14
*www.trolleljungby.com, Park ganzj.*
Das schmucke Backsteinschloss mit Wassergraben, 1629–33 im Stil der dänischen Renaissance errichtet, wurde berühmt durch eine uralte Sage. Demnach sollen einst auf Geheiß der Schlossherrin den Trollen, die unter einem nahe gelegenen Findling geräuschvoll feierten, ein kostbares Horn und eine Pfeife entwendet worden sein. Erzählungen über die Versuche der Wichtel, die Gegenstände zurückzuholen, füllen ganze Märchenbücher. Seither bringt es jedenfalls Unglück, Horn und Pfeife aus Schloss Trolle-Ljungby zu entfernen. Jeder kann sich überzeugen, dass sie noch dort sind: *Ljungby horn och pipa* werden im Sommer an bestimmten Tagen (Juni–Aug. Mi, Sa 9–17 Uhr) in einem Fenster zum Hof ausgestellt – ansonsten ist das Schloss in Privatbesitz und nicht zu besichtigen.

## Vogelbeobachtung am Helgeå
Vattenriket, ›das Wasserreich‹, gehört zu den am häufigsten überschwemmten Gebieten Schwedens, hier liegt der tiefste Punkt des Landes (aktueller Wasserstand und andere Infos: www.vattenriket.kristianstad.se). Auf einem Bootsausflug ab Åhus oder Kristianstad kann man sich der amphibischen Landschaft des Helgeå-Flusses mit ihrer reichen Vogelwelt nähern. Haubentaucher, Bartmeise, Rohrweihe und Fischadler brüten und fischen hier im Sommer und während der Zugvogelsaison ist das als Biosphärengebiet eingestufte Feuchtareal wichtige Raststation für zahlrei-

# Sölvesborg und Umgebung ▶ E 14

che Arten. Ein in Pfahlbauweise errichtetes **Naturum** informiert Besucher über Flora und Fauna. Über Brücken ist das Gebiet zu Fuß vom Tivoliparken in Kristianstad aus zu erreichen. Wer das Wasserreich auch vom Wasser aus erkunden möchte, kann an einer geführten Tour per Ausflugsboot von Kristianstad oder Åhus aus teilnehmen (s. Aktiv & Kreativ, unten).

## Übernachten, Essen

*Bett im Schloss* – **Bäckaskogs slottshotel:** Barumsvägen 255, Fjälkinge, Tel. 044 530 20, www.backaskogslott. se. In Bäckaskog auf einer Landzunge zwischen dem Ivösjö und seinem Nachbarsee siedelten im 13. Jh. Prämonstratensermönche, im 17. Jh. wurde das Kloster dann Herrensitz. Das heutige Schlosshotel profitiert vor allem von der Tatsache, dass sich hier Mitte des 19. Jh. König Karl XV. eine Sommerfrische einrichtete. Zu besichtigen sind die Paraderäume, der Stall, die Schlosskapelle sowie der Schlosspark. Unterkunft in unterschiedlichen Komfortklassen – vom Schlossgemach (DZ ab 1500 SEK) bis zum einfachen Bett in der Jagdhütte im Park (ab 600 SEK/DZ), nobles Restaurant.

## Aktiv & Kreativ

*Unterwegs auf dem Wasser* – **Bootsfahrten:** www.flodbaten.se. Die als umweltverträglich zertifizierten Touren führen auf offenen, flachen Flussbooten durch das Vattenriket am Helgeå. Ableger in Kristianstad: Tivoliparken (Mai–Sept.), in Åhus: Gästhamn (Mitte Juni–Mitte Aug.), 1–2 Std., 90 SEK bzw. 120 SEK. Auch längere, bis zu 4-stündige Touren zwischen Åhus und Kristianstad.

**Sölvesborg** (16 500 Einwohner), die älteste Stadt der Provinz Blekinge, hat einige mittelalterliche Straßenzüge bewahrt, eine Burgruine und eine dem hl. Nikolaus geweihte Backsteinkirche.

Wer einen Abstecher auf die Halbinsel Listerland in Richtung des pittoresken Fischerdorfs **Hällevik** unternimmt, kann sich an Fischräuchereien und schönen Badestränden erfreuen.

## Übernachten

*Von Kiefernwald umgeben* – **Hälleviks Camping:** Tel. 0456 527 14, www.halleviikscamping.se, je nach Saison 135–225 SEK. Schöne Lage an einem Sandstrand neben dem Fischerort Hällevik.

*Unser Tipp*

**Frische Küche im Schloss**
Der stattliche schlossähnliche Gutshof **Hovdala slott** (am RV 117 5 km südlich von Hässleholm) mit Ursprüngen im 16. Jh. ist nicht nur für Gartenfreunde einen Ausflug wert. Die Orangerie vom Ende des 18. Jh. dient im Sommer als Raum für Sonntagskonzerte, am Karpfenteich kann man gemütlich promenieren und der Kräutergarten liefert Zutaten für die Küche des Restaurants – Kultur und Natur auf das Schönste vereint (Tel. 0451 183 70, www.hovdalaslott.se, Juli–Anfang Aug. Di–So 11–17 Uhr, Park ganzjährig, www.restaurangmikkelsen.se, 12–16 Uhr).

Ost-Skåne und Blekinge

›Hüttenzauber‹ im Dämmerlicht – an einem See in Blekinge

Komfortable Hütten und Apartments, beheiztes Schwimmbad.

## Aktiv & Kreativ

*Kanuverleih* – **Halenkanot**: www.halenkanot.com. Kanuverleih und -kurse in Olofström, Touren im Seensystem Halen–Immeln nördlich von Sölvesborg.

## Infos & Termine

**Touristeninformation**
**Sölvesborgs Turistbyrå:** Stadshuset, 29480 Sölvesborg, Tel. 0456 100 88, Fax 0456 125 05, www.solvesborg.se.

**Termine**
**Killebom** (2. Wochenende im Juli): Stadtfest mit Markt und kostenlosen Kulturevents in Sölvesborg.

**Sweden Rock** (Mitte Juni): www.swedenrock.com. Hardrockfestival.

# Karlshamn ▶ E 14

Die alte Hafen- und Handelsstadt erhielt ihren Namen 1666 zu Ehren von Karl X. Gustav, der die große Wassertiefe der Bucht nutzte und eine Marinebasis anlegen ließ. Über diesen Hafen verließen im 19. Jh. zahlreiche Auswanderer Småland und Blekinge in Richtung Amerika. An sie erinnert eine Statue am Hamnparken, die Karl-Oskar und Kristina darstellt, die Hauptfiguren in Vilhelm Mobergs Romanzyklus »Die Auswanderer«. Sie blicken auf eine kleine Insel mit dem Kastell, das 1675 zum Schutze Karlshamns vor dänischen Angreifern errichtet wurde.

Sehenswert ist neben den erhaltenen Holzhäusern rund um den Stortor-

# Karlshamn

get auch **Karlshamns Kulturkvarter**, das aus mehreren Gebäuden an Vinkel- und Drottninggatan besteht und die ehemalige Punschfabrik als **Punschmuseum** (Mitte Juni–Mitte Aug. Di–So 13–17, sonst Mo–Fr 13–16 Uhr, 20 SEK) einbezieht. Hier wurde ab 1840 in riesigen Mengen (1914 waren es 500 000 Liter) der berühmte süße Carlshamns Flaggpunsch hergestellt. 1917 ging diese Ära zu Ende, als das staatliche Spritmonopolet die gesamte Herstellung von Wein und Alkohol übernahm. Das Museum zeigt originalgetreu erhaltene Büro- und Produktionsräume sowie die Flaschenwäscherei. Die Nebengebäude, rote Holzhäuser überwiegend aus dem 18. Jh., beherbergen u. a. eine Fischerhütte, eine Schuhmacherwerkstatt und einen Tabakladen.

## Übernachten

*Mit Schärenblick –* **Kolleviks Camping:** 3 km südöstl. von Karlshamn, Tel. 0454 192 80, www.karlshamn.net, Mai–Mitte Sept. Stellplatz um 135 SEK. Hier liegt den Campinggästen die flache Schärenküste zu Füßen und ein Wäldchen im Rücken. Auch komfortable Hütten.

## Infos

**Touristeninformation**
**Karlshamns Turistbyrå:** Pirgatan 2, 37481 Karlshamn, Tel. 0454 812 03, Fax 0454 812 25, www.visitkarlshamn.se.

**Verkehr**
**Fähre:** Im Sommer Linienverkehr nach Tärnö und Tjärö, Info-Tel. 0455 569 00, www.blekingetrafiken.se.
**Bahn:** nach Malmö, Helsingborg und Karlskrona.
**Bus:** nach Ronneby, Göteborg.

# Umgebung von Karlshamn

**Laxens hus in Mörrum** ▶ E 14
*www.morrum.com, April–Sept. tgl. 9–17, Okt. 9–16 Uhr, 55 SEK*
Interessant nicht nur für Angler ist der Besuch der Aufzuchtstation und Ausstellung rund um den Lachs und die Geschichte der Lachsfischerei in Mörrum direkt am Mörrumsån, einem der besten Lachsflüsse Schwedens. Die großen Fenster des Aquariums erlauben Blicke in den Mörrumsån. Seit 1231 werden hier die begehrten Edelfische auf ihrem Weg vom offenen Meer zu den Laichplätzen abgefangen.

Die Angelpremiere am 1. April ist wohl eines der größten Ereignisse im Leben eines Sportfischers. Für die ersten fünf Tage der Saison, die bis Ende September dauert, wird der Erfolg versprechendste Platz am Fluss unter den Unterstützern der Anlage verlost, wobei auch Ausländer, die eine *fiskevårdskort* erworben haben, zum Zuge kommen. Selbst der König ist gelegentlich beim Saisonauftakt dabei (Angelkarten: www.morrum.com).

**Eisengießerei
Ebbamåla bruk** ▶ E 13
*www.ebbamalabruk.se, Juni–Aug. tgl. 11, 13, 15 Uhr, Führungen 70 SEK*
Folgt man dem Tal des Mörrumså aufwärts (erst nach Svängsta, dann RV 126

> **Wandern oder Radfahren**
> Ebbamåla ist ein idealer Startpunkt für Ausflüge. Auf dem **Banvallsleden** auf der Trasse der stillgelegten Vislanda-Bahn sind die 27 km Radweg bis Karlshamn leicht zu radeln. Wanderer kommen auf dem Westufer des Flusses über den **Laxaleden** zur Küste.

Ost-Skåne und Blekinge

> **Meerkajaktouren in den Schären**
> Bis in die 1950er-Jahre war die Siedlung auf der Schäreninsel Tjärö bewohnt. Nachdem die letzten Fischerfamilien weggezogen waren, wurde das historische Ensemble zur Sommerfrische umgebaut. Der Komfort in den malerischen Holzhäuschen ist nicht groß, der Robinsonfaktor dafür hoch. Ein idealer Ausgangspunkt für Kajaktouren in die Schären zwischen Karlshamn und Ronneby (Tjärö Turiststation, Tel. 0454 600 63, www.tjaro.com, Mai–Mitte Sept., 94 Betten, 2- bis 6-Bett-Zimmer, Bett ab 250 SEK).

Richtung Fridafors), trifft man auf eine ehemalige Eisengießerei, die heute u. a. gusseiserne Gartenmöbel fertigt. Interessant sind die Führungen durch die historischen Werkshallen. Die rasch fließenden Wasser des Mörrumså trieben von 1884 bis zur Stilllegung der Fabrik 1950 die Maschinen an.

**Eriksbergs Viltreservat** ▶ E 14
*www.eriksberg.nu, Karlshamn über die E 22, an der Abfahrt Åryd ausgeschildert, Juni–Aug. tgl. 12–19 Uhr (letzter Einlass), 110 SEK*
In der wie verzaubert wirkenden Landschaft des Eriksbergs leben auf rund 1000 ha Fläche u. a. Elche, Wildschweine, Wisente, Damwild und Mufflons, die man im Wagen sitzend beobachten kann. Eine weitere Attraktion sind die seltenen roten Seerosen im Färsksjön, die ab Ende Juni blühen. Restaurant mit Wildspezialitäten (ab ca. 100 SEK).

## Infos & Termine

**Termine**
**Angelpremiere** ist am 1. April in Mörrum, **Lachsfest** am 11. Mai.

**Verkehr**
**Bahn:** Mörrum liegt an der Strecke Kopenhagen–Hässleholm–Karlskrona.

## Übernachten

*Im grünen Mörrum-Tal –* **STF Vandrarhem Ebbamåla Bruk:** Hovmansbygdsvägen 610, 29060 Kyrkhult, Tel. 0454 77 40 00, www.ebbamalabruk.se, März–Okt. Apartments ab 450 SEK/ 2 Pers., Bett ab 200 SEK/Pers. Schön renovierte 2-Zimmer-Apartments in der historischen Gießerei am Wasser des Mörrumså, Fahrrad- und Kanuvermietung, Verkauf von Angelkarten und Kurse in Fliegenfischerei.

# Ronneby ▶ F 14

Der traditionsreiche Kurort mit rund 28 000 Einwohnern hat sich viel von seinem idyllischen Kleinstadtcharakter erhalten. Gemeinsam mit der benachbarten Kallinge war es einmal die ›Hauptstadt der Töpfe und Pfannen‹ in Schweden. Verschiedene Kleinindustriebetriebe in Kallinge führen die Tradition heute fort.

Sehenswert ist neben dem alten Kurpark Brunnsparken das Viertel Bergslagen rund um die **Heliga Kors kyrka**. In der Kirche finden sich Kalkmalereien aus dem 14. und 16. Jh., die Chorfenster wurden gestaltet von Erik Olson, einem Mitglied der Halmstadgruppe (s. S. 98).

Ein Rundgang durch das Viertel **Bergslagen** führt über Kopfsteinpflaster vorbei an gut erhaltenen Holzhäuschen zum **Mor Oliviagården** aus dem 18. Jh., eines der ältesten Gebäude der Stadt, direkt am Fall des Flusses Ronnebyån inmitten eines duftenden Kräutergartens, wo Kunsthandwerk ausgestellt wird.

# Ronneby

**Ronneby Brunnsparken** am Ufer des Ronnebyån ist eine Welt für sich: Mehrere große Hotels, Kurpark, Café, Wandelhalle und Bouleplatz schaffen die richtige Umgebung für Entspannung und Erholung.

## Übernachten, Essen

*Gasthaus mit Blick* – **Guö Värdshus:** Trensum, Tel. 0454 603 00, www.guovardshus.se, Golfpaket 1255 SEK/Pers. im DZ (HP). Malerisch liegt er an einer Bucht wie ein gelbes Holzschlösschen, der ehemalige Gutshof aus dem 19. Jh. mit Blick auf den Schärengarten. 30 Zimmer bieten allen Komfort, gutes Restaurant, u. a. mit Wildgerichten.

## Einkaufen

*Für den Haushalt* – **Ronneby bruk Sweden:** Flisevägen, Kallinge, Tel. 0457 240 00, www.ronnebybruk.com, Mo–Fr 9–17 Uhr. Fabrikverkauf von gusseisernen Pfannen und Töpfen im klassischen Design von Sigurd Persson – gewichtig, aber unschlagbar für eine optimale Zubereitung von Steaks und Pfannkuchen; außerdem emailliertes Kochgeschirr nach französischem Vorbild, Kerzenständer u. Ä. aus Gusseisen.

## Aktiv & Kreativ

*Fahrradverleih* – **STF Vandrarhem Gula Huset:** Järnavik, www.gula-huset.com,

Eine idyllische Kleinstadtatmosphäre herrscht im Kurort Ronneby

Ost-Skåne und Blekinge

Unter Segeln – im historischen Marinehafen von Karlskrona

Tel. 0457 822 00. Auch Kanu- und Meerkajakverleih sowie Paddelkurse.
*Erholsam* – **Ronneby brunns Spa:** www.ronnebybrunn.se, Tel. 0457 750 00. Hochmoderne Spa-Anlage, 2,5 km vom Ort entfernt, mit Hotel; Außen- und Innenpools, Jacuzzi, Dampf- und Trockensauna, Solarium, Tennisplätze, Yoga, Qigong u. v. m.; Kurbehandlungen auch für Nichtgäste stunden- oder tageweise (380 SEK/Tag).

## Infos

### Touristeninformation
**Ronneby Turistbyrå:** Västra Torggatan 1, 37230 Ronneby, Tel. 0457 61 75 70, www.ronneby.se/turist.

### Verkehr
**Bahn:** nach Malmö, Helsingborg und Karlskrona.
**Bus:** nach Karlshamn und Karlskrona.

# Karlskrona! ▶ F 14

Die Stadt Karlskrona (61 000 Einwohner) entstand mitsamt einem großen Marinestützpunkt 1680 auf Befehl von Karl XI. auf der Insel Trossö, dem heutigen Stadtzentrum. Teile dieser mustergültigen Militärstadt vor der grandiosen Kulisse des Schärengartens sind als Unesco-Welterbe registriert.

### Stortorget
Um Raum für Militärparaden zu haben, ließ Karl XI. den Festungsarchitekten Erik Dahlberg breite Straßen und große Plätze anlegen. **Stortorget** ist eine der weitläufigsten Platzanlagen Nordeuropas. In der Mitte erinnert eine Statue an den königlichen Stadtgründer, flankiert vom Rathaus und von zwei Barockkirchen von Nicodemus Tessin d. J., **Trefaldighetskyrka,** bis 1846 Gotteshaus der deutschen Gemeinde, und **Fredrikskyrka**.

# Karlskrona

### Ulrica Pia kyrka und Bastion Aurora

Die Admiralitätskirche **Ulrica Pia kyrka** ist das älteste Gebäude der Stadt, da sie, obwohl aus Holz gebaut, den großen Brand von 1790 überstand. Davor steht die Holzfigur des Bettlers Rosenbom, dessen Hut man hochklappen kann, um ein paar Kronen hineinzuwerfen. Die Figur spielt auch in der wunderbaren Reise des Nils Holgersson eine Rolle: Nils träumt, dass Rosenbom ihn unter seinem Hut versteckt, um ihn vor dem Zorn Karls XI., dessen bronzene Statue Nils durch eine Unverschämtheit zum Leben erweckt hat, zu beschützen.

Geht man von der Kirche hinunter zum Meer, eröffnet sich ein schöner Blick auf die **Bastion Aurora**, ehemals Teil der städtischen Befestigungsanlage. Hier erinnert eine Bronzebüste an den Architekten Erik Dahlberg.

### Marinmuseum

*www.marinmuseum.se, Mitte Juni–Mitte Aug. tgl. 10–18, Mai, Sept. tgl., sonst Di–So 10–16 Uhr, 85 SEK*

Zu den Attraktionen des Marinemuseums auf Stumholmen, der früheren Proviantinsel der Marine, gehört neben einer großen Sammlung von Galionsfiguren auch ein Unterwassergang zu einem Wrack. Am Kai liegen diverse Boote vor Anker, u. a. der Dreimaster »Jarramas« (Café). Wer des Schauens müde ist, kann nebenan an einem schönen Strand ein Bad nehmen.

## Übernachten

*Individuell* – **Hotel Siesta:** Borgmästaregatan 5, Tel. 0455 801 80, www.hotellsiesta.com, DZ (Budget Sommer/Wochenende) ab 950 SEK (ohne Bad) bzw. 1850 SEK (mit Dusche/WC). Kleines, gastfreundliches privates Hotel mit 38 geschmackvoll eingerichteten Zimmern mit unterschiedlichem Komfort. Gratis WLAN, gutes Frühstück.

*Zentral* – **STF Vandrarhem Karlskrona:** Bredgatan 16 bzw. Drottninggatan 39, Tel. 0455 100 20, trosso.vandrarhem@telia.com, ab 350 SEK/DZ. Zwei Häuser, von denen das eine (nur Mitte Juni–Mitte Aug. geöffnet) sogar Dusche/WC auf dem Zimmer bietet (ab 400 SEK/DZ).

*Mit Badefelsen* – **Dragsö:** Karlskrona, Tel. 0455 153 54, www.dragso.se, Stellplatz ab 180 SEK. April–Mitte Okt. Auf einer Schäreninsel westlich der Stadt, zentrumsnah, Vermietung von Hütten, Fahrrädern, Kanus, Ruderbooten.

*Am Binnensee* – **Stensjö Camping och Stugby:** Holmsjö, Tel. 0455 921 14, www.stensjo.net, Mai–Mitte Sept. Stellplatz 115–135 SEK. Das von niederländischen Besitzern geführte Camp liegt wunderschön an einem See etwa 20 km nördlich von Karlskrona. Gute Paddelgewässer, Kanuverleih..

## Aktiv & Kreativ

*Für Paddler* – **Meerkajak- und Kanuverleih:** bei den Campingplätzen Stensjö und Dragsö.

## Infos

### Touristeninformation

**Karlskrona Turistbyrå:** Stortorget 2, 37134 Karlskrona, Tel. 0455 30 34 90, www.visitkarlskrona.se.

### Verkehr

**Fähre:** nach Gdyna/Polen (Fahrzeit 10 Std., www.stenaline.se).
**Bahn:** nach Alvesta, Göteborg, Malmö und Kalmar.
**Bus:** nach Ronneby.
**Boot:** ab Fisktorget in die Schären, Tickets und Informationen bekommt man am Anleger.

Das Beste auf einen Blick

# Småland und Öland

## Highlight!

**Öland:** Eine Urlaubsinsel für Genießer. Viel Sonne, schöne Strände, eine ungewöhnliche, geradezu mediterran anmutende Natur und eine ebensolche Gastronomie. S. 172

## Auf Entdeckungstour

**Eine Reise durch das Glasreich:** Was dabei herauskommt, wenn Künstler mit dem Material Glas experimentieren, erfährt man auf einer Rundreise zu bedeutenden Glashütten in Småland – faszinierend! S. 162

## Kultur & Sehenswertes

**Växjö:** Der Dom mit dem Glasaltar und das Smålands museum mit der ausgezeichneten Sammlung von Glaskunst stimmen ein auf den Besuch der Glashütten in der Region. S. 159

**Kalmar slott:** Ein Schloss aus Gustav Vasas Zeiten, malerisch am Sund gelegen und geschichtsträchtig. S. 169

## Aktiv & Kreativ

**Märchentour:** Rund um Ljungby sind märchenhafte Schauplätze auf einem Parcours zusammengestellt – Feen und Trolle warten. S. 157

**Angeln:** Smålands größter See Bolmen ist ein klassisches Angelgewässer. S. 158

**Goldwaschen im Wald:** Die Kleva gruva war einst eine Goldgrube. Mit etwas Glück findet man auch heute noch ein Körnchen des edlen Metalls. S. 165

## Genießen & Atmosphäre

**Hyttsill im Glasreich:** Was dem Glasbläser recht war, ist dem Touristen billig: abends beim Schmelzofen sitzend feurig gegarten Hering und Würstchen essen. S. 161

**Solliden slott auf Öland:** Zum Kaffeetrinken beim König wird man zwar nicht eingeladen, aber das Café im Park der Sommerresidenz der Königsfamilie gehört Carl XVI. Gustaf. S. 172

## Abends & Nachts

**Larmtorget in Kalmar:** Rund um den Platz in Kalmars Zentrum ist die Kneipendichte hoch – ein gutes Pflaster also für Nachtschwärmer. S. 171

**Borgholm auf Öland:** Der Jachthafen der Insel-›Hauptstadt‹ ist zumindest im Sommer ein Hotspot des Nachtlebens und die Burgruine Borgholms slott Bühne für Weltstars. S. 172

# Wildes Hochland, Schären und eine sonnige Insel

Der historischen Landschaft **Småland** entsprechen heute drei Verwaltungseinheiten: Kalmar län, Kronobergs län und Jönköpings län. Letztgenannte Provinz grenzt zwar an den See Vätter, doch dieser ist nicht in seiner Gänze Teil von Småland (s. S. 198).

Für viele erfüllt Småland den Traum von Wildnis und Abenteuer: mit fischreichen Flüssen und Seen, guten Kanugewässern und dichten Wäldern, an deren Rändern sich in der Dämmerung, wenn man Glück hat, Elche sehen lassen. Die Region ist ideal für alle, die Stille und Abgeschiedenheit lieben: Eine Holzhütte mieten an einem der vielen Seen, davor ein Steg und ein Boot, mit dem man zum Angeln hinausfährt.

Das einzige Hochmoor in Südschweden liegt im nordwestlichen Småland bei Värnamo: Store Mosse. An seinem Rand findet man ungeachtet der wenig wüstenhaften Umgebung Schwedens ›Wilden Westen‹: Cowboys und Indianer treffen sich im Themenpark High Chaparral zu wilden Schießereien.

Die Provinzhauptstadt Växjö und das östlich bis Nybro reichende Glasreich locken jährlich Millionen Besucher an. Inmitten tiefer Waldeseinsamkeit können sie ihrer Einkaufslust in den Fabrikläden der rund 20 Glashütten, aber auch in Design-Outlets frönen. Weiter nordöstlich, rund um den Geburtsort der berühmten Schriftstellerin bei Vimmerby liegt Astrid-Lindgren-Land: Drehorte, Schauplätze und der Themenpark Astrid Lindgrens Värld sind Pilgerziele für Fans von Pippi, Karlsson, Ronja und Kalle.

Die småländische Küste zwischen Kalmar und Västervik ist reich an Naturschönheiten, aber arm an Sehenswürdigkeiten. Anders als an der Westküste sind die ca. 5000 Inseln in dem 300 km langen ostschwedischen Schärengarten, der sich von Västervik bis nördlich von Stockholm erstreckt, meist bewaldet, da sie weniger rauen Winden und einem geringeren Salzgehalt in der Luft ausgesetzt sind.

**Öland** ist anders als das übrige Schweden: Flach und windzerzaust, trocken und waldarm, vereint die kleinere der beiden großen schwedischen Ostseeinseln südländisch wirkende Natur mit einer Vielzahl an Zeugnissen einer langen Geschichte. Eine richtige Insel ist Öland allerdings nicht mehr, denn seit 1972 führt die 6,6 km lange Ölandbrücke über den Kalmarsund.

## Infobox

**Touristeninformation**
**Södra Smålands Turistråd:** Kronobergsgatan 7, 35203 Växjö, Tel. 0470 73 32 70, www.visit-smaland.com. Infos zu Süd- und Westsmåland.
**Kalmar Läns turism:** Box 762, 39127 Kalmar, Tel. 0480 44 83 30, www.smaland-oland.se. Für die Region Ostsmåland inklusive Öland zuständig.

**Verkehr**
**Gnosjö, Värnamo:** Jönköpings läns trafik, Tel. 0771 44 43 33, www.jlt.se.
**Ljungby, Växjö, Glasreich:** Länstrafiken Kronoberg, Tel. 0771 76 70 76, www.lanstrafikenkron.se.
**Ost-Småland und Öland:** Kalmar Läns Trafik, Tel. 0491 76 12 00, www.klt.se.

Abkühlung in Sichtweite – an einem der zahllosen stillen Seen in Småland

# Ljungby ▶ D 13

Småland ist eine Welt der Sagen und Märchen – hierfür bieten die riesigen moosbewachsenen Steine, die nebelverhangenen Wälder und tiefdunklen Seen des Sagobygden (›Märchenland‹) in der Gemeinde Ljungby (27 000 Einwohner) das passende Ambiente.

**Sagomuseum**
*www.sagobygden.se, Mai–Sept. Di–So 12–16, sonst Do 12–16 Uhr, Juli–Sept. deutschsprachige Führungen Di und Fr 11 Uhr, Erw. 60 SEK, Kinder 30 SEK*
Im Märchenmuseum in einem alten Holzhaus im Zentrum von Ljungby geht es um Elfen, Trolle und ihr sagenhaftes Treiben – nicht nur für Kinder spannend inszeniert. Wer mag, kann mit Informationen aus dem Museum versehen aufbrechen zu einer Erkundung von Trollsteinen, Quellen und sagenhaften Schätzen in der Region um den Bolmen.

## Übernachten

*Ruhige Lage* – **Bolmsö Island Camping:** Tel./Fax 0372 911 02, April–Sept., www.bolmsocamping.se, 4-Pers.-Hütte 400–450 SEK/Nacht, Stellplatz ab 150 SEK. Der Platz auf einer Insel im Bolmen bietet außer einem kinderfreundlichen Sandstrand einen Imbiss, Hütten- und Bootsvermietung (Kanu, Ruderboot); Paketangebote für Angler.
*Mit Angelrevier* – **Sjön Bolmens Camping:** Ljungby, Tel. 0372 920 51, www.camping.se/G27. Camping Mai–Sept., Ferienhäuser ganzj., Haus ab 650

Småland und Öland

## Für kleine und große Westernfans: High Chaparral

Am Rand des Nationalparks bei Kulltorp (▶ D 12) treibt die Wildwestromantik im Themenpark High Chaparral ihre schwedischen Blüten: Halsbrecherische Shows, Schießereien in Goldgräberstädten und mexikanische Fiestas sind unterhaltsam für kleine und große Möchtegerncowboys. Schnäppchenwarenhäuser in der Umgebung tragen noch zu dem Rummel um die ›Goldgräberstadt‹ bei (www.highchaparral. se, Mitte Mai–Mitte Juni tgl. 10–18, Mitte Juni– Aug. 10–19 Uhr, 160–180 SEK, Kinder unter 1 m Größe gratis).

SEK/Tag, Stellplatz ab 210 SEK incl. Dusche. Komfortabler Platz in einem guten Angelrevier. Kanu- und Motorbootverleih.

## Aktiv & Kreativ

*Hecht, Zander und Barsch* – **Angeln:** Infos über das Angelrevier Bolmensee, den Erwerb von Angelkarten *(fiskekort)*, Angeltipps u. a. (auf Schwedisch und Englisch): www.bolmensweden. com.

*Paddelparadies* – **Kanuverleih:** bei den unter Übernachten genannten Campingplätzen.

## Infos

### Touristeninformation
**Ljungby Kommuns Turistbyrå:** Stora Torget 6, 34183 Ljungby, Tel. 0372 78 92 20, www.ljungby.se/Turism.

### Verkehr
**Bus:** u. a. nach Alvesta, Halmstad und Värnamo.

# Nationalpark Store Mosse ▶ D 12

*www.f.lst.se/storemosse, Naturum Juni–Aug. tgl., sonst So 11–17 Uhr, Führungen Mi 11 Uhr*

Zwischen Värnamo und Gnosjö liegt Südschwedens größtes Moorgebiet, Store Mosse. In dem als Nationalpark geschützten ›Großen Moor‹ gibt es u. a. die subarktischen Moltebeeren und andere auf die extremen Lebensbedingungen im Hochmoor spezialisierte Pflanzen und Tiere. Es ist untersagt, Gelände abseits der teils aus Holzplanken gebauten Wege zu betreten (außer bei Schneeschuhwanderungen s. unten, Aktiv & Kreativ), was man schon aus eigenem Interesse befolgen sollte, um ein Versinken im Morast zu vermeiden. Ein **Naturum** informiert über Geologie, Flora und Fauna. Von dort und vom Parkplatz Östra Rockne am RV 151 führen verschiedene Wanderwege durchs Moor, der längste (14 km) rund um den Vogelsee Kävsjö (Beobachtungsturm), wo u. a. Kraniche und Singschwäne brüten. Einige Bohlenwege sind für Rollstuhlfahrer geeignet, der 300 m lange Rundparcours Transtigen wurde speziell für Kinder angelegt.

### Hylténs Industriemuseum in Gnosjö
*www.industrimuseum.gnosjo.se, Mittsommer–3. So im Aug. tgl,. sonst Mo–Fr 13–16 Uhr, 60 SEK*

In Småland gibt es die größte Dichte kleiner Handwerksbetriebe in Schweden. Hochburg der Drahtzieher war einst Gnosjö, heute eine Kleinstadt mit rund 9800 Einwohnern. In einer 1974 stillgelegten Gießerei laufen die über 100 Jahre alte Maschinen für Museumszwecke noch und produzieren Gegenstände aus Metall, beispielsweise Knöpfe.

## Aktiv & Kreativ

*Auf Schneeschuhen durchs Moor –*
**Store Mosse Snöskovandringar:** Juni–Aug. Besonders originell sind 4-stündige geführte Touren auf Schneeschuhen, bei denen man direkt übers sumpfige Terrain laufen kann. 350 SEK/Person inkl. Feldstecher und Lupe und Picknick. Im Voraus zu buchen beim Naturum.

## Infos

**Touristeninformation**
**Turistinformationen Gnosjö:** Storgatan 8, 33580 Gnosjö, Tel. 0370 33 10 41, Fax 0370 33 10 25, turism@gnosjo.se.

# Möckeln-See ▶ D/E 13

Der bedeutende Naturforscher Carl von Linné (1707–1778, s. S. 272), der in Uppsala Anatomie, Medizin und Botanik lehrte, wurde als Sohn eines Pfarrers im småländischen **Råshult** bei Älmhult geboren. Rund um Linnés Geburtshaus wurden Pfarrei und Hof wie zu seinen Lebzeiten eingerichtet, mit Haustieren und Garten (www.linnesrashult.se, Mai–Aug. tgl., Sept. Sa/So 11–18 Uhr). Auch ein 42 ha großes Areal wird als geschütztes Kulturreservat wieder so bewirtschaftet wie vor 300 Jahren. Markierte Wege erschließen das Gelände.

Ein ebenfalls mit Linné verbundener Ort in der Nähe von Råshult ist **Gut Möckelsnäs.** Die Orangerie des Herrenhofs wurde originalgetreu wieder hergerichtet, der Garten umfasst rund 700 Pflanzenarten.

## Wanderungen

Einige heute als Naturreservate ausgewiesene Gebiete, in denen Linné als Dreikäsehoch seine ersten ›Forschungsreisen‹ unternahm, laden zu Wanderungen und Entdeckungen ein: **Taxås** mit Waldwegen hinauf zu einem Aussichtspunkt über dem Möckeln-See, **Kronan** mit lichtem Laubwald am Seeufer und **Höö** mit artenreichen Wiesen und Weiden.

# Växjö ▶ E 12

Växjö (76 700 Einwohner) am Helgasjön ist die Verwaltungshauptstadt von Kronobergs län, einer der drei Provinzen von Småland. Neben guten Einkaufsmöglichkeiten und einer wunderschönen Umgebung hat die Stadt, deren Name sich aus *väg* (Weg) und *sjö* (See) zusammensetzt und so die Bedeutung der geografischen Lage herausstreicht, einiges zu bieten.

## Sehenswert

**Smålands museum**
*www.smalandsmuseum.se, Juni–Aug. Mo–Fr 10–17, Sa/So 11–17, Sept.–Mai Di–Fr 10–17, Sa/So 11–17 Uhr, 40 SEK*
Das Glasreich liegt gewissermaßen vor der Haustür und so dokumentiert das Smålands museum die Geschichte der Glasherstellung. Es besitzt zudem die größte Glassammlung Nordeuropas.

**Dom**
Seit 1172 ist Växjö Bischofssitz. Die hohen Türme des Doms wurden durch Blitzschlag im 18. Jh. zerstört, prägen aber seit ihrer Restaurierung in den 1950er-Jahren wieder kupfergedeckt und im Doppelpack die Silhouette der Stadt. Sehenswert im Innern sind der

# Småland und Öland

> **Dampferfahrt auf dem Helgasjö**
> Vor der Burgruine Kronoberg legt das 1887 erbaute Dampfschiff »Thor«, der letzte holzbefeuerte Dampfer in Schweden, zu Schleusenfahrten nach Åby ab (Juni–Aug., 150 SEK, Ticketreservierung unter Tel. 070 510 43 70).

Glasaltar von Bertil Vallien sowie verschiedene weitere Glasskulpturen, die von zeitgenössischen Künstlern entworfen wurden.

**Ruine Kronoberg**
*www.smalandsmuseum.se, Juni–Aug. tgl. , Mai Sa/So 11–18 Uhr, 20 SEK*
Auf einer Insel im Helgasjö 5 km nördlich von Växjö liegt die Ruine Kronoberg aus dem 14. Jh. Sie war zunächst Bischofssitz und im 16. Jh. Schauplatz blutiger Kämpfe zwischen den Anhängern Gustav Vasas und dem Bauernheer unter Führung von Nils Dacke, das sich hier verschanzt hatte. Småland war damals selbständig und lag zwischen Dänemark und Schweden. Gustav Vasa verbot den Småländern den Handel mit Dänemark, wogegen diese sich heftig wehrten. Der König besiegte die Bauern und ließ die Burg zum Schloss ausbauen, das aber, nachdem es seine strategische Bedeutung verloren hatte, vollständig verfiel.

Nach dem Besuch der Ruine kann man im urigen Holzhauscafé Ryttmästargården bei Waffeln und Kaffee ausspannen und dem Dampfer »Thor« beim Ab- oder Anlegen zuschauen.

## Übernachten

*Angler willkommen* – **Toftastrand Hotell & Konditori:** Lenhovdavägen 72, Tel. 0470 652 90, www.villavik.se, EZ ab 795 SEK, DZ ab 995 SEK. Etwa 6 km außerhalb, nahe dem RV 23 liegt die kleine Pension am See mit gemütlichen Zimmern, die besonders von Anglern geschätzt wird. Im Restaurant Villa Vik und vor allem in der Konditorei muss niemand darben. Lunch um 95 SEK, abends Gerichte ab 139 SEK.
*Am Seeufer* – **Evedals Camping:** Tel. 0470 630 34, Fax 0470 631 22, www.evedalscamping.com, Stellplatz ab 145 SEK. In Nachbarschaft zum STF Vandrarhem, Fahrrad- und Kanuverleih.

## Essen, Abends & Nachts

*Gute Bistroküche* – **PM & Vänner:** Storgatan 22–24, Växjö, www.matodryck.se, Tel. 0470 70 04 44. Mo/Di 11.30–23, Mi/Do 11.30–0, Fr/Sa 11.30–1 Uhr. Populäres Restaurant im Bistro-Stil, Salate, kleine Gerichte und Lunch 80–160 SEK, abends Hauptgerichte 169–300 SEK; am Wochenende häufig Live-Jazz.

## Einkaufen

*Im Möbelreich* – **Möbelriket:** www.mobelriket.se. In Lammhult, ca. 30 km nördlich von Växjö, kann man nach Herzenslust shoppen. Vor allem Design-Geschäfte wie Norrgavel und Nilssons haben sich hier angesiedelt.

## Aktiv & Kreativ

*Fisch aus dem See* – **Angeln:** am Helgasjö, Auskunft und Verkauf von Angelkarten im Turistbyrå.
*Für Kanuten* – **Nordländer:** Slussvägen, Åby, Tel. 0470 933 09, www.nordlaender.com, April–Sept. Kanucenter 25 km nördlich von Växjö am Helgasjö, geführte Touren, auch für Anfänger, Pakete inkl. Unterkunft und Verpflegung, unter deutscher Leitung.

## Infos

**Touristeninformation**
Växjö Turistbyrå: Residenset, Stortorget, Kronobergsgatan 7, Tel. 0470 73 32 80, www.turism.vaxjo.se.

**Verkehr**
Flug: Regionalflugplatz Smaland Airport 8 km nördlich, Verbindungen nach Stockholm und Billigflüge (international), www.smalandairport.se.
Bahn: nach Stockholm, über Alvesta nach Göteborg, Malmö, Karlskrona und Kalmar.

## Ausflug zu bemalten Holzkirchen ▶ E 12

23 km nordöstlich von Växjö liegt einige Kilometer hinter der Abzweigung vom RV 23 Richtung Lenhovda neben der Straße ein unscheinbares, turmloses Kirchlein, **Dädesjö gamla kyrka**. Hier lohnt es sich, anzuhalten und einen Blick ins Innere zu werfen. Die Decke ist noch bemalt wie vor 800 Jahren, als die Kirche erbaut wurde.

Mitte des 13. Jh. wurde die hübsche, mit Holzschindeln verkleidete **Granhults kyrka** ca. 6 km nördlich von Lenhovda am RV 31 errichtet. Sie ist im Innern über und über mit mittelalterlichen Wandmalereien bedeckt – eine Augenweide.

# Glasriket (Glasreich)

Im gebirgigen småländischen Hochland voller Seen, Moore und einsamer Wälder lebt eine alte Handwerkskunst fort, die einst mit Einwanderern ins Land kam und heute dank innovativer Designer zu neuen Höhen findet: die Glasbläserei. Man kann die bekanntesten Glashütten besuchen (s. Entdeckungstour S. 162).

## Nybro und Madesjö ▶ F 13

**Nybro** bildet gewissermaßen das östliche Tor zum Glasreich, hier liegen die Glashütten Pukeberg und Nybro sowie die Glasfachschule.

*Unser Tipp*

**Hyttsill – Grillabend vor dem Glasofen**
Den traditionellen Abschluss einer Glasreich-Tour bildet der Hyttsill (›Hüttenhering‹): Abends werden im abkühlenden Glasofen mit der Resthitze Heringe, Schweinerippchen, Würstchen und Kartoffeln knusprig gebacken. Dazu gehört auch die småländische *Isterbandkorv,* eine in der Regel geräucherte, gut gewürzte Wurst mit hohem Getreideanteil, meist Graupen. Dazu gibt's kühles Bier und als Nachtisch meist die småländische Spezialität *Ostkaka,* ein Auflauf mit Sahne und Konfitüre. Bei Musik und Gesang können Hyttsill-Abende nicht nur feucht, sondern auch fröhlich werden, besonders wenn die Gäste selber Glas blasen dürfen (nach Voranmeldung oder zu festgelegten Terminen, Infos: www.glasriket.se).

# Auf Entdeckungstour
## Eine Reise durch das Glasreich

Wer ein Faible für schöne Dinge hat, sollte eine Rundreise durch Smålands Glasreich zwischen Växjö und Nybro unternehmen. Dort kann man den Glasbläsern bei der Arbeit zusehen – und kunstvolle Objekte ab Fabrik vergleichsweise günstig erwerben.

**Reisekarte:** ▶ E/F 12/13

**Infos:** www.glasriket.se

**Glashütten:** Die Glasbläser arbeiten meist Mo–Fr 7–15 Uhr, im Sommer tgl.

**Fabrikläden:** meist Mo–Fr 10–18, Sa 10–16, So 12–16 Uhr.

**Glasriket-Pass:** Mit der Karte (95 SEK) ist der Fabrikbesuch gratis; außerdem 10 % Rabatt bei Einkäufen über 500 SEK oder bei Hyttsillabenden.

**Glasblasen erlernen:** Im Sommer kann man im Rahmen eines Hyttsill-Abends (s. S. 161) das Glasblasen versuchen. Wer es ernst meint, bucht einen Kurs im Kosta Glascenter: www.kostaglascenter.se, Tel. 0478 127 24.

In Smålands dichten Wäldern mit den schier unendlichen Holzvorräten für die auf hohen Temperaturen brennenden Schmelzöfen waren die Voraussetzungen für die Glasherstellung ideal. Noch heute liegen rund 20 Glashütten weit verstreut in der Gegend zwischen Växjö und Nybro. Rund 15 von ihnen haben sich unter dem Label Glasriket (Glasreich) zusammengeschlossen.

**Alte Handwerkskunst und Design**
Orrefors ist ein guter Startpunkt, denn hier kann man sich im Firmenmuseum die erlesensten Stücke aus dieser wohl berühmtesten Glashütte ansehen. Orrefors steht für hervorragendes Design – der zweite Grund für den heutigen guten Ruf der Kunst aus dem Glasreich. Alles begann damit, dass die Glashütte Künstler wie Edward Hald und Simon Gate einstellte. 1925 gewann eine Vasenkollektion von Simon Gate auf der Weltausstellung in Paris den ersten Preis – das war der Durchbruch. Bis heute sind berühmte Künstlernamen mit der Glashütte verbunden: Sigurd Persson, Gunnar Cyrén u. a. lieferten Entwürfe, die dann von den Glasbläsern in schweißtreibender Arbeit umgesetzt wurden. Von einer Empore aus können Besucher bei der Produktion zusehen. Seit 1990 gehört Orrefors zum Konzern Kosta-Boda.

**Shoppingcenter und Glashotel**
Die seit 1742 bestehende Glashütte in **Kosta** ist die älteste noch betriebene in Småland. Die Marke Kosta-Boda bezeichnet eigentlich drei Glashütten: Kosta, Åfors und Boda (wo allerdings nicht mehr produziert wird). Berühmte Glaskünstler wie Bertil Vallien und seine Frau Ulrica Hydman-Vallien arbeiten als Designer für die Firma, die für sehr individuelle Stücke bekannt ist, aber auch Gebrauchsglas produziert. Im Fabrikladen kann man sich mit preisgünstigen Gläsern eindecken. Im Umfeld der Glashütte haben sich Shoppingcenter und Designer-Outlets angesiedelt, dazu das Kosta Boda Art Hotel mit 102 Zimmern, nebst kobaltblauer Kristallbar, und Pool, der mit Glaselementen von Kosta-Bodas Hausdesigner Kjell Engman ausgestattet ist (www.kostabodaarthotel.se).

**Witzig, farbenfroh, innovativ**
Markenzeichen der 1889 gegründeten Hütte **Bergdala** sind farbenfrohe Kerzenständer. Ein weiterer Klassiker ist die Trinkglas-Serie mit rund geformtem blauem Rand – alles mundgeblasen.

Am RV 28 zwischen Kosta und Emmaboda reihen sich die Glashütten SEA, Transjö hytta und Åfors aneinander. Es lohnt sich zudem, den Schildern »Glasbruk« zu weiteren Hütten zu folgen. Die 1982 von Jan-Erik Ritzman und Sven-Åke Carlsson gegründete, idyllisch gelegene **Transjö hytta** produziert nach Entwürfen der beiden unabhängigen Künstler ungewöhnliche Glaskunst in geringen Stückzahlen, experimentell, mundgeblasen – Unikate.

Nördlich von Emmaboda punktet **Johansfors Glasbruk** mit reizvollen Skulpturen in einer von Astrid Gate, einer Enkelin von Simon Gate, entwickelten Verschmelzungstechnik. Bekanntestes Stück der 1871 gegründeten Glashütte **Pukeberg** bei Nybro ist ein Schnapsglas mit farbigem Stiel.

**Designcenter mit Hochschule**
In die alten Werkshallen in der Stadt **Nybro** ist die Designfachhochschule eingezogen; zahlreiche junge Künstler stellen hier aus. Bekannt geworden ist Nybro mit Glasschiffen zum Servieren eingelegter Heringe (klein) oder für Garnelen (groß), die so manches festliche Buffet zieren.

# Småland und Öland

> **Musik im Glasreich**
> Kammermusik, Jazz oder Blasmusik – ein breites Spektrum an Musik wird unter dem Motto »Musik i Glasriket« in der letzten Juliwoche in verschiedenen Glasfabriken geboten (www.musikiglasriket.se, Tel. 0481 452 15).

Die 1879 errichteten Kirchställe *(kyrkstallarna)* im Nachbarort **Madesjö** sind heute Teil des Freilichtmuseums Hembygdsmuseum (Mitte Mai–Mitte Sept. Mo–Fr 10–17, Sa/So 11–17 Uhr). Sie entstanden, weil die Bauern in dieser mit Gotteshäusern nicht gerade gesegneten armen Gegend ihre religiösen Pflichten nur erfüllen konnten, wenn sie eine Übernachtung einlegten. Dabei reisten sie mit Pferd und Wagen an und es mussten oft einige hundert Pferde untergebracht und versorgt werden.

## Lessebo ▶ E 13

Fast auf halbem Weg zwischen Nybro und Växjö am RV 25 bietet sich ein Halt in Lessebo (8100 Einwohner) an, wo man im **Lessebo Handpappersbruk** (Öffnungszeiten s. www.vida.se, meist Mo–Fr 9–12, 13–16 Uhr, Papierherstellung bis 15.30 Uhr) neben der großen Papierfabrik Vida bei der Herstellung von handgeschöpftem Papier zusehen kann, dem auch Blätter, getrocknete Blüten und andere Naturmaterialien beigefügt werden. Schöne Mitbringel sind Briefpapier und Postkarten.

## Grönåsens Älgpark ▶ F 12

*www.moosepark.net, Ostern–1. Nov. tgl. ab 10 Uhr bis zur Dämmerung, 50 SEK*

In Smålands Wäldern wimmelt es von Elchen. Wer beim Blaubeerensammeln oder auf anderen Exkursen rechts und links der Landstraße bis jetzt noch keinem begegnet ist, hat die Gelegenheit im Elchpark von Grönåsen, wo die Könige der Wälder ihre Scheu abgelegt haben und auf neugierige Blicke eingestellt sind. Mit etwas Geduld kann man sich auf einem 1,3 km langen Weg auf die Pirsch begeben und von einem der Hochsitze aus Elche beobachten. Souvenirshop und Grillplatz zum zünftigen Zubereiten der im Laden eingekauften Würstchen gehören ebenfalls dazu.

## Übernachten

*Unprätentiös* – **Orrefors Hotell:** Kantavägen 29, Orrefors, Tel. 0481 300 35, www.orreforshotell.se, DZ 790 SEK. Kleines Hotel mit vernünftigem Preis-Leistungs-Verhältnis nahe der Glashütte Orrefors, aber mitten im Ort. Hotelzimmer mit ordentlichem Komfort, im Annex weitere einfache Zimmer ohne Dusche/WC, DZ 530 SEK inkl. Frühstück.

*Glashütte nebenan* – **Lågprishotell & STF Vandrarhem Nybro:** Vasagatan 22, Nybro, Tel. 0481 109 32, www.nybrovandrarhem.se, DZ ab 450 SEK inkl. Dusche/WC, ohne Frühstück und Bettwäsche, auch Budgethotel DZ 790 SEK. Eine Küche für Selbstversorger und ein Grillplatz gehören zu den Vorzügen der Herberge (40 Zimmer) in zentraler Lage wenige Schritte vom Areal der Glashütte Pukeberg.

*Im Grünen* – **STF Vandrarhem Långasjö:** Tel. 0471 503 10, www.sovaistall.50310.se, EZ ab 270 SEK, DZ ab 340 SEK ohne Frühstück und Bettwäsche. Umgeben von viel Grün mitten in einem Dorf südwestlich von Emmaboda unweit des Sees Långasjö gelegen. Die

Vimmerby und Umgebung

in ehemaligen Kirchställen zu ebener Erde untergebrachten kleinen Apartments haben Dusche/WC nebenan, nur die 3-Bett-Zimmer sind mit Etagenbetten ausgestattet. Der schönste und größte Raum ist die rollstuhlgerecht eingerichtete Guldgrävarstugan (Goldgräberstube; ab 450 SEK).

## Einkaufen

*Modernes Einkaufszentrum –* **Kosta Outlet:** Kosta (schräg gegenüber von der Glashütte), www.kostaoutlet.se, Mo–Fr 10–19, Sa 10–17, So 11–17 Uhr (im Sommer auch länger). Auf zwei Etagen und 20000 m² Fläche findet man in diesem Shoppingcenter in mehreren Outlets u. a. schwedische Markenkleidung von Jeans bis Outdoor sowie Schuhe, Spielzeug und natürlich Keramik, Glas und Inneneinrichtungsgegenstände.

## Infos & Termine

**Termine**
**Emmaboda Festival** (Ende Juli/Anfang Aug.): Das seit 1987 existierende Festival gilt als Treffpunkt der Indie-Bands; www.emmabodafestivalen.se.

**Verkehr**
**Bahn:** Die Kust till kustbanan zwischen Kalmar und Göteborg hält in Emmaboda und Nybro.

## Zu Fuß oder per Rad – Utvandrarleden

Der Fernwanderweg Utvandrarleden verbindet in einer fünf- bis sechstägigen Rundwanderung die Jugendherbergen Ljuder, Korrö, Sjöviksgården, Moshult und Långasjö. Die Strecke führt durch die Region, in der Vilhelm Mobergs Roman »Die Auswanderer« spielt und z. T. auch verfilmt wurde. Unterwegs trifft man auf kleine Museen, Badestellen am See und viel Natur. Man kann die Strecke auch per Fahrrad bewältigen (alle fünf Vandrarhem verleihen Räder), eine Strecke kann man sogar paddelnd zurücklegen.

# Vimmerby und Umgebung ▶ F 11

Die malerische Kleinstadt Vimmerby (15 600 Einwohner) mit ihrer repräsentativen Holzhausbebauung entlang der Storgatan lebt traditionell vom Handel. Viehmärkte, wie Astrid Lindgren

---

**Zur Grube Kleva gruva – Goldsuche inklusive**
Tief im Wald versteckt bei Holsbybrunn, nahe Vetlanda (▶ E 12), findet man die ehemalige Grube, in der seit dem 17. Jh. Kupfer, Nickel und Gold abgebaut wurden. Ausgerüstet mit Helm, Taschenlampe und Gummistiefeln kann man sie auf eigene Faust erkunden – verlaufen ist ausgeschlossen, denn die Gänge enden alle blind. Wer ganz sicher gehen will, kann sich einer Führung anschließen (ca. 1 Std.). Besonders geheimnisvoll ist ein unterirdischer See, unter dessen Wasserspiegel in 20 m Tiefe Leitern und Holzgerüste aus dem 19. Jh. erkennbar sind. Die Goldfunde verlocken bis heute: Goldwaschen (50 SEK) gehört neben der Grubentour zu den Attraktionen von Kleva (www.klevagruva.com, Mitte Mai–Mitte Juni Sa/So, Mitte Juni–Anfang Sept. tgl. 11–16, Juli 11–18 Uhr, 80 SEK).

# Småland und Öland

sie in »Michel aus Lönneberga« so schön beschrieben hat, fanden hier seit dem Mittelalter statt.

## Sehenswert

### Astrid Lindgrens Värld
*www.alv.se, Anfang Juni–Ende Aug. tgl. 10–18, Ende Aug.–Sept. Sa/So 10–17 Uhr, 295 SEK, Familie 875 SEK*
Hauptattraktion weit und breit – vor allem natürlich für Familien mit Kindern – ist der Themenpark Astrid Lindgrens Värld. Auf dem Areal finden sich Pippi Langstrumpfs Villa Villekulla (Kunterbunt) und die Mattisburg aus »Ronja Räubertochter«, außerdem das Zentrum der Kleinstadt Vimmerby im Miniaturformat. In der Hochsaison werden Theaterstücke mit Astrid-Lindgren-Geschichten aufgeführt – Kinder, die die Bücher oder Filme kennen, können dem Geschehen in der Regel mühelos folgen.

### Astrid Lindgrens Näs
*www.astridlindgrensnas.se, Mitte–Ende Mai tgl. 10–17, Mitte Juni–Mitte Aug. 10–20, Mitte–Ende Aug. 10–18, sonst Mi–So 11–15 Uhr, 70 SEK*
Im hundertsten Jahr nach Astrid Lindgrens Geburt auf dem Pfarrhof Näs (Näs Prästgården) wurde 2007 ein neben dem Holzhaus errichteter Glaspavillon eröffnet. Er zeigt eine Ausstellung, in deren Mittelpunkt Leben und Werk der Autorin stehen.

## Übernachten

*Mit flachen Sandstränden –* **Vimmerby Camping Nossenbaden:** Tel. 0492 314

**Als würde gleich ein blonder Junge aus dem Haus geflitzt kommen: Der Hof Katthult war Drehort für den Film »Michel aus Lönneberga«**

10, www.nossen.nu, Stellplatz ab 160 SEK. Mai–Mitte Sept. 2 km östlich von Vimmerby am See Nossen, kinderfreundlich, sehr gute Bademöglichkeiten. Auch Hüttenvermietung (ab 620 SEK/Tag).

## Infos & Termine

**Touristeninformation**
**Vimmerby Turistbyrå:** Rådhuset (auf dem Marktplatz), 59837 Vimmerby, Tel. 0492 310 10, Fax 0492 30 65, www.turism.vimmerby.se.

**Termine**
**Hultsfredsfestivalen** (Mitte Juni): Berühmtes Open-Air-Rockfestival am See Hulingen; www.rockparty.se.

**Verkehr**
**Bahn:** von Vimmerby und Hultsfred nach Kalmar und Linköping.

## Unterwegs in Astrid-Lindgren-Land

Für Fans von Astrid Lindgren lohnt eine Tour auf den Spuren der Autorin in die Orte, die Vorbilder für Bullerby und Katthult waren bzw. in denen Filme gedreht wurden.

Nach dem Start in **Vimmerby** erreicht man über die Straße RV 33 Richtung Jönköping/Mariannelund, von der man bei Pelarne links abfährt, Sevedstorp, bekannter als **Bullerbyn** (Mitte Juni–Ende Aug. tgl. 10–20 Uhr). Die drei Höfe – auf dem mittleren lebte Astrid Lindgrens Vater als Kind – liegen inmitten eines hügeligen småländischen Idylls.

Nach Katthult, eigentlich Gibberyd, fährt man von Vimmerby ebenfalls Richtung Mariannelund und biegt kurz vor dem Ort nach rechts auf die Landstraße Richtung Ydrefors ab. Bei Rumskulla ist die Abzweigung nach **Katthult** ausgeschildert. Der Hof gab 1971/72 die Szenerie für den Film »Michel aus Lönneberga« ab – er entsprach am ehesten Astrid Lindgrens Vorstellungen von Katthult. Zu besichtigen ist die Hütte, in die Michel regelmäßig verbannt wurde und wo er sich die Zeit mit Schnitzen verkürzte (Mitte Juni–Ende Aug. tgl. 10–19 Uhr), und der Fahnenmast, an dem die Lausejunge die kleine Ida hochzog. Im Wohnhaus leben sommers zwei Schwestern, die den Souvenirladen betreiben, deshalb ist es nicht zugänglich. Michel heißt im Schwedischen übrigens Emil. Der Name war auf dem deutschen Buchmarkt aber schon durch Erich Kästners »Emil und die Detektive« besetzt, weshalb man sich in Absprache mit der Autorin für Michel entschied.

**Zur 1000-jährigen Eiche**
Liebhaber außergewöhnlicher Bäume sollten nördlich von Vimmerby noch ein Stück in Richtung Ydrefors fahren und der Beschilderung **Norra Kvills Nationalpark** bzw. Kvill Eken folgen. Sie gelangen auf schmalen Straßen durch tiefe Wälder zu einem Parkplatz. Von dort geht es über Stock und Stein zu einer riesigen 1000-jährigen Eiche von fast 14 m Umfang – das ist Kvill Eken. Sie steht in dem Ruf, Europas größter Baum zu sein.

# Smålands Küste

## Västervik ▶ G 11

Im Jahr 1433 erhielt Västervik (36 500 Einwohner) Stadtrechte, 1452, 1517 und 1612 war es Ziel von Angriffen durch die Dänen, 1677 zerstörten

## Småland und Öland

diese Schloss Stegeholm und die Stadt völlig. Die Stadt wurde wieder aufgebaut; die Schlossruine bildet alljährlich den stimmungsvollen Rahmen für ein Festival.

### Stadtrundgang

Sehenswert ist **St. Gertruds kyrka**, deren Chor 1433 erbaut wurde. Den Altar schuf Burchard Precht 1669. Der Hof **Aspagården** an der Västra Kyrkogatan überstand 1677 den Angriff der Dänen und ist heute Arbeitsplatz von Kunsthandwerkern. Das frühere Armenhaus, **Cederflychtska fattighuset,** an der Ecke zur Hospitalsgatan wurde 1749–51 mit einem Teil der 100 000 Kupfertaler bezahlt, die eine betuchte Dame für den Hausbau und den Unterhalt von 16 Armen gestiftet hatte. Den Entwurf lieferte der damalige schwedische Hofarchitekt Carl Hårleman. Zu dieser Zeit behauptete Volkes Stimme, dass in Västervik die Armen besser lebten als die Reichen.

Einige Jahre zuvor entstanden die pittoresken **Seemannshäuser** an der Båtsmansgatan. Wie viele andere Küstenstädte musste Västervik der königlichen Marine Soldaten und Seeleute zur Verfügung stellen und diesen kostenlosen Wohnraum anbieten. In dem einzigen Raum der winzigen Häuser lebten oft acht bis zehn Personen. Heute präsentiert sich das Ensemble überaus idyllisch, ein Café mit Garten lädt zum Verweilen ein.

Einen schönen Blick über die Stadt hat man vom Turm **Uno torn,** dessen 98 Stufen man zuvor erklimmen muss. Er weist den Weg zum Freilichtmuseum **Kulbacken** (www.vasteviksmuseum.se, Juni–Aug. Mo–Fr 11–16, Sa/So 13–16, sonst Mo–Fr 11–16, So 13–16 Uhr, 40 SEK), zu erreichen über zwei Brücken, vorbei am Turistbyrå im Jugendstil-Warmbadehaus (1910) und der Schlossruine.

## Übernachten

*In den Schären –* **Västervik Resort/Lysingsbadet:** Tel. 0490 889 20, www.lysingsbadet.se, Stellplatz ab 165 SEK. 5-Sterne-Campingplatz mit großem Aktivitätsangebot: Pool, Wasserrutschen, Golf, Kanu-, Ruderboot- und Fahrradverleih.

## Aktiv & Kreativ

*Durch die Schären –* **Bootsrundfahrten:** Mitte Juni–Mitte Aug. tgl. ab Skeppsbrokajen u. a. nach Loftahammar und Hasselö, Tel. 0490 154 60.

## Infos & Termine

### Touristeninformation
**Västerviks Turistbyrå:** Strömsholmen, 59330 Västervik, Tel. 0490 25 40 40, Fax 0490 25 40 45, www.vastervik.com.

### Termine
**Visfestival** (5 Tage im Juli): im Park bei Stegeborgs slottsruin. Blues und Folkmusik sowie kulinarische Spezialitäten; www.visfestivalen.se.

### Verkehr
**Bahn:** nach Linköping und Stockholm.
**Bus:** nach Oskarshamn, Söderköping, Norrköping.

## Oskarshamn ▶ F/G 12

Oskarshamn (26 300 Einwohner) ist vor allem das Sprungbrett zur Insel Gotland: Auf dem Weg zur größten Ostseeinsel passieren die riesigen Autofähren die wunderschöne Schärenlandschaft der småländischen Ostküste. Bekannt ist Oskarshamn aber auch als Standort eines Kernkraftwerks. Seinen

# Kalmar

heutigen Namen erhielt der Ort nach der Verleihung der Stadtrechte Mitte des 19. Jh.; damals regierte König Oskar I. Der ursprüngliche Ortsname war Döderhultsvik (Bucht von Döderhult).

### Döderhultarmuseet
*Bis voraussichtlich Sommer 2011 wegen Umbau geschlossen*
Das Döderhultmuseum im Kulturhuset zeigt eine Sammlung der Holzschnitzereien von Axel Petersson (1868–1925), bekannter unter dem Namen Döderhultarn (benannt nach seinem Geburtsort). Die etwa 25–30 cm großen Figuren aus Erlenholz sind häufig zu Szenen aus dem Alltagsleben zusammengestellt und vermitteln eine Ahnung von den harten Lebensbedingungen in Småland, die die Menschen frühzeitig altern ließen.

### Bootsausflug zur Insel Blå Jungfrun
Ein lohnender Bootsausflug führt im Sommer zur sagenumwobenen Insel Blå Jungfrun. Dem Volksglauben nach liegt hier Blåkulla, der schwedische Blocksberg, auf dem sich in der Nacht zum Gründonnerstag die Hexen treffen. Die 86 m hohe und 66 ha große Insel, die fast ganz aus rotem Granit besteht, ist seit 1926 Nationalpark. Sehenswert sind Grotten und im Süden ein aus einzelnen Steinen gelegtes Labyrinth, außerdem die vielfältige Vogelwelt, zu der u. a. Gryllteiste und Eiderenten zählen (Infos im Turistbyrå).

## Übernachten

*Supermodern –* **STF Vandrarhem Forum Oscar:** Södra Långgatan 15–17, Oskarshamn, Tel. 0491 158 00, www.forumoskarshamn.com, Vandrarhem ab 205 SEK/Pers. im 2- bis 4-Bettzimmer, Hotel DZ/Apartment 800–1050 SEK. In der hypermodernen Hotel- und Konferenzanlage, 200 m von Bahnhof und Fähranleger, wohnt man preiswert und komfortabel, 23 Zimmer mit Klimaanlage und Dusche/WC.

## Aktiv & Kreativ

*Spurweite 89,1 cm –* **Schmalspurbahn:** Hultsfred–Västervik (bis Verkebäck) Juli/Aug., Tel. 0490 230 10, www.hwj.nu.

## Infos

### Touristeninformation
**Oskarshamns Turistbyrå:** Hantverksgatan 18, 57233 Oskarshamn, Tel. 0491 881 88, Fax 0491 881 94, www.oskarshamn.se/turistbyra.

### Verkehr
**Bahn:** von Oskarshamn über Berga und Hultsfred Schienenbusse nach Nässjö, dort Anschluss an die Bahnstrecke Stockholm–Kopenhagen.
**Fähre:** nach Gotland. Informationen zum Nahverkehr s. Kalmar.

# Kalmar ▶ F/G 13

In der Stadt (60 500 Einwohner), die zu den ältesten Schwedens zählt, wurde 1397 mit dem Beschluss der Kalmarer Union unter Führung der dänischen Königin Margarete nordische Geschichte geschrieben – Ort der Handlung war das Schloss.

### Kalmar slott
*www.kalmarslott.kalmar.se, Mai, Juni, Sept. tgl. 10–16, Juli 10–18, Aug. 10–17/18, April, Okt. Sa/So, Nov.–März nur am zweiten Wochenende im Monat 11–15.30 Uhr, 80–85 SEK*

# Småland und Öland

Das Kalmarer Schloss, das königlich auf seiner eigenen Insel thront und nur über eine Brücke erreichbar ist, wurde unter Gustav Vasa und seinen Söhnen zu einem der schönsten schwedischen Renaissancepaläste ausgebaut. Man sollte sich die Zeit für einen Rundgang nehmen und die prächtige Innenausstattung von Kalmar slott besichtigen.

## Altstadt (Gamla stan)

Sehenswert in Gamla stan ist neben manch idyllischem Gässchen **Krusenstiernska gården** in der Stora Dammgatan, ein gut erhaltenes Bürgerhaus aus dem 19. Jh. mit schönem Garten, wo man im Sommer Kaffee trinken kann.

## Kvarnholmen

Nach dem schwedisch-dänischen Krieg (1611–13) errichtete man auf der Insel Kvarnholmen das neue Stadtzentrum. Den Mittelpunkt bildet der von Nicodemus Tessin d. Ä. 1660–82 im Stil des italienischen Barock errichtete **Dom** am Stortorget. Dort steht auch das barocke **Rathaus** und in der Södra Långgatan 40 das älteste Steinhaus auf der Insel Kvarnholmen (Anfang 18. Jh.).

Von den Resten der **Stadtbefestigung,** die man teils besteigen kann, eröffnet sich ein schöner Blick über Kvarnholmen und den **Hafen.** Dort gibt das **Kalmar läns museum** (www.kalmarlansmuseum.se, Mo–Fr 10–16, Sa/So 11–16, Juli–Aug. tgl. 10–17 Uhr, Sommer 80 SEK, Winter 60 SEK) u a. eine fesselnde Darstellung der Havarie des Regalschiffs »Kronan«, das 1676 während eines dänisch-schwedischen Seegefechts vor Öland sank.

## Übernachten

*Klein und fein* – **Slottshotellet:** Slottsvägen 7, Tel. 0480 882 60, www.slottshotellet.se, kleines DZ ab 1090 SEK, sonst ab 1390 SEK/DZ. Sehr schönes kleines Hotel in der Altstadt. Zimmer in gediegenem Schlosshotelstil: Kronleuchter, Kachelöfen und Parkett.

*Zentral* – **Frimurarehotellet:** Larmtorget 2, Tel. 0480 152 30, www.frimurarehotellet.gs2.com, je nach Komfort ab 905–1460 SEK/DZ. Freundliches Hotel am belebten Larmtorget (Zimmer nach hinten nehmen).

## Essen & Trinken

*Nach Gusto* – **Helen & Jörgens:** Larmtorget (im Frimurarehotel), Tel. 0480

# Kalmar

288 30, www.helen-jorgens.nu, Mo–Fr 11–14, 18–22, Sa 18–22 Uhr. Lunch 75 SEK, Hauptgerichte (abends) um 250 SEK. Günstige kleine Gerichte, innovative Crossoverküche.
*Feines am Hafen* – **Calmar Hamnkrog:** Skeppsbrogatan 30, Tel. 0480 41 10 20, www.calmarhamnkrog.se, Lunch Mo–Fr 11.30–14, à la carte Mo–Do ab 18, Fr/Sa ab 17 Uhr, Hauptgerichte 150–250 SEK. Lamm und Feines mit Fisch.

## Abends & Nachts

Abendlicher Treff ist der Larmtorget; im Sommer häufig Livemusik.

## Infos

### Touristeninformation
**Kalmar Turistbyrå:** Ölandskajen 9, Box 23, 39231 Kalmar, Tel. 0480 41 77 00, Fax 0480 41 77 20, www.kalmar.com.

### Verkehr
**Bahn:** nach Alvesta, Göteborg, Stockholm sowie nach Linköping und Karlskrona.
**Bus:** nach Oskarshamn, Nybro, Växjö und über die Brücke nach Öland.
**Wichtig für Radfahrer:** Kein Fahrradverkehr über die Ölandbrücke! Von Mai bis August Fahrradtransport durch Spezialbusse (s. a. S. 177).

**Ganz und gar entrückt: Schloss Kalmar, das auf einer eigenen Insel thront**

Småland und Öland

# Öland! ▶ G 12/13

Auf einer Fläche von 140 km Länge und maximal 16 km Breite versammelt Öland die unterschiedlichsten Vegetationsformen, dazu frühgeschichtliche Denkmäler und Landkirchen, Windmühlen und kilometerlange Strände. Was des Urlaubers Freud, ist des Einheimischen Leid: Es herrscht ein sehr trockenes Klima und die Insel leidet im Sommer oft unter extremer Wasserknappheit. Interessant ist Öland für Botaniker und Ornithologen. Der kalkhaltige Boden, viele Sonnenstunden und geringe Niederschlagsmengen lassen hier eine für schwedische Verhältnisse exotische Vegetation, darunter zahlreiche Orchideenarten, gedeihen. Im Süden Ölands dehnt sich die Steppenlandschaft Stora Alvaret aus, die im Frühjahr explosionsartig erblüht. Jedes Jahr im Herbst und Frühjahr passieren Zehntausende von Zugvögeln Ölands Südspitze, darunter auch Graugänse und Kraniche, ein spannendes Schauspiel nicht nur für Vogelfreunde.

# Borgholm

Ölands ›Hauptstadt‹ liegt etwa in der Inselmitte an der Ostküste: Borgholm ist eine gemütliche Kleinstadt mit einer bescheidenen Einkaufsmeile in der Storgatan und interessanten Kunsthandwerksläden in den Seitenstraßen. Am Hafen pulsiert das abendliche Tanz- und Vergnügungsleben der Insel.

**Borgholms slott**
*www.borgholmsslott.se, April, Sept. tgl. 10–16, Mai–Aug. 10–18 Uhr, 50 SEK*
Die Burg hat Ursprünge im 12. Jh.; noch im Mittelalter folgten mehrere Ausbauten. 1572–92 entstand unter Johan III. ein prächtiges Renaissanceschloss, das im schwedisch-dänischen Krieg schwer beschädigt wurde. Nicodemus Tessin d. Ä. sollte das Schloss umbauen, die Arbeiten gingen jedoch nur schleppend voran und kamen unter Karl XII. 1709 aus Geldmangel völlig zum Erliegen. Die Baustelle verfiel und in den Nordflügel zogen 1803 eine Tuchfabrik und eine Färberei ein. 1806 zerstörte ein Brand das Schloss schließlich nahezu bis auf die Außenmauern. Die imposante Ruine ist im Sommer Schauplatz von Konzerten mit internationalen Stars. Beim Rundgang durch die Gemächer kann man den herrlichen Blick vom Obergeschoss genießen.

**Solliden slott**
*www.sollidensslott.se, Park Mitte Mai–Mitte Sept. tgl. 11–17 Uhr (letzter Einlass), 70 SEK*
Der Sommersitz der schwedischen Königsfamilie wurde 1903–06 im Stil einer italienischen Villa errichtet und ist von einem schönen Park umgeben. Naturgemäß wird das Schloss besonders von Touristen mit einem Hang zum Monarchistischen stark frequentiert; jeder hofft, einen Blick auf die Königsfamilie erhaschen zu können.

# Nord-Öland

Der äußerste Nordosten der Insel ist als **Ekopark Böda** weitgehend sich selbst überlassen. Hier erstreckt sich **Trollskogen**, der Trollwald, mit bizarr geformten Bäumen und einem Schiffswrack (s. Lieblingsort S. 174). Der Leuchtturm **Långe Erik** markiert die Nordspitze der Insel. Das Naturschutzgebiet **Neptuni åkrar** (›Gefilde des Neptun‹) an der Westküste besticht durch den Kontrast zwischen grauen Steinen und einem ›Hungerkünstler‹ unter den Pflanzen: dem blauen Natternkopf *(blåeld)*, der hier massenhaft blüht. Ebenfalls an der

# Öland

**Naturidyll auf der Sonneninsel: Ölands karger Norden**

Westküste liegen **Byerums raukar,** von Wind und Wellen geformte Kalksteinformationen.

Ein eindrucksvolles Zeugnis aus den Zeiten, als Öland sich gegen potenzielle Angreifer schützen musste, ist die im 13. Jh. errichtete dreistöckige Wehrkirche von **Källa** an der Ostküste. Ursprünglich bestand sie aus dem Kirchenraum, einer darüber gelegenen Wohnung und einem Schutzraum; heute sieht man nur noch die Außenmauern.

**Byxelkrok,** kurz Kroken genannt, ist mit seinem Jachthafen und als Fährhafen zum småländischen Festland der wichtigste Ort im eher kargen Norden und im Sommer von einer gewissen Bedeutung, wenn die hellen Sommernächte gefeiert werden.

### Mit der Schmalspurbahn durch den Wald

500 m vom Trollskogen-Wanderparkplatz liegt der Haltepunkt der Waldeisenbahn Böda Skogsjärnväg (Mittsommer–Mitte Aug. Di, Do, So 3x tgl., www.bosj.se, ab 60 SEK). Im Sommer fährt sie mit ihren Schmalspurloks und offenen Waggons (warme Jacken nicht vergessen!) nach Fagerör, das wenige 100 m von der Bödabucht entfernt liegt. Um die Wanderdünen zu stoppen, die noch Mitte des 18. Jh. die Nordspitze Ölands prägten, pflanzte man verstärkt Wald an. Die wildreichen Fichtenforste fanden bald Interesse an höchster Stelle und Böda Kronopark wurde königliches Jagdrevier.

## Süd-Öland

Der Süden der Insel, dessen einzigartige Heidelandschaft **Stora Alvaret** zum Unesco-Weltnaturerbe gehört, ist landschaftlich weniger abwechslungsreich als der Norden, dafür aber reicher an Sehenswürdigkeiten.

*Lieblingsort*

### Trollskogen – Durch den Zauberwald
Abenteuerlich und aufregend ist ein Spaziergang auf dem etwa 4–5 km langen Pfad durch den Trollwald: Es geht über knotige Baumwurzeln und dicke Steine, vorbei an uralten Eichen und verschlungen gewachsenen Kiefern. Die eigentümlichen Wuchsformen entwickelten die Bäume aufgrund der extremen Lebensbedingungen an Ölands Nordostküste: harte Winde und kiesiger, nährstoffarmer Boden. Ganz in der Nähe ist noch etwas anderes zu bestaunen: Am steinigen Strand liegt seit 1926 das Wrack eines Schoners.

# Öland

### VIDA Konsthall
*www.vidamuseum.com, April, Okt.–Dez. Sa/So, Mai/Juni, Mitte Aug.–Sept. tgl. 10–17, Juli–Mitte Aug. 10–18 Uhr, 40 SEK*
Die permanente Ausstellung der Glaskünstler Ulrica Hydman-Vallien und Bertil Vallien liegt nahe Halltorps Gästgiveri (s. S. 177). Durch große Glasfronten eröffnet sich ein schöner Blick über den Kalmarsund zum Festland. Wechselausstellungen und ein Museumsshop mit Glas, Schmuck und Textilien.

### Mittlandsskogen
Das **Freilichtmuseum Himmelsberga** (www.olandsmuseum.com, Mitte Mai–Aug. tgl. 10–17.30 Uhr, 60 SEK), ein typisches öländisches Dorf mit drei Höfen aus dem 18. und 19. Jh., erstreckt sich am Rand des größten zusammenhängenden Waldgebiets der Insel, Mittlandsskogen, mit wunderschönen alten Eichen.

Mitten im Wald liegt **Ismantorps borg**, eine von insgesamt ca. 15 Fliehburgen aus der Zeit der Völkerwanderungen.

### Eketorps fornborg
*www.eketorp.se, Mitte Mai–Mittsommer sowie letzte Aug.-Woche/ 1. Sept.-Woche tgl. 11–17, Mittsommer–3. Aug.-Woche 10–18 Uhr, je nach Saison 75–100 SEK*
Die nach archäologischen Funden rekonstruierte Fliehburg, die in der Zeit zwischen 300 und 1300 bewohnt war, ist von einer 5 m hohen Mauer aus mörtellos aufgeschichteten Steinen umgeben, die weithin sichtbar aus der Ebene aufragt. Neben strohgedeckten Häusern und Bauernhoftieren kann man im Museum einige interessante, bei Ausgrabungen getätigte Funde betrachten und sich einen Eindruck vom Alltag der Menschen vor rund 1000 Jahren verschaffen.

### Kastlösa kyrka
Ein Zeugnis moderner Kunst findet sich im Süden ungefähr auf halbem Wege zwischen Färjestaden und Ottenby: Kastlösa kyrka wurde im 19. Jh. errichtet und erfuhr 1952 einen grundlegenden Umbau. Gleichzeitig erhielt sie ein Chorfresko von Valdemar Lorentzon, Mitglied der Halmstadgruppe (s. S. 98).

### Leuchtturm Långe Jan
*www.sofnet.org/ofstn, Naturum März Fr–So 12–16, April, Mai tgl. 11–16, Juni 11–17, Juli/Aug. 10–18, Sept./Okt. Mi–So 11–16 Uhr, Eintritt frei; Leuchtturm 30 SEK*
Der mit 41,6 m höchste Leuchtturm Schwedens bietet eine schöne Aussicht über Ölands Südspitze. An seinem Fuß im Ottenby Naturum erfährt man Details über die Arbeit der Vogelwarte Ottenby, wo Ornithologen das Verhalten von Zugvögeln erforschen.

## Ölands schönste Strände

Ölands Küste hat herrliche, endlos lange Strände: Traumhaft weißer ›Pulversand‹ säumt die Bucht von Böda im einsamen Norden der Insel, die dank Campingplatz über eine gute Infrastruktur verfügt. Feiner, weißer Sand kennzeichnet auch den Strand nördlich von Byerums raukar auf der Westseite. Der Strand von Köpingsvik im Zentrum der Insel ist einer der beliebtesten Familienstrände und mit Recht als kinderfreundlich bekannt, denn das Wasser ist sehr seicht.

## Übernachten

Öland ist eine Hochburg der Camper und Hüttenurlauber. Infos zu den über 20 Plätzen findet man unter www.camping-oland.com. Im ruhigen Vil-

# Småland und Öland

Optische Täuschung – Öland ist nahezu flach, ideal also für Ausflüge mit dem Fahrrad

lenviertel von Borgholm werden in der Saison viele Privatzimmer vermietet – auf Schilder mit der Aufschrift »Rum« achten. Hotels s. auch unter »Übernachten, Essen«, S. 176.

*Mit Inselblick* – **Byxelkroks Marina:** Neptunivägen 5, Byxelkrok, Tel. 0485 285 50, mobil 070 384 85 50, www.byxelkroksmarina.se, 5000–12 000 SEK/Woche je nach Saison. Von Ferienwohnungen am Hafen von Byxelkrok geht der Blick aufs Meer und die Insel Blå Jungfrun. In der Hauptsaison werden die 2- bis 6-Personen-Apartments nur wochenweise vermietet.

*Mit Pool* – **Ottenby Vandrarhem och Camping:** Tel. 0485 66 20 62, www.ottenbyvandrarhem.se, ab 320 SEK/DZ ohne Frühstück und Bettwäsche, Camping-Stellplätze (März–Okt.) ab 150 SEK. Typische Vandrarhem-Unterkunft (Etagenbetten) in der ehemaligen Schule nahe der Kirche von Ås, ca. 6 km von der Südspitze Ölands, 2-, 3- und 4-Bettzimmer, Pool und Fahrradverleih.

*Luxuriös* – **Ekerums Camping:** Borgholm, Tel. 0485 56 47 00, www.ekerum.nu, nahezu ganzjährig, Stellplätze 180–310 SEK. 5-Sterne-Platz an einem der schönsten Strände der Insel, riesiges Angebot an Aktivitäten, u. a. Pool, Golf, Hütten ab 450 SEK/Tag.

## Übernachten, Essen

*Spitze* – **Hotell Borgholm:** Trädgårdsgatan 15, Borgholm, Tel. 0485 770 60, www.hotelborgholm.com. Das Gasthaus gehört zu den besten Restaurants ganz Schwedens – die deutschstämmige Küchenchefin Karin Fransson holt mit ihrer kräuterorientierten Küche regelmäßig Gourmetpreise; Feinschmecker können bei ihr mediterran verfeinerte öländische Spezialitäten probie-

# Öland

ren; 3-Gänge-Feinschmeckermenü 585 SEK. Hotel mit exklusiv eingerichteten Zimmern, Weekendpreise ab 1165 SEK/Pers. inkl. Menü.

*Vorzüglich* – **Halltorps Gästgiveri:** Tel. 0485 850 00, www.halltorpsgastgiveri. se. Hauptgerichte 225–320 SEK, auch Countryside-Hotel mit 36 Zimmern (ab ca. 1600 SEK/DZ) und Wellnessangeboten. Der ehemalige Gutshof 9 km südlich von Borgholm ist ein Feinschmeckeridyll, über das der deutschstämmige Küchenchef Josef Weichl regiert. Gerichte wie Lammrücken mit Shiitakepilzen und regionale Spezialitäten.

*Gemütlich* – **Guntorps Herrgård:** Guntorpsgatan, Borgholm, Tel. 0485 130 00, www.guntorpsherrgard.se. Bekannt ist das Herrenhaushotel (32 Zimmer, 1295 SEK/DZ) für sein gutes Smörgåsbord mit einer Fülle warmer und kalter Köstlichkeiten sowie lokalen Spezialitäten, Hauptgerichte 170–210 SEK.

*›Spießig‹* – **Lammet & Grisen:** Löttorp, Tel. 0485 203 50, www.lammet.nu, ab 17 Uhr. Lämmer und Spanferkel am Spieß werden zum Pauschalpreis (319 SEK) unters hungrige Volk gebracht.

*Günstig* – **Böda Hamns Rökeri:** Räucherfisch, günstige Gerichte und Pizza am kleinen Hafen Böda, Ende Juni–Mitte Aug. tgl. 11–20 Uhr.

## Einkaufen

Neben Kräutern und Gemüse ist Kunsthandwerk die Spezialität der Insel, wie Wollprodukte, Glaskunst und Keramik.

*Klassisches Kunsthandwerk* – **Cappellagården:** Vickleby, www.capellagarden. se. Im Jahr 1957 von Carl Malmsten gegründete Handwerksschule mit Gärtnerei; Verkauf von Kräutern und Kunsthandwerk (Verkauf im Sommer in der alten Schule neben der Kirche).

*Hübsche Souvenirs* – **Paradisverkstan:** an der Brückenauffahrt, www.paradis verkstaden.se. Qualitätvolles zur Verschönerung des Heims.

## Aktiv & Kreativ

*Radfahren auf Öland* – Routenvorschläge, Karten, Adressen von Fahrradvermietern: www.cyklapaoland.se.

*Viel Auswahl* – **Golf:** Es gibt fünf Golfplätze auf Öland. Golfpakete bucht man über www.olandsturist.se oder Ekerums Golf & Resort, Tel. 0485 800 00, www.ekerum.com. Golfanlage mit Ferienwohnungen.

## Abends & Nachts

Unbestrittenes Zentrum des Nachtlebens ist der Jachthafen von Borgholm.

*Für Nachtschwärmer* – **Strand Hotell:** www.strandborgholm.se. Im Sommer ist hier viel los.

## Infos

**Touristeninformation**
**Ölands Turist AB:** Träffpunkt Öland (am Brückenkopf), 38631 Färjestaden, Tel. 0485 56 06 00, Fax 0485 56 06 05, www.olandsturist.se. **Borgholms Turistbyrå:** Sandgatan 25, Tel. wie oben.

**Verkehr**
**Fähre:** nur im Sommer mit Frachtschiff »MS Solsund« von Oskarshamn nach Byxelkrok (www.olandsfarjan.se).
**Bus** von Stockholm und Kalmar, s. S. 171; auf der Insel im Sommer gute Busverbindungen. Info: Kalmar Läns Trafik AB, Tel. 0491 76 12 00, www.klt.se.
**Wichtig:** Fahrrad fahren auf der Ölandbrücke ist untersagt. Mai–Sept. nimmt der Cykelbuss, in der übrigen Zeit der Lokalbus Räder von Kalmar (Jutnabben) mit über die Brücke.

## Das Beste auf einen Blick

# Vänersee mit Dalsland und Värmland

### Highlights!

**Läckö slott:** Wie ein Märchenschloss am Schwanensee liegt der Prachtbau aus Schwedens Großmachtzeit am Vänerufer. S. 185

**Håverud:** Immer noch eine atemberaubende Ingenieurleistung ist die Mitte des 19. Jh. aus Metallplatten zusammengenietete Fahrrinne des Dalslands kanal über der tiefen Schlucht des Hafreströmmen. S. 188

### Auf Entdeckungstour

**Den Elchen auf der Spur – auf dem Hunneberg:** Über den markanten Tafelberg am Südrand des Vänersees mit seinen senkrechten Felswänden und tiefen Klüften staunte schon der Naturforscher Carl von Linné. Heute kommen die Besucher vor allem, um auf Elchpirsch zu gehen. S. 182

## Kultur & Sehenswertes

**Sparlösasten:** Der Runenstein neben der Kirche von Sparlösa ist einer der geheimnisvollsten in Schweden. S. 187

**Kirchen am Kinnekulle:** Husaby, Forshem, Varnhem – das geschichtsträchtige Gebiet rund um den Berg Kinnekulle war im Mittelalter ein wichtiges Zentrum der Kultur. S. 186, 188

**Mårbacka:** In der Wald- und Bergidylle um das Frykental findet man Schauplätze aus Selma Lagerlöfs Romanen und den Hof der Schriftstellerin. S. 194

## Aktiv & Kreativ

**Draisine fahren am Dalslands kanal:** Von Bengtsfors nach Årjäng strampelt man mit Muskelkraft auf aussichtsreicher Strecke. S. 193

## Genießen & Atmosphäre

**Feines Leinen aus Klässbol:** Es gibt sie noch, die gute alte Tischwäsche aus reinem Leinen. Mit den Produkten der Damastleinenweberei Klässbol werden sogar beim Nobelpreis-Bankett die Tische eingedeckt. S. 196

**Frykdalshöjden:** Der Blick vom Aussichtspunkt ins Frykental ist einfach märchenhaft. S. 197

## Abends & Nachts

Abendliche Unterhaltung findet man am ehesten in Värmlands ›Metropole‹ Karlstad. S. 194

# Seenland im Westen – Täler, Wälder und viel Wasser

Der **Vänersee** (Vänern) ist Schwedens größter und Europas drittgrößter Binnensee. Wie ein echtes Meer besitzt er einen eigenen Schärengarten und ist Teil der berühmten Wasserstraße zwischen der West- und der Ostküste Schwedens: Der Götakanal beginnt in Göteborg mit dem Göta älv, passiert die Schleusen von Trollhättan und eine Kette von Seen, bis er den Vättersee bei Motala Richtung Ostsee verlässt (s. S. 198).

Vor allem das Südufer des Vänersees ist reich an Historie – es gehört zu den am frühesten christianisierten Regionen Schwedens. In Husaby wurde mit der Taufe von Olof Skötkonung um das Jahr 1000 der Grundstein für das schwedische Königreich gelegt. Die vielen Kirchen und Schlösser zeugen von der historischen Bedeutung des Kinnekulle-Gebiets. Durch Jan Guillous spannende historische Romane um die Abenteuer des Klosterzöglings und Kreuzritters Arn Magnusson, die inzwischen verfilmt wurden, ist das mittelalterliche Kloster Varnhem ebenso wie viele andere Schauplätze aus seinen Büchern in der Region Västra Götaland sehr populär geworden.

Die Tafelberge Halleberg, Hunneberg und Kinnekulle sowie die Halbinsel Kålland bergen überdies eine abwechslungsreiche und sehr reizvolle Natur. Hier kann man auf Elchpirsch gehen oder von der Kante des Berges einfach nur die faszinierende Aussicht auf den Väner und die fruchtbare Ebene von Västergötland genießen.

Westlich vom Väner, in **Dalsland,** begegnet dem Reisenden das, was man sich gemeinhin unter einer schwedischen Bilderbuchlandschaft vorstellt: bewaldete Hügel, ungezähmte Wasserläufe und Seen, die in der Sonne glitzern. Nach Dalsland reist man der Landschaft wegen, hier findet man Platz, um sich in der Natur und auf dem Wasser zu erholen. Die Provinz ist mit ca. 56 000 Einwohnern dünn besiedelt.

Nördlich vom Vänersee liegt **Värmland.** Die Provinz bietet relativ weit im Süden einen Eindruck von der Weite und Wildheit Nordschwedens. Ebenso wie im benachbarten Dalsland sind die lang gestreckten Seen und Flusssysteme ein Paradies für Kanuten. Wer sich seine Zeit mit Angeln, Floßfahrten auf dem Klarälven, Draisinentouren, Riverrafting oder Wandern vertreiben und Elch und Biber beobachten möchte, ist in dieser dünn besiedelten Landschaft, der Selma Lagerlöf in ihren Romanen ein Denkmal gesetzt hat, genau richtig.

## Infobox

**Touristeninformationen**
**Visit Värmland:** Box 1022, 65115 Karlstad, Tel. 054 701 10 00, Fax 054 701 10 01, www.varmland.org.
**Västsvenska Turistrådet:** Kungsportsavenyn 31–35, 41136 Göteborg, Tel. 031 81 83 00, Fax 031 81 83 01, www.vastsverige.com (mit Dalsland).

**Verkehr**
**Südlich des Vänersees (Skaraborgs län):** www.vasttrafik.se
**Värmland:** www.kollplatsen.se
**Dalsland:** www.dalatrafik.se

# Trollhättan ▶ C 10

Als Zentrum der Metall- und Autoindustrie hat sich Trollhättan (53 000 Einwohner) einen Namen gemacht. Motor für die Entwicklung zur Industriestadt war der Fluss Göta älv, der an dieser Stelle ursprünglich einen mächtigen Wasserfall mit über 30 m Fallhöhe bildete. Seine Energie wurde schon im 15. Jh. genutzt.

## Sehenswert

**Göta älv-Schleusen**
Hauptattraktion von Trollhättan sind die Schleusen des Göta älv (ausgeschildert mit »Slussarna«). Seit 1910 wird der **Göta älv** aufgestaut, um mithilfe von Turbinen Strom zu gewinnen. Im Sommer darf der mächtige Strom zumindest zeitweise ungebändigt durch sein altes Bett rauschen, dann werden zu bestimmten Terminen die Wehre geöffnet (Mai–Juni Sa/So, Juli–Aug. Mi, Sa/So jeweils um 15 Uhr). Mitte Juli dauert das unter Anteilnahme zahlreicher Schaulustiger durchgeführte Spektakel sogar drei Tage. Der Wasserfall des Göta älv war jahrhundertelang ein unüberwindliches Hindernis für Schiffe, die vom Vänersee aus das offene Meer erreichen wollten. 1800 wurde dann endlich die erste Schleuse eröffnet und die Boote mussten nicht länger entladen und um den Fall herum getragen werden. Auf einem kleinen Spaziergang kann man das gesamte Areal erkunden oder im Sommer mit einer Seilbahn darüber hinwegschweben.

**Museen**
Wissbegierige Kinder und Freunde der Naturwissenschaft können im **Innovatum Science Center** (Åkerssjövägen 10, http://sc.innovatum.se, Juli/Aug. tgl. 11–17, sonst Di–So 11–16 Uhr, 60 SEK, Familie 130 SEK) den Dingen multimedial und in Experimenten auf die Spur kommen. Untergebracht ist es als Teil eines Technologieparks in ehemaligen Fabrikhallen der hier einst ansässigen Metallindustrie.

Auto-Fans werden das **SAAB Bilmuseum** (Åkerssjövägen 1, geöffnet wie Science Center) nicht auslassen. Etwa 100 Modelle der für ihr schönes Design bekannten Autos kann man im Original betrachten.

## Übernachten, Essen

*Klassisch* – **Ronnums Herrgård:** Vargön, zwischen Trollhättan und Vänersborg, Tel. 0521 26 00 00, www.ronnums.se, 1285–1695 SEK/DZ. Geschichtsträchtiger Herrenhof in schöner Lage inmitten eines Parks am Fuße des Hunnebergs mit ausgezeichnetem klassischem Gourmetrestaurant (3-Gänge-Menü 475 SEK) und gut bestücktem Weinkeller.

*Zeitgemäß* – **Albert Kök Hotell:** Strömsberg, Trollhättan, Tel. 0520 129 90, www.alberthotell.com, 995 SEK (Wochenende),1250 SEK (Mo–Fr) pro DZ. Bestes Haus am Platz mit guten Parkmöglichkeiten. Die schick möblierten Zimmer haben Balkone mit schöner Aussicht über den Göta älv, die Wasserfälle und die Stadt. Restaurant mit erstklassiger schwedischer Gourmetküche (Lunch Di–Fr 100–175 SEK, Hauptgerichte abends teurer).

*Der Berg ruft* – **Vandrarhem Hunnebergs gård:** Bergagårdsvägen 9B, Vargön, Tel. 0521 22 03 40, www.hunnebergsgard.se, ab 200 SEK/Pers. ohne Frühstück und Bettwäsche. Der gelb gestrichene Herrenhof am Fuß des Hunnebergs liegt nur 2 km vom Wild- und Elchmuseum (s. S. 183) entfernt, einfache, aber praktische Unterkunft in

# Auf Entdeckungstour

## Den Elchen auf der Spur – auf dem Hunneberg

Über den markanten Tafelberg am Südrand des Vänersees mit seinen senkrechten Felswänden und tiefen Klüften staunte schon Carl von Linné. Heute kommen die Besucher vor allem hierher, um auf Elchpirsch zu gehen.

**Reisekarte:** ▶ C 10

**Kungajaktmuseet Älgens Berg:** www.algensberg.com, Juni–Aug. tgl. 10–18, Sept.–Mitte Nov., Mitte Feb.–Mai Di–So, Mitte Nov.–Mitte Feb. Di–Fr 11–16 Uhr, 60 SEK, Familie 150 SEK.

**Elchsafari:** Start in den Monaten Juli und August Mo und Do ca. 18.30–22 Uhr, Bus ab Resecentrum Trollhättan bzw. Vänersborg, Buchung unter Tel. 0521 135 09 oder per Mail unter info@visittrollhattanvanersborg.se.

**Einkehrmöglichkeit:** Restaurant Spiskupan, im Sommer 11–18, im Winter 11–16 Uhr.

Nimmt man die Vänersborg am nächsten liegende nördliche Zufahrt auf den Hunneberg, erreicht man das **Kungajaktmuseum Älgens Berg** im Bergagården, mit Café-Restaurant und einer Ausstellung zum Leben der Elche und anderer Wildtiere. Hier kann man sich interaktiv in die Sinneswelt eines Elchs hineinversetzen lassen, dessen unvergleichlicher Geruchssinn und ausgezeichnetes Gehör mit dafür verantwortlich sind, dass man ihn nicht allzu oft zu sehen bekommt. Besonders gut sehen Elche übrigens in der Dämmerung. Das ausladende Geweih männlicher Elche dient als ›Antenne‹ zum Auffangen leisester Geräusche – besonders natürlich, wenn sie von weiblichen Elchen kommen.

### Nahezu unzugänglich

Auch über die Entstehung des Hunnebergs und seines ›Zwillings‹ Halleberg informiert das Museum. Entstanden sind beide Plateauberge, als vor etwa 300 Mio. Jahren heißes Urgestein durch die Spalten und Ritzen der dicken Sedimentschichten brach, die sich auf dem damaligen Meeresboden abgelagert hatten. Erkaltet wurde das Magma zu Diabas, einer Art Basalt. Der harte Diabas erodierte weit weniger als die Sedimentgesteine – er blieb als Säulenformation stehen. Die schroffen Felswände des 90 m hohen Hunnebergs bieten nur wenigen Bäumen Halt und schaffen einen ganz speziellen und für Menschen weitgehend unzugänglichen Lebensraum. Die staatliche Forstverwaltung Sveaskog erklärte den Hunneberg im Jahr 2004 zum Ekopark, der unter besonderem Schutz steht.

### Königliches Elchrevier

Schon früh warfen die Mächtigen ein Auge auf den wildreichen Hunneberg, 1351 kam er in den Besitz der Krone, 1539 deklarierte Gustav Vasa das Gebiet zum königlichen Jagdrevier. Der starke natürliche Elchbestand reichte nicht, es wurden zusätzlich Rothirsche angesiedelt. In den Mooren auf der Hochfläche treffen sich im Frühling die Birkhähne zur Balz, Auerhähne und sogar Kraniche brüten hier. Elche, mit bis zu 1,90 m Ristmaß echtes Großwild, sind für mooriges Gelände mit ihren spreizbaren Hufen bestens ausgerüstet. Trotz seiner halben Tonne Gewicht schafft es ein Elchbulle, leichtfüßig tänzelnd über den Morast zu kommen. Alljährlich im Herbst wird zur königlichen Jagd geblasen. Carl XVI. Gustaf tut es seinen Vorgängern darin gleich.

### Elchsafari in der Dämmerstunde

Wer den König der Wälder bei seiner Lieblingsbeschäftigung, dem Verzehr junger Birkenblätter direkt vom Zweig, beobachten will, sollte wie der Elch in der Dämmerung unterwegs sein. Beste Chancen bieten geführte Touren, die an Sommerabenden auf dem Hunneberg angeboten werden. Im Anschluss an die aufregende Pirsch kann ein zünftiges Würstchenbraten an einer der eigens eingerichteten Grillstellen veranstaltet werden.

### Lehrreiche Wanderwege

Auch tagsüber bieten sich Spaziergänge oder Wanderungen vom Museum aus an. Ein 400 m kurzer ›Jagd- und Wildpflegeweg‹ erläutert Flora und Fauna im Wald und ihre Nutzung (sogar mit Schildern in deutscher Sprache). Es werden auch mehrstündige geführte Wanderungen angeboten, u. a. in die Wildnis an der Südkante des Plateaubergs *(södra randskogen)* – hier trifft man auf bis zu 200 Jahre alte Baumveteranen, vor allem Kiefern und Eichen.

Vänersee mit Dalsland und Värmland

1- bis 6-Bett-Zimmern. Auch Campingmöglichkeit.

## Infos & Termine

**Touristeninformation**
**Visit Trollhättan AB:** Åkerssjövägen 10, 46129 Trollhättan, Tel. 0520 135 09, Fax 0520 48 84 24, www.visittrollhattanvanersborg.se.

**Termine**
**Fallens Dagar** (3 Tage im Juli): Die Schleusen in Trollhättan werden geöffnet und die ganze Stadt feiert.

**Verkehr**
**Bahn:** nach Göteborg, Oslo und Karlstad.
**Bus:** nach Vänersborg und Lidköping.

# Lidköping ▶ C/D 10

Die mit 37 000 Einwohnern größte Stadt am Südufer des Vänern wird durch den Fluss Lidån in einen alten und einen neuen Teil geteilt. Das einstige **Rathaus,** ganz aus Holz und wichtigstes Wahrzeichen von Lidköping, ist das ehemalige Jagdschloss des Adligen Magnus Gabriel de la Gardie, das hierher transferiert wurde. Es beherbergt heute u. a. ein beliebtes Café sowie die Touristeninformation.

Etwa 300 m vom Marktplatz (jenseits der Bahngleise) liegt das Firmengelände der berühmten **Rörstrand Porzellanmanufaktur** (www.rorstrandmuseum.se, Mo–Fr 10–18, Sa 10–16, So 12–16 Uhr, Eintritt frei). Eine kleine Ausstellung zeigt Produkte aus der Geschichte des Hauses, ein Café bietet Stärkungen und der Fabrikladen hat schönes Geschirr, Glas und andere Designerstücke zu günstigen Preisen auf Lager.

**Vänermuseet**
*Framnäsvägen 2, www.vanermuseet.se, Juni–Aug. Mo–Fr 10–17, Sa/So 12–17, sonst Di–Fr 10–17, Sa/So 12–17 Uhr, 40 SEK*
Etwas außerhalb vom Zentrum, direkt am Ufer des Vänern steht das sehenswerte Vänermuseum, das sich der Geschichte und der Ökologie des Sees widmet. Es zeigt Fischereigerätschaften, aber auch Ergebnisse von künstlerischen Auseinandersetzungen mit dem Thema Wasser, etwa Glasboote von Bertil Vallien. Eine eindrucksvolle Ausstellung zur Erdgeschichte des Kinnekulle-Gebiets berichtet von Meteoriten und urzeitlichen Lebewesen.

## Übernachten

*Handwerkerdorf –* **STF Vandrarhem Hällekis/Falkängen:** Tel. 0510 54 06 53, info@falkangen.se, ab 270 SEK/EZ, Apartment ab 380 SEK/2 Pers. ohne Frühstück und Bettwäsche. Sehenswürdigkeit und Unterkunft in einem: In Häusern, die einst von den Arbeitern des ehemaligen Steinbruchs bewohnt wurden, sind 2- bis 5-Bett-Apartments mit Dusche/WC und Pantryküche eingerichtet, daneben ein kleines Mineralien- und Fossilienmuseum; diverse Kunsthandwerksläden und Vorführungen im Handwerkerdorf.
*Nur im Sommer –* **STF Vandrarhem Vara:** Torggatan 41, Vara (ca. 35 km südlich von Lidköping), Tel. 0512 579 92 oder 0512 579 70, vandrarhem@vara.fhsk.se, Juni–3. Aug.-Woche, ab 210 SEK/EZ, 370 SEK/DZ ohne Frühstück und Bettwäsche. Die Volkshochschule vermietet während der Sommerferien bequeme 1- bis 2-Bett-Zimmer mit WC, Dusche oder auf dem Flur.
*Luxuriös –* **KronoCamping Lidköping:** Lidköping, Tel. 0510 268 04, www.kronocamping.com, ganzjährig, Stellplatz

ab 200 SEK. Am Seeufer, mit eigenem Strandbad und beheiztem Pool, 1 km außerhalb; Hütten, Ferienhäuser, Bootsverleih.

## Essen & Trinken

*Fisch* – **Restaurang & Café Sjöboden:** Spiken, Tel. 0510 104 08, www.sjoboden.se, Ostern, Mai–Aug. tgl., sonst Mo–Sa 12–21, So 12–16 Uhr. Exzellente Gourmetküche, vor allem Fisch aus dem Väner, Terrasse mit Aussicht über den See, großes Lunchbuffet (Mo–Fr, 105 SEK), Hauptgerichte 179–225 SEK.

## Aktiv & Kreativ

*Bootstouren* – **Ins Schärengebiet von Ekens Skärgård:** im Sommer ab Schloss Läckö, Tel. 0510 263 00, 0510 21 04 55. Ab dem Anleger bei Schloss Läckö Touren mit dem Sightseeingboot »Magnus Gabriel«.
*Fahrräder leihen* – **STF Vandrarhem Hällekis/Falkängen:** s. Übernachten.

## Infos

**Touristeninformationen**
**Destination Läckö-Kinnekulle:** Gamla rådhuset Nya stadens torg, 53131 Lidköping, Tel 0510 200 20, Fax 0510 271 91, www.vastsverige.com, www.kinnekulle.se. Im Kinnekulle-Gebiet sind verschiedene Infos-Points eingerichtet, beispielsweise in Läden oder Cafés.

**Verkehr**
**Bahn:** Lidköping–Vara–Herrljunga mit Anschluss an die Bahnstrecke Göteborg–Stockholm; Kinnekulletåget Lidköping–Mariestad–Laxå mit vielen Haltepunkten, u. a. in Hällekis.
**Bus:** nach Trollhättan.

# Umgebung von Lidköping

**Läckö slott!** ▶ D 10
*www.lackoslott.se, Führungen Mai und Sept. stdl. 11–15, Sa/So 11–16, Juni–Aug. tgl. 10–18 Uhr, je nach Saison 50–80 SEK*
Von Lidköping lohnt ein Ausflug an die Spitze der Halbinsel Kållandsö zum Schloss Läckö. Seine heutige Gestalt verdankt es vor allem Magnus Gabriel de la Gardie, der den Besitz 1652 erbte. Er beauftragte u. a. einen deutschen Baumeister mit den Umbauarbeiten, musste aber aus Geldmangel auf die vollständige Ausführung seiner Pläne verzichten. Auf der kleinen Insel im Vänern hatte sich bereits im Mittelalter eine Bischofsburg befunden, die im Zuge der Reformation eingezogen worden war. Auch de la Gardie wurde das imposante Bauwerk abgenommen, weil der Staat durch den Dreißigjährigen Krieg in Geldnot geraten war. Heute finden hier im Sommer Themenausstellungen statt und am Anleger starten Ausflugsboote in die Inselwelt des Vänern.

**Spiken**
Wer ein Picknick auf der Halbinsel Kållandsö plant, kann sich im Hafen Spiken mit geräuchertem Fisch versorgen oder im renommierten Restaurant Sjöboden einkehren (s. oben, Essen & Trinken).

**Kinnekulle** ▶ D 10
Schon die Schriftsteller Selma Lagerlöf und August Strindberg zogen sich auf der Suche nach Entspannung und Inspiration an den weithin als Silhouette aufragenden Tafelberg Kinnekulle zurück. Er entstand vor rund 300 Mio. Jahren, als durch Erdbebenspalten flüssige Lava aus dem Erdinneren aus-

# Vänersee mit Dalsland und Värmland

**Märchenschloss mit über 200 Zimmern: Läckö slott am Vänerufer**

trat und sich auf den mit versteinerten Pflanzen, Muscheln und Fischen bedeckten Meeresgrund ergoss. Durch Landhebung und Erosion wurden spätere Ablagerungen abgelöst, übrig blieb nur der harte Diabas, der sich heute über der Ebene erhebt und unter dessen harter Schale jahrmillionenalte Zeugnisse der Erdgeschichte ruhen.

Höhepunkt und bester Ausgangspunkt für kurze Wanderungen ist der Aussichtsturm auf dem **Högkullen** (Autostraße). Auch der 45 km lange ausgeschilderte Rundwanderweg Kinnekulleleden führt hier vorbei. Zu den wichtigsten Sehenswürdigkeiten zählen neben den eindrucksvollen Naturschönheiten mehrere mittelalterliche Kirchen, deren bedeutendste die von **Husaby** ist. Die Anfang des 12. Jh. errichtete Sandsteinkirche war zeitweise Bischofssitz. In einer nahe gelegenen Quelle soll um das Jahr 1000 König Olof Skötkonung getauft worden sein.

Weiter nordöstlich trifft man auf die Kirche von **Forshem,** deren Skulpturenschmuck u. a. Szenen aus dem mittelalterlichen Bauhandwerk zeigt.

quem in Etappen aufteilen, mehrmals kreuzt sie die Bahnstrecke des Kinnekulletåget von Lidköping nach Mariestad.

### Runenstein Sparlösasten ▶ C 10
Rund 25 km südlich von Lidköping, wo die mit Windrädern bestückte fruchtbare Ebene mit Getreide- und Kartoffelintensivanbau einem bewaldeten Höhenzug Platz macht, steht der um das Jahr 800 datierte Runenstein in einem Holzpavillon neben der Kirche von Sparlösa und harrt bis heute seiner Entschlüsselung. Er war ursprünglich in der Kirchenmauer verbaut – die Inschrift wurde erst im Jahr 1937 entdeckt und der Stein vor der Kirche aufgestellt. Besucher können sich selbst ein Bild machen, die ausführlichen Erläuterungen auf den Wandtafeln geben Deutungsversuche für Texte und Bilder. Am spannendsten dürfte die Deutung eines in den Stein geritzten Bildes als sibirische Jurte sein – was auf sehr ausgedehnte Reisen schwedischer Wikinger gen Osten schließen ließe. Der Pavillon ist immer zugänglich; im Sommer gelegentlich Café.

# Skara ▶ D 10

### Radtour rund um den Kinnekulle
Etwa 40 km lang ist eine Rundtour, die über Nebenstraßen und ungeteerte Feldwege ohne große Steigungen um den Berg führt. Startpunkt ist Falkängen in Hällekis, wo man auch Fahrräder leihen kann. Die Tour führt durch eine historisch interessante Landschaft, vorbei an Wasserfällen und Orchideenwiesen, an mittelalterlichen Kirchen, Mühlsteingrotten und Steinbrüchen; Zwischenstopps an Badestellen sind möglich. Man sollte ein Picknickpaket mitnehmen, denn Einkehrmöglichkeiten sind rar. Die Strecke lässt sich bequem in Etappen aufteilen.

Die Domstadt Skara (18 500 Einwohner) gehörte im Mittelalter zu den wichtigsten Bischofssitzen des Landes, heute wirkt das Städtchen, in dem es diverse Schulen und Bildungseinrichtungen gibt, eher verschlafen, besonders in den Sommerferien.

### Västergötlands museum
*www.vastergotlandsmuseum.se,*
*Mai–Sept. tgl. 11–16, Okt.–April*
*Di, Do–So 11–16, Mi 11–20 Uhr,*
*Eintritt frei*
In dem Regionalmuseum sind u. a. die berühmten 17 Bronzeschilde zu sehen,

Vänersee mit Dalsland und Värmland

die vor 3000 Jahren in einem Moor auf der Halbinsel Kålland versenkt wurden.

### Skara Visitor Center
*Bibliteksgatan 3, www.visitorcenter.se, Ausstellungen 20 SEK*
Im Besucherzentrum mit Touristeninformation ist eines der ältesten erhaltenen Bücher Schwedens ausgestellt, das Skara-Missal (ca. 1100–1150), geschrieben von Mönchen aus Skara. Am populärsten dürfte aber die Ausstellung über den Film nach Jan Guillous Arn-Trilogie sein, der in und um Skara gedreht wurde.

## Infos

**Touristeninformation**
Skara Turistbyrå/Visitor Center: Biblioteksgatan 3, 53288 Skara, Tel. 0511 325 80, www.skara.se.

**Verkehr**
**Bahn:** Der Hochgeschwindigkeitszug X 2000 Göteborg–Stockholm hält in Falköping, per Bus weiter nach Skara.
**Bus:** nach Falköping, Uddevalla, Örebro, Lidköping und Trollhättan.

## Umgebung von Skara

### Skara Sommarland ▶ D 10
*Axvall, www.sommarland.se, Juni– Mitte Aug. tgl. 10–17, im Juli bis 19 Uhr, 279 SEK/Tag; auch Campingplatz*
Kinder werden darauf bestehen, Skara Sommarland zu besuchen, Schwedens größtes Spaßbad bzw. größter Vergnügungspark rund ums Wasser. Er liegt östlich von Skara neben einer Trabrennbahn an der Straße RV 49. Meiden sollte man die Wochenenden, dann ist hier jede Menge Trubel.

### Hornborgasjö ▶ D 10
Das Vogelschutzgebiet Hornborgasjö ist eine Domäne der Ornithologen, besonders im Frühjahr, wenn sie zu Tausenden anreisen, um den Tanz der Kraniche zu beobachten. Zwecks Gewinnung von Ackerland waren Teile des Sees trockengelegt worden, wodurch zeitweise der Lebensraum von Singschwänen und Gänsen zerstört war. Mithilfe von Naturschutzmaßnahmen konnten die größten Schäden inzwischen beseitigt werden.

### Varnhem Kloster ▶ D 10
Breit und behäbig, Gelassenheit ausstrahlend, liegt die Klosterkirche von Varnhem (am RV 49) zwischen alten Bäumen und sattgrünen Wiesen. Gegründet wurde das Kloster um 1150 von Zisterziensern aus Alvastra. 1566 brannten die Dänen die Klostergebäude nieder (Fundamente wurden bei Grabungen Ende der 1920er-Jahre freigelegt); nur die **Kirche** (April, Sept. tgl. 11–16, Mai–Ende Aug. 10–18 Uhr, 40 SEK) entging der Zerstörung. Sie wurde 1654–74 von Magnus Gabriel de la Gardie, dem Besitzer von Schloss Läckö, restauriert und zur Grablege für sich und seine Frau bestimmt. Inzwischen geht man davon aus, dass der 1266 gestorbene Gründer von Stockholm, Birger Jarl, in der Kirche bestattet wurde – DNA-Analysen legen diesen Schluss nahe. Im Klostergården gibt es Kaffee und Kuchen.

# Dalsland

## Håverud! ▶ C 9

In Håverud, das man via Mellerud (RV 45) erreicht, findet sich ein Meisterwerk schwedischer Ingenieurskunst aus dem Jahr 1868: Eine 32 m lange Brücke, das **Aquädukt,** führt den Dalslands ka-

*Lieblingsort*

**Tisselskog – In einem steinernen Bilderbuch lesen** ▶ C 9
Das in Dalsland liegende Gebiet mit Felsritzungen *(hällristningsområde)* bezieht seinen Reiz aus der Nähe zum Wasser. Wie geschaffen ist die Stelle, um ein Boot anzulanden, und man kann sich gut vorstellen, wie die Menschen in der Bronzezeit hierher kamen zu Beratungen, Feiern und Riten. Waren die rätselhaften Zeichen Botschaften für andere, die sich ebenfalls hier trafen? Eines der ungewöhnlichsten Bilder ist eine Figur, die einen Salto rückwärts zu machen scheint. Vergleichbares kennt man aus dem Mittelmeerraum. Ob das ein Zufall ist? Möglicherweise nicht, denn zweifellos pflegten die Menschen vor 3000 Jahren weit reichende Kontakte.

# Vänersee mit Dalsland und Värmland

Meisterwerk schwedischer Ingenieurskunst: der 1868 fertiggestellte Dalslands kanal

nal über den Fluss Upperudsälven, darüber verlaufen eine Eisenbahn- sowie eine Straßenbrücke. Die Metallplatten des Aquädukts werden von über 30 000 Nieten zusammengehalten. Errichtet wurde der **Dalslands kanal** 1864–68 von Nils Ericsson (der auch für zahlreiche Eisenbahnprojekte und den Trollhätte kanal verantwortlich zeichnete), um das Eisenerz aus den värmländischen Gruben in die dalsländischen Hütten transportieren zu können. Nur ca. 10 km der Gesamtstrecke zwischen dem See Stora Le nahe der norwegischen Grenze und Köpmannebro am Vänern sind künstlich angelegt, sie verbinden die vorhandenen natürlichen Wasserwege und Seen miteinander. Den Höhenunterschied von insgesamt 66 m überwinden 29 Schleusen. Heute ist der 254 km lange Kanal nur noch Touristenattraktion – die wichtigste der Provinz – und kann im privaten Boot und mit Ausflugsschiffen ganz oder etappenweise befahren werden. Eine Ausstellung im **Dalsland Center** (Mai, Sept. tgl. 10–16, Juni, Aug. 10–18, Juli 10–19 Uhr) informiert über die Geschichte des Dalslands kanals.

## Schiffstour auf dem Dalslands kanal

Von Håverud nach Bengtsfors fährt das historische Schiff »M/S Storholmen«

(Baujahr 1896) durch 19 Schleusen und über das Aquädukt von Håverud auf der Wasserstraße des Dalslands kanal, durch schmale Kanalrinnen und ein reizvolles System aus Seen (Fahrplan: www.storholmen.com). Für die Rückfahrt bietet sich der Schienenbus von Dal Västra Värmlands Järnväg an (Ende Juni–3. Aug.-Woche Mo–Sa, Infos: Tel. 0531 52 68 01, www.dvvj.com). Eine zweite Variante erweitert den Ausflug zur Zweitagestour: sechsstündige Fahrt von Köpmannebro nach Bengtsfors, Rückfahrt mit dem Bus oder Übernachten in Bengtsfors; das Schiff befährt die Strecke in Gegenrichtung jeweils am nächsten Tag: Rederi Dalslandia, Köpmanne-bro, Tel. 0530 310 27, www.dalslandia.com.

## Übernachten

*Elegant* – **Håveruds Kök Hotell & Konferens:** Upperudsvägen 12, Tel. 0530 350 00, www.haverudshotell.se, ca. 1200 SEK/DZ inkl. Frühstück, Paketangebote inkl. Abendessen und Kanalfahrt ab 995 SEK/Pers. im DZ. Ehemals die Kantine einer Papierfabrik, hat das Hotel-Restaurant nahe dem Aquädukt heute 16 schlicht-elegant eingerichtete Gästezimmer, alle mit Blick aufs Wasser, Restaurant, im Sommer wird auch draußen auf der Terrasse serviert.

## Essen & Trinken

*Direkt am Aquädukt* – **Räucherei** und **Brasserie** mit preiswerten kleinen Gerichten, Juni–Aug.

## Aktiv & Kreativ

*Bootsrundfahrten* – **Dalsland Charterboat:** www.dalsland-charterboat.se.

Ende Juni–Ende Aug. tgl. ab Dalsland Center zum Aquädukt und zu den Felsritzungen bei Tisselskog (s. S. 189).
*Kanuverleih* – **Dalsland Center:** (s.unten, Infos), Zweierkanus 300 SEK/Tag.

## Infos

**Touristeninformation**
**Håveruds Turistbyrå:** Dalsland Center, 46472 Håverud, Tel. 0530 189 90 (nur im Sommer), www.haverud-upperud.se.

## Auf Nebenstraßen nach Bengtsfors ▶ C 9

Von Håverud führt eine sehr schöne, kurvenreiche und bergige Straße Richtung Dals Långed und Bengtsfors, parallel zu den Gleisen der Bahnstrecke. Südwestlich von Tisselskog lohnen beim Hof Högsbyn am See Råvarpen bronzezeitliche **Felsritzungen** einen Zwischenstopp (s. Lieblingsort S. 189). Hinter Dals Långed erreicht die Straße den **Laxsjön**, den zahlreiche Industriebetriebe (Papierherstellung und Holzverarbeitung) säumen. Bis Mitte des 19. Jh. lebte die Provinz überwiegend von den Eisenhütten, die jedoch wegen Rohstoffmangels nicht konkurrenzfähig waren. Gegen Ende des 19. Jh. begann man den großen Wasser- und Holzreichtum anderweitig zu nutzen und die Zelluloseherstellung wurde zum wichtigsten Wirtschaftszweig.

Am Ende der letzten Eiszeit entstanden die **Gletschermühlen** (Jättegrytorna) bei Steneby kyrka an der Straße 172, die heute unter Naturschutz stehen und bis zu 7 m Tiefe und 10 m Durchmesser erreichen.

Im Städtchen **Bengtsfors** lohnt das **Halmens hus** (www.halmenshus.com, Mai-Aug. Di–So 10–17, März–April,

# Vänersee mit Dalsland und Värmland

Sept.–Nov. Di–Fr 10–16, 1.–23. Dez. Di–So 11–16 Uhr; Herberge und Café, Eintritt frei) im Freilichtmuseum Gammelgården einen Besuch. Hier wird das alte Handwerk der Strohflechterei gekonnt gepflegt und weiterentwickelt, wie wechselnde Ausstellungen rund um das Thema zeigen. Weihnachtsbaumschmuck gehört zu den beliebtesten Souvenirs, die man von Bengtsfors mit nach Hause nehmen kann.

## Übernachten

*Im Museum* – **STF Vandrarhem Bengtsfors:** Gammelgården, Tel./Fax 0531 610 75, info@gammelgarden.com, Mai–Aug., ab 150 SEK/Pers. ohne Frühstück und Bettwäsche. Hoch oben auf einem Berg mit Blick über den See Lelång liegt die schlichte, aber gemütliche Unterkunft, die Teil des Freilichtmuseums ist.

*Unser Tipp*

**Wohnen und Speisen auf dem Herrenhof – Baldersnäs** ▶ C 9
Eine überaus gelungene Kombination von Naturschönheit, Kulturgeschichte und leiblichen Genüssen bietet Baldersnäs herrgård. Inmitten eines englischen Landschaftsgartens, den Carl Fredrik Waern, Initiator des Dalslands kanal und Besitzer des Anwesens, Anfang des 19. Jh. anlegen ließ, liegt das alte Herrenhaus, das heute ein vorzügliches Restaurant beherbergt, umgeben von Kunsthandwerksläden und einer Freilichtbühne, wo populäre Stars auftreten. Ein Badeplatz fehlt ebenso wenig wie ein Bootsanleger. Von der Terrasse des Restaurants blickt man auf den Park, die Speisekarte enthält regionaltypische, fein zubereitete Wild- und Fischgerichte (ab 250 SEK). Komfortable Zimmer im Herrenhaus (1390/DZ), weitere mit einfacher Ausstattung im Annex (795 SEK/DZ). Infos und Buchung: Tel. 0531 412 44, www.baldersnas.com, tgl. Mai–Ende Aug.

Karlstad

*Ideal für Kanuten* – **Dalsland Camping- & Kanotcentral:** Tel. 0531 100 60, www.dalslandscamping.se, Stellplatz ab 160 SEK, einfache 2-Personen-Hütten ab 350 SEK/Tag. Inmitten des ausgedehnter Seensystems zwischen den Seen Lelången und Ärtingen, natürlich mit Badestrand, Kanu- und Fahrradverleih.

## Aktiv & Kreativ

*Auf dem Dalslands kanal* – **Bootstouren:** Infos zum Befahren des Kanals mit Freizeitbooten unter www.dalslandskanal.se.
*Für Kanutouren* – **Verleih von Kanus und Ausrüstung** bei zahlreichen Campingplätzen und Outdoorveranstaltern, Anbieterlisten findet man im Internet unter www.dvvj.com oder www.kanotguiden.com.

## Infos & Termine

**Touristeninformation**
**Bengtsfors Turistbyrå:** Tingshustorget, Box 24, 66630 Bengtsfors, Tel. 0531 52 63 55, Fax 0531 52 60 18, turism@bengtsfors.se.

**Termine**
**Kanumarathon** (Mitte Aug.): www.kanotmaraton.se.

**Verkehr**
**Bus:** nach Åmål und Mellerud.
**Bahn:** Ausflugsverkehr, nur im Sommer, Info: www.dvvj.com (s. u.).

## Draisinefahrt mit schöner Aussicht

Zwischen dem värmländischen Årjäng, einem Paradies der Outdoorfans und Kanuten, und Bengtsfors können sich Paddelmüde zur Abwechslung einzeln oder im Tandem per Draisine strampelnd fortbewegen. Der 52 km lange, stillgelegte Teil der Eisenbahnlinie Dal Västra Värmlands Järnväg (DVVJ) verläuft parallel zum Dalslands kanal. Das Kürzel DVVJ steht nicht zu Unrecht auch für De vackra vyernas järnväg, die ›Bahnlinie der schönen Aussichten‹. Sehr beliebt ist die Rundtour – hin auf dem Wasser per Kanu und zurück auf der Schiene – oder umgekehrt. Informationen unter www.dvvj.com.

# Värmland

## Karlstad ▶ D 8

Die Hauptstadt Värmlands liegt im Delta des Klarälven, mit 500 km einer der längsten Flüsse Schwedens. In Karlstad wurde 1905 die Union mit Norwegen aufgelöst, ein Ereignis, an das die Friedensstatue auf dem Stora Torget erinnert. Sehenswert sind in der quirligen Einkaufsstadt (83 000 Einwohner) einige Gebäude, die den großen Brand von 1865 überstanden haben, darunter Dom und Bischofssitz sowie **Östra bron,** mit zwölf Bögen Schwedens längste Steinbrücke, und das schmucke Theater mit Badestelle vor der Tür.

Malerisch liegt auf einer Halbinsel im Klarälv **Värmlands museum** (Sandgrundsudden, www.varmlandsmuseum.se, tgl. 10–17, Mi 10–20 Uhr, 40 SEK; gutes Museumscafé), dessen spannend inszenierte Ausstellungen zur Geschichte und Kultur des Grenzlands zu Norwegen einen Besuch wert sind.

## Übernachten

*Mit eigenem Strand* – **First Camp Skutbergets Camping:** Tel. 054 53 51 20,

## Vänersee mit Dalsland und Värmland

www.firstcamp.se/skutberget, ganzj., Stellplatz 170–290 SEK, voll ausgerüstete Hütten ab 790 SEK/Tag. Am Värnern, ca. 7 km außerhalb der Stadt, nahe Einkaufszentrum (Bergsvik).
*Guter Strand für Kinder –* **Swecamp Bomstadbaden:** Tel. 054 53 50 68, www.bomstadbaden.se, Mai–Anfang Okt., Stellplatz ab 150 SEK, Hütten (ganzj.) ab 590 SEK/Tag. Am Vänern, 9 km westlich der Stadt, mit 800 m langem Strand, schattige Plätze in lichtem Kiefernwald.

### Essen, Abends & Nachts

*All you can eat –* **Nöjesfabriken:** Karlagatan 42, www.nojesfabriken.se. Die ganztägig aktive ›Vergnügungsfabrik‹ in einer ehemaligen Gießerei bietet (außer im Sommer) Mo–Fr 11.30–14 Uhr Lunchbuffet zum Festpreis von ca. 80 SEK; Bowling, Bühne für Livekonzerte und DJ-Abende sowie Nachtklub Sa bis 2 Uhr (Altersgrenze 20 Jahre).

### Aktiv & Kreativ

*Gratis –* **Fahrradverleih:** im Sommer beim Turistbyrå kostenlos Leihräder.
*Wassersport –* **Kanu-/Kajakverleih:** Tel. mobil 0709 43 59 61, www.kajakliv.se. Auch geführte Touren, z. B. Bibersafaris nördlich von Karlstad.

### Infos

**Touristeninformation**
**Karlstad Turistbyrå:** Biblioteksuset, Västra Torggatan 26, 65220 Karlstad, Tel. 054 29 84 00, tourist@karlstad.se, www.destinationkarlstad.se.

**Verkehr**
**Bahn:** nach Oslo, Stockholm, Göteborg.
**Bus:** nach Säffle, Ludvika.

## Ausflug an den See Fryken

**Rottneros Park** ▶ C 8
*Rottneros, www.rottnerospark.se, Anfang Juni–Mittsommer, Mitte Aug.–Anfang Sept. tgl. 10–16, Mittsommer–Mitte Aug. 10–18 Uhr, je nach Saison 100–110 SEK*
Am See Fryken breitet sich Rottneros aus, ein einzigartiger, in den 1950er-Jahren angelegter Park mit Skulpturen, u. a. von Gustav Vigeland und Carl Milles. Das Herrenhaus (nicht zu besichtigen) lieferte Selma Lagerlöf die Vorlage für Ekeby in »Gösta Berling«; eine Statue der Schriftstellerin selbst findet sich im Park. Die Anlage, die neben gepflegten Parkwegen mit dem Nils Holgersson Äventyrspark und einer Motorradausstellung auch etwas für jüngere und ältere Kinder bietet, zählt zu den beliebtesten touristischen Zielen Värmlands.

**Mårbacka** ▶ D 8
*www.marbacka.com, Mai und Sept. Sa/So 11–15, Juni und Mitte–Ende Aug. tgl. 11–16, Juli–Mitte Aug. 10–17 Uhr, 80 SEK*
Fast genau gegenüber von Sunne liegt am anderen Ufer des Fryken der Hof Mårbacka, wo am 20. November 1858 die spätere Schriftstellerin und Nobelpreisträgerin Selma Lagerlöf geboren wurde. Die Familie Lagerlöf war nach dem Tod des Vaters verarmt und hatte Mårbacka 1907 verlassen müssen. Mithilfe des Preisgeldes – Selma erhielt 1909 den Nobelpreis für Literatur – und den Honoraren für Bücher, die Bestseller wurden wie »Nils Holgerssons Wunderbare Reise mit den Wildgänsen« konnte die tüchtige Autorin das elterliche Haus aber bereits 1910 zurückkaufen und lebte hier bis zu ihrem Tod im Jahr 1940.

# Am See Fryken

Dank des Nobelpreisgeldes konnte Selma Lagerlöf ihr geliebtes Elternhaus Mårbacka am Ufer des Sees Fryken zurückkaufen

Das in seiner heutigen Form im Jahr 1923 fertiggestellte Haus kann im Rahmen geführter Touren besichtigt werden. Besonders schön ist der Garten, dessen Anlage die Schriftstellerin begeistert plante. Unter alten Linden kann man es sich bei Kaffee und Gebäck nach Rezepten aus Selma Lagerlöfs Zeiten gemütlich machen.

## Übernachten, Essen

*Landhaushotel mit Seeblick* – **Länsmansgården:** Ulfsby Herrgård, Tel. 0565 140 10, www.lansman.com, ca. 1300 SEK/DZ, auch Golfpakete. Typisch värmländisches Herrenhaus mit 28 Zimmern am Westufer des Fryken, rund 4 km nördlich von Sunne. Der Name ist dem Roman »Gösta Berling« entlehnt. Das Restaurant serviert värmländische Spezialitäten. Lunch ca. 100 SEK, andere Gerichte 105–250 SEK.

## Aktiv & Kreativ

*Wellness-Center* – **Quality Spa Selma Lagerlöf:** Sundsberg, Tel. 0565 166 10, www.selmaspa.se. Kurbehandlungen.
*Mit dem Dampfschiff* – **»Freja af Fryken«:** Touren nach Kil und Torsby, Tel. 0554 415 90, www.angbatfreja.nu.

## Infos

**Touristeninformation**
**Sunne Turistbyrå:** Kolsnäsvägen 41, 68680 Sunne, Tel. 0565 167 70, www.sunneturism.se.

Vänersee mit Dalsland und Värmland

**Verkehr**
**Bahn:** nach Sunne von Karlstad via Kil.

# Arvika ▶ C 8

Arvika (26 000 Einwohner) erreicht man über die reizvolle Straße RV 175, die am Byälven und am Glafsfjorden entlang und vorbei an Klässbols Linneväveri (s. u.) führt. Der Ort ist seit alters her ein Zentrum der Kleinindustrie.

**Rackstadmuseet**
*www.rackstadmuseet.se, April, Mai, Sept. Di–So 11–17, Juni–Aug. tgl. 11–17, Okt.–März Do, Sa/So 11–16 Uhr, 60 SEK*
Das Museum am See Racken, nördlich von Arvika, zeigt Gemälde und Kunsthandwerk der Künstlergruppe Rakstadkolonin. Auf dem Hof, zu dem das Museum gehört, wuchs der Bildhauer Christian Eriksson auf, der z. B. die Innenausstattung des Stockholmer Theaters Dramaten schuf und in der Zeit um 1900 in seinem Haus Oppstuhage seine Künstlerfreunde um sich versammelte.

## Übernachten

*Am Glafsfjorden –* **Arvika Swecamp Ingestrand:** Tel. 0570 148 40, www.inge strandscamping.se, ganzj., Wohnwagen-Stellplatz ab 160 SEK, Hütten ab 575 SEK/Tag. 4 km südlich von Arvika, gute Angelmöglichkeiten, auch Hütten. Zeltplatz teils mit Schatten.

## Aktiv & Kreativ

*Kanuverleih –* **Arvika Kanot & Turistcenter:** Mai–Sept., Tel. 0570-182 45, www.arvikacanoe.se. Große Auswahl Kanus, Kajakschule, Ausflugspakete.
*Die Tierwelt entdecken –* **Elch- und Bibersafaris** organisiert das Turistbyrå.
*Zu Kunsthandwerkern –* **Hantverksrundan:** ausgeschilderte Route südlich von Arvika zu Kunsthandwerksbetrieben; Infos: Arvika Turistbyrå.

## Infos

**Touristeninformation**
**Arvika Turistbyrå:** Storgatan 22, 67131 Arvika, Tel. 0570 817 90, www.visitar vika.se/turism. Verkauf der Glaskogskortet für die Nutzung von Einrichtungen wie Rastplätzen oder Schutzhütten im Naturreservat (30 SEK/Person am Tag bzw. 150 SEK/Woche).

**Verkehr**
**Bahn:** nach Oslo, Karlstad, Stockholm.

*Unser Tipp*

**Edle Tischwäsche – Leinen aus Klässbol ▶ C 8**
Schwedens einzige Damastweberei stellt nach alten Vorlagen und in traditionellen Techniken Exklusives aus den Fasern des heimischen Flachses her. Die Tischwäsche aus Klässbol ist so edel, dass sie sogar bei der Nobelpreisgala nicht fehlen darf (**Klässbols Linneväveri**, www.klassbols.se, Fabrikladen Mo–Fr 9–18, Sa 10–15, Mai–Sept. zusätzlich So 10–15 Uhr).

Nobelmuseet in Karlskoga

# Route zum Aussichtspunkt Frykdalshöjden

Von Arvika geht es auf die Straße RV 61 in östliche Richtung bis Finnebäck, wo man auf die RV 238 Richtung Västra Ämtervik einbiegt. Von den Höhen öffnen sich schöne Ausblicke auf endlos scheinende Kiefern- und Birkenwälder, die durch ihre verschiedenen Grüntöne faszinieren. Wenn sich dann darüber noch ein typisch skandinavischer Himmel spannt, blitzeblau und durchsetzt mit weißen und grauen Wolken, die das Licht noch klarer und durchsichtiger erscheinen lassen, und am Aussichtspunkt Frykdalshöjden der See Mellan Fryken ins Bild kommt, dann muss man sich rettungslos in diese Landschaft verlieben.

# Kristinehamn ▶ D 8

Die Kleinstadt besitzt ein beschauliches Altstadtviertel, wo man nette Kunsthandwerksläden und Galerien findet, z.B. Ölme diversehandel, Norra Hamngatan (am Jachthafen). Hier steht auch **Lusasken**, ein Wahrzeichen der Stadt. In der Sparbüchse wurden ursprünglich freiwillige Spenden für arme Seeleute gesammelt. Der Name nimmt Bezug darauf, dass sie jeweils um das Luciafest (13. Dez.) herum gelehrt wurde.

Das **Konstmuseum** (Dr Enwalls väg 13B, www.kristinehamnskonstmuseum.com, Juli–Mitte Aug. Mo–Fr 10–17, Sa/So 12–16, sonst Di–Fr 10–16, Sa/So 12–16 Uhr, 30 SEK, Ausstellungen 60 SEK) im Stadtteil Marieberg hat einen guten Ruf. Neben der eigenen Sammlung lokaler Kunst zeigt es Ausstellungen u. a. internationaler Künstler.

Ein echter **Picasso** steht 2 km südlich am Vänerufer in der idyllischen Schärenlandschaft: Die 15 m hohe **Skulptur** bekam die Stadt 1965 vom Künstler persönlich geschenkt.

## Übernachten

*Ruhig* – **Park Hotell:** Floragatan 2, Tel. 0550 150 60, www.parkhotell-kristinehamn.nu, ab 795 SEK/DZ. Ruhiges Hotel mit 19 Zimmern im schönen Park mit alten Bäumen zwischen Bahnhof und Stadtzentrum.

## Infos

### Touristeninformation
**Kristinehamns Turistbyrå:** Södra Torget 3, 68184 Kristinehamn, Tel. 0550 881 87, www.kristinehamn.se.

### Verkehr
**Bahn:** nach Oslo, Stockholm, Hallsberg, Kil und Karlstad.

# Zum Nobelmuseet in Karlskoga ▶ E 8

*Björksborns herrgård, www.nobelmuseetikarlskoga.se, Juni–Aug. Di–So 11–16 Uhr, Führungen 100 SEK*

Im Norden der Stadt Karlskoga liegt Björksborns herrgård, wo Alfred Nobel (1833–96), der Industrielle, Chemiker und Stifter der Nobelpreise (s. S. 56) forschte und arbeitete. 1893 hatte er die damaligen Bofors-Werke übernommen. In der Fabrikantenvilla erfährt man Interessantes aus der Biografie des berühmten Mannes und kann u. a. das Labor des Chemikers mit Originaleinrichtung besichtigen. Auch die Firmengeschichte von Bofors wird in einer Ausstellung gewürdigt. Pfiffige Kinder können sich im Experimentieren versuchen – vielleicht der Beginn einer Karriere als Nobelpreisträger …

## Das Beste auf einen Blick

# Vättersee und Götakanal mit Sörmland

### Highlights!

**Vadstena:** Die hl. Birgitta wirkt bis heute Wunder – das Tourismusgeschäft in der Stadt, in der sie ihre Klosterkirche bauen ließ, brummt. Das behäbige Vasaschloss und die schöne Lage am See sind auch nicht unschuldig am Besucherboom. S. 207

**Bergs slussar:** Eine Schleusentreppe der Superlative, die fast 200 Jahre auf dem Buckel hat und immer noch reibungslos funktioniert – das berühmteste Technikwunder am Götakanal. S. 216

### Auf Entdeckungstour

**Mit dem Rad am Götakanal entlang:** Wenige Steigungen, gute Beschilderung, viele Einkehrstellen unterwegs – für Radler sind die alten Treidelpfade am Kanal wie geschaffen. S. 214

**Risinge gamla kyrka – Was eine alte Kirche verrät:** Die Baugeschichte mittelalterlicher Kirchen spricht oft Bände, so auch in Risinge. S. 220

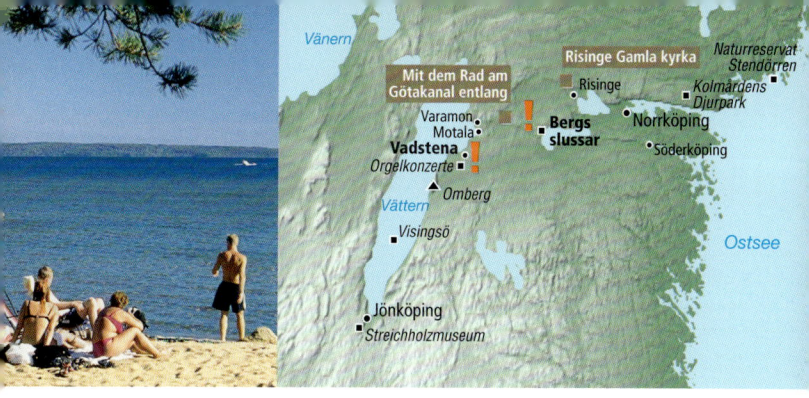

## Kultur & Sehenswertes

**Streichholzmuseum in Jönköping:** Die zündende Idee der Sicherheitsstreichhölzer kommt aus Jönköping und wird im Tändsticksmuseet eindrucksvoll dokumentiert. S. 201

**Omberg:** Tolle Aussichten auf den See von der Panoramastraße und Wanderwege über Orchideenwiesen. S. 204

**Kolmårdens Djurpark:** Marmorsteinbrüche und brüllende Löwen – die wilde Halbinsel nordöstlich von Norrköping lohnt einen Schlenker. S. 219

## Aktiv & Kreativ

**Badefreuden am Vättersee:** Varamobadet mit einem 4 km langen Sandstrand lockt nördlich von Motala. S. 213

**Naturreservat Stendörren:** Inselhüpfen ohne Boot – Hängebrücken machen es möglich, die Natur zwischen Meer und Land zu erkunden. S. 222

## Genießen & Atmosphäre

**Vätterinsel Visingsö:** Auf einer zünftigen Kutschfahrt entdeckt man die vom Klima verwöhnte Insel im Vättersee. S. 204

**Söderköping:** Ein Städtchen wie aus dem Bilderbuch und zum Bummeln wie geschaffen. S. 217

## Abends & Nachts

**Orgelkonzerte in Vadstena:** In der Klosterkirche Blå kyrka herrscht eine unvergleichliche Atmosphäre. S. 210

# Kulturland im Osten – Kirchen, Klöster und Kanäle

Der **Vättersee,** nach dem Vänern (s. S. 180) Schwedens zweitgrößter Binnensee, ist eine tiefe, wassergefüllte Grabensenke im Urgestein, die durch Verwerfungen entstand. Der 130 km lange, maximal 31 km breite See ist bis zu 100 m tief und wird durch Quellen unter der Wasseroberfläche gespeist. Nicht nur deshalb gilt er trotz seines auffallend klaren Wassers als geheimnisumwoben.

## Infobox

### Touristeninformationen
**Smålands Turism AB:** Box 1027, 55111 Jönköping, Tel. 036 35 12 70, Fax 036 35 12 89, www.visit-smaland.com.
**Östergötland:** Östsvenska Turistrådet, Näringslivets Hus, 60181 Norrköping, Tel. 011 19 65 00, Fax 011 19 44 61, www.ostergotland.info.
**Sörmlandsturism AB:** Västra Kvarngatan 62, 61122 Nyköping, Tel. 0155 22 27 70, Fax 0155 28 838 69, www.sormland.se/turism.

### Internet
www.vattern.se, www.gotakanal.se

### Termine
**Vätternrundan** (Mitte Juni): Radmarathon über 300 km rund um den See.

### Verkehr
**Jönköpings läns trafik:** www.jlt.se
**Östgötatrafik:** www.ostgotatrafiken.se
**Sörmland:** www.lanstrafiken.se/sormland

Der 1832 eingeweihte, über 90 km lange östliche Teil des **Götakanals** in Östergötland zwischen Motala und Mem bei Söderköping überwindet mit insgesamt 58 Schleusen den Höhenunterschied zwischen Vättersee und Ostsee – das komplette, fast 390 km lange Kanalensemble bildet ein einmaliges Denkmal der Technikgeschichte. Zwischen Mai und Ende September ist der Kanal offen und der Schiffsverkehr dicht. Zwar müssen die wenigsten Schleusen noch von Hand gekurbelt werden, doch in der Hochsaison haben die Schleusenwärter alle Hände voll zu tun, damit es nicht zum Stau kommt.

Abseits des Kanals liegen mit Linköping und Norrköping zwei sehr unterschiedliche Städte, Erstere historische Dom- und Universitätsstadt, Letztere Industriestadt, im 19. Jh. wichtigster Standort der Textilindustrie des Landes und das schwedische Pendant zum englischen Manchester. Heute sind beide lebendige Großstädte mit einem spannenden Mix aus Kultur, Shopping und Gastronomie.

Zwischen Söderköping und Västervik erstreckt sich die ›Blaue Küste‹ von Östergötland, deren Schärenlandschaft beste Wassersportmöglichkeiten bietet. Abstecher von der E 22 führen an die Küste, nach St. Anna, über Valdemarsvik nach Gryt und nach Loftahammar.

In **Sörmland** (Södermanland) befindet man sich mitten im Inga-Lindström-Land – hier spielt die fürs deutsche Fernsehen an Originalschauplätzen gedrehte Serie. Zum Liebreiz der Provinz tragen die Schlösser und Herrenhäuser bei, oft in exklusiver Lage am Wasser, z. B. an der Schärenküste.

# Jönköping ▶D 11

Die Hauptstadt (120 000 Einwohner) von Nordostsmålands Region Jönköpings län liegt an der Südspitze des Vättern und ist ein wichtiger Verkehrsknotenpunkt, Einkaufszentrum für die gesamte Region und ein bedeutender Industriestandort. Moderne Bauten prägen das Zentrum der Stadt, die immer wieder von Bränden heimgesucht wurde.

### Tändsticksmuseet
*Tändsticksgränd 27, www.jonkoping.se/kultur/matchmuseum, Juni–Aug. Mo–Fr 10–17, Sa/So 10–15, Sept.–Mai Di–Sa 11–15 Uhr, 40 SEK (März–Okt.)*
Bekanntestes Exportprodukt der Stadt waren die Sicherheitszündhölzer, die nach der Pariser Weltausstellung 1855 einen Siegeszug ohnegleichen antraten. Hersteller der Weltneuheit waren die Brüder Johan Edvard und Carl Lundström, die ihr Geld zunächst mit den gefährlichen Phosphorstreichhölzern verdient hatten. Das Tändsticksmuseet dokumentiert die Geschichte der Zündholzproduktion. Es residiert in einem Holzhaus, in dem sich ab 1848 die erste Streichholzfabrik befand. Sie wurde 1971 stillgelegt. Da es bis zu 38 schwedische Streichholzfabriken gab, die sich gegenseitig in den Konkurs trieben, kam es 1917 zu einer Fusion, aus der der Konzern Svenska Tändsticksaktiebolaget hervorging. Unter der Führung von Ivar Kreuger erlangte er das Weltmonopol für Zündhölzer.

### Jönköpings läns museum
*Dag Hammarskjölds plats, www.johnbauersmuseum.nu, www.jkpglm.se, tgl. 11–17, Mi 11–20 Uhr, 40 SEK*
Das auch architektonisch sehenswerte Provinzmuseum besitzt die größte schwedische Sammlung von Werken des Malers John Bauer (1882–1918), die auf eine unvergleichliche – von manchen als kitschig, von anderen als beunruhigend – empfundene Weise Geschichten von Trollen, Elfen, Wichteln und Zwergen erzählen, weshalb der Künstler noch heute in Schweden ungeheuer beliebt ist. Er kam auf tragische Weise bei einem Schiffsunglück ums Leben.

## Übernachten

*Zentral* – **Familjen Ericssons City Hotell:** Västra Storgatan 35, Tel. 036 71 92 80, www.cityhotel.se, kleine Budgetzimmer ab 595 SEK/EZ, 895–1700 SEK/DZ, Angebote für längeren Aufenthalt (ab 2 Nächte) und Wochenenden (Fr–So). Das familiengeführte Hotel mit 80 Zimmern liegt gegenüber dem Streichholzmuseum (200 m zum Bahnhof).
*Am Vätterufer* – **Jönköping SweCamp Villa Björkhagen:** Friggagatan 31, Tel. 036 12 28 63, www.villabjorkhagen.se, Stellplatz ab 210 SEK, auch Feriendorf mit voll ausgerüsteten Hütten ab 795 SEK/Tag. Großer 4-Sterne-Platz nahe dem Spaßbad Rosenlund (s. u.).

## Aktiv & Kreativ

*Spaß- und Hallenbad* – **Rosenlundsbadet:** www.rosenlundsbadet.se. Es gilt als größtes Erlebnisbad in Skandinavien, schöne Lage am Vättersee.
*Für Wasserratten* – **Badestellen** und beheizte **Freibäder** am Vättersee unter www.jonkoping.se/fritid.

## Infos

### Touristeninformation
**Jönköpings Turistbyrå:** Resecentrum Järnvägsstationen, 55189 Jönköping, Tel. 036 10 50 50, Fax 036 10 77 68,

# Vättersee und Götakanal mit Sörmland

## Unser Tipp

### Wo die Zuckerstangen gerollt werden

Kinder werden an Gränna vor allem eines lieben: die *polkagrisar* genannten Zuckerstangen. Sie werden hier seit 1859 hergestellt. Damals erhielt die Witwe Amalia Eriksson die Erlaubnis, mit der Produktion von feinem Backwerk den Lebensunterhalt für sich und ihre Tochter zu verdienen. An Grännas Hauptstraße reiht sich heute ein Laden an den anderen. Bei einigen Zuckerbäckern kann man zusehen, wie die rot-weißen ›Polkaschweinchen‹ in Handarbeit entstehen: Der warme, mit Aromen versetzte Zuckerstangenteig wird gewalkt und geschlagen, über einen Haken geschlungen und gezogen, damit er schön geschmeidig wird. Dann wird die Masse zu Stangen gerollt und getrocknet (**Franssons Polkagristillverkning**, Jönköpingsvägen 19, www.franssonspolkagrisar.se, tgl. 9–17 Uhr).

turist@stk.jonkoping.se, www.jonkoping.se/turism.

**Verkehr**
**Bahn:** nach Falköping, Nässjö.
**Bus:** u.a. nach Gränna, Linköping, Norrköping, Vadstena, Motala, Örebro.

## Huskvarna ▶ E 11

Jönköpings Nachbarstadt wurde weltbekannt durch die Produktion von Waffen, Motorrädern und Nähmaschinen. Nostalgische Motorroller der 1950er-Jahre und andere Oldtimer zeigt das **Husqvarna Fabriksmuseum** (www.husqvarnamuseum.se, Mai–Sept. Mo–Fr 10–17, Sa/So 12–16, Okt.–April Mo–Fr 10–15, Sa/So 12–16 Uhr, 50 SEK).

## Gränna und Umgebung ▶ E 11

Bekannt ist Gränna vor allem für die rot-weißen Zuckerstangen, die als überdimensionale Werbeträger das Ortsbild dominieren. Doch ein Blick abseits vom Trubel der Brahegatan, über die sich im Sommer eine schier endlose Karawane von Autos auf Parkplatzsuche schiebt, lohnt sich: Da Gränna nie von verheerenden Stadtbränden heimgesucht wurde, zählt es zu den besterhaltenen schwedischen Holzstädten. Im **Hallska Gården** arbeiten Kunsthandwerker und im lauschigen Innenhof lockt ein schönes Café (Brahegatan 35/Hahns gränd, nur im Sommer geöffnet).

### Grennamuseum und Andréemuseum

www.grennamuseum.se, Brahegatan 38–40 (Eingang via Kulturgård möglich), Mitte Mai–Aug. tgl. 10–18, sonst 10–16 Uhr, 50 SEK
Im Haus der Touristeninformation (Grenna Kulturgård) lohnt der Besuch des Andréemuseum. Salomon August Andrée (1854–97) versuchte 1897 mit zwei Begleitern den Nordpol mit einem Ballon zu überqueren. Drei Tage nach dem Start auf Spitzbergen mussten sie notlanden, irrten drei Monate durch die Eiswüste und kamen alle-

Gränna und Umgebung

samt ums Leben. Ausgestellt sind die 1930 gefundenen Überreste der Expedition: Fotos, Tagebücher und Ausrüstungsgegenstände. Andrée zu Ehren findet alljährlich im Juli ein Ballonwettbewerb statt. Das Grennamuseum beherbergt außerdem u. a. eine Sammlung zur Lokalgeschichte.

## Übernachten

*Nicht nur für Hochzeitspaare –* **Gyllene Uttern:** an der E 4, 3 km südl. von Gränna, www.gylleneuttern.se, DZ 1200–1700 SEK, Golf-, Weekend- und andere Paketangebote; auch Hüttenvermietung. Das Gasthaus im Stil eines nordischen Königshofs – bzw. wie man sich diesen in den 1930er-Jahren vorstellte – ist bei Brautpaaren sehr beliebt; sie können sich sogar in der hauseigenen Kapelle trauen lassen. Auch für alle anderen bietet das Haus besten Service und komfortable Zimmer. Im Sommer kann man von der Terrasse bei Kaffee und Kuchen den wunderbaren Blick über den Vättern genießen.
*Am Vätterufer –* **Getingaryds Camping:** Tel. 0390 210 15, www.camping.se/F02, Mai–Sept., Stellplatz ab 130 SEK, einfache Hütten ab 350 SEK/Tag. Nördlich von Gränna am Vättern auf halbem Weg nach Ödeshög.
*An der ›Lagune‹ –* **Grännastrandens Familjecamping:** Tel. 0390 107 06, www.grannacamping.se, Mai–Sept., Stellplatz 150–170 SEK, Ferienhäuser ab 950 SEK/Tag. In der Nähe des Anlegers für die Fähren Richtung Visingsö, bei der Badeanstalt Gränna Badlagun.

## Essen & Trinken

*Graf Brahe bittet zu Tisch –* **Strandgården:** Visingsö, unterhalb der Schlossruine, Tel. 0390 403 59, www.visingsokonferens.se, Mo–Do 18–22.30 Uhr, Juli geschl., 150–185 SEK. Man speist wie bei Graf Brahe zu Hause: Gerichte aus dem berühmten, 600 Rezepte umfassenden Kochbuch des Grafen aus dem 16. Jh.

## Aktiv & Kreativ

*In einem Park am Vätterufer –* **Freibad Gränna Badlagun:** am Fähranleger. Das durch eine Mole abgetrennte flache Bassin ist eine richtige Badelandschaft. Mittendrin liegen kleine Sandinseln, die man über Stege erreichen kann, Wasserrutschbahn und Klettergerüst.

## Infos & Termine

### Touristeninformation
**Gränna Turistbyrå:** Box 104, Grenna Kulturgård, 56322 Gränna, Tel. 0390 410 10, Fax 0390 102 75, www.grm.se/turistinfo.

### Termine
**Andrée-Tage:** um den 11. Juli, dem Tag, an dem Andrée auf Spitzbergen startete, in Gränna; mit Ballonfahrten.

### Verkehr
**Bus:** nach Stockholm, Jönköping, Linköping, über Vadstena und Motala nach Örebro.
**Fähre:** nach Visingsö, im Sommer stdl., Fahrtzeit 20 Min., für Autos Reservierung erforderlich, Tel. 0390 410 25.

## Spaziergang zur Schlossruine Brahehus

Vom Parkplatz ca. 4 km nördlich von Gränna bei Uppgränna führt eine Kletterpartie durch den Wald am Hang des Vätterufers auf die Höhe, wo sich die **Schlossruine Brahehus** erhebt. 1708

## Vättersee und Götakanal mit Sörmland

**Schöne Route am Seeufer entlang**
Für die Weiterreise von Gränna Richtung Norden, wo man bald die Grenze zur Provinz Östergötland überquert, sollte man die kleine, direkt am Vättern entlangführende Landstraße nach Ödeshög (ausgeschildert mit »Turistvägen«) der E 4 vorziehen. Man fährt, den Vättern links im Blick, durch die flache Wiesenlandschaft, immer wieder eröffnen sich schöne Ausblicke.

fiel das 1636 von Per Brahe errichtete Schloss einem Brand zum Opfer. Auf der anderen Seite der Ruine verläuft die Autobahn E 4. Der Blick über Gränna und die Insel Visingsö ist die Mühen des Aufstiegs wert.

## Insel Visingsö ▶ E 10/11

Man könnte meinen, die in 20 Minuten mit der Fähre zu erreichende Insel Visingsö, mit 25 km² die größte im Vättern, sei eine Art Vorort von Gränna. Tatsächlich verhält es sich genau umgekehrt: Die Grafen des Geschlechts Brahe, das Titel und Lehen 1561 erhalten hatte, errichteten auf Visingsö mit Steinen aus der Klosterruine Alvastra eine Burg und gründeten 1652 auf dem Festland den Ort Gränna als Hauptstadt der Grafschaft Visingsborg. Zur Schlossruine gehört heute wieder ein Kräutergarten, der nach barocken Vorbildern des 17. Jh. angelegt wurde.

Die Insel hat ein sehr mildes Klima, weshalb hier z. B. auch Maulbeerbäume wachsen, auf denen man Mitte des 19. Jh. Seidenraupen züchtete. Einer der größten Eichenwälder des Landes wurde 1831 im Zentrum der Insel angelegt, weil man errechnet hatte, dass der Eichenholzbedarf für die Fachwerkhäuser zukünftiger Generationen nicht ausreichen würde. Beliebtestes Verkehrsmittel auf Visingsö sind die *remmalag* genannten Pferdewagen, die ca. 25 Menschen, Rücken an Rücken sitzend, gemächlich über die Insel kutschieren.

## Omberg und Umgebung ▶ E 10

Wanderwege und schmale, gewundene Straßen, von denen sich immer wieder wunderbare Ausblicke auf den Vättern eröffnen, erschließen das Naturschutzgebiet zwischen Alvastra und Borghamn. Der kalkreiche Untergrund lässt im Frühsommer Primeln, Küchenschellen und sogar Orchideen sprießen. Vom Wanderparkplatz an der Jugendherberge Stocklycke führt gen Norden eine Panoramastraße, die nur in diese Richtung befahren werden kann, bis zum Steinbruch von Borghamn. Er lieferte den Baustoff für das Kloster Alvastra, das Kloster und Schloss in Vadstena, den Götakanal und die Festung Karlsborg am anderen Ufer des Vättern.

Eine Ausstellung im **Naturum Omberg** (s. Infos, S. 207) informiert über den Omberg und den See Tåkern.

### Kloster Alvastra

Französische Zisterzienser gründeten im Jahr 1143 am südlichen Ausläufer des Ombergs das Kloster Alvastra, das 400 Jahre lang zu den mächtigsten Schwedens zählte. Im Verlauf der Reformation wurde es eingezogen, Ende des 16. Jh. diente es als Steinbruch für die Bauarbeiten am Schloss in Vadstena.

**Die Hänge des Ombergs zeichnen sich durch eine vielfältige Flora aus**

# Vättersee und Götakanal mit Sörmland

Kein gewöhnliches Schloss: In Vadstena slott werden seit 1654 Opern aufgeführt

## Vogelbeobachtung am See Tåkern

Östlich des Ombergs erstreckt sich der flache See Tåkern, ein wichtiges Vogelschutzgebiet. Seine großen Schilfflächen bieten rund 270 Vogelarten einen idealen Lebensraum. Von einigen um den See verteilten Besuchergebieten aus kann man die Vögel beobachten und per Feldstecher versuchen, einen Blick in die Kinderstube von Wasservögeln wie Trauerseeschwalbe, Rohrdommel und Schilfrohrsänger zu erhaschen.

Vom Beobachtungsturm in Glänås auf der Südseite aus werden vogelkundliche Wanderungen angeboten (April–Mitte Okt.). Geplant ist auch der Bau eines Besucherzentrums (Naturum).

## Übernachten

*Naturnah* – **STF Vandrarhem Omberg:** Stocklycke, Tel. 0144 330 44, www.stf stocklyckevandrarhem.se. April–Okt., ab 380 SEK/DZ ohne Frühstück und Bettwäsche. Ein ausgezeichneter Ausgangspunkt für Wanderungen im Naturschutzgebiet, ideal für Gruppen. 52 Betten in 14 Zimmern im Hauptgebäude sowie in einem kleineren Holzbau.

*Hafennah* – **STF Vandrarhem Borghamn:** Borghamnsvägen 1, Tel. 0143 203 68, www.borghamnsvandrarhem. nu, ab 390 SEK/DZ ohne Frühstück und Bettwäsche. Schöne Lage am kleinen Hafen von Borghamn rund 15 km südlich von Vadstena; auf die sieben Gebäude verteilen sich insgesamt 125 Betten. Café im Innenhof und Restaurant (Sommerbetrieb).

## Infos

**Naturum Omberg:** neben der Jugendherberge Stocklycke, Tel. 0144 332 45, www.e.lst.se, Mai–Aug. tgl. 11–17, April, Sept.–Mitte Okt. Sa/So 12–16 Uhr, Wandertipps und -karten.

# Vadstena! ▶ E 10

In der wohlhabenden, properen Stadt (7500 Einwohner) herrscht eine ganz besondere Atmosphäre, eine wahrhaft himmlische Ruhe und Gelassenheit. Pilger und Nonnen bevölkern Kirchen und Straßen. Hinzu kommt die wunderschöne Lage am Vättern.

Seine Bedeutung – und 1989 einen Besuch des Papstes – verdankt Vadstena der Beharrlichkeit der heiligen Birgitta, einer der bemerkenswertesten Frauen der schwedischen Geschichte. Birgitta lebte als Hofdame bei König Magnus Eriksson, mit dem sie auch weitläufig verwandt war, und hatte acht Kinder. Als sie 1344 im Alter von 42 Jahren Witwe wurde, zog sie sich fünf Jahre lang in das Kloster Alvastra zurück, wo ihr in Visionen aufgetragen wurde, in Vadstena ein Kloster zu errichten. Für ihre revolutionäre Idee, hier ein Kloster für Mönche und Nonnen zu gründen, brauchte sie jedoch noch die Erlaubnis des Papstes, weshalb sie sich 1349 auf den Weg nach Rom machte. Erst 1370 erhielt sie von in Avignon residierenden Gegenpapst die Erlaubnis, erlebte aber die Einweihung des Klosters nicht mehr, denn sie starb 1373 in Rom. Da sie jedoch genaue Instruktionen bis hin zu den Maßen der Kirche hinterlassen hatte, entsprach das elf Jahre nach ihrem Tod geweihte Kloster genau ihren Vorstellungen. Die erste Äbtissin war ihre Tochter Katharina. Birgitta wurde 1391 heilig gesprochen. Sie gilt als erste schwedischsprachige Schriftstellerin, da sie ihre Offenbarungen, die sie zunächst in lateinischer Sprache niederschrieb, später selbst übersetzte.

Auch das Kloster Vadstena wurde im Zuge der Reformation unter Gustav Vasa eingezogen, die Nonnen durften nur bis 1595 bleiben. Das Nonnenkloster wurde zunächst Königshof, später Lazarett, dann Irrenhaus, bis Mitte des 20. Jh. der gesamte Gebäudekomplex restauriert wurde. Heute beherbergt es das renommierte Klosterhotel. Mittlerweile sind auch Birgittinerinnen nach Vadstena zurückgekehrt; sie leben in einem neu errichteten Kloster.

## Blå kyrkan

*Mai, Juni, Aug. 9–19, Juli 9–20, sonst 11–15.30 Uhr*

Die ›Blaue Kirche‹, die Klosterkirche, deren Aussehen und Maße von Birgitta bestimmt worden waren, wurde erst 1430 geweiht. Sie beherbergt Birgittas Reliquien sowie eine große Sammlung mittelalterlicher Skulpturen. Da Mönche und Nonnen keinen Blickkontakt haben durften, saßen die Nonnen über dem Hochaltar auf einer Empore, die heute allerdings nicht mehr vorhanden ist. Als blau wird die Kirche im Unterschied zur St. Perskyrka bezeichnet, deren roter Turm heute als Glockenturm dient.

## Klostermuseum

*www.sanctabirgitta.com, Juni, Mitte–Ende Aug. tgl. 11–16, Juli–Mitte Aug. 10.30–17, Mai, Sept. Sa/So 11–16 Uhr, 60 SEK*

1346 schenkte König Magnus Eriksson seiner Hofdame Birgitta den früheren Palast des Geschlechtes Bjälbo. Er ist angeblich der älteste erhaltene Profanbau Schwedens, um 1250 von Birger Jarl erbaut (diesen Anspruch erhebt jedoch auch Burg Glimmingehus in Skåne). Hier lebten im Mittelalter

# Lieblingsort

**Vitsand strand – Baden und Kiefernduft atmen** ▶ E 9

Vitsand im Nationalpark Tiveden ist eine ganz verschwiegene Badestelle. Schon die Anfahrt führt durch urwüchsiges Nationalparkgebiet. An diesem Strand erwartet niemand Infrastruktur, jedoch viel Natur. Der Sand der lang gezogenen Bucht ist mit kleinen Kieselsteinen und Kiefernzapfen durchsetzt und das weiche Moorwasser des Sees Stora Trehörningen ist schnell erwärmt. Man kann einige 100 m weit hinauswaten, ohne bis über die Knie nass zu werden. Wanderwege führen von der Badestelle zu verschiedenen Natursehenswürdigkeiten, z. B. zur Stenkälla (›Stein-Quelle‹, 1,6 km). Die Quelle entspringt unter haushohen Findlingsblöcken. Hatten hier womöglich Riesen ihre Hände im Spiel?

Vättersee und Götakanal mit Sörmland

die Nonnen des Birgittenordens, der Thema einer Ausstellung ist.

**Vadstena slott**
*www.vadstenadirect.se, Mitte–Ende Mai, Anfang–Mitte Sept. Mo–Fr 12–15, Juni, Mitte–Ende Aug. tgl. 11–16, Juli 11–18, Mitte–Ende Sept. Sa/So, Jan.–Mitte Mai nur Führung Sa 14 Uhr, 60 SEK (Führungen 90 SEK)*
Die Besichtigung des unter Gustav Vasa 1545 errichteten Schlosses vermittelt einen guten Eindruck vom trutzigen Charme eines typischen Vasaschlosses. Seit 1654 werden hier regelmäßig Opern aufgeführt. Die 1864 gegründete Vadstena Akademien führt die Tradition weiter und ermöglicht jungen Musikern jeden Sommer (Juli und Aug.) öffentliche Auftritte.

## Übernachten

Vadstena ist ein Touristenmagnet. In der Hochsaison gibt es zahlreiche Unterkünfte; Infos beim Turistbyrå.
*Zentral –* **STF Vandrarhem Vadstena:** Skänningegatan 20, Tel. 0143 765 60, www.sevadstena.com. Ehemaliges Altersheim mit Konferenzmöglichkeit. Die kürzlich renovierten Zimmer mit eigener Dusche/WC haben Hotelstandard (600 SEK/DZ ohne Frühstück und Bettwäsche). Auch preiswertere Zimmer (ab 180 SEK/Bett).
*Mit schönem Badestrand –* **Vadstena Camping:** Tel. 0143 127 30, www.vadstenacamping.se, Mai–Mitte Sept., Zimmer und Stellplatz ab 180 SEK, Hütten ab 600 SEK/Tag. 3 km nördlich von Vadstena am Ufer des Vättern.

## Essen & Trinken

*Bistroküche –* **VadstenaValven:** Storgatan 18, Tel. 0143 123 40, www.valven.se, Mo/Di, Do 11.30–14, 18–22, Mi, Fr/Sa 11.30–22, So 12–21 Uhr. Rustikales Ambiente im Gewölbelokal, wo schwedische Hausmannskost serviert wird; Bistromenü um 150 SEK.
*Klosterküche –* **Restaurant Munkklostret:** im Klosterhotel, Tel. 0143 130 00, www.klosterhotel.se, Mo–Sa 12–14, 18–21 Uhr. Spezialität ist Vättern-*röding* (Saibling), 85–270 SEK.

## Abends & Nachts

*Eindrucksvoll –* **Orgelkonzerte** (im Sommer) in der Blå kyrka sind ein Erlebnis, wenn die Sonne hinter dem Chor im Westen untergeht.
*Eine besondere Atmosphäre –* **Opernaufführungen in Vadstena slott:** Informationen bei Vadstena Akademien, Tel. 0143 122 29, www.vadstena-akademien.org, Karten Vadstena Kulturcentrum, Tel. 0143 150 37.

## Infos

**Touristeninformation**
**Vadstena Turistbyrå:** Rödtornet, 59280 Vadstena, Tel. 0143 315 70 oder 0143 315 71, www.tidernaslandskap.se.

**Verkehr**
**Bus:** nach Jönköping, Motala, Linköping, Örebro.

# Askersund und Umgebung ▶ E 9

Das hübsche und beschauliche Städtchen **Askersund** (11 500 Einwohner) an der Nordspitze des Vättern bietet sich an als Ausgangspunkt für Ausflüge in den aus rund 50 Inseln bestehenden Vättern-Schärengarten.

# Askersund und Umgebung

Rund 5 km südlich von Askersund liegt **Stjärnsund slott** (Führungen Mitte Mai–Juni), ein klassizistischer Palast aus dem frühen 19. Jh., umgeben von einem herrlichen Park.

## Infos & Termine

### Touristeninformation
**Askersunds Turistbyrå:** Torget, 69630 Askersund, Tel. 0583 810 88, Fax 0583 100 68, www.askersund.se.

### Termine
**Tradjazzfestival** (Mitte Juni, Wochenende vor Mittsommer): Jazzfestival mit Dixielandkapellen.
**Antiquitätenmarkt:** Anfang Aug. mit Auktionen in Askersund.

### Verkehr
**Bus:** nach Örebro und über Medevi, Motala, Vadstena nach Jönköping.

## Übernachten, Essen

*Herrenhofidyll am See* – **Aspa Herrgård:** Aspa bruk, Tel. 0583 502 10, www.aspaherrgard.se, ca. 1000 SEK/Pers. im DZ. Hotel und Restaurant (Hauptgerichte ca. 150–300 SEK), 13 km südlich von Askersund wunderschön am Westufer des Vättern inmitten alter Holzhäuser gelegen.

*Am See* – **Husabergsudde Camping:** Tel. 0583 71 14 35, www.husabergsudde.se, Mai–Anfang Sept., Stellplatz 150–170 SEK. 1,5 km südlich von Askersund, Hütten mit Blick auf See und Schloss.

**Im 19. Jh. nach einem Entwurf von Carl Frederik Sundvall errichtet: Stjärnsund slott**

Vättersee und Götakanal mit Sörmland

## Aktiv & Kreativ

*Ausflüge* – **Bootsfahrten:** Auf dem Alsensee mit dem über 100 Jahre alten Dampfer »Motala Express«; zur Hochbrücke von Stora Hammarsundet mit der »M/S Wettervik«, Tel. 0583 810 88.

## Nationalpark Tiveden ▶ E 9

*www.tiveden.se*
Von Askersund lohnt ein Ausflug von ca. 20 km an das Westufer des Vättern. Hier liegt im Nationalpark Tiveden eine echte Wildnis: Nachdem der Wald jahrhundertelang für die Herstellung von Holzkohle genutzt wurde, entwickelt sich nun in dem 1983 unter Schutz gestellten Gebiet ohne menschliche Eingriffe ein Urwald. Waldvögel wie Rauhfußkauz und Dreizehenspecht haben sich angesiedelt. Hier sieht man besonders deutlich, welche Kräfte am Ende der Eiszeit die Oberfläche dieses Landes geformt haben.

Eine weitere Attraktion im Gebiet des Tiveden ist neben dem Strand Vitsand (s. Lieblingsort S. 208) der See **Fagertärn**, Heimat der seltenen roten Seerose, die als erste Pflanze in Schweden 1905 unter Naturschutz gestellt wurde und Mitte Juli bis August blüht.

# Götakanal

## Motala ▶ E 10

In der ehemaligen Industriestadt (42 000 Einwohner) zwischen Vättern und Boren beginnt der durch Östergötland führende Teil des Götakanals, der Motala und Mem bei Söderköping miteinander verbindet und 1832 eingeweiht wurde. Leitender Ingenieur war Baltzar von Platen. Er entwarf auch den fächerförmigen Stadtplan für das direkt an der Vätternbucht gelegene Stadtviertel. Sein Grabmal mit imposantem Gedenkstein liegt östlich des Museums direkt am Kanal.

In der Maschinenfabrik **Motala verkstad** (Juni–Aug. So 13–16 Uhr) von 1822 sind Dampfmaschinen und andere alte Maschinen zu sehen. Eine Ausstellung am Hafen (Dockanområdet), **Göta Kanalutställning** (Varvsgatan, Mittsommer–Aug. tgl. 9–18 Uhr) widmet sich der Lebensader Götakanal und seiner Geschichte. Ebenfalls am Hafen lässt das **Motormuseum** (www.motormuseum.se, tgl. 10–20 Uhr, 70 SEK) Besucher in Nostalgie schwelgen: eine Jukebox und eine komplette Tankstelle aus den 1950er-Jahren – auch das Moped des schwedischen Königs steht hier, mit dem er weiland den Schlosspark unsicher machte …

### Ausflug nach Medevi brunn ▶ E 9/10

15 km nördlich von Motala liegt Medevi brunn, Schwedens ältester Kurort, der 1678 nach der Entdeckung radioaktiven Heilwassers gegründet wurde. Heute ist die Ansammlung alter Häuser inmitten eines Parks ein kleines Idyll mit u. a. Apotheken-Museum, abends Tanz, Theater und Marsch zum von einer Kapelle gespielten »Grötlunken« (Juni–Aug. Hotel, Vandrarhem ab 380 SEK/DZ, und Restaurant, Tel. 0141 911 00, hotell@medevibrunn.se).

## Übernachten, Essen

Am Kanal reihen sich Cafés, Restaurants und preiswerte Unterkünfte wie B & B und Vandrarhem aneinander, doch für viele beginnt bereits Mitte August der Winterschlaf, auch wenn der Kanal noch bis September offen ist.

# Götakanal

**Schiffstour auf dem Götakanal von Göteborg nach Stockholm**
Der Götakanal ermöglicht zusammen mit dem Trollhätte kanal eine durchgehende Schiffsreise von Göteborg nach Stockholm. Die Fahrt durch den Kanal und die Seen Vänern, Viken, Vättern, Boren und Roxen kann mit dem Linienschiff oder dem eigenen Boot zurückgelegt werden und dauert vier bis sechs Tage. Die stilvollste Variante stellt die Reise mit einem der Dampfschiffe »Juno«, »Wilhelm Tham« oder »Diana« dar (ab ca. 850 €/Pers.). Informationen: AB Göta Kanalbolag, Box 3, 59121 Motala, Tel. 0141 20 20 50, Fax 0141 21 55 50, www.gotacanal.se, www.hurtigruten.de.

*Nostalgie* – **Göta Hotell:** Borensberg, Tel./Fax 0141 400 60, www.gotahotell.se, Mai–Sept., Dez., 1200 SEK/DZ mit Dusche/WC, 800 SEK/DZ Dusche/WC auf dem Flur. Wunderbar altmodisches Hotel von 1908 mit zwölf Zimmern, nicht alle mit Dusche/WC, aber dafür viel Atmosphäre.
*Industriegeschichte* – **STF Vandrarhem Motala verkstad:** Varvsgatan 17, Motala, Tel. 0141 21 09 23, mallboden@hotmail.com, ab 195 SEK/Pers, ab 350 SEK/DZ. Die Jugendherberge im denkmalgeschützten und mustergültig restaurierten Fabrikbau hat auch sieben Apartments zu vermieten, insgesamt 32 Betten, direkt am Kanal.

## Aktiv & Kreativ

*Fahrradfahren* – **Infos zu Fahrradtouren** und Paketangeboten über das Turistbyrå. Fahrradverleih am Hafen.
*Baden* – **Varamobadet**, ca. 4 km nördlich von Motala, hat mit 4 km Länge den größten Binnenseestrand Schwedens, diverse Wassersportangebote.

## Infos

**Touristeninformation**
**Motala Turistbyrå:** Hamnen (am Hafen), 59186 Motala, Tel. 0141 22 51 00, www.motala.se.

# Auf Entdeckungstour

## Mit dem Rad am Götakanal entlang – Schiffstour inklusive

Auch wer nicht besonders sportlich ist, schafft es, die Strecke Borensberg–Berg radelnd zurückzulegen. Auf alten Treidelpfaden geht es durch eine flache Ackerlandschaft, vorbei an historischen Brücken und über Aquädukte.

**Reisekarte:** ▶ E/F 10

**Verlauf:** ab Berg per Schiff nach Borensberg; von dort per Rad nach Berg zurück (mit Abstechern ca. 30 km).

**Schiffsfahrt:** »M/S Wasa Lejon« Berg–Borensberg–Berg Mitte Mai–3. Sept.- Woche tgl. 10 Uhr ab Berg, Ankunft in Borensberg um 13.30 Uhr. **Fahrradverleih:** Mai–Sept., z. B. bei STF Vandrarhem Glasbruket in Borensberg, wo man auch günstig übernachten kann (ab 440–560 SEK/DZ), www.cykelaventyr.se.

**Buchung mehrtägiger Fahrradpakete** inkl. Radmiete, Unterkunft/Verpflegung: Turistbyrå Motala (s. S. 213).

**Weitere Infos:** Gutshofladen Brunneby Musteri, www.brunnebymusteri.se. Ljungs slott, www.ljungsslott.com, Tel. 070 287 82 22.

Gemütlich tuckert die »M/S Wasa Lejon« am Morgen von **Berg,** wo an der berühmten Schleusentreppe (s. S. 216) zu dieser Zeit noch nicht viel Betrieb ist, Richtung Westen zum Ausgangspunkt der Radtour in **Borensberg.** Hier nimmt man das vorbestellte Fahrrad in Empfang und die Fahrt am Kanal entlang kann losgehen. Vielleicht trifft man unterwegs einen der historischen Kanaldampfer, die wie vor 100 Jahren im beschaulichen Tempo von fünf Knoten zwischen Göteborg und Stockholm verkehren – die Reise dauert sechs Tage. Die Schiffe wurden speziell für die schmale Wasserrinne des Götakanals gebaut.

### Eine Mühle voller Erinnerungen

Am Rand von Borensberg passiert man nach 2 km die ehemalige Getreidemühle von Ljungs slott, die Fassade zeigt das Baujahr 1775. Heute ist in dem historischen Bau ein Heimatmuseum, **Hembygdsmuseum** (nur im Juli tgl. 10–16 Uhr), eingerichtet. Es zeigt landwirtschaftliche Geräte vergangener Zeiten und Lokalgeschichtliches. Kurz darauf erreicht man das erste **Aquädukt** auf dieser Strecke.

### Des Königs Marmelade

Wer jetzt schon Durst hat, kann auf einem kurzen Abstecher Richtung Süden beim Hoflieferanten des schwedischen Königs einkaufen: **Brunneby Musteri** (Mo–Fr 9–18, Sa 9–16, So 11–16 Uhr, Restaurant Mo geschl.) produziert Fruchtsäfte und Marmeladen, die man im Fabrikladen erwerben kann – vielleicht eine geeignete Ergänzung fürs Picknick unterwegs.

Die **Kirche von Brunneby** mit den originellen zehn Spitzen auf dem Dachreiter wurde Mitte des 13. Jh. errichtet, als das Gut einem Verwandten der späteren hl. Birgitta gehörte.

### Entflammte Herzen und Öfen

Gegenüber der Brücke von Ljung lohnt ein Schlenker Richtung **Ljungs slott,** auch wenn man es meist nur von außen betrachten kann (Privatwohnsitz). Einer der früheren Besitzer des Schlosses, Axel von Fersen, soll eine Affäre mit der französischen Königin Marie-Antoinette gehabt haben. Ob an dem Gerücht etwas dran ist, wird man nicht herausfinden können. Die gustavianischen Kachelöfen hingegen, in denen ganz sicher Feuer loderten, sowie Türstücke aus dem späten 18. Jh. lassen sich bei Führungen (im Juli So 13 und 15 Uhr) und im Rahmen von Veranstaltungen betrachten. Die **Kirche von Ljung** mit einer schönen Allee ist ein weiteres Schmuckstück aus dieser Zeit.

### Distanzen überwinden

Einer der Höhepunkte der Tour ist zweifellos das **Aquädukt**, mit dem der Kanal in Ljungsbro die Straße überquert. Anschließend passiert man die Schleusen Heda und Brunnby. Das absolute Highlight bildet dann schließlich die berühmte Carl-Johan-Schleuse, bekannter als **Bergs slussar,** mit ihren sieben hintereinander gestaffelten Schleusentoren (s. S. 216).

### Lust auf Süßes?

Viele Radler werden einem Abstecher vom Götakanal zum **Fabrikladen von Cloetta Choklad** (Mo–Fr 9–18, Sa 10–14 Uhr, mit Café) in Ljungsbro nicht widerstehen können – zur Auffüllung der Kohlenhydratreserven. Das 1873 gegründete Unternehmen ist die älteste Schokoladenfabrik des Landes und heute Teil des Fazer-Konzerns. Die Schokowaffeln gehören in fast jedem schwedischen Kiosk zum Standardsortiment, im Laden in Ljungsbro wird die süße Ware aber besonders preiswert unters Volk gebracht.

Vättersee und Götakanal mit Sörmland

### Verkehr
**Bahn:** nach Mjölby, Linköping und über Hallsberg nach Örebro und weiter nach Stockholm.
**Bus:** nach Vadstena, Jönköping, Linköping, Örebro.

## Bergs slussar! ▶ F 10

Nordwestlich von Linköping überbrücken bei Berg sieben Schleusen einen Höhenunterschied von 18,8 m zwischen dem Götakanal und dem See Roxen. Die 1815–18 erbaute Schleusentreppe der Carl Johans sluss hält den Rekord auf dem Kanal. Mit einer weiteren Doppelschleuse gleich daneben überwinden die Boote fast 20 m Höhenunterschied.

## Linköping ▶ F 10

Mit 140 000 Einwohnern ist Linköping Schwedens fünftgrößte Stadt, zudem eine Universitätsstadt. Der Bischofssitz war im 13. Jh. mehrfach Schauplatz von Königskrönungen.

Rund um den Stora Torget im Zentrum liegen der gotische **Dom** aus dem 15. Jh., das Rathaus, die ehemalige Residenz des Dompropstes und stattliche Bürgerhäuser. Schmuckstück des Platzes ist der von Carl Milles geschaffene **Brunnen** mit dem Reiter Folke Filbyter, einer Figur aus der nordischen Sagenwelt.

### Gamla Linköping
*Gelände immer zugänglich, Häuser, Museen, Läden und Werkstätten Mo–Fr 10–17.30, Sa/So, Fei 12–16 Uhr; Mo und am Wochenende sind nicht alle Handwerksbetriebe geöffnet*
Das Freilichtmuseum südwestlich der Stadt mit Holzhäusern aus dem 18. und 19. Jh. ist Linköpings größte Sehenswürdigkeit. Die ca. 90 Häuser entstammen der Wiederaufbauphase nach dem großen Brand von 1700 und wurden ab den 1950er-Jahren ins Freilichtmuseum versetzt.

Eine der beliebtesten Attraktionen des Freilichtmuseums ist **Fenomenmagasinet** (www.fenomenmagasinet.se, tgl. 10–16 Uhr, 40 SEK), wo im historischen Holzspeicher einer ehemaligen Zuckerfabrik rund 200 physikalische und naturwissenschaftliche Phänomene anschaulich und sinnlich erfassbar erklärt werden. Aber auch ausgestopfte Tiere und andere Teile einer Naturaliensammlung sind zu sehen.

### Ausflug nach
### Vreta kloster ▶ E/F 10
In Östergötland gab es schon im 12. Jh. viele Königshöfe. König Inge und seine Frau Helena gründeten 1120 das erste Kloster Schwedens, Vreta kloster (10 km nordwestlich). Neben der Kirche aus dem 12. Jh. liegen die romantischen Ruinen des Klosters. Zisterzienserinnen übernahmen die ursprünglich für den König bestimmte Kirche. In einer Kapelle sind Fürsten aus mittelalterlicher Zeit begraben.

## Übernachten

*Luxusherberge im Zentrum –* **STF Vandrarhem Linköping:** Klostergatan 52, Tel. 013 35 90 90, www.lvh.se, DZ ab 510 SEK ohne Frühstück und Bettwäsche. Mitten im Zentrum; Hotelstandard: Alle Zimmer haben Dusche/WC; 2-Zimmer-Apartments ab 845 SEK.
*Mit großem Spielplatz –* **Glyttinge Camping:** Berggårdsvägen, Linköping, Tel. 013 17 49 28, www.camping.se/E28, www.nordiccamping.se, Stellplatz ab 165 SEK. 4 km außerhalb der Stadt, kinderfreundlich, auch Hüttenvermietung.

Götakanal

## Essen & Trinken

*Am Fluss* – **Stångs Magasin:** Södra Stånggatan 1, Tel. 013 31 21 00, www.stangsmagasin.se, Mo–Fr 11.30–14, 18–22, Sa 16–22 Uhr. Gourmetküche in einem alten Getreidespeicher, beliebt ist im Sommer die Terrasse am Fluss. Klassische Feinschmeckerküche mit Mittelmeereinschlag, z. B. Bouillabaisse oder Kotelett mit Ratatouille und Ofenkartoffeln, Lunch 88 SEK (Mo–Fr), Hauptgerichte abends ca. 250–300 SEK.

## Infos

**Touristeninformation**
**Linköpings Turistbyrå:** Storgatan 5 (Bibliotekshuset), 58181 Linköping, Tel. 013 20 68 35, Fax 013 20 66 19, www.visitlinkoping.se, www.ostergotland.info.

**Verkehr**
**Bahn:** nach Stockholm, Malmö, Helsingborg, Norrköping, Västervik, Kalmar.
**Bus:** u. a. nach Jönköping, Norrköping, Vadstena, Motala.

## Söderköping ▶ F 10

Die kleine Stadt, die zu den schönsten an der Küste zählt, wurde Anfang des 13. Jh. von Lübecker Kaufleuten gegründet. Nachdem dänische Angreifer sie 1567 niedergebrannt hatten, beschloss König Johan III. zwar, sie wieder aufbauen zu lassen, verlegte gleichzeitig aber die Verwaltung von Östergötland nach Norrköping. Die Bewohner fanden Alternativen im Fischfang und besaßen ab der Mitte des 17. Jh. mehrere Jahrzehnte lang das Monopol dafür. Anfang des 19. Jh. fand man eine Mineralquelle und baute Kuranlagen.

**Gerettetes Holzhausidyll: Gamla Linköping mit Läden und Cafés im Stil der Zeit um 1900**

# Vättersee und Götakanal mit Sörmland

**Unser Tipp**

**Eisparadies**
Eisige Vielfalt wird im **Glassrestaurang Smultronstället** geboten, wahrscheinlich Schwedens größte Eisdiele: Rund 60 Eissorten stehen zur Auswahl. Originelle neue Kreationen mit ausgefallenen Namen wie »Bora Bora« oder »Tick Tack« bescheren ungewöhnliche Geschmackserlebnisse. Dem kalten Genuss kann man sich in schöner Lage am Wasser mit Blick auf den Schleusenbetrieb und die Boote hingeben (Kanalgatan, Söderköping, www.smultronstallet.se, Mai–Aug. tgl. 10–19 bzw. 21 Uhr).

Mit der Eröffnung des Götakanals 1832 hoffte man wieder am wirtschaftlichen Aufschwung teilhaben zu können. Die Hoffnung trog: Schon 1870 wurde die erste Eisenbahnlinie durch Östergötland eröffnet und der Kanal wurde überflüssig. Heute ist der Kanal mit der Schleusenanlage erneut die Haupteinnahmequelle. Das Kleinstadtidyll mit den bunten Holzhäusern – besonders im Viertel um die **Drothems kyrka,** die Ursprünge im Mittelalter hat –, gab die Kulisse für die Madita-Filme ab, die nach den Büchern von Astrid Lindgren gedreht wurden (schwed. Titel: »Madicken«). Aus dem Mittelalter stammt auch die **Schlossruine Stegeborg,** die die Einfahrt zum Kanal ca. 15 km östlich von Söderköping bewacht.

## Übernachten

*Kurhotel* – **Söderköpings Brunn:** Skönbergagatan 35, Tel. 0121 109 00, www.soderkopingsbrunn.se, 1155 SEK/Pers. (Halbpension). Traditionsreiches Kurhotel mit Wellness-Abteilung.
*Sommerfrische* – **STF Vandrarhem Sankt Anna:** Gamla Färjeläget, Tel. 0121 513 12, info@stannagarden.se, Juni–Aug., ab 400 SEK/DZ ohne Frühstück und Bettwäsche. Schöne Herberge (32 Betten) am Wasser mit Bootssteg vor der Tür, mehrmals tgl. Busse nach Söderköping, Fahrrad- und Bootsverleih.
*Beim Naturreservat* – **Eköns Camping:** Gryt, Tel. 0123 402 83, www.ekonscamping.se, Mai–Mitte Sept., Stellplatz ab 180 SEK, Hütten je nach Komfort ab 400 bzw. 500 SEK/Tag. Auf einer Halbinsel an der Schärenküste 5 km südlich von Gryt, wunderbare Wandermöglichkeiten, Badestelle an den Klippen.

## Aktiv & Kreativ

*Unterwegs sein* – **Ausflüge:** Rad- und Bootstouren auf dem Götakanal: buchbar im Turistbyrå; Bootstouren in die Schären von Sankt Anna (www.sanktanna.com, nur auf Schwedisch).

## Infos

**Touristeninformation**
**Söderköpings Turistbyrå:** Stinsen, Margaretagatan 19, 61480 Söderköping, Tel. 0121 181 60, Fax 0121 185 81, www.ostergotland.info.

**Verkehr**
**Bus:** u. a. nach Norrköping, Linköping.

# Norrköping ▶ F 10

Die Industriestadt (124 000 Einwohner) am Motala ström wurde früher wegen ihrer zahlreichen Textilfabriken und Baumwollspinnereien auch ›Schwedens Manchester‹ genannt. Geblieben sind ihr zahlreiche Zeugnisse der industriellen Vergangenheit, die zum größten Teil im 18. und 19. Jh. entstanden und ein Ensemble von beeindruckender Geschlossenheit darstellen.

### Arbetets museum
*www.arbetetsmuseum.se,*
*tgl. 11–17 Uhr, Eintritt frei*
In der Flussmitte, auf der Insel Laxholmen, liegt das Museum der Arbeit. Das ›Bügeleisenhaus‹ wurde 1917 für eine Weberei errichtet. Um den Platz optimal zu nutzen, entwarf der Architekt ein siebeneckiges Gebäude, das die gesamte Insel einnimmt. Das Museum dokumentiert mit didaktisch außerordentlich gut aufbereiteten Wechsel- und Dauerausstellungen die Geschichte der Lebens- und Arbeitsbedingungen in der Industriegesellschaft.

## Übernachten

*Am Motala Ström –* **Norrköpings Camping:** Tel. 011 17 11 90, www.norrkopingscamping.com, April–Mitte Okt., Stellplatz ab 200 SEK. Abfahrt von E 4, 2 km südlich der Stadt, Freizeitzentrum mit einfachen Hütten und Betten.
*Luxuriös –* **FirstCamp Kolmården:** Tel. 011 39 82 50, www.firstcamp.se/kolmarden, Mai–Mitte Sept., Stellplatz ca. 200–300 SEK inkl. Strom. 22 km nördlich von Norrköping am Meeresarm Bråviken. Auch Pauschalpakete inkl. Zoobesuch.

## Abends & Nachts, Essen

*Kulturevents jeder Art –* **Louis de Geer Konsert & kongress:** www.louisdegeer.se. In die topmodern umgebaute ehemalige Papierfabrik auf der Flussinsel Holmens bruk kommen jede Menge Events auf die Bühne: klassische Konzerte, Musicals, Comedy. Außerdem Ausstellungen u. v. m.; Restaurant.
*Terrasse am Fluss –* **Palace:** Bråddgatan 13 (am Motala Ström), www.palacenorrkoping.com. Vier Tanzflächen, 78 m langer Bartresen.
*Disco in der Baumwollfabrik –* **Bomullsfabriken:** Dalsgatan 13, www.bomullsfabriken.se. Tagsüber Restaurant, Fr/Sa Nachtklub mit zwei Dancefloors.

## Infos & Termine

### Touristeninformation
**Upplev Norrköping:** Holmentornet, Dalsgatan 9, 60181 Norrköping, Tel. 011 15 50 00, Fax 011 15 50 74, www.upplev.norrkoping.se.

### Termine
**Augustifesten** (vorletzte Aug.-Woche): Großes Stadtfest mit Markt, Kirmes, Kinderkarneval und Feuerwerk.

### Verkehr
**Bahn:** u. a. nach Stockholm, Malmö, Helsingborg, Linköping, Västervik, Kalmar und Västerås.

## Ausflug zu Kolmårdens Djurpark ▶ F 9

*www.kolmarden.com, ca. 27 km östlich von Norrköping, Juni–Aug. tgl. 9–18, Mai, Sept. 9–17 Uhr, 250 SEK, Kombiticket mit Safariparken 310 SEK*
Mit 250 ha ist er der größte Zoo Nordeuropas: Auf dem urwüchsigen Gelände eines ehemaligen Marmorsteinbruchs mit Blick auf den Bråviken-Fjord fühlen sich Pinguine und Giraffen, Elefanten und Zebras in ihren geräumigen Gehegen wohl. Nebenan in Schwedens einzigem Safaripark kann man Löwen durchs eigene Autofenster betrachten.

## Auf Entdeckungstour

# Risinge gamla kyrka – Was eine alte Kirche verrät

**Die hübsche Risinge gamla kyrka bei Finspång, ein Kleinod unter den zahlreichen schwedischen Landkirchen, macht die Entwicklung des Christentums in Schweden baulich sichtbar.**

**Reisekarte:** ▶ F 9

**Lage und Anfahrt:** Abzweigung links vom RV 51 Norrköping–Finspång kurz vor Finspång (ca. 6 km südöstlich).

**Für wen:** kulturgeschichtlich Interessierte und Freunde mittelalterlicher Kirchenkunst.

**Infos:** Führungen im Sommer, Termine siehe www.svenskakyrkan.se/finspang-risinge, Kirche geöffnet Mittsommer–Mitte Aug. So–Fr 13–17 Uhr, sonst nach Voranmeldung beim Küster unter Tel. 0122 857 00 (erreichbar Mo–Fr 7–15 Uhr).

## Alter und neuer Glaube

Eine rosafarben gestrichene Tür an der Längsseite der Risinge gamla kyrka (Alte Kirche von Risinge) führt zurück in die Anfänge der Christianisierung in Nordeuropa. Links neben der Tür liegt ein ausgehöhlter Stein, mit dem es eine besondere Bewandtnis hat: Die Nordmänner verehrten Odin, den Gott der Weisheit, Frey, den Gott der Fruchtbarkeit, und den Donnergott Thor mit seinem Hammer. Gemeinschaftlich beschützten die Götter die Menschen vor den Riesen, die die Welt bedrohten. Konfrontiert mit dieser starken Göttertriade, fiel es den Missionaren nicht leicht, die Nordländer vom christlichen Glauben zu überzeugen, beantwortete doch deren Religion bereits alle wichtigen Fragen.

Die Steinkirche von Risinge wurde um 1150 errichtet, inmitten eines ausgedehnten Grabfelds – sicher kein Zufall, baute man christliche Kirchen doch gern an der Stelle alter Kultplätze. Es war den Bekehrten offenbar zunächst gestattet, die alten Rituale beizubehalten – und dazu diente besagter Stein in Risinge. Die Kirchgänger konnten ihren alten Göttern opfern, bevor sie die christliche Kirche betraten und den neuen Gott anbeteten. Bald schon hatte diese Strategie den erwünschten Erfolg; das Christentum begann sich auch im Norden auszubreiten.

## Flächendeckende Malereien

Berühmt ist Risinge gamla kyrka vor allem für die Malereien, die Wand und Decke der Kirche innen über und über bedecken. Besonders die Gewölbekappen sind mehr als einen Blick wert: Sie zeigen Gestalten aus Geschichten des Alten Testaments – ein ganzes Bildprogramm der Bibel, darunter der blinde Samson, die zu Unrecht verurteilte Susanna und ihre Rettung durch David. Besonders spannend ist die Darstellung eines oft gezeigten Attentats: die Geschichte von Judith und Holofernes, ein beliebtes Bildmotiv der Maler aller Zeiten. Die ausgezeichnet erhaltenen Malereien stammen aus der Zeit zwischen 1430 und 1460. Der Name des Künstlers ist nicht überliefert, er wird Risinge-Meister genannt und seine Handschrift ist in zahlreichen Kirchen der Region erkennbar.

## Reformation und Bilderstreit

Rund 100 Jahre, nachdem die kleine Kirche von Risinge ausgemalt worden war, brach König Gustav Vasa mit Rom. In Schweden hielt das evangelisch-lutherische Bekenntnis Einzug: ohne Heilige, ohne Bilder. Als die Bilder in der Kirche von Risinge im Zuge der Reformation schlicht übertüncht werden sollten, setzte sich die Gemeinde mit allen Kräften dagegen zur Wehr. Für die Gläubigen, die meist weder lesen noch schreiben konnten, waren die Malereien die einzige Möglichkeit, Bibeltexte zu erfassen; hier hatten sie die Legenden und Geschichten der Bibel bildlich vor sich. Und so kann man die eindrucksvollen Darstellungen noch heute sehen, auch wenn die Mineralfarben etwas verblasst sind.

## Die Kirche heute

Die Schwedische Kirche, Svenska Kyrkan, nutzt Risinge gamla kyrka heute nur noch im Sommer für Gottesdienste. Bereits im 19. Jh. entstand an anderer Stelle eine komfortablere, u. a. mit einer Heizung ausgestattete Gemeindekirche. Die seit Gustav Vasas Zeiten per Gesetz evangelisch-lutherische Svenska kyrkan ist erst seit dem Jahr 2000 nicht mehr Staatskirche – wenn sie auch dem Staat noch immer engstens verbunden ist, u. a. durch den Einzug der Kirchensteuern.

Vättersee und Götakanal mit Sörmland

# Sörmland (Södermanland)

## Nyköping ▶ G 9

Nyköping (49000 Einwohner), Södermanlands Hauptstadt und früher nach Norrköping wichtigster Textilproduzent Schwedens, wird durch den Fluss Nyköpingsån in einen östlichen und einen westlichen Part geteilt. Deshalb tragen viele Straßen den Zusatz *västra* (westlich) oder *östra* (östlich). Vom Zentrum führt ein lauschiger Fußweg am Fluss entlang (Åpromenaden) bis zum **Hafen.** Hier legen die Ausflugsboote ab, die auch nach Trosa fahren, Imbissbuden bieten Essbares an und im alten Hafenmagazin präsentieren ortsansässige Kunsthandwerker ihre formschönen Erzeugnisse.

In der sehenswerten Schlossruine **Nyköpingshus**, einem ehemals prachtvollen Renaissanceschloss, das bei einem großen Brand 1655 zerstört wurde, wird alljährlich im Juli das Historienspiel »Nyköpings Gästabud« aufgeführt. Es erinnert an ein Ereignis im Jahr 1317, als König Birger seine Brüder zu einem Versöhnungsfestmahl auf das Schloss einlud, dort gefangen nahm und im Kerker verhungern ließ.

### Nynäs slott
*www.nynasslott.se, Mittsommer–Mitte Aug. tgl., Mitte Mai–Mittsommer, Mitte Aug.–Anfang Sept. nur Sa/So 12–16 Uhr, 50 SEK; Café in der Orangerie Juni–Mitte Aug. tgl. 12–16 Uhr*
Herrenhaus Nynäs erhielt seine heutige Form im 17. Jh. und zeigt, da es sich bis 1985 in Familienbesitz befand, noch originale Einrichtungsgegenstände vom Anfang des 19. Jh. im spätgustavianischen Stil. Der Park geht in ein küstennahes Naturreservat über.

### Paddeln und Wandern
Paddler finden ihr Dorado in den Schären zwischen Nyköping und Trosa. Aber auch wer kein Boot hat, kann im **Naturreservat Stendörren** rund 30 km östlich von Nyköping kleinere Schäreninseln erreichen und in der herrlich amphibischen Natur wandern: Die spärlich mit Kiefern und Birken bewachsenen Inselchen sind mit Hängebrücken und Stegen verbunden. Ein Naturum informiert über die Schärenlandschaft (Juni–Aug. tgl. 10–18, Mai, Sept. Mo–Fr 12–16, Sa/So 10–18 Uhr).

## Übernachten

*Günstig gelegen –* **Nävekvarns Vandrarhem:** Biblioteksvägen 1, Nävekvarn, Tel. 0155 536 44, 070 570 73 15, vandrarhemmet@navekvarn.se, ganzj., etwa 20 km südwestlich von Nyköping im Kolmården-Gebiet. Zehn 1-Zimmer-Apartments in ehemaligen Arbeiterwohnungen aus der Mitte des 19. Jh., 2-Bett-Apartment ab 450 SEK, auch familiengerechte 6-Bett-Wohnungen.

## Essen & Trinken

*Elegant –* **Mickes Skafferi:** Västra Storgatan 29, Tel. 0155 26 99 50, www.mickesskafferi.se, Mo–Fr 17–23, Sa 12–15, 18–23 Uhr, So geschl. Hauptgerichte 200–270 SEK. Restaurant und Bar in einem ehemaligen Frisörsalon aus den 1930er-Jahren – nobles Ambiente mit dunkler Täfelung; regionale, französisch verfeinerte Küche.

## Infos & Termine

**Touristeninformation**
**Nyköpings Turistbyrå:** Stadshuset, Stora Torget, 61183 Nyköping, Tel. 0155

24 82 00, Fax 0155 24 81 36, www. visitnykoping.se.

**Termine**
**Nyköpings Festdagar** (Anfang Aug.): Musikevents, Flohmarkt und weitere Attraktionen

**Verkehr**
**Bahn:** nach Malmö, Stockholm, Linköping, Västervik und Kalmar.
**Bus:** nach Norrköping und via Södertälje nach Stockholm.
**Flug:** Flughafen Skavsta (10 km), u. a. Verbindungen nach Frankfurt-Hahn und Düsseldorf-Niederrhein (Taxi- und Busverbindung, www.lanstrafiken.se).

# Trosa ▶ G 9

Carl von Linné hat die Kleinstadt als »Världens ände« bezeichnet. Ganz falsch lag er nicht, auch wenn heute zahlreiche Touristen das ›Ende der Welt‹ beleben, vor allem in der Hochsaison. Was sie finden, ist Idylle pur, denn ca. 80 km südlich von Stockholm scheint die Zeit stehen geblieben zu sein: Der **Marktplatz** wirkt mit seinen kleinen Geschäften anheimelnd altmodisch. Ein schmales Flüsschen namens Trosaån durchquert den Ort, an beiden Ufern gesäumt von einer Promenade. Pastellfarbene Holzhäuschen besitzen, wenn sie am Trosaån liegen, fast alle einen eigenen Anleger für Ruder- oder Motorboote, die anderen sind aufgereiht an ruhigen Kopfsteinpflasterstraßen und umgeben von wunderschönen Gärten.

An den Busen der Natur geht es auf der kleinen **Insel Öbolandet**, die über eine Straße zu erreichen ist. Hier findet sich außer Felsen, Birken und Kiefern sowie zahlreichen Sommerhäusern auch der Camping- und Badeplatz Trosa Havsbad.

## Übernachten

*Klein und fein* – **Bomans Hotell:** Östra Hamnplan, Tel. 0156 525 00, www.bomans.se, ab 1550 SEK/DZ. Familiengeführtes Hotel. 32 Zimmer im Rosen-Rüschen-Landhausstil oder als sehr individuelle Themenräume (s. Website).
*Mit Sandstrand* – **Trosa Havsbad:** Tel. 0156 124 94, www.trosahavsbad.se, letzte Aprilwoche–Sept., Stellplatz 170–200 SEK. Camping, Hütten- und Bootsvermietung, Kiosk, beliebter Badestrand, kinderfreundlich.

## Essen & Trinken

*Direkt am Hafen* – **Bomans Hotell:** s. o. Hauptgerichte 135–235 SEK. Regionale Küche, feine Hausmannskost.
*Fischgerichte* – **Fina Fisken:** am Hafen, Tel. 0156 138 47, www.finafisken.com, April–Sept. Regionale Köstlichkeiten vom Land und aus dem Meer.
*Gartencafé* – **Café Garvaregården:** Västra Långgatan 40, Juni–Aug. Di–So 11–16 Uhr. Wunderbarer Garten.

## Einkaufen

*Kunsthandwerk* – **Silberschmiede, Töpferei** und **Galerie** in der historischen Mühle Trosa kvarn.

## Infos

**Touristeninformation**
Trosa Turistbyrå: Rådhuset, Torget, 61922 Trosa, Tel. 0156 522 22, Fax 0156 522 23, www.trosa.com.

**Verkehr**
**Bahn:** von Stockholm bis Vagnhärad, Bus weiter nach Trosa.
**Bus:** nach Nyköping und Södertälje.

## Das Beste auf einen Blick

# Stockholm und Umgebung

## Highlight!

**Stockholm:** Die unvergleichliche Lage auf 14 felsigen Inseln macht den Reiz der schwedischen Hauptstadt aus, in der man selbst im Stadtzentrum nie lange suchen muss, um nach ausgiebigem Sightseeing oder Museumsbesuchen Entspannung in der Natur zu finden. S. 226

## Auf Entdeckungstour

**Kunst im Untergrund – Stockholmer U-Bahn-Stationen:** Viele U-Bahn-Stationen in Schwedens Hauptstadt wurden von Künstlern gestaltet. Es lohnt sich, auszusteigen und sie genauer in Augenschein zu nehmen. S. 236

**Utö – Leben auf einer Schäreninsel früher und heute:** Beim Besuch der Insel im südlichen Stockholmer Schärengarten taucht man in eine einzigartige Landschaft ein. Relikte der Industriegeschichte vermitteln zudem einen Eindruck vom Leben und Arbeiten der Schärenbewohner früherer Jahrhunderte. S. 252

## Kultur & Sehenswertes

**Vasamuseet:** Ein Museum für ein einziges Schiff – ein barockes Kriegsschiff, spannend präsentiert. 22 S. 239

**Skansen:** Freilichtmuseum mit Gehöften und anderen Bauten aus allen Teilen Schwedens, außerdem Bärengehege sowie Streichelzoo. 26 S. 242

**Schloss Drottningholm:** Anreise per Dampfer über den See, eindrucksvolle Pracht im Schloss, das historische Theater und der Park mit dem Chinesischen Pavillon runden sich zum perfekten Ziel für einen Tagesausflug. S. 244

## Aktiv & Kreativ

**Naturerlebnis Ekoparken:** Eine Wanderung oder Radtour erschließt die wilde Seite der Insel Djurgården. S. 238

**Badeplätze mitten in der Stadt:** Långholmen ist die Insel mit den schönsten Badestellen nahe dem Zentrum. S. 243

## Genießen & Atmosphäre

**Musik im Königlichen Schloss:** Die sommerlichen Konzerte sind nicht nur der Musik, sondern auch des festlichen Rahmens wegen ein Genuss. 2 S. 228

**Östermalmshallen:** Genießer kulinarischer Köstlichkeiten haben die Qual der Wahl – Stände und Restaurants laden zur Kostprobe. 8 S. 247

## Abends & Nachts

**Gröna Lund:** In dem klassischen Vergnügungspark mit Riesenrad, Karussell und Liveauftritten berühmter Künstler ist immer was los. 25 S. 239

**Absolut Ice Bar:** Eine richtig coole Bar mit eisklarem Konzept. Die Cocktails gibt's in ›Gläsern‹ aus Eis. 1 S. 249

**Mosebacke:** Romantik und ein herrlicher Blick auf das nächtliche Stockholm beim Tanz unterm Sternenhimmel. 5 S. 243, 250

# Stockholm! ▶ G/H 8

Grüne Kupferdächer und stattliche Häuser in warmen Ockertönen leuchten in der Sommersonne, vom Meer weht eine leichte Brise durch die Straßen, auf der Brücke zum Schloss stehen Angler und vor der Insel Långholmen tummeln sich Badende im Wasser. Den Zauber der Metropole in Worte fassen zu wollen ist müßig. Man muss sie sehen und sich von ihr gefangen nehmen lassen, dann lässt sie einen nicht mehr los, die ›schwimmende Stadt‹.

## Infobox

**Citypläne**
**Innenstadt:** S. 230/231
**Großraum:** Reisekarte Rückseite

**Touristeninformation**
**Stockholm Tourist Centre:** Box 16282, 10325 Stockholm, Tel. 08 50 82 85 08, Fax 08 50 82 85 09, www.stockholmtown.com. Besuchsadresse: Vasagatan 14 (schräg gegenüber dem Hauptbahnhof), Mo–Fr 9–19, Sa 10–17, So 10–16 Uhr. Auskünfte, Buchung von Ausflügen, Kauf der Stockholmskort, Netzkarten für Bus und Bahn, Stadtpläne und Bücher.

**Anreise und Stadtverkehr**
Seit 2007 gibt es in Stockholm eine Citymaut. Sie gilt nicht für im Ausland registrierte Fahrzeuge, jedoch für schwedische Mietwagen. Das gut ausgebaute öffentliche Verkehrsnetz von Storstockholms Lokaltrafik (SL) macht die Benutzung des eigenen Autos eigentlich überflüssig. Parkplätze sind ohnehin schwer zu finden und sehr teuer. Weitere Infos zum Stadtverkehr s. S. 251.

Die nüchternen Fakten vermitteln eine Ahnung davon, was den besonderen Reiz von Stockholm ausmacht: Auf 14 Inseln am Übergang zwischen Mälarsee und Ostsee erbaut, mit einer außergewöhnlich gut erhaltenen Bausubstanz vor allem aus dem 18. und 19. Jh. und vielen Parks, präsentiert sich die Stadt weniger menschenfeindlich als andere Metropolen vergleichbarer Größe. Im Großraum Stockholm leben etwa 1,92 Mio. Menschen, in der Innenstadt ca. 830 000 (2010). 30 % der Fläche von insgesamt 4900 km$^2$ bestehen aus Wasser, weitere 30 % sind Parks und Grünflächen. Seit 1995 kann sich Stockholm rühmen, auf der Insel Djurgården den ersten städtischen Nationalpark der Welt zu besitzen.

Die kleine Insel Helgeandsholmen, auf der sich heute der Reichstag befindet, ist das älteste besiedelte Areal der Stadt, die 1252 von Birger Jarl gegründet und befestigt wurde. Ihren Aufschwung als wichtiger Handelsplatz verdankt die ›Pfahlinsel‹, so die Übersetzung von Stockholm, nicht zuletzt dem Prozess der Landhebung, der hier in früheren Zeiten 40–50 cm pro Jahrhundert ausmachte (und noch andauert). Zu Beginn des Mittelalters hatte sich das Festland so weit gehoben, dass der Wasserspiegel des Mälaren über dem der Ostsee lag. Am Übergang, bei der Insel Helgeandsholmen, hatte sich eine Stromschnelle gebildet. Waren mussten abgeladen und um das Hindernis herum transportiert werden.

Im 14. und 15. Jh. bestimmten die Händler der mächtigen Hanse das Schicksal der Stadt. Die Dominanz der Deutschen war so stark, dass per Gesetz festgelegt wurde, dass mindestens die Hälfte aller Ratsmitglieder Schweden sein mussten. Und noch im 17. Jh.

war fast jeder dritte Stockholmer deutscher Abstammung.

1634 wurde Stockholm Hauptstadt und erlebte einen enormen Aufschwung. 1697 zerstörte ein Feuer die alte Burg Tre Kronor. Man begann umgehend mit dem Bau eines neuen Schlosses und verbot wegen der ständigen Brandgefahr die Errichtung von Holzhäusern. Nachdem sich Stockholm unter Gustav III. zum unbestrittenen geistigen und kulturellen Zentrum Schwedens entwickelt hatte, wurde es im 19. Jh. auch die wichtigste Industriestadt. Die Bevölkerungszahl verdoppelte sich in kürzester Zeit, mehrstöckige Mietshäuser entstanden und die Stadt wurde planmäßig erweitert. Die Lebensbedingungen verbesserten sich erst in der zweiten Hälfte des 19. Jh.: Ab 1853 gab es Gaslaternen in den Straßen, ab 1860 verkehrte die Eisenbahn, ab 1877 die Straßenbahn.

Die Ausdehnung der Stadt dauert an. In den 1950er-Jahren entstanden Vororte mit einer perfekten Infrastruktur, die Vorbildcharakter hatten, heute aber soziale Brennpunkte sind. Gerade im Zentrum bahnen sich bis 2013 große Veränderungen an: Das Viertel zwischen Norra Bantorget und dem ehemaligen Postterminal nördlich des Bahnhofs wurde komplett umgestaltet, mit dem Waterfront-Kongresszentrum , erkennbar an der energiesparenden schwarzen Glasfassade, und Großhotels. Der innerstädtische Schienenverkehr wurde erweitert, und eine Bahntrasse zur Unterquerung der City entsteht.

# Kungsholmen

Einen wunderbaren Einstieg in die Stadtbesichtigung bietet ein Besuch auf der Insel Kungsholmen, denn vom Turm des Stadshuset (Stadthaus) kann man sich einen guten Überblick über Stockholm verschaffen. Kungsholmen gehört heute zu den beliebtesten Wohngebieten in der Innenstadt. Die Insel wurde relativ spät erschlossen und die meisten Gebäude entstanden ab dem frühen 20. Jh. Empfehlenswert ist die Promenade am Wasser entlang Norr Mälarstrand mit seinen Hausbooten und prächtigen Fassaden.

**Stadshuset** 1 ▶ Karte 2, D/E 6
*www.stockholm.se/cityhall, Führungen Juni–Aug. tgl. 10, 11, 12, 14, 15, Mai, Sept. 10, 12, 13, 14, Okt.–April 10, 12 Uhr, 80 SEK, Nov./Dez. 50 SEK; Turm Juni–Aug. tgl. 9–17, Mai und Sept. 9–16, April Sa/So 10–16 Uhr, Aufzug und Treppen, 30 SEK*
Erbaut wurde das Stadthaus 1911–23 von Ragnar Östberg. Den 106 m hohen Turm des Gebäudes, ein Wahrzeichen der Stadt, schmücken drei Kronen, die die Königreiche symbolisieren, aus denen Schweden entstanden ist. Auch das Innere des Verwaltungs- und Repräsentationsgebäudes ist im Rahmen einer Führung zu besichtigen. Im Blauen Saal, der übrigens nicht blau ist, findet alljährlich am 10. Dezember das Bankett für die Nobelpreisträger statt. Der Goldene Saal wurde von Einar Forseth mit 18 600 000 goldfarbenen Mosaiksteinchen ausgeschmückt. Die Prinzengalerie zeigt Stadtansichten von Malerprinz Eugen, die in Freskotechnik auf den Putz aufgebracht wurden.

# Altstadt

Die Altstadt (Gamla stan), auch Staden mellan broarna, Stadt zwischen den Brücken, genannt, besteht aus drei Inseln: **Stadsholmen** mit dem Schloss, **Helgeandsholmen** mit dem Reichstag sowie **Riddarholmen** mit zahlreichen ehemaligen Adelspalästen.

Stockholm und Umgebung

# Stadsholmen

Vor allem auf der größten Insel Stadsholmen herrscht eine ganz besondere Atmosphäre: In die schmalen, vorwiegend von hohen Häusern aus der Großmachtzeit des 17. Jh. gesäumten Gässchen fällt nur wenig Licht, und da die Nebenstraßen zum Wasser hin alle im rechten Winkel zu den Hauptstraßen verlaufen, eröffnen sich immer wieder unerwartete Ausblicke. Gassen und Plätze werden zum Schauplatz und zur Bühne für Straßenmusiker; Galerien und Läden verführen zum Geldausgeben, und zahlreiche Cafés und Restaurants sorgen dafür, dass man nicht verhungert und verdurstet.

Die beiden Hauptstraßen **Västerlånggatan** und **Österlånggatan** verliefen im Mittelalter am äußersten westlichen bzw. östlichen Rand der Insel Stadsholmen, die erst durch den Prozess der Landhebung ihre jetzige Größe erreichte. Heute sind sie die Hauptflaniermeilen von Gamla stan. Doch sollte man nicht versäumen, die winzigen Gässchen zu durchstreifen, die ihren ganz eigenen Charme haben. Vom Järntorget gelangt man beispielsweise durch die schmalste Straße der Stadt, die stellenweise nur 90 cm breite **Mårten Trotzigs gränd**, zur Prästgatan, wo 1853 im Haus Nr. 78 der Maler Carl Larsson geboren wurde.

### Kungliga slottet (Königliches Schloss) 2
*www.kungahuset.se, Mitte Mai–Mitte Sept. tgl. 10–16, Mitte Sept.–Mitte Mai Di–So 12–15, Juni–Aug. 10–17 Uhr, Kombiticket 140 SEK*

Dominierendes Bauwerk von Stadsholmen ist das Königliche Schloss, mit mehr als 600 Zimmern das größte der Welt. ›Königs‹ sind allerdings schon 1981 wegen der besseren Luft nach Drottningholm (s. S. 244) umgezogen, das Schloss dient heute als Arbeits- und Empfangsgebäude. Begonnen wurde es, nachdem 1697 ein Feuer die alte Burg Tre Kronor zerstört hatte, doch teure Kriege verzögerten die Fertigstellung erheblich. 1754 konnte der spätere König Gustav III. mit seinen Eltern und Geschwistern endlich einziehen. Nicodemus Tessin d. J. entwarf den gewaltigen würfelförmigen Bau, Carl Hårleman schuf die Inneneinrichtung. Bau- und Einrichtungsstil zeigen den Übergang von der Spätrenaissance zum gustavianischen Stil.

Im Innern sind der Reichssaal mit Königin Kristinas Silberthron von 1650, die prächtigen Repräsentationsräume sowie einige Museen zu besichtigen: **Livrustkammaren** (Rüstkammer, Sept.–Mai Di–Mi, Do 11–20, Fr–So 11–17, Juni–Aug. tgl. 10–17 Uhr, 60 SEK) mit Kutschen, Waffen und Krönungsgewändern, **Skattkammaren** (Schatzkammer) mit den königlichen Regalien und dem Tafelsilber sowie das **Antikenmuseum** Gustavs III. Das **Museum Tre Kronor** zeigt u.a. Überreste der zerstörten Burg (alle außer Livrustkammaren Öffnungszeiten wie Schloss und Eintritt mit Kombiticket).

---

### Wachablösung vor dem Schloss
Besonders beliebt ist bei Touristen die Wachablösung *(högvakten)*. Da die Soldaten jedoch recht unspektakulär gekleidet sind, läuft sie wesentlich weniger fotogen ab als die Wachablösung vor anderen Königsschlössern. Unterschiedliche Regimenter der schwedischen Armee übernehmen abwechselnd die Rolle der königlichen Leibgarde, Marschmusik erklingt, während die Soldaten vom Armémuseum über Artilerigatan und Strandvägen anrücken (Juni–Aug. Mo–Sa, Sept.–Mai Mi, Sa 12.10, So 13.10 Uhr).

# Altstadt

**Storkyrkan** 3
*www.stockholmsdomkyrkoforsam ling.se, Mai und Sept. tgl. 9–16, Juni Mo–Sa 9–17, So 9–16, Juli/Aug. Mo–Sa 9–18, So 9–16, Okt. Mo–Sa 10–16, So 9–16 Uhr, Mai–Sept. 40 SEK, sonst Eintritt frei*

Stockholms Dom und Krönungskirche zählt zu den ältesten Gebäuden der Stadt und wurde 1306 eingeweiht, erfuhr jedoch weitere Umbauten, zuletzt um 1740. Prunkstück der überwiegend barocken Ausstattung ist die im Spätmittelalter geschaffene Skulptur des hl. Georg mit dem Drachen. Sie wurde von Sten Sture d. Ä. zur Erinnerung an den Sieg über die Dänen 1471 am Brunkeberg in Auftrag gegeben. Sankt Göran (hl. Georg) symbolisiert die siegreichen Schweden, der Feuer speiende Drache die unterlegenen Dänen. Eine Kopie der Figurengruppe steht am Köpmantorget. Außerdem findet sich in der Storkyrkan die älteste bildliche Darstellung Stockholms von 1535.

## Stortorget mit Nobelmuseet

Der Platz Stortorget mit in warmen Ocker- und Rottönen getünchten Giebelhäusern aus dem 17. Jh. wird dominiert von der ehemaligen Börse, die Erik Palmstedt 1778 im Auftrag Gustavs III. baute. Im Obergeschoss tagen einmal wöchentlich die Mitglieder der Schwedischen Akademie. Sie sind es, die jedes Jahr für die Auswahl der Nobelpreisträger verantwortlich zeichnen. Der über 100-jährigen Geschichte der weltweit wohl renommiertesten Auszeichnung ist im **Nobelmuseet** 4 (http://nobelmu

Durch die Gassen schlendern und immer neue Details entdecken: in Stockholms Altstadt

# Stockholm

### Sehenswert
1. Stadshuset (Stadthaus)
2. Kungliga slottet (Königliches Schloss)
3. Storkyrkan
4. Nobelmuseet
5. Tyska kyrkan
6. Riddarhuset
7. Birger Jarls torn
8. Riddarholmskyrkan
9. Riksdagshuset (Reichstag)
10. Stockholms Medeltidsmuseet
11. Kulturhuset
12. Konserthuset
13. Strindbergsmuseet
14. Stadsbibliotek
15. Kungsträdgården
16. Hallwylska museet
17. Nationalmuseum
18. Moderna Museet und Arkitekturmuseet
19. Dramaten
20. Historiska Museet
21. Kaknästornet
22. Vasamuseet
23. Junibacken
24. Nordiska Museet
25. Gröna Lund
26. Freilichtmuseum Skansen
27. Prins Eugens Waldemarsudde
28. Monteliusvägen
29. Katarinahissen

### Übernachten
1. Hotel Birger Jarl
2. Långholmen
3. Columbus Hotell
4. Zinkensdamm
5. Mälardrottningen
6. STF Vandrarhem Fridhemsplan
7. Archipelago Hostel
8. STF Vandrarhem »af Chapman«
9. Bredäng Camping
10. Ängby Camping

### Essen & Trinken
1. Mathias Dahlgren
2. 1900
3. KB
4. Operakällarens bakficka
5. Ciao Ciao Grande
6. Café Vete-Katten
7. Café Sturekatten
8. Café Blå Porten

### Einkaufen
1. NK
2. Åhlens City
3. Svenskt Tenn
4. Carl Malmsten
5. blås & knåda
6. Svensk Hemslöjd
7. Hötorget/Hötorgshallen
8. Östermalmshallen
9. Söderhallarna

### Aktiv & Kreativ
1. Brunnsvikens Kanotcentral
2. Djurgårdsbrons Sjöcafé

### Abends & Nachts
1. Absolut Ice Bar
2. Berns
3. Fasching
4. Debaser
5. Mosebacke
6. Kungliga Operan (Königliche Oper)
7. Dansens hus

Adressen außerhalb des Zentrums siehe Reisekarte Rückseite

## Stockholm und Umgebung

seet.se, Mitte Mai–Mitte Sept. tgl. 10–17, sonst Di 11–20, Mi–So 11–17 Uhr, 70 SEK) eine Ausstellung gewidmet.

### Tyska kyrkan 5
*April–Sept. tgl., Okt.–März Sa/So 12–16 Uhr*
Sankt Gertrud ist noch immer die Kirche der deutschen Gemeinde und wird deshalb auch Tyska kyrkan (Deutsche Kirche) genannt. Das Versammlungshaus der deutschen St.-Gertrud-Gilde, deren Einfluss unter Gustav Vasa stark beschnitten worden war, wurde Mitte des 17. Jh. vom Nürnberger Hans Jacob Kristler zur Kirche umgebaut.

### Riddarhuset 6
*www.riddarhuset.se,*
*Mo–Fr 11.30–12.30 Uhr, 50 SEK*
Riddarhuset wurde von Justus Vingboons und Jean de la Vallée 1641–74 erbaut und diente für die Zusammenkünfte des Adels. Die Wappen sämtlicher schwedischer Adelsgeschlechter – mehr als 2300 – bedecken die Wände des Rittersaals im Innern des außergewöhnlich schönen Barockgebäudes.

## Riddarholmen und Helgeandsholmen

Auf Riddarholmen ließ sich der Adel während der Großmachtzeit prächtige Paläste errichten, die meisten beherbergen heute Regierungsbehörden. Der runde Turm **Birger Jarls torn** 7 an der Nordwestspitze der Insel ist ein Rest der mittelalterlichen Bebauung und wurde später Teil von Gustav Vasas Stadtbefestigung. Die ältesten Teile der einstigen Klosterkirche **Riddarholmskyrkan** 8 (Mitte–Ende Mai, Anfang–Mitte Sept. tgl. 10–16, Juni–Aug. 10–17, 30 SEK), in der u. a. Gustav II. Adolf begraben ist, entstanden um 1280.

Über die Myntgatan und die Stallbron gelangt man auf die Insel Helgeandsholmen. Der westliche Teil des **Riksdagshuset** (Reichstag) 9 mit dem Plenarsaal beherbergte bis 1976 die Reichsbank, der östliche Teil die Fraktionsräume. Unterhalb des Reichstags liegt – unter der Erde – das sehenswerte **Stockholms Medeltidsmuseet** 10 (www.medeltidsmuseet.stockholm.se; Juni–Aug. tgl., sonst Di, Do–So 12–17, Mi 12–19 Uhr, Eintritt frei) mit Exponaten aus der Zeit der Stadtgründung im Mittelalter. Dazu zählen einige Meter der Originalstadtmauer, ein Friedhof aus dem 13. Jh. sowie die Reste von Schiffen, die man im Strömmen gefunden hat.

Norrmalm-City

Schwimmende Stadt, Venedig des Nordens: Stockholm von oben betrachtet

# Norrmalm-City

Vom Reichstag gelangt man über die Drottninggatan durch das Regierungsviertel in einen völlig anderen Stadtteil. Moderne Bauten und Einkaufszentren prägen das Gesicht von Norrmalm.

### Sergels torg
Der nach dem Bildhauer Johan Tobias Sergel benannte Platz entstand im Rahmen der vollständigen Umgestaltung des Stadtviertels in den 1940erbis 1970er-Jahren. Der Großstadtplatz mit dem schwarz-weißen Pflaster und der nachts hübsch beleuchteten Brunnenskulptur ist Treffpunkt von allerlei Volk: Politische Gruppen treffen sich zu Kundgebungen, Nachwuchsbands verschaffen sich mit Livemusik Gehör, Straßenhändler haben Verkaufsstände aufgebaut. Da sich am Sergels torg auch einer der Eingänge zum U-Bahn-Knotenpunkt T-Centralen befindet, ist hier alles ständig in Bewegung.

### Kulturhuset [11]
*www.kulturhuset.stockholm.se,*
*Di–Fr 11–18, Sa/So 11–16 Uhr,*
*im Winter länger geöffnet*
Flankiert wird der Sergels torg auf einer Seite vom Kulturhuset mit Stadttheater, städtischen Ausstellungs- und Veranstaltungsräumen, Kino und großem Lesesaal, in dem auch ausländi-

# Stockholm und Umgebung

sche Zeitungen ausliegen. Vom Café im obersten Stock überblickt man Norrmalm, im Sommer ist auch die Dachterrasse des Café Panorama zugänglich.

## Hötorget

Auf dem ›Heumarkt‹ und in der Markthalle, **Hötorgshallen** 7, kann man sich mit gutem Essen eindecken oder einen Imbiss einnehmen. Im 1926 von Ivar Tengbom entworfenen blauen **Konserthuset** 12 (Konzerthaus) findet alljährlich am 10. Dezember die Verleihung der Nobelpreise für Literatur, Physik, Chemie, Medizin und Wirtschaft statt. In der übrigen Zeit dient es dem hauseigenen Königlichen Philharmonieorchester und bisweilen international bekannten Künstlern als Bühne. Carl Milles' **Orpheusbrunnen** vor dem Konzerthaus überrascht mit seinen expressiven, himmelstrebenden Bronzefiguren.

## Drottninggatan und Strindbergsmuseet 13 ▶ Karte 2, E 4

*www.strindbergsmuseet.se, Juli–Aug. 10–16, Sept.–Juni Di, Do–So 12–17, Mi 12–19 Uhr, 50 SEK*

Auch wenn alle Fußgängerzonen der Welt nahezu gleich aussehen, sollte man einen Spaziergang nach Norden über die Drottninggatan machen. Wo der Einkaufsrummel zu Ende ist, in der Nummer 85, verbrachte August Strindberg 1908–12 seine letzten Lebensjahre im Blå Tornet (Blauer Turm), wie das noble Mietshaus an der Ecke zur Tegnérgatan damals genannt wurde. Die Wohnung des berühmten Schriftstellers ist heute zu besichtigen und sieht ganz so aus, als habe der Dichter sie eben erst verlassen.

## Stadsbibliotek 14 ▶ Karte 2, E 3

*www.biblioteket.stockholm.se, Mo–Do 9–21, Fr 9–19, Sa/So 12–16 Uhr*

Im Observatorielunden, einem wunderbar stillen Park, liegt auf der Kuppe des Hügels das von Carl Hårleman erbaute Observatorium (mit Museum). Darunter prangt in warmem Ocker ein Meisterwerk des Funktionalismus, die 1925 von Gunnar Asplund errichtete Stadsbibliotek. Man sollte einen Blick in diesen Büchertempel riskieren. Betritt man ihn durch den Haupteingang, wandert das Auge hoch in das mit Regalen gefüllte Rund des Turms.

## Kungsträdgården 15

Im modernen **Sverigehuset** (Schwedenhaus) residierte lange die Stockholmer Touristeninformation. Zu Füßen des Gebäudes Richtung Schloss erstreckt sich die beliebte Großstadtoase der Stockholmer, Kungsträdgården. Der einstige königliche Küchengarten wurde zunächst zum Lustgarten umgestaltet, im 18. Jh. dann für das gemeine Volk freigegeben. Dieses nutzt ›Kungsan‹ heute ausgiebig: Man spielt Schach oder Streetball, es gibt Konzerte auf der Bühne, man sieht Eis essende, Zeitung lesende oder plaudernde Menschen. Im Winter, wenn einige Flächen geflutet werden, ist der Park Treffpunkt für Schlittschuhläufer. In der Adventszeit findet hier ein Weihnachtsmarkt statt.

Das südliche Ende des Kungsträdgården markiert **Karl XII:s torg,** mit einer Statue des expansions- und machtlüsternen Herrschers Karl XII.: Als 18-Jähriger schlug er Peter den Großen 1700 in der Schlacht bei Narwa, dieser revanchierte sich 1709 bei Poltawa und leitete den endgültigen Verlust von Schwedens Großmachtstellung ein.

## Hallwylska museet 16

*www.hallwylskamuseet.se, Juli–Aug. Di–So 11.45–18, übrige Zeit Di–So 11.45–16, Mi auch 16–19 Uhr, 50 SEK*

Einblick in die großbürgerliche Wohnkultur der Zeit um 1900 ermöglicht das

1895 erbaute Wohnhaus der Gräfin von Hallwyl in der Hamngatan 4. Sie war als Erbin eines Sägewerksbesitzers zu Geld gekommen. Das mehrstöckige Stadtpalais, das von außen an einen maurischen Palast erinnert, ist im Rahmen von Führungen zugänglich – in historische Tracht gekleidete Guides vermitteln einen lebendigen Eindruck von der Geschichte des Hauses.

**Nationalmuseum** [17]
*www.nationalmuseum.se, Jan., Juni–Aug. Di 11–20, Mi–So 11–17, Feb.–Mai, Sept.–Dez. Di, Do 11–20, Mi, Fr–So 11–17 Uhr, 100 SEK*
Kurz bevor es über die schmucke Brücke auf die ›Museumsinsel‹ Skeppsholmen geht, passiert man linker Hand das 1846–66 von dem preußischen Architekten F. A. Stüler entworfene Nationalmuseum. Zu seinen Beständen gehört u. a. eine großartige Sammlung flämischer Malerei des 17. Jh., die als Kriegsbeute aus dem Dreißigjährigen Krieg nach Schweden gelangte. Auch einheimische Künstler aus allen Epochen sind vertreten. Carl Larsson gestaltete das Treppenhaus.

# Skeppsholmen

Skeppsholmen und die Nachbarinsel Kastellholmen waren einst Teil des städtischen Verteidigungssystems. Heute befinden sich auf Skeppsholmen eine Kirche und in einem 1998 eröffneten modernen Bau des spanischen Architekten Rafael Moneo das renommierte **Moderna Museet**  mit der größten Schau moderner Kunst in Schweden. Im gleichen Gebäude befindet sich das **Arkitekturmuseet** (www.modernamuseet.se, beide Museen Di 10–20, Mi–So 10–18 Uhr, 80 SEK bzw. 50 SEK).

Am Ufer der Insel liegt ein Segelschiff vor Anker, dessen Kajüten zu den

**Erholungsort für alle: der einstige königliche Küchengarten, Kungsträdgården**

## Auf Entdeckungstour

## Kunst im Untergrund – Stockholmer U-Bahn-Stationen

Ein großes T signalisiert, wo es abwärts geht ins U-Bahn-Netz der Hauptstadt, das einzige in Schweden. Die in die Felsen gesprengte ›Tunnelbana‹ ist mehr als eine nüchterne öffentliche Verkehrsröhre und keineswegs langweilig, sondern eine eigene Sehenswürdigkeit. Man nennt das 110 km lange U-Bahn-Netz auch die ›längste Kunstgalerie der Welt‹.

**U-Bahn-Plan:** ▶ Reisekarte Rückseite

**Infos:** Ein kostenloses Heft mit den Stationen, Künstlernamen etc. ist im Tourist Centre oder bei Stockholms Verkehrsbetrieben (SL) erhältlich.

**Führungen:** SL veranstaltet *Konståkningar*, U-Bahn-Fahrten zur Kunst, Fahrschein genügt, www.sl.se/kultur.

Praktischerweise sind die drei Hauptlinien der Stockholmer U-Bahn nach Farben unterschieden: Blau, Rot und Grün. Die meisten der Kunstwerke findet man entlang der Blauen Linie. Sie stammen aus den 1970er- bis 1990er-Jahren. Insgesamt gestalteten bislang 152 Künstler in enger Zusammenarbeit mit Architekten und Ingenieuren 70 der 100 Stationen, davon 47 unter der Erde. Für den Unterhalt und Neuankauf von Kunstwerken geben die Verkehrsbetriebe gut 10 Mio. SEK im Jahr aus.

**Robuste Kunst für alle**

Die von den Künstlern eingereichten Vorschläge für die Gestaltung müssen strenge Kriterien erfüllen: Die Kunstwerke sollten pflegeleicht sein und nahezu unverwüstlich – auch vor Kunst macht der Vandalismus nicht Halt. Als Material bieten sich z.B. Keramikfliesen an, ebenso mit Farben und Strahlgebläse bearbeiteter Spritzbeton.

Nicht alle mit Arbeiten vertretenen Künstler sind so bekannt wie Siri Derkert (1888–1973), die sich an der Station Östermalmstorg (Rote Linie, 1965) dem Thema »Frauenrechte, Frieden und Umweltbewegungen« in Text und Bild widmete. Mitte der 1950er-Jahre war sie eine wichtige Kämpferin für das nicht unumstrittene Projekt Kunst in der U-Bahn.

Gleich zweimal, in Åkeshov (Blaue Linie) und in Fittja (Rote Linie), mahnt die verkleinerte Version der Skulptur »Non-violence« zu Gewaltverzicht: Der Revolver mit dem Knoten im Lauf von Carl Fredrik Reuterswärd (1998) steht u.a. vor der UN in New York.

**Entlang der Blauen Linie**

Jede Station der Blauen Linie von Kungsträdgården nach Akalla bzw. Hjulsta ist interessant gestaltet und lohnt den Ausstieg. An der Station **Kungsträdgården** empfängt den U-Bahn-Benutzer seit 1977 eine geschickt ausgeleuchtete Grotte mit Betonwänden, die wie gewachsener Fels aussehen. Im Untergeschoss erinnern Abgüsse von Skulpturfragmenten an den legendären ersten Königspalast Makalös an dieser Stelle (Künstler: Ulrik Samuelsson, 1977). Florale Muster in Blau verschönern den Eingang zur Blauen Linie beim Hauptbahnhof **T-Centralen** (Künstler: Per Olof Ultvedt, 1975).

Wer in **Solna Centrum** aussteigt, glaubt sich zuerst im Wald: Waldarbeiter sägen, Fabriken qualmen, während Beerenpflücker gebückt ihrer Arbeit nachgehen – die im Jahr 1975 entstandenen Wandgemälde zeigen hier, rund 30 m unter der Erde, die fortschreitende Umweltzerstörung (Künstler: Karl-Olov Björk/Anders Åberg).

Romantik pur empfängt den Reisenden in der nächsten Station, **Näckrosen**. Die Gewölbe aus Spritzbeton zieren Seerosenblätter – eine Anspielung auf den Namen der Station, ›Seerose‹, nach dem Seerosenteich, den es hier einst gab. In Schaufenstern in Szene gesetzte Filmrequisiten erinnern an die Studios in Solna – in der ersten Hälfte des 20. Jh. entstanden rund 400 Filme in der ›Filmstadt‹, u.a. mit späteren Stars wie Greta Garbo (Künstlerin: Lizzie Olsson-Arle, 1975).

**Skulpturen als Wartebänke**

Eine jüngere Schöpfung ist die Komposition aus beleuchtetem Glas in Regenbogenfarben in der Station **Bagarmossen** von 1994 (Künstler: Gert Marcus; Grüne Linie Richtung Südosten). Das Schöne mit dem Praktischen verbinden die 17 Granitskulpturen in **Skarpnäck**, die von den Fahrgästen mit Vorliebe als Wartebänke genutzt werden (Künstler: Richard Nonas, 1994).

begehrtesten Stockholmer Übernachtungsplätzen gehören. Benannt ist die »af Chapman« [8], die heute als Jugendherberge dient, nach dem Schiffsbauer Fredrik Hendrik af Chapman (1721–1808), der ab 1780 als Chef der Werft in Karlskrona maßgeblich am Aufbau der schwedischen Kriegsmarine beteiligt war.

# Östermalm

Reich und vornehm, aber ziemlich leblos, so charakterisieren manche diesen erst im 19. Jh. bebauten Teil der Stadt. Ganz unrecht haben sie nicht, denn die ganze Pracht der gediegenen Bürgerhäuser und exklusiven Geschäfte wirkt doch recht kühl. Für einen Einkaufsbummel vormerken kann man sich die Nybro- und Sibyllegatan mit ihren Mode- und Designläden, wer Hunger hat, steuert am besten gleich die **Markthalle Östermalmshallen** [8] (s. S. 247) am Östermalmstorg an.

### Dramaten [19]

Kungliga dramatiska teatern, kurz Dramaten, ist die bedeutendste schwedische Bühne. Hier inszenierte u. a. Ingmar Bergman. Der 1901–08 von Fredrik Lilljekvist errichtete Bau erstrahlt im schönsten Jugendstil.

### Nybroplan und Strandvägen

Am Platz Nybroplan befindet sich – wie an Strömkajen vor dem Grand Hôtel – ein Anleger für die Schärenboote (Nybrokajen). Am Nybroplan beginnt die wohl prächtigste Straße Stockholms, Strandvägen. Ende des 19. Jh. ließen sich wohlhabende Industrielle und Kaufleute mehrstöckige repräsentative Häuser mit riesigen Wohnungen errichten, die heute vielfach in kleinere Einheiten aufgeteilt oder in Büros und Hotels umgewandelt sind.

### Historiska Museet [20]

*www.historiska.se, Mai–Sept. tgl. 10–17, Okt.–April Di–Mi, Fr–So 11–17, Do 11–20 Uhr, 70 SEK*
Das bedeutendste historische Museum Schwedens zeigt u. a. eine eindrucksvolle Wikingerausstellung sowie einmalige Gold- und Silberschätze aus dem 4. Jh. Es liegt am Narvavägen, der als großzügig angelegter Boulevard am Karlaplan endet, einem nach Pariser Vorbild angelegten Platz, von dem acht Straßen sternförmig abzweigen.

### Kaknästornet [21] ▶ Karte 2, K 4

*www.kaknastornet.se, Mo–Sa 10–21, So 10–18 Uhr, 40 SEK*
Ladugårdsgärdet heißt eine riesige Grünfläche, die noch unter Karl XIV. Johan Truppenübungsplatz war und heute der Schafherde des Königs als Weideplatz dient (und vielen Stockholmern als Joggingstrecke). Über der unbebauten Graswüste erhebt sich der 155 m hohe Fernsehturm Kaknästornet, von dem man eine herrliche Aussicht über die Stadt hat – der Aufzug bringt Besucher in einer halben Minute hinauf zur verglasten Aussichtsplattform.

# Djurgården

Der Name dieser von zahlreichen uralten Eichen bestandenen Insel, die als Teil des Nationalparks **Ekoparken** unter Naturschutz steht, bedeutet Tiergarten; ursprünglich war sie das königliche Jagdgelände. Je weiter man auf Djurgården gen Osten vordringt, desto wilder, zumindest für Großstadtverhältnisse, wird die Natur.

Es gibt mehrere Möglichkeiten, zur Insel Djurgården zu gelangen, u. a. mit der Straßenbahn. Konkurrenzlos ist die Anreise per Fähre vom Nybroplan, denn dann hat man den schönstmögli-

# Djurgården

chen Blick auf die prächtigen Fassaden am Strandvägen.

**Vasamuseet** 22 ▶ Karte 2, G 5/6
*www.vasamuseet.se, Juni–Aug. tgl. 8.30–18, sonst Do–Di 10–17, Mi 10–20 Uhr, 110 SEK, Mi 17–20 Uhr 80 SEK*
Auf Djurgården findet sich ein absolutes Schmuckstück in der an Höhepunkten nicht eben armen Stockholmer Museumslandschaft: Der Bau des Vasamuseums ist einem Schiff nachempfunden. Errichtet wurde er 1990 für das am 10. August 1628 auf seiner Jungfernfahrt noch im Stockholmer Hafen gesunkene Regalschiff »Vasa«. Dieses von Gustav II. Adolf in Auftrag gegebene Kriegsschiff ist ein Sinnbild des Größenwahns zur Zeit des Dreißigjährigen Krieges, denn es sank, weil es für die vielen Kanonen zu wenig Tiefgang hatte und von einer Böe zum Kentern gebracht wurde. Im Jahr 1961 wurde es geborgen. Die Hebung und Restaurierung dauerte fast 35 Jahre und gestaltete sich äußerst schwierig, da man das Schiff mitsamt seinen kunstvollen Verzierungen unter Wasser in alle Einzelteile zerlegen und konservieren musste, um zu verhindern, dass es bei Kontakt mit Sauerstoff völlig zerfiel.

**Junibacken** 23 ▶ Karte 2, G 5
*www.junibacken.se, Juni, Aug. tgl. 10–17, Juli 9–18, Jan.–Mai, Sept.–Dez. Di–So 10–17 Uhr, 125–145 SEK*
Ein besonderes Vergnügen für kleine und große Fans von Pippi, Karlsson & Co.: In Junibacken begegnet man Figuren aus Astrid Lindgrens Geschichten, die große und kleine Besucher in einer Gondel vorbeischwebend erleben. Die mit Puppen in Szene gesetzten Episoden wirken erstaunlich lebendig. Im Sommer turnt auch schon mal Pippi um das Gebäude. Dahinter finden sich in dem Park, der bis ans Wasser reicht, lauschige Picknickplätzchen und eine Bronzebüste der Schriftstellerin.

> **›Eintrittskarte‹ für Stockholm**
> **Stockholmskortet** schließt den Eintritt zu mehr als 70 Museen und Sehenswürdigkeiten sowie die Benutzung der öffentlichen Verkehrsmittel ein (Kauf beim Stockholm Tourist Centre, www.stockholmtown.com). Ein anderer Anbieter offeriert **Stockholm à la Carte**, ein Pauschalpaket, das den Eintritt zu etwa 50 Museen und die Übernachtung in ausgesuchten Hotels umfasst (Buchung unter www.stockholm.at).

**Nordiska Museet** 24 ▶ Karte 2, H 5
*www.nordiskamuseet.se, Juni–Aug. tgl. 10–17, Sept.–Mai Mo/Di, Do/Fr 10–16, Mi 10–20, Sa/So 11–17 Uhr, 80 SEK*
Zwei Museen verdankt Djurgården der Initiative des Ethnografen Artur Hazelius (1833–1901). Er wollte verhindern, dass im Zuge der Industrialisierung die bäuerliche Kultur verloren ging. Deshalb sammelte er in ganz Nordeuropa Zeugnisse der Alltagskultur vom Holzteller bis zu kompletten Zimmereinrichtungen, die er im 1873 gegründeten Nordiska Museet und im Freilichtmuseum Skansen zusammenführte.

**Gröna Lund** 25 ▶ Karte 2, H 6
*www.gronalund.com, Juli/Aug. tgl. 11–23/24 Uhr, sonst wechselnde Zeiten, Eintrittspreise je nach Jahreszeit*
Direkt gegenüber von Skansen liegt Gröna Lund, ein riesiger Vergnügungspark mit Achterbahn und allem, was sonst noch so dazugehört. Im Sommer finden hier auch Konzerte statt. Sehr beliebt sind die Auftritte von Sven-Bertil Taube, der sich der Pflege des traditionellen Liedguts verschrieben hat.

## *Lieblingsort*

**Prins Eugens Waldemarsudde –
In Kunst schwelgen** 27
▶ Karte 2, J 7
Die frühere Villa des Malers Prinz Eugen (1865–1947), Sohn von König Oskar II. und einer der besten Maler der vorigen Jahrhundertwende, liegt wunderschön auf einem Fels über dem Wasser. Das Domizil des Prinzen zeigt seine Kunstsammlung, vor allem die Gemälde seiner berühmten Malerfreunde – Anders Zorn, Carl Larsson und Edvard Munch sind die bekanntesten Namen – sowie stets interessante Wechselausstellungen. Auch der schöne Park, von dem aus man die Finnland-Fähren beobachten kann, lohnt einen Besuch. Von hier aus kann man reizvolle Spaziergänge am Wasser entlang unternehmen (s. S. 242).

## Stockholm und Umgebung

### Freilichtmuseum Skansen 26
▶ Karte 2, J/H 6
*www.skansen.se, Mai–Mittsommer und Sept. tgl. 10–20, Mittsommer–Aug. 10–22, Okt.–April Mo–Fr 10–15, Sa/So 10–16, Häuser, Höfe Mai–Sept. tgl. 11–17, sonst 11–15/16 Uhr, 70–120 SEK*

Das Lieblingsprojekt von Artur Hazelius (s. S. 239) war immer das 1891 gegründete Freilichtmuseum Skansen, das älteste der Welt. Hier wurden rund 150 alte Gebäude aus ganz Schweden wieder aufgebaut. Stadtviertel wurden rekonstruiert und in den Werkstätten kann man Handwerkern wie Glasbläsern und Schreinern bei der Arbeit zusehen. Skansen ist auch eine beliebte Kulisse für Feste und Musikveranstaltungen. Höhepunkt ist die Midsommarfeier, zu der auch die Königsfamilie kommt. Und wer auf seiner Fahrt durch Schweden keinen Elch gesehen hat, wird hier sicherlich Glück haben, denn zum Zoo mit einheimischen Tierarten gehört neben Bären und Wölfen auch dieses scheue Tier.

### Prins Eugens Waldemarsudde 27
*www.waldemarsudde.se, Di/Mi, Fr–So 11–17, Do 11–20 Uhr, 95 SEK, s. S. 240*

# Södermalm

Die Sehenswürdigkeiten sind auf der Insel Södermalm nicht so dicht gesät wie andernorts in Stockholms Zentrum, dafür hat der Stadtteil atmosphärisch viel zu bieten. Das Nachtleben in dem alten Arbeiterviertel ist lebendiger als in der City, es gibt unspektakuläre, urgemütliche Eck- oder Viertelkneipen, aber auch schrille Läden mit Designerklamotten, alternative Cafés, Kunstgalerien und Geschäfte, die so aussehen, als seien sie 40 Jahre lang unverändert geblieben.

### Slussen
Gewissermaßen den Eingang nach Södermalm bildet der Verkehrsknotenpunkt Slussen (Schleuse), der 1935, als in Schweden noch Linksverkehr herrschte, fertiggestellt wurde. Der Architekt konzipierte die Anlage so, dass die Umstellung auf Rechtsverkehr im Jahr 1967 ihrer Funktionstüchtigkeit nichts anhaben konnte. Doch der Zahn der Zeit nagt auch an Slussens Beton, und es ist beschlossene Sache, dass die kleeblattförmige Anlage abgerissen wird.

### Monteliusvägen 28
Die Höhe von Södermalm bringt es mit sich, dass man fast von jeder Stelle auf der Seite, die der Innenstadt zugewandt ist, eine atemraubende Aussicht hat. Besonders schön ist sie von dem mit Bänken bestückten Spazierweg Monteliusvägen. Er führt auf dem Mariaberget entlang von Gärten und vorbei an alten Bäumen vom Ende der Skolgränd parallel zur Bastugatan – mit Paradeansichten auf Stadshuset und das Gewimmel im Zentrum der Stadt.

### Katarina-Viertel
Auch von der **Fjällgatan** hat man einen schönen Blick auf die Stadt. Richtung **Katarina kyrka** (▶ Karte 2, F 7), die mit ihrer Kuppel die Silhouette von Södermalm beherrscht, kann man durch den winzigen Cornelisparken und die Mäster Mikaelsgatan spazieren und trifft in Gassen wie Roddargatan oder Fiskargatan auf putzige Holzhäuser und Kopfsteinpflastergassen – so sah es in diesem Teil der Stadt aus, bevor ab dem 18. Jh. als Reaktion auf die zahlreichen Brände die Errichtung von Holzhäusern verboten wurde.

### Katarinahissen und Mosebacke
Den Anstieg auf die felsigen Anhöhen von Söder erleichtert der Aufzug **Katarinahissen** 29, dessen zweite und heu-

# Södermalm

tige Version im Zusammenhang mit den Bauarbeiten an Slussen entstand. Die Aussicht ist phänomenal. Eine Fußgängerbrücke führt zum Ess-, Tanz- und Musikpalast **Mosebacke** 5 mit großer Aussichtsterrasse (s. S. 250) und weiter ins Katarina-Viertel (s. S. 242).

**Fotografiska** (▶ Karte 2, G 7)
*www.fotografiska.eu, tgl. 10–21 Uhr, 95 SEK*
In dem historischen Zollhaus am Nordufer von Södermalm öffnete 2010 ein Ausstellungshaus für Fotografie: Fotografiska. Hier werden u. a. namhafte Fotokünstler in Werkausstellungen vorgestellt. Nicht versäumen: den Ausblick auf die Innenstadt.

**SoFo** (▶ Karte 2, F–G 8)
Die Atmosphäre ist locker und entspannt, worauf die Bewohner von ›Söder‹, wie die Stockholmer die Insel liebevoll nennen, stolz sind. Besonders im Viertel südlich der **Folkungagatan** (SoFo) hat sich eine alternative Kulturszene etabliert. Man trifft sich rund um den **Nytorget**, wo noch einige schlichte Holzhäuser des ehemaligen Arbeiterviertels erhalten sind, man shoppt oder besucht eine Bar in der Skånegatan, Bondegatan oder Åsögatan.

## Badestrände in der Stadt

Mitten in der Großstadt in sauberes Wasser zu springen und sich nach den Strapazen der Besichtigungstouren mit einem Bad zu erfrischen, das ist in Stockholm im Prinzip überall möglich; es ist erlaubt, an den Klippen von Långholmen oder Fredhäll bis zu 10 m hinauszuschwimmen. Stadtnahe Bade-

**Keine Spur von hektischem Großstadtleben: Mariaberget auf Södermalm am Abend**

Stockholm und Umgebung

stellen mit *tunnelbana*-Anschluss sind außerdem: Hässelby Strandbad, Rålambshovsparken, Smedsuddsbadet in Marieberg, Mälarhöjdsbad bei Bredäng (s. auch Übernachten, Camping).

# Außerhalb der Innenstadt

### Schloss Drottningholm
*www.royalcourt.se, Mai–Aug. tgl. 10–16.30, Sept. 12–15.30, Okt.–Anfang Dez., 2. Jan.-Woche–April Sa/So 12–15.30 Uhr, 80 SEK; Dampfer ab Stadshuskajen (50 Min.) oder T-Brommaplan, dann Bus 301–323 (30–60 Min.)*
Nicodemus Tessin d. Ä. erhielt 1662 von Königin Hedvig Eleonora den Auftrag, auf der Insel Lovön im Mälarsee ein Schloss zu errichten. Nach dem Tod des Hofarchitekten führte sein Sohn die Bauarbeiten an Schloss Drottningholm weiter und entwarf auch die Inneneinrichtung, für deren Ausführung er hochrangige Künstler wie Burchard Precht und David Klöcker Ehrenstrahl verpflichtete. Im 18. Jh. wurden unter der Leitung von Carl Hårleman und Jean Eric Rehn die Seitenflügel ausgebaut und die Einrichtung im Stil des Rokoko modernisiert. Heute bewohnt die königliche Familie das Schloss. Weil die gesamte Anlage repräsentativ ist für die europäische Schlossarchitektur des 18. Jh., klassifizierte die Unesco sie als Weltkulturerbe.

Das vom König Gustav III. angelegte Theater, **Slottsteatern,** mit seiner ausgeklügelten Bühnentechnik befindet sich noch im Originalzustand und ist im Sommer Spielort für Opern- und Ballettvorstellungen. Das angegliederte **Theatermuseum** (www.dtm.se, tgl. Führungen Mai 12–16.30, Juni–Aug. 11–16.30, Sept. 13–15.30 Uhr, 90 SEK) zeigt Kostüme aus dem 18. Jh. Nicodemus Tessin d. J. legte auch einen **Barockgarten** an, für den ebenso wie für die gesamte Anlage Versailles als Vorbild diente. Eine besondere Attraktion des Ensembles ist das chinesische Schlösschen, **Kina slott** (Mai–Aug. tgl. 11–16.30, Sept. 12–15.30 Uhr, 70 SEK, Kombiticket mit Schloss 120 SEK), das im 18. Jh. als Sommerdomizil für die königliche Familie entstand.

### Haga-Park
*U-Bahn bis Odenplan, dann Bus 515 bis Haga norra grindar (Nordeingang)*
Am Ufer des Brunnsviken im Stadtteil Solna wollte Gustav III. eigentlich ein imposantes Schloss errichten. Die im Jahr 1786 begonnenen Bauarbeiten wurden nach seiner Ermordung 1792 eingestellt. In Haga sind heute inmitten des von F.M. Piper angelegten Landschaftsgartens für die gustavianische Zeit typische architektonische Spielereien wie Kupferzelte, die die königliche Garde beherbergten, sowie einige Pavillons zu sehen. Die Inneneinrichtungen, etwa in dem von Louis Masreliez ausgestatteten **Türkischen Pavillon** oder im **Pavillon Gustavs III.** (nur mit Führung zugänglich, Juni–Aug. Di–So 12, 13, 14, 15 Uhr, 70 SEK) zeigen die Handschrift des Königs, dessen am Klassizismus orientierter Geschmack stilbildend wirkte.

### Ulriksdals slott
*www.royalcourt.se, T-Bergshamra, dann Bus 503 bis Ulriksdals Wärdshus, 500 m Fußweg zum Schloss*
Schloss Ulriksdal nördlich von Stockholm wurde 1639–44 im Stil der niederländischen Renaissance errichtet, von Nicodemus Tessin d. Ä. und Jean de la Vallée umgebaut und erhielt sein heutiges Aussehen unter Fredrik I. durch G.J. Adelcrantz. In den 1920er-Jahren modernisierte man es für den späteren König Gustav VI. Adolf. Die

## Außerhalb der Innenstadt

von Carl Malmsten (s. S. 62) entworfene Einrichtung, die der König anlässlich seiner Hochzeit 1923 von Stockholmer Bürgern geschenkt bekam, ist bei einer Führung durch die Räume zu besichtigen (Juni–Aug. Di–So 12, 13, 14, 15 Uhr, 70 SEK). In der **Orangerie** (Juni–Aug. Di–So 12–16 Uhr) von 1705 werden heute Skulpturen des 18. Jh. bis frühen 20. Jh. aus dem Bestand des Nationalmuseums gezeigt, u. a. von Johan Tobias Sergel und Carl Milles. Außerdem wird in Ulriksdal die Kutsche aufbewahrt, mit der Königin Kristina 1650 zur Krönung fuhr.

### Millesgården
*www.millesgarden.se, Mitte Mai–Sept. tgl. 11–17, Okt.–Mitte Mai Di–So 12–17 Uhr, U-Bahn bis Ropsten, dann Bus 207 bis Millesgården bzw. Bus 202, 204–206 bis Torsvikstorg, dann 10 Min. Fußweg, 90 SEK*

Auf der Sonnenterrasse des Atelierhauses von Carl Milles (1875–1955) stehen etliche der Bronzeskulpturen des berühmten schwedischen Bildhauers, dessen Brunnenfiguren und Standbildern man in schwedischen Städten auf Schritt und Tritt begegnet – ob in Helsingborg das Seefahrtsmonument, in Göteborg der Poseidon- oder in Stockholm am Hötorget der Orpheusbrunnen. Im ehemaligen Atelierhaus Millesgården findet sich die vom Künstler zusammengetragene Sammlung antiker und mittelalterlicher Kunst. Der Ausflug nach Lidingö lohnt auch wegen des wunderbaren Blicks auf die weite Wasserfläche tief unten.

### Globen/SkyView
*www.globearenas.se, Mitte Juni–Mitte Aug. Mo–Fr 9–20, Sa/So 10–18, sonst Mo–Fr 10–19, Sa/So 10–17 Uhr, ab 120 SEK*

Die weiße Kuppel des größten sphärischen Gebäudes der Welt bietet aus den SkyView-Gondeln einen unvergleichlichen Panoramablick weit über die Stadt. Ansonsten dient Globen als Eishockey- und Konzertarena.

---

**Wohnen wie bei Freunden**
Bed & Breakfast ist günstiger als eine Übernachtung im Hotel und ermöglicht interessante Einblicke in schwedische Lebensgewohnheiten und Kontakte zu Stockholmern unterschiedlicher Berufe: Bed & Breakfast Service Stockholm, Tel. 08 660 55 65, www.bedbreakfast.se; Bed and Breakfast Agency Sweden, Tel. 08 643 80 28, www.bba.nu; Stockholm Uptown B&B, www.stockholmuptown.com.

---

## Übernachten

Preisgünstige Hotelzimmer sind rar, man sollte deshalb rechtzeitig buchen, günstige Angebote hat die Touristeninformation, Tel. 08-50 82 85 08, www.stockholmtown.com. Die Vorausbuchung ist gratis (Kreditkarte erforderlich).

Visit Sweden (s. S. 15) verschickt eine Broschüre mit einer Beschreibung aller Camping- und Wohnmobilplätze in und um Stockholm.

*Nüchtern* – **Hotel Birger Jarl** [1] (▶ Karte 2, E 3): Tulegatan 8, Tel. 08 674 18 00, www.birgerjarl.se, 1190–2490 SEK/DZ, preiswerter Sommer- und Wochenendpakete. Skandinavisches Design vom Feinsten, doch nüchtern eingerichtet, ein Großhotel mit allen Annehmlichkeiten und 235 Zimmern.

*Badestelle vor der Tür* – **Långholmen** [2] (▶ Karte 2, B 7): Långholmsmuren 20, Tel. 08 720 85 00, www.langholmen.com, Hotel 1490–1890 SEK/DZ, STF Vandrarhem ab 290 SEK/Pers. ohne Frühstück und Bettwäsche. Das ehe-

# Stockholm und Umgebung

malige Gefängnis *(kronohäktet)* fesselt seine Bewohner durch die wunderschöne abgeschiedene Lage auf der grünen Insel Långholmen besonders im Sommer. Im Hoteltrakt Einzel- und Doppelzellen mit Frühstück; einfache Variante ohne Dusche/WC im STF Vandrarhem.

*Komfortabel* – **Columbus Hotell** 3 (▶ Karte 2, G 7): Tjärhovsgatan 11, Tel. 08 50 31 12 00, www.columbushotell.se, je nach Ausstattung 1295–2495 SEK/DZ. 40 Hotelzimmer in einer ehemaligen Brauerei von 1780 um einen hübschen, ruhigen Innenhof, auch Suiten, z. B. die 38 m² große Lorentz-Sifvert-Suite mit eigener kleiner Sauna.

*Idyllisch* – **Zinkensdamm** 4 (▶ Karte 2, D 8): Zinkens väg 20, Södermalm, Tel. 08 616 81 00, www.zinkensdamm.com. Hinter den Hochhausriegeln an Södermalms Hornsgatan verstecken sich kleine Holzhäuser. Drinnen findet man komfortable Hotelzimmer (ab ca. 1200 SEK/DZ) mit Frühstück oder im STF Vandrarhem 2- bis 4-Bett-Zimmer EZ 430 SEK, DZ 530 SEK, Bett ab 220 SEK/Person ohne Frühstück und Bettwäsche (Mitgliedspreis).

*Schaukelnd* – **Mälardrottningen** 5: Riddarholmen, Tel. 08 54 51 87 80, www.malardrottningen.se, EZ ab 600 SEK, DZ ab 840 SEK. Die 1924 in Kiel gebaute ehemalige Luxusjacht von Barbara Hutton wurde zum 3-Sterne-Hotel mit 60 Einzel- und Doppelkajüten umgebaut und schaukelt heute auf den Mälarwellen vor Riddarholmen mit Blick aufs Stadshuset.

*Verkehrsgünstig* – **STF Vandrarhem Fridhemsplan** 6 (▶ Karte 2, C 5): Sankt Eriksgatan 20 (Fridhemsplan), Tel. 08 653 88 00, www.fridhemsplan.se. Über 100 Zimmer in zentraler Lage mit max. vier Betten (keine Etagenbetten), Kabelfernsehen, Internet; einige DZ mit Dusche/WC (850 SEK/DZ), ansonsten Dusche/WC auf dem Korridor; ab 650 SEK/DZ (Mitgliedspreis ohne Frühstück und Bettwäsche).

*Zentral* – **Archipelago Hostel** 7: Stora Nygatan 38, Gamla stan, Tel. 08 22 99 40, www.archipelagohostel.se, 690–760 SEK/DZ ohne Frühstück und Bettwäsche. Das dem SVIF-Verband angeschlossene Budgethotel mit 43 Betten in einem alten Haus in der Kopfsteinpflasterstraße Stora Nygatan bietet kleine, aber ordentliche Zimmer, DZ mit zwei separaten Betten. Wenn man länger bleibt, sind die komfortableren Zimmer im zweiten Stock zu empfehlen. Café in der Nähe mit speziellem Frühstücksangebot für die Gäste. Kleine Küche und gratis Internet.

*Historisch* – **STF Vandrarhem »af Chapman«** 8: Tel. 08 463 22 66, www.stfchapman.com. 530 SEK/DZ, 230 SEK/Koje. Eine maritime Atmosphäre herrscht auf dem Schulschiff (1888) in zentraler Lage mit im Jahr 2008 frisch renovierten Mehrbettkajüten. Am Ufer stehen zusätzlich in der ehemaligen Kaserne der Marine Betten in 2- bis 6-Bett-Zimmern zur Verfügung.

*Mit Dampferanleger* – **Bredäng Camping** 9 (▶ Karte 2, südl. B 8), Skärholmen, Tel. 08 97 70 71, www.bredangcamping.se, Mitte April–Anfang Okt., Stellplatz ab 220 SEK (Duschen inklusive). In schöner Lage 10 km südlich am Mälarsee, mit Badestrand.

*Nähe Drottningholm* – **Ängby Camping** 10 (▶ Karte 2, westl. B 5), Bromma, Tel. 08 37 04 20, www.angbycamping.se, Stellplatz ab 175 SEK. Rund 10 km westlich am Mälarsee.

# Essen & Trinken

Günstig essen kann man auch in allen Markthallen (s. S. 249):

*Gourmetklasse* – **Mathias Dahlgren** 1: neben Grand Hôtel, Södra Blasieholmshamnen 6, Tel. 08 679 35 84,

## Adressen

### *Unser Tipp*

**Einkaufsparadies und Gourmettreff Östermalmshallen** 8
Die nobelste unter den Markthallen von Stockholm ist die im nicht minder noblen Stadtteil Östermalm gelegene Östermalms saluhall, auch Östermalmshallen genannt. Das Angebot lässt Feinschmecker Augen machen: Wurst- und Käsespezialitäten, feine Backwaren, frischester Fisch und Schalentiere, beispielsweise Flusskrebse. Wer sich an einem der Tische niederlassen möchte, um vom Angebot zu probieren, sollte mittags früh erscheinen, sonst heißt es lange anstehen. Oder man lässt sich die Köstlichkeiten fürs Picknick auf Djurgården einpacken (Östermalmstorg, www.ostermalmshallen.se, Mo–Do 10–18, Fr 10–18.30, Sa 10–16 Uhr).

www.mdghs.com, Mo–Fr 12–14, 18–24, Sa 18–24 Uhr, 100–300 SEK. Wo der vielfach ausgezeichnete Spitzenkoch Mathias Dahlgren die Küche unter sich hat, kommen Gourmets nicht zu kurz – der Akzent liegt auf regionalen Zutaten; jahreszeitlich wechselnde Menüs, gehobene Hausmannskost mit Überraschungen.
*Modern* – **1900** 2: Regeringsgatan 66, Tel. 08 20 60 10, www.r1900.se, Mo–Fr 11.30–14, 17–24 (Fr 16–2), Sa 18–2 Uhr, Lunch 115–135 SEK. Hauptgerichte Abendkarte 225–315 SEK. Der Name ›1900‹ täuscht: Keine Spur von Jahrhundertwendeflair, das Restaurant ist modern durchgestylt, mit offener Küche, aus der feine skandinavische Hausmannskost kommt, Wild und Fisch in klassischen und einfallsreichen Kombinationen. Kein Wunder, das Restaurant betreibt der in Schweden als Fernsehkoch bekannte Niklas Ekstedt aus Skåne.

*Künstlerbar* – **KB 3**: Smålandsgatan 7, Tel. 08 679 60 32, Mo–Fr 11.30–23, Sa 17–24 Uhr (Juli–Mitte Aug. Sommerferien). In-Treff mit Einrichtung aus den 1930er-Jahren, in dem feine schwedische Hausmannskost serviert wird, moderate Preise bis 16.30 Uhr (139–225 SEK), danach wird's kostspielig.

*Klassiker* – **Operakällarens bakficka 4**: Karl XII:s torg, Tel. 08 676 58 09, Mo–Fr 11.30–23, Sa 12–22 Uhr, ca. 130–175 SEK. Die ›Hinterstube‹ des Opernrestaurants serviert im Sommer bis 17, im Winter bis 20 Uhr relativ preiswerte Gerichte in guter Qualität. Es dominieren Klassiker der schwedischen Hausmannskost.

*Pasta und Pizza* – **Ciao Ciao Grande 5**: Storgatan 11, Tel. 08 667 64 20, www.ciaociaogrande.com. Mo–Fr 11–22.30, Sa 12–23, So 12–22 Uhr. Italienische Küche mit wenigen Hauptgerichten, große Auswahl an Pasta (um 150 SEK) und Pizze (76–137 SEK), gute Weine.

*Gemütlich* – **Café Vete-Katten 6**: Kungsgatan 55, Mo–Fr 8–20, Sa 9.30–17 Uhr. Bäckerei mit Café; vorne ist der Brotladen, hinten sitzt man gemütlich. Frühstück, kleine Mittagsgerichte (*paj* und Pasta) sowie *wienerbröd*, Torten und Kuchen. Lunch ca. 80 SEK.

*Altmodisch* – **Café Sturekatten 7**: Riddargatan 4, Mo–Fr 8–20, Sa 9–17, So 12–17 Uhr. Kaffeetrinken wie bei Urgroßmutter: Auf zwei Etagen verteilt sind die niedrigen Räume mit krummen Wänden, dazu passend altmodische Sofas und Stühle.

*Kunstambiente* – **Café Blå Porten 8** (▶ Karte 2, H 6): neben Liljevalchs konsthall, Djurgården, Mo–Fr 11–22, Sa/So 11–19 Uhr Lunch ca. 100–150 SEK. Sommers ist der Innenhof neben der Kunsthalle eine schattige Oase. Mittags warme Gerichte mit mediterranem Einschlag, außerdem Tee, Kaffee und gutes Gebäck.

# Einkaufen

## Kaufhäuser

*Traditionsreich* – **NK 1**: Hamngatan 18–20, www.nk.se. Das Nobelkaufhaus Nordiska Kompaniet (NK) verkauft u. a. internationale Mode und Design.

*Breites Angebot* – **Åhlens City 2**: Klarabergsgatan 50, www.ahlens.com. Kaufhaus mit Filialen in allen Vierteln.

## Mode

In der **Drottninggatan** und **Hamngatan** und angrenzenden Einkaufspassagen (Gallerian, Sergelgången etc.) sind die großen Ketten aller Modehäuser vertreten. Um den **Norrmalmstorg/Biblioteksgatan** finden sich Designerläden und teure Boutiquen. Secondhand und originelle junge Designermode gibt es in ›SoFo‹, d. h. in den Straßen südlich der Folkungagatan (Bonde-, Åsö- und Skånegatan).

## Design

*Klassisches Design* – **Svenskt Tenn 3**: Strandvägen 5, www.svenskttenn.se. Bereits seit den 1930er-Jahren widmet sich das Geschäft der Entwicklung eines gemäßigt modernen schwedischen Wohnstils; Möbel, Lampen, Textilien und Accessoires.

*Bequeme Sitzmöbel* – **Carl Malmsten 4**: Strandvägen 5, www.malmsten.se. Klassische schwedische Möbel, bekannt aus den 1930er- bis 1950er-Jahren, formschön und schlicht, darunter auch der berühmte Sessel Jättepaddan (›Riesenschildkröte‹). Weitere Geschäfte in Birger Jarlsgatan, Sibyllegatan und Nybrogatan.

*Witzige Einrichtungsideen* – **Designtorget**: im Kulturhuset **11**, Sergels torg, www.designtorget.se. Pfiffige Ideen mit praktischem Nutzen für den kleinen Geldbeutel. Die Bandbreite reicht vom Kleinmöbel für Bad oder Küche bis zu Werkzeug, Schmuck und Textilien

# Adressen

(weitere Geschäfte: Nybrogatan 16, Östermalm, und Götgatan, Södermalm).

**Souvenirs und Kunsthandwerk**
In Gamla stan findet man auf engstem Raum das größte Angebot an qualitätvollen Souvenirs. Zahlreiche renommierte Galerien mit Kunsthandwerk liegen auf Södermalm am Beginn der Hornsgatan (Hornspuckeln) und entlang der Götgatan.
*Kunst aus Ton und Glas* – **blås & knåda** **5**: Hornsgatan 26, www.blasknada.com. Produkte der Mitglieder einer Künstlerkooperative, vor allem Keramik und Glaskunst.
*Made in Sweden* – **Svensk Hemslöjd** **6** (▶ Karte 2, E 4): Sveavägen 44, www.svenskhemslojd.com. Traditionelles aus Holz, Gusseisen, Leinen oder Wolle.

**Märkte und Markthallen**
*Vielfalt* – **Hötorget/Hötorgshallen** **7**: www.hotorgshallen.se, Mo-Sa Obst und Gemüse, in der Halle weitere Lebensmittel und Snacks; So Flohmarkt.
*Einkaufen und Essen* – **Östermalmshallen** **8**: s. S. 247
*Markthalle* – **Söderhallarna** **9** (▶ Karte 2, F 8): Medborgarplatsen, www.soderhallarna.com. Kulinarische Genüsse, Mode- und andere Geschäfte.

## Aktiv & Kreativ

*Per Rad* – **City Bikes:** www.citybikes.se. Die weiß-blauen Räder kann man nach Kauf einer Bike Card (250 SEK/Saison) im Touristenbüro an diversen Standorten in der Stadt ausleihen. Wichtig: Keine Fahrradmitnahme in Nahverkehrszügen in der Hauptverkehrszeit, Ein- und Aussteigen am Hauptbahnhof verboten. Linienboote nehmen, so Platz vorhanden, Räder mit.
*Kanuverleih* – **Brunnsvikens Kanotcentral** **1** (▶ Karte 2, nördl. D/E 3): Frescati

**Events und Termine im Überblick**
Bei der Touristeninformation gibt es kostenlos das Heft »What's on in Stockholm«, das neben Veranstaltungshinweisen u. a. die Öffnungszeiten und Eintrittspreise der Museen verzeichnet. Das Heft erscheint monatlich (Sommer) bzw. zweimonatlich (Winter) auf Englisch/Schwedisch; man kann es auf der Website des Stockholm Tourist Centre herunterladen. Wertvolle Tipps, wo was los ist, findet man außerdem in den Wochenendbeilagen der Tageszeitungen.

Hagväg 5, Tel. 08 15 50 60, www.bkk.se. Ideal als Startpunkt für Touren.
*Breite Palette* – **Djurgårdsbrons Sjöcafé** **2** (▶ Karte 2, H 5): Djurgårdsbron, Tel. 08 660 57 57. Segelboot-, Kanu-, Fahrrad- und Inliner-Verleih.

## Abends & Nachts

In den Lokalen um den Stureplan trifft sich die junge Schickeria, an Götgatan und Folkungagatan (Södermalm) liegen gemütliche Kneipen und Studentenlokale. Achtung: Für eine Reihe von Diskotheken gilt als Mindestalter 20 Jahre, für einige sogar 23 Jahre.
*Ganz cool* – **Absolut Ice Bar** **1**: im Nordic Sea Hotel, Vasaplan, www.nordicseahotel.se, Reservierung Tel. 08 50 56 31 24. Eine richtig coole Bar mit eisklarem Konzept. Die Cocktails in Eisgläsern schlürft man im geliehenen Pelz – im Getränkepreis inbegriffen.
*Britisches Design* – **Berns** **2**: Berzeliiparken, www.berns.se. Sehr populäre, vom britischen Designer Terence Conran gestaltete Cocktailbar, im Sommer Terrasse im Park.
*Für Jazzfans* – **Fasching** **3**: Kungsgatan 63, Tel. 08 53 48 29 60, Tischreser-

## Stockholm und Umgebung

vierung 08 53 48 29 64, www.fasching.se. Traditionsreicher Jazzclub; hier treten Weltstars auf.

*Für Rocker* – **Debaser** 4: Karl Johans torg 1, www.debaser.nu. Wichtigster Club in Stockholm mit Ableger Debaser-Medis am Medborgarplatsen.

*Für Romantiker* – **Mosebacke** 5 (▶ Karte 2, F 7): Mosebacke torg, Södermalm, www.mosebacke.se. Spannende Musikszene in diversen Clubs, Tanz im Södra Teatern und – besonders schön an Sommerabenden – auf der Terrasse über der Stadt.

*Für Opernliebhaber* – **Kungliga Operan** 6 (Königliche Oper): Jakobs torg 2, www.operan.se. Opernabende und klassisches Ballett mit festlichem Flair.

*Modernes Tanztheater* – **Dansens hus** 7: Norra Bantorget, www.dansenshus.se. Eine der besten Bühnen für Tanztheater in Europa: Modern Dance, Ausdruckstanz, Performance.

*Für Konzertgänger* – **Konserthuset** 12: Hötorget, www.konserthuset.se. Das Stammhaus der Sinfoniker mit abwechslungsreichem Programm.

## Infos & Termine

s. auch S. 226

**Termine**
**Stockholm Marathon** (Anfang Juni): www.stockholmmarathon.se.

**Stadt mit Flair bei Tag und bei Nacht: an Stockholm führt kein Weg vorbei**

**Stockholm Jazz Festival** (Mitte Juli): u. a. Freilichtkonzerte auf Skeppsholmen; www.stockholmjazz.com.
**Stockholm Pride** (Ende Juli/Anfang Aug.): Schwulen- und Lesbenparade; www.stockholmpride.org.
**Kulturfestivalen** (6 Tage Mitte Aug.): u. a. Theater, Musik – das Meiste gratis; www.kulturfestivalen.stockholm.se.
**Musik på slottet** (Aug./Sept.): Konzerte im festlichen Rahmen; www.royalfestivals.se.

**Verkehr**
**Flug:** Sehr gute nationale und internationale Verbindungen vom Flughafen Stockholm-Arlanda (44 km nördl.). Von dort per Bus (4–6x stdl., Fahrzeit 50 Min., 120 SEK) oder Zug (Arlanda Express, 4x stdl., Fahrzeit 20 Min., 140 SEK) zum Stockholmer Hauptbahnhof (Centralen). Der kleine Flughafen Skavsta, der von Billigfliegern angeflogen wird, liegt ca. 100 km südlich bei Nyköping (s. S. 223).
**Bahn und Fernbus:** Verbindungen in alle Landesteile vom Hauptbahnhof Centralen und vom Busbahnhof Cityterminalen (nebenan). Nahverkehrszüge *(pendeltåg)* erschließen das gesamte Mälargebiet (Mälarbana).
**Stadtverkehr:** U-Bahnen *(tunnelbana)*, zu erkennen am weiß-blauen Schild mit einem ›T‹, und Busse – blaue Schnellbusse und ›normale‹ rote Busse – fahren in dichtem Takt. Das Netz ist in drei Zonen eingeteilt, je mehr Zonen man durchfährt, desto höher der Preis. Fahrkarten sind nicht beim Busfahrer erhältlich, man löst sie am Automaten oder kauft Magnetkarten (Accesskort) bei einer der Verkaufsstellen von Storstockholms Lokaltrafik (SL) oder im Pressbyrån. Am praktischsten ist eine Netzkarte (1, 3 oder 7 Tage). Auch wer die Stockholmskortet (s. S. 239) kauft, hat freie Fahrt mit Bus und Bahn. Preise und Fahrpläne: www.sl.se.
**Boot:** Das Verkehrsnetz reicht weit über die Innenstadt hinaus: Die Schäreninseln sind ganzjährig per Linienboot erreichbar, im Sommer empfiehlt sich der Kauf der Netzkarte Båtluffarkort (www.waxholmsbolaget.se).

# Ausflüge von Stockholm

## Birka ▶ G 8

*www.raa.se/birka, Mai–Sept. Mo–Fr 11–16, Sa/So 11–17, Juli/Aug. 11–18 Uhr, Hin/Rückfahrt 295 SEK*

# Auf Entdeckungstour

## Utö – Leben auf einer Schäreninsel früher und heute

Ein Tagesausflug in Stockholms südlichen Schärengarten führt in eine einzigartige Landschaft. Auf Utö vermitteln zahlreiche Relikte der Industriegeschichte zudem einen Eindruck vom Leben und Arbeiten der Schärenbewohner früherer Jahrhunderte.

**Reisekarte:** ▶ H 9

**Infos:** www.utoturistbyra.se.

**Anreise:** Boot ganzj. ab Årsta brygga (45 Min., Pendeltåg bis Västerhaninge, dann Bus 846), im Sommer ab Stockholm Strömkajen (Sa/So Dampfer, 3,5–4 Std.). Ab Ålö Boot nach Nynäshamn (Pendeltåg bis Stockholm). Fahrplan: www.waxholmsbolaget.se.

**Fahrradverleih:** am Anleger.

**Gruvmuseum:** Sommer tgl. 13–15 Uhr.

Gleich am Bootssteg Gruvbryggan, wo die Linienboote und Dampfer anlegen, die Utö vom Festland her ansteuern, beginnt der Einstieg in die lange Geschichte menschlicher Aktivität auf der Schäreninsel, die seit mindestens 1000 Jahren bewohnt ist. Im Touristenbüro am Anleger kann man sich mit Kartenmaterial eindecken, und wer möchte, kann sich ein Fahrrad mieten, um die Insel samt Nachbarinsel Ålö ausgiebig kennenzulernen.

### ›Glück auf‹ für die Inselbewohner

Auch wenn die heutige Naturidylle auf Utö davon kaum noch etwas erahnen lässt: Ab dem 17. Jh. war der Abbau von Eisenerz der wichtigste Wirtschaftszweig auf der Insel. Die Erzminen haben zahlreiche Spuren hinterlassen. So steht im Grubendorf, **Gruvbyn,** entlang der Lurgatan noch eine Reihe von Häusern aus dem 18. Jh., in denen sich ursprünglich die Wohnungen der Minenarbeiter befanden.

### Kleine Insel, große Entdeckung

Ein Bergwerksmuseum, das **Gruvmuseum,** dokumentiert die frühe Industrie- und Kulturgeschichte. Das Bergwerk auf der Insel Utö schrieb sogar Wissenschaftsgeschichte. Im Jahr 1817 entdeckte der Chemiker Johan August Arfwedson in einer Probe des Minerals Petalit das chemische Element Lithium. 1841 wurde er dafür mit der Goldmedaille der Akademie der Wissenschaften ausgezeichnet.

Der Abbau von Eisenerz nahm bereits im 12. Jh. seinen Anfang. Die Gruben auf Utö gehören damit zu den ältesten ganz Schwedens. Draußen führt ein markierter Rundweg über das ehemalige Bergwerksgelände, vorbei an den heute mit Wasser gefüllten Schächten, von denen einer 215 m in die Tiefe reicht.

### Fixpunkte in der Landschaft

Bis zur Stilllegung 1878 waren mehrere Gruben in Betrieb und lieferten als Nebenprodukt das Baumaterial für die 1850 eingeweihte **Utö kyrka.** Sie ist die größte Steinkirche der Schären und besitzt zudem Schwedens älteste Kirchenorgel (1745).

Neben dem Grubengelände steht die Windmühle **Utö Kvarn** (1791) mit Originalausstattung. Von der Anhöhe bietet sich eine ausgezeichnete Aussicht über die Insel.

### Sommerfrische für Großstädter

Nach dem Ende des Erzabbaus wurde Utö für den Tourismus entdeckt. 1889 kaufte ein Großunternehmer die Insel und machte aus ihr gezielt ein Urlaubsparadies für eine großbürgerliche Klientel, indem er schmucke Holzvillen errichten ließ. Unter den Gästen, die sich hier erholten, war auch die Schauspielerin Greta Garbo. Ein beliebtes Ausflugsziel der Stockholmer mit guter touristischer Infrastruktur ist Utö geblieben. 1973 kaufte die Vereinigung Skärgårdsstiftelsen einen Teil der Insel und sorgte dafür, dass Utö ganzjährig bewohnt blieb. Heute leben hier ca. 240 Menschen, die hauptsächlich durch den Tourismus ihr Auskommen finden.

### Mit dem Fahrrad nach Ålö

Neben dem industrie- und kulturhistorischen ist der Genussaspekt der Schärenlandschaft nicht außer Acht zu lassen. Die abwechslungsreiche Natur von Utö, dessen nördlicher Teil unter Naturschutz steht, lohnt sich ebenso wie ein Fahrradausflug über die Brücke auf die Nachbarinsel Ålö mit ihrem herrlichen Sandstrand Storsand im Südosten. Unterwegs kann man im Restaurant Båtshaket einkehren oder Räucherfisch für ein Picknick einkaufen.

# Stockholm und Umgebung

Im Mälaren, rund 30 km westlich von Stockholm, liegt auf der Insel Björkö ein Ausflugsziel, das in die Ära der Wikinger entführt. Birka ist zwar die älteste Stadt Schwedens und war zwischen 750 und 970 ein bedeutender Handelsplatz, doch außer ein paar Grabhügeln ist davon nicht mehr viel zu sehen. Neuere Ausgrabungsfunde, darunter eine Schmiede, lieferten wichtige Erkenntnisse über den Alltag in der Wikingerzeit. Vorführungen von Handwerkern und das Museum geben davon ein anschauliches Bild. In den zahlreichen Gräbern der Insel fand man Handelsgüter wie fränkisches Glas, chinesische Seide, friesische Keramik und arabische Silbermünzen. Die Insel ist nur mit dem Boot zu erreichen. Die gemütliche Schiffstour (ca. 2 Std.) ab Stadshusbron über den Mälaren ist ein ganz besonderes Erlebnis.

## Tom Tits Experiment ▶ G 8

*Storgatan 33, Södertälje, www.tomtit.se, Juli–Mitte Aug. tgl. 11–18, sonst Mo-Fr 10–16, Sa/So 11–17 Uhr, 195 SEK, Familie 595 SEK*

In einer ehemaligen Fabrik mit Innenhof und Garten in Södertälje (38 km südwestlich von Stockholm) warten 600 spannende Experimente auf neugierige Besucher. Die Versuchsstationen verteilen sich über die vier Stockwerke des Backsteingebäudes. Alltägliche Phänomene werden verständlich dargestellt und manchmal buchstäblich am eigenen Leib erfahrbar gemacht – Programm für einen Tag.

## Stockholmer Schärengarten

Auch wenn man einige der 24 000 Inseln und Inselchen mit dem Auto erreichen kann, sollte man eine Bootstour in den Schärengarten unternehmen, der sich zwischen Arholma im Norden und Landsort im Süden über 150 km Länge erstreckt.

### Fjäderholmarna
▶ Karte 2, östlich K 7

Gewissermaßen vor der Haustür, hinter Djurgården, liegt die Inselgruppe Fjäderholmarna (25 Min. per Boot ab Nybrokajen), die sich auch bei den sommers in der Stadt Verbliebenen größter Beliebtheit erfreut, mit Restaurant, Räucherei, Kunsthandwerksläden und einem Bootsmuseum, das über die Fischerei im Schärengarten informiert.

### Saltsjöbaden ▶ H 8

Im südlichen Schärengarten locken vor allem Utö und Ålö (s. S. 252). Am Wege,

## Ausflüge von Stockholm

19 km südöstlich des Stadtzentrums, liegt Saltsjöbaden, das 1891 auf Initiative des Großindustriellen K. A. Wallenberg als exklusiver Wohn- und Badeort entstand. Der Ort strahlt auch heute viel Wohlstand aus, von dem beispielsweise das Grandhotel Saltsjöbaden kündet, ein mit Türmchen geschmückter Bau aus der Zeit der Wende zum 20. Jh. Ob gut betucht oder nicht – in Saltsjöbaden kann man hervorragend baden und Segelboote beobachten (S-Bahnverbindung Saltsjöbanan ab Slussen).

### Vaxholm ▶ H 8
Vaxholm ist in einer Stunde mit dem Boot zu erreichen. Die Festung sollte einstmals die Einfahrt in den Stockholmer Hafen schützen, war aber bereits vor ihrer Fertigstellung veraltet, denn die Mauern hätten den schlagkräftigeren Kanonen nicht standgehalten. Interessanter als Militärgeschichte ist für die meisten ein Bummel durch die Holzstadt mit hübsch herausgeputzten kleinen Geschäften und gemütlichen Cafés.

### Sandhamn ▶ H 8
»Das naturschöne Sandhamn wird an drei Seiten von Wasser umspült und an der vierten vom Meer.« Auch der Schriftsteller August Strindberg liebte diese Insel, die felsig und zudem bewaldet am äußersten Ostrand des Schärengartens liegt (ca. 3 Std. ab Nybroplan). Einst ein wichtiger Lotsen- und Zollplatz, ist Sandhamn heute vor allem bei Seglern beliebt, nicht nur weil der Königliche Segelklub hier einen Stützpunkt hat.

**An Ausflugszielen mangelt es nicht: Insel im Stockholmer Schärengarten**

## Das Beste auf einen Blick

# Mälartal und Uppland

## Highlight!

**Uppsala:** Die Universitätsstadt nördlich von Stockholm bietet ein pralles Besichtigungsprogramm für einen ganzen Tag: Dom, Schloss, Raritätenkabinett, Silberbibel. S. 270

## Auf Entdeckungstour

**Mit Kurt Tucholsky in Schloss Gripsholm:** Ein Urlaub am Mälarsee und die Reize des schwedischen Sommers inspirierten Kurt Tucholsky zu seinem Roman »Schloss Gripsholm«. Im benachbarten Städtchen Mariefred ist der Schriftsteller begraben. S. 268

**In die Natur mit Carl von Linné:** Der Garten des Naturforschers, sein Wohnhaus in Uppsala und sein Sommerhaus, Linnés Hammarby, sind noch erhalten. Begeben Sie sich nach der Besichtigung vielleicht auf eine Exkursion hinaus aufs Land, wie Professor Carl von Linné sie vor 250 Jahren mit seinen Studenten unternahm. S. 272

## Kultur & Sehenswertes

**Sigurdsristning:** Der bemerkenswerte Runenstein in einem schönen alten Buchenhain erzählt eine spannende Geschichte, in der ein Drache eine Rolle spielt. S. 262

**Mariefred:** Die winzige Stadt am Mälarsee mit Schloss, Grafikgalerie, Dampfer, Jachthafen und gemütlichen Gassen lockt zum Tagesausflug. S. 266

**Gamla Uppsala:** Ein Besuch der Königshügel führt zurück in die Frühzeit der schwedischen Kultur. S. 275

## Aktiv & Kreativ

**Bootsausflüge:** Zu Schlössern und Herrensitzen am Mälarsee geht es u. a. ab Västerås. S. 264

## Genießen & Atmosphäre

**Julita gård:** Eine Zeitreise in das 18. Jh. unternimmt, wer einige Nächte im Seitenflügel des Herrenhauses von Julita verbringt – Wohnen im Museum. S. 262

**Tingsgården in Eskilstuna:** Shoppen und schmausen in der Altstadt, schöne Dinge in der Glashütte einkaufen oder einfach die mediterrane Küche auf der Restaurantterrasse am Fluss genießen. S. 263

**Sigtuna:** Kleinstadtidylle am Mälarsee, in der Stadt mit Schwedens kleinstem Rathaus. S. 279

## Abends & Nachts

**Sky Bar in Västerås:** Cocktailbar über den Dächern der Stadt und hoch über dem Mälarsee. S. 264

# Schwedens Mitte – Alte Städte und Königsschlösser am See

Nördlich vom Vättersee durchquert die E 20 Schwedens kleinste Provinz, Närke, eine wald- und erzreiche Region, die traditionell eine wichtige Rolle als Verkehrsweg zwischen den großen Seen spielte. Ein bedeutender Verkehrsknotenpunkt ist die Stadt Örebro am See Hjälmaren. Sie liegt an der Nahtstelle zwischen Süd- und Mittelschweden, am Übergang zur mittelschwedischen Senke und damit zum **Mälartal**: Hier gab die in den Jahrtausenden nach der Eiszeit langsam einsetzende Landhebung fruchtbares Ackerland frei, an den Ufern des Mälaren ließ es sich schon damals gut leben.

Die Region rund um den Mälarsee besticht durch die Vielzahl der Sehenswürdigkeiten, durch manchmal verschlafene, manchmal lebhafte Städte, aber auch durch landschaftliche Schönheit. Wer Zeit mitbringt, kann immer wieder in kleine Nebenstraßen einbiegen und zu einer der Halbinseln fahren, die, oft mit einem Schloss bebaut, in den Mälaren ragen. In dem dichten Schilfgürtel um den See gibt es gelegentlich Lücken – Platz für Landungsbrücken der Dampfer, kleine Jachthäfen oder Badestege, die hervorragende Möglichkeiten zur Erfrischung bieten.

Nördlich von Stockholm und dem Mälartal bis zum Dalälven, der bereits die Grenze zu Nordschweden markiert, liegt die Provinz **Uppland** mit hübschen Schlössern, netten Kleinstädten und ihrer Hauptstadt, der altehrwürdigen Universitäts-, Dom- und Residenzstadt Uppsala. Uppland kann man mit Fug und Recht als Wiege des schwedischen Reichs bezeichnen: Dort wo heute nördlich von Uppsala das kleine Dorf Vendel liegt, gab es bereits vor der Wikingerzeit ein hoch entwickeltes und wohlhabendes Königreich; der wichtigste altnordische Tempel befand sich bis zum frühen 12. Jh. in Gamla Uppsala. Der Ort Sigtuna gilt als älteste noch bestehende Stadt des Reichs, der erste schwedische Erzbischof residierte in Uppsala und auch die Hauptstadt Stockholm gehört historisch zur Provinz Uppland.

## Infobox

**Internet**
**Für Örebro und das Hjälmaren-Gebiet:**
www.orebrokompaniet.com
**Für die Region südlich des Mälaren:**
www.sormland.se/turism
**Für Uppland (nordöstlich des Mälaren):**
www.uppland.nu
**Für Västmanland (nördlich des Mälaren):** www.vastmanland.se

**Verkehr**
Gut getaktete Nahverkehrsverbindungen im hauptstadtnahen Mälartal machen Ausflüge auch ohne Auto bequem möglich; dazu kommen im Sommer Bootsverbindungen über den See, sodass reizvolle Touren zu Wasser und zu Land kombiniert werden können. Die weniger dicht besiedelten Regionen von Bergslagen nördlich des Sees (Västmanland) und um den Hjälmaren sind weniger gut vom Nahverkehr erschlossen. Infos: www.timinfo.se (Verkehrsverbund Mälartal) und www.vl.se (Verkehrsverbund Västmanland).

# Um den Hjälmaren

## Örebro ▶ E 8/9

Örebro (127 000 Einw.) gehört zwar zu den zehn größten Städten Schwedens, aber die Innenstadt, durch die sich der grün gesäumte Fluss Svartån schlängelt, vermittelt alles andere als pulsierende Großstadtatmosphäre.

Wo die Fußgängerstraßen Drottninggata und Storgata heute durch die ›große Brücke‹, Storbron, verbunden werden, erstreckte sich schon in früher Zeit die natürliche ›Kies-Brücke‹ im Svartån, die Örebro den Namen gab (altschwed.: öre = Kies, bro = Brücke) – als ›Brückenstadt‹ liegt sie auf dem wichtigsten Weg zwischen Schwedens Westküste und der östlichen Ostsee.

### Örebro slott
*www.orebroslott.com, Führungen Mitte Juni–Mitte Aug., 50 SEK*
Das Schloss, das vom Zeitpunkt seiner Erbauung bis 1860 stets auch als Gefängnis diente, wurde im 13. Jh. als Festung errichtet und ab 1570 im Stil der Vasa-Renaissance mit den vier typischen runden Ecktürmen ausgebaut. Sehenswert sind auch die Prachtsäle aus jener Zeit. Hier wurde 1810 Jean Baptiste Bernadotte, der Marschall Napoleons und spätere König Karl XIV. Johan, zum schwedischen Thronfolger gewählt. Heute dient es als Raum für Kunstausstellungen und diverse Events.

### Freilichtmuseum Wadköping
*Mai–Aug. tgl. 11–17, Sept.–April Di–So 11–16 Uhr, Eintritt frei*
Eine lauschige Promenade führt vom Schloss am Flüsschen Svartån entlang zum Freilichtmuseum Wadköping, in das Anfang der 1960er-Jahre zahlreiche Häuser aus der Altstadt versetzt wurden. Die zentral gelegenen Stadtteile mit ihren engen, verwinkelten Gässchen mit niedrigen Holzhäuschen zogen bereits in den 1930er- und 1940er-Jahren die begehrlichen Blicke der Stadtplaner auf sich, die Platz brauchten, um Neubauten errichten zu können. Statt die alten Häuser zu zerstören, baute man sie Stück für Stück ab und setzte sie im Freilichtmuseum wieder zusammen. Wadköping erhielt seinen Namen nach einem Roman von Hjalmar Bergman, der einige Jahre seiner Kindheit in Örebro verbrachte.

### Wasserturm Svampen
*Dalbygatan, www.svampen.nu, Mai–Mitte Aug. tgl. 10–18, übrige Zeit Sa/So 11–16 Uhr*
Der außerhalb des Zentrums gelegene, 58 m hohe Wasserturm Svampen (›der Pilz‹) wurde 1958 eingeweiht und hat mit seinem aparten Streifendesign weltweit viele Nachfolger gefunden. Eine maßstabsgerecht um ein Drittel vergrößerte Version steht z. B. in Riyadh in Saudi-Arabien. Vom Café mit Aussicht in 50 m Höhe hat man einen weiten Blick über die Stadt.

### Vergnügungspark Barnens Ö
*Juni–Aug. tgl. 10–16, Sa/So ab 11 Uhr*
Auf der Insel Stora Holmen im Svartån liegt Barnens Ö (›Insel der Kinder‹) mit einer Miniaturbimmelbahn, Tretautos, Verkehrsschule und Minizoo. Zu erreichen ist die Insel mit einer Fähre ab dem Stadtpark.

## Übernachten

*Im Zentrum von Örebro –* **STF Vandrarhem Livin**: Järnvägsgatan 22, Tel. 019 31 02 40, www.livin.se, Bett im 8-Bett-Zimmer ab 200 SEK, EZ ab 450 SEK, DZ ab 540 SEK. Die 2010 eröffnete Her-

# Mälartal und Uppland

Zeitweise Sitz des schwedischen Reichstags: das Renaissanceschloss Örebro slott

berge schräg gegenüber dem Bahnhof im Zentrum der Stadt hat komfortable Zimmer.
*Luxusklasse –* **Gustavsvik Camping:** Tel. 019 19 69 50, www.gustavsvik.se, Mai–Okt., Stellplatz ab 210 SEK, ganzjährig Ferienhäuser mit Internetanschluss ab 870 SEK. Der 5-Sterne-Platz 2 km südlich des Zentrums gilt als einer der besten in Europa und ist dem berühmten Erlebnisbad Gustavsvik angeschlossen (ermäßigter Eintritt zum Spaßbad).

## Infos

**Touristeninformation**
**Örebrokompaniet:** Olof Palmes torg 3, 70135 Örebro, Tel. 019 21 21 21, www.orebrotown.com.

**Verkehr**
**Bahn:** über Eskilstuna und Västerås nach Stockholm; nach Borlänge und Hallsberg.
**Bus:** nach Askersund, Arboga und Eskilstuna.

## Arboga ▶ F 8

Das idyllische Arboga nördlich des Hjälmaren war lange Schwedens zweitwichtigste Stadt. Hier wurde Engelbrekt Engelbrektsson 1435 zum schwedischen Reichshauptmann gewählt. Die Versammlung gilt gemeinhin als Schwedens erster Reichstag.

Heute lohnt ein Besuch der Kleinstadt vor allem wegen der ungewöhnlich gut erhaltenen Holzbebauung an **Storgatan** und **Västerlånggatan,** die man auf einem Spaziergang oder von einem der Cafés am Fluss Arbogaån aus betrachten kann: In dem prachtvollen Großhändlerhaus **Örströmska**

## Um den Hjälmaren

huset (www.arbogamuseum.se, Di–Do 13–16, Sa 13–15 Uhr) von 1846 in der Nygatan ist heute das kleine Stadtmuseum untergebracht. Zwischen den Höfen am Ufer führen schmale Pfade zum Fluss. Sie wurden angelegt, um im Brandfall schnell Zugang zum Wasser zu haben.

Sehenswert ist auch **Heliga Trefaldighetskyrka,** die Heilige Dreifaltigkeitskirche. Sie gehörte ursprünglich zu einem Franziskanerkloster und besitzt mittelalterliche Kalkmalereien mit Szenen aus dem Leben des hl. Franziskus.

Einblick in schwedische Brautradition gibt das ungewöhnliche **Bryggerimuseum** (Brauereimuseum; Nygatan 37, Sommer Di–Do, Sa 11–14 Uhr) mit Brauutensilien aus Holz in einem ehemaligen Getreidespeicher.

### Hjälmare kanal
*www.hjalmarekanal.se,*
*Mo–Fr 10–20, Sa/So 10–22 Uhr*
Arboga verlor u. a. durch die Eröffnung des Hjälmare kanal im 17. Jh. seine Bedeutung als Handels- und Umschlagplatz für Eisen aus Bergslagen, der Region nördlich der großen Seen. Schwedens älteste Wasserstraße, der 13,7 km lange Hjälmare kanal, wurde 1629–39 gebaut und überbrückt in neun noch immer von Hand bedienten Schleusen die 22 m Höhenunterschied zwischen Arboaån und dem Hjälmaren-See. Das Besucherzentrum in einem alten Kanalspeicher informiert über die Geschichte des Kanals sowie die Tiere und Pflanzen seiner Ufer.

## Infos & Termine

### Touristeninformation
**Arboga Turistbyrå:** Arboga station, Box 45, 73230 Arboga, Tel. 0589 871 51, Fax 0589 126 60, www.arboga.se.

### Termine
**Medeltidsdagarna** (2. Aug.-Woche): Ganz Arboga kleidet sich in Mittelalterkluft; Wettrudern, Markt, Konzerte und Handwerksvorführungen; www.arbogamedeltid.se.

### Verkehr
**Bahn:** nach Västerås, Eskilstuna, über Frövi nach Örebro.
**Bus:** nach Örebro, Eskilstuna und Västerås.

## Julita gård ▶ F 9

*www.nordiskamuseet.se, Mai, 4. Aug.- bis 3. Sept.-Woche Sa/So 11–16, Juni– 3. Aug.-Woche tgl. 11–17 Uhr, 80 SEK*
Unter den zahlreichen schwedischen Freilichtmuseen nimmt Julita eine Sonderstellung ein: Es ist ein vollständig erhaltenes Gut mit Landwirtschaft, Wald, Fischfang, Handwerksbetrieben, Bauern- und Tagelöhnerhäusern sowie einem stattlichen Herrenhaus, dessen Einrichtung aus der Zeit der vorletzten Jahrhundertwende im Rahmen von Führungen zu besichtigen ist. In den Gärten werden Obstbäume und regionaltypische Pflanzen gezogen, um eine Gendatenbank aufzubauen.

Ab 1180 befand sich hier ein Zisterzienserkloster. Das kleine, fast quadratische Haus am Ufer des Öljaren diente im 13. Jh. als Wohnung des Abtes. 1527 kassierte Gustav Vasa das Kloster und ließ fast alle Gebäude abreißen, um Baumaterial für seine Schlösser zu bekommen. In der alten Abtswohnung traf sich Gustav Vasas jüngster Sohn, der spätere König Karl IX., mit seiner Geliebten Karin Nilsdotter, und als diese ihm 1573 einen Sohn gebar, schenkte er ihr das Gut.

Spätere Besitzer bauten auf dem Gelände Tabak an und errichteten u. a. eine Ziegelei, eine Feuerwehrstation

## Mälartal und Uppland

und eine Schmiede. Der letzte Privatbesitzer, Leutnant Arthur Bäckström, ein kulturhistorisch überaus interessierter Mann, trug Häuser in der Umgebung ab, stellte sie hier wieder auf, errichtete eine Kirche, legte den Park an und sammelte Alltagsgegenstände, die er seinem Museum einverleibte, bevor im Jahr 1941 alles per Schenkung an das Nordiska museet (Stockholm) gelangte.

Julita lohnt den Ausflug mit der ganzen Familie: Außer in der Spielstube (Lekstuga) können sich Kinder in der Hütte von Pettersson (schwed.: Pettsson) und Findus vergnügen, die so aussieht, als sei sie einem von Sven Nordqvists Büchern entsprungen – kein Wunder, wurde sie doch vom Kinderbuchautor persönlich autorisiert.

### Übernachten

*Neben dem Museum* – **STF Vandrarhem Julita:** Tel. 0150 48 75 00, www.nordiskamuseet.se, ab 480 SEK/DZ ohne Frühstück und Bettwäsche. Alternativ: Übernachtung im historischen Ambiente der Herrenhofflügel, Einrichtung wie im 18. Jh. (ohne Dusche/WC 790 SEK/DZ, mit Dusche/WC 1090 SEK/DZ – jeweils ohne Frühstück, preiswerter ab der zweiten Nacht).

### Essen & Trinken

*Mit Ambitionen* – **Julita Wärdshus:** Tel. 0150 910 50, www.julitawardshus.se, Mo/Di 11.30–17, Mi–Fr 11.30–20, Sa 12–20, So 12–17 Uhr, Hauptgerichte 215–275 SEK. Seit 2008 ist Tommy Myllymäki Küchenchef. Schwedens Koch des Jahres 2007 serviert Klassiker: Rindfleisch mit Schalotten, Hecht in Meerrettich-Garnelensauce; schöne Terrasse am Seeufer.

# Um den Mälaren

## Eskilstuna ▶ F 8

Sehenswert in der alten Handelsstadt (91 000 Einwohner), die auch auf eine lange Tradition der Eisenbearbeitung zurückblickt, ist die idyllische Altstadt rund um die Köpmangatan.

Eine weitere Attraktion sind die **Rademachersmedjorna** (Rademacherschmieden; Häuser geöffnet Juli–Aug. Mi–So 11–17 Uhr, Öffnungszeiten der einzelnen Handwerker über Turistbyrå) von 1658, benannt nach dem Livländer Reinhold Rademacher, der durch Privilegien von Karl X. Gustav nach Schweden gelockt worden war und Messer, Scheren, Steigbügel und Schlösser herstellte. Der Entwurf für die Schmiedegebäude stammte von Hofarchitekt Jean de la Vallée, der auch den rechtwinkligen Stadtplan entwickelte.

Im 19. Jh. entwickelte sich Eskilstuna zu einem wichtigen Zentrum des Maschinenbaus. In der ehemaligen Werkshalle der Firma Bolinder-Munktell, heute **Munktellmuseet** (Munktellstorget 6, http://munktell.volvo.com, Mo–Fr 10–16, Sa/So 12–16 Uhr), stehen Original-Traktoren in Reih und Glied, die hier seit 1913 gefertigt wurden.

### Ausflug zu Sundbyholms slott und Sigurdsristning

In wunderschöner Lage steht am Mälarufer 11 km nördlich von Eskilstuna das 1648 errichtete **Sundbyholms slott**. Es beherbergt heute ein Restaurant mit zugehörigem Romantik-Hotel, daneben liegen Badeplatz und Jachthafen.

Nahe dem Schloss findet sich in einem für diese Breitengrade untypischen Buchenwald **Sigurdsristning,** ein interessantes Zeugnis der Wikingerzeit (ausgeschildert). Den eigentümlichen Runenstein zieren ein schlangenförmig gewundenes Runenband, dessen Text an einen Verstorbenen erinnert, und eine Reihe von Bildern. Dargestellt ist eine Episode aus der Volsunga-Saga: Sigurds Kampf mit dem Drachen.

## Infos

**Touristeninformation**
**Eskilstuna Turistbyrå:** Rothoffsvillan, Tullgatan 4, 632 20 Eskilstuna, Tel. 016-710 70 00, www.eskilstuna.nu.

**Verkehr**
**Bahn:** nach Stockholm, Örebro, Flen und Västerås/Sala.
**Bus:** nach Arboga, Örebro, Strängnäs.

## Västerås ▶ F 8

Västerås (131 000 Einwohner) hieß ursprünglich Västra Aros – ›Mälarstaden Västerås‹ nennt sich die Hauptstadt von Västmanland heute. Mit ihrem Hafen am Mälarsee ist sie ein ausgezeichneter Ausgangspunkt für Bootsausflüge in den vor der Stadt im See liegenden Schärengarten mit rund 400 Inseln.

Västerås ist ein geschichtsträchtiger Ort, u. a. fand der Reichstag von 1527, auf dem die Einführung der Reformation beschlossen wurde, hier in einem Dominikanerkloster statt.

Sehenswert ist der ab 1240 erbaute **Dom,** Grabstätte eines Königs, wie die Krone am Kirchturm zeigt: Gustav Vasas Sohn Erik XIV., der 1577 in Gefangenschaft seines Bruders starb – man munkelt, er sei vergiftet worden. Die **Statue von Carl Milles** auf dem Vorplatz stellt Johannes Rudbeckius dar, der 1623 in Västerås das erste schwedische Gymnasium gründete. Dahinter erstreckt sich **Kyrkbacken,** eines der ältesten Viertel; es blieb vom großen

> ### *Unser Tipp*
>
> **Tingsgården in Eskilstuna**
> Das historische Ensemble aus dem 18. Jh. in Eskilstunas Altstadt besteht eigentlich aus drei Höfen. Einst wurde im Tingsgården Gericht gehalten, dann zog hier Industrie ein und heute ist das Ensemble ein Zentrum für Glashandwerker mit Glashütte, Gravierwerkstatt, Schleiferei und Glasmalerei sowie Restaurant. Bei Besuchern wie Einheimischen ist das Lokal in einem stattlichen Holzhaus mit schöner Terrasse über dem Fluss gleichermaßen beliebt. Rådhustorget (Altstadt), Tel. 016 51 66 20, www.tingsgarden.se, Mo-Fr 11–23, Sa 12–23, So 12–22 Uhr. Griechische Küche, um 165–240 SEK.

Brand im Jahr 1714 verschont. Kopfsteingepflasterte Straßen winden sich, gesäumt von liebevoll gepflegten Häusern des 17. und 18. Jh., den kleinen Hügel hinauf. Malerische Holzhäuser finden sich ebenfalls am Flüsschen Svartån.

Ein neues Kulturzentrum entsteht in einem ehemaligen Industriebau des frühen 20. Jh., der auch Raum für die **Kunst- und Regionalmuseen** bietet (Karlsgatan 2, www.vasteraskonstmuseum.se, Öffnungszeiten standen bei Redaktionsschluss noch nicht fest).

## Übernachten

*Mit Badestelle –* **Lövuddens Konferens och Fritidscenter:** Tel. 021 18 52 30, www.lovudden.se, 900–1100 SEK/DZ. 4 km außerhalb von Västerås, 3-Sterne-Hotel mit 40 Zimmern, teils mit Blick

# Mälartal und Uppland

auf den Mälaren (eigener Bootsanlager, Fähre in die Stadt). In drei Nebengebäuden Vandrarhem (2- bis 6-Bett-Zimmer, ohne Frühstück und Bettwäsche 200 SEK/Pers.).
*Stadtnah* – **Västerås Mälarcamping:** Johannisbergsvägen, Tel. 021 14 02 79, www.nordiccamping.se, Stellplatz ab 190–260 SEK, Hütten 400–900 SEK/Tag. Südlich vom Stadtzentrum am Mälaren, Kanuverleih.

## Einkaufen, Essen

*Mühlendorf* – **Nykvarns Hantverksby:** 22 km östlich, www.nykvarnshantverksby.com. Schmiede, Holzwerkstatt, Weberei. Vorzügliches Restaurant.

## Aktiv & Kreativ

*Schöne Ziele* – **Bootsausflüge:** Zu den Schlössern Tidö und Engsö, nach Birka sowie nach Mariefred mit Schloss Gripsholm, Karten über Turistbyrå oder Tel. 021 18 96 85. Mai–Sept. Fähre von Lövudden zur Mälarinsel Elba.
*Kanuverleih* – **Kanot & Båtsport:** Lennart Andersson, Transformatorgatan 7, Västerås, Tel. 021 41 89 92 oder mobil 070 533 86 62, www.kanotbatsport.se. Verleih von Kanus aller Art sowie Zubehör; Kanadier oder Einerkajak 300 SEK/Tag.

## Abends & Nachts

*Hoch oben* – **Sky Bar:** Hotel Aros, Kopparbergsvägen 16, Tel. 021 10 10 99. Vom 24. Stock des Hotels gibt es beim Cocktail den Blick über Stadt und See.
*Konzerte* – **Västerås Konsterhuset:** Kopparbergsvägen 1, Tel. 021 40 36 00, www.vmu.nu. Renommiertes, modernes Konzerthaus mit zwei Sälen.

## Infos & Termine

**Touristeninformation**
**Västerås Turistbyrå:** Kopparbergsvägen 3 (im Konserthus), 72213 Västerås, Tel. 021 39 01 00, Fax 021 39 01 05, www.vasterasmalarstaden.se.

**Termine**
**Power Big Meet** (3 Tage Anfang Juli): Amischlittentreffen – bis zu 10 000 Oldtimer; www.bigmeet.com.

**Verkehr**
**Bahn:** nach Stockholm, Örebro, Eskilstuna, Norrköping.
**Bus:** über Enköping nach Uppsala und Stockholm, über Köping nach Arboga, Info: www.vl.se (Västmanland).
**Boot:** s. Aktiv & Kreativ

# Umgebung von Västerås

**Skultuna Messingsbruk** ▶ F 8
*Bruksgatan 8, Skultuna, www.skultuna.se, tgl. 10–18 Uhr, Führungen Mitte Juni–Mitte Aug. 11, 14 Uhr*
Seit 1607 wird 13 km nördlich von Västerås in Skultuna Messing hergestellt und verarbeitet; hier entstand auch der Kronleuchter des Doms von Västerås. Zur Fabrikanlage gehören außer einem Museum auch ein Café und Verkaufsräume, die Skultuna Fabriksbutiker, in denen außer Skultuna-Produkten feine Designerware verkauft wird: u. a. Heimtextilien, Küchenutensilien.

**Anundshög** ▶ F 8
Anundshög (5 km östlich bei Badelunda) ist eine der größten vorgeschichtlichen Stätten Schwedens. Um einen riesigen Grabhügel, der vermutlich aus dem 6. Jh. stammt, gruppieren sich kleinere Gräberfelder, zwei Schiffssetzungen und ein ungewöhnlicher Runenstein aus der Mitte des 11. Jh.

## Um den Mälaren

**Engsö slott** ▶ G 8
*www.engsoslott.com, Mai–Aug.
Sa/So, Fei 12–17, Juli–15. Aug. auch
Mo–Do 12–17 Uhr, 60 SEK*
Um 1740 entstand auf der Halbinsel Ängsö rund 25 km südöstlich von Västerås das von Carl Hårleman im Stil des Rokoko entworfene Schloss mit quadratischem Grundriss. Allerlei Spukgeschichten ranken sich um Engsö – bei einer Schlossführung erfährt man mehr. Ein Mitte des 18. Jh. angelegter Park mit wunderbaren alten Bäumen umgibt das Schloss.

**Tidö slott** ▶ F 8
*www.tidoslott.se, Mai–Mitte Juni,
Mitte–Ende Aug. Sa/So, Mitte
Juni–Mitte Aug. Di–So 12–17 Uhr,
Spielzeugmuseum 90 SEK, Führungen
durch die Paraderäume des Schlosses
Mai–Aug. Sa/So 14 Uhr, 90 SEK*
Die Zeiger der Uhr über dem Hauptportal stehen seit 1632 still – wie es heißt, seit dem Moment, als König Gustav II. Adolf bei der Schlacht von Lützen fiel. Axel Oxenstierna, der mächtige Reichskanzler, ließ das Schloss 5 km südlich von Västerås am Mälaren ab 1625, zum Teil nach Plänen von Nicodemus Tessin d. Ä., errichten. Die prächtige Innenausstattung mit wertvollen Intarsienarbeiten ist noch weitgehend im Originalzustand erhalten (nur im Rahmen von Führungen). Außerdem beherbergt das Schloss ein großes Spielzeugmuseum mit rund 30 000 Exponaten, darunter auch Spielsachen des heutigen Königs.

**Strömsholms slott** ▶ F 8
*www.royalcourt.se, Mai Sa/So, Fei 12–
16, Juni, Aug. tgl. 12–16, Juli 12–17
Uhr, 70 SEK*
Gustav Vasa gründete um 1560 auf Strömsholms slott ein Gestüt und legte damit den Grundstein für eine Tradition, die noch heute gepflegt wird. All-

**Bis heute rätselhaft: die Schiffssetzungen beim Grabhügel Anundshög**

## Mälartal und Uppland

jährlich zu Pfingsten findet hier das Swedish Grand National statt. Der König legte das Schloss an der Mündung des Strömsholms kanal in den Mälarsee als Festung an. Eine seiner Witwen, Katarina Stenbock, lebte hier bis zu ihrem Tod 1621. Um 1670 ließ Karl X. die Festung durch Nicodemus Tessin d. Ä. im Stil des Barock für seine Gattin Hedvig Eleonora umbauen. Das Schloss, dessen Inneneinrichtung vorwiegend aus der Zeit Gustavs III. stammt, beherbergt eine große Sammlung mit Gemälden von David Klöcker Ehrenstrahl, u. a. zahlreiche Pferdebilder.

## Übernachten

*Schlossnah* – **Västerås Camping Ängsö:** Tel. 0171 44 10 43, www.vasterascamping.se, Stellplatz 200–240 SEK, Hütten 400 SEK/Tag. Knapp 10 km von Schloss Engsö entfernt am See gelegen, Golfplatz und Bootshafen in der Nachbarschaft, Badestellen, Kanuverleih.

## Strängnäs ▶ G 8

Die Stadt, in der Gustav Vasa 1523 zum König gewählt wurde, war bereits im 12. Jh. ein wichtiges geistliches Zentrum. Auf der Anhöhe mit dem **Dom,** der sein heutiges Aussehen im Wesentlichen Ende des 15. Jh. erhielt, erstreckt sich die malerische Altstadt. Der für eine so kleine Stadt (31 000 Einwohner) etwas überdimensioniert erscheinende Dom beherbergt neben einer sehenswerten Innenausstattung die sterblichen Überreste von König Karl IX.

In direkter Nachbarschaft liegt die nach Bischof Kort Rogge benannte ehemalige, um 1480 entstandene Residenz **Roggeborgen;** sie war von 1626 bis in die 1930er-Jahre ein Gymnasium. Auf einem weiteren Hügel am Ufer des Mälaren befindet sich das zweite Gebäude, das die Silhouette von Strängnäs prägt: eine stattliche **Windmühle,** von deren Fuß aus sich ein schöner Blick eröffnet.

## Infos

**Touristeninformation**
**Strängnäs Turistbyrå:** Storgatan 38, 64580 Strängnäs, Tel. 0152 296 94, www.strangnas.se/turism.

**Verkehr**
**Bahn/Bus:** nach Stockholm via Södertälje und Eskilstuna/Örebro.

## Mariefred ▶ G 8

Die hübsche Kleinstadt mit ihrem Holzhausidyll ist Ausflugsziel für Stockholmer, seit 1903 der erste Dampfer über den Mälarsee die Landungsbrücke ansteuerte. Ein Spaziergang durch die Wiesen, am Wasser entlang und über die kleine Holzbrücke zum Schloss – traumhaft an einem schönen Sommertag. Oder man bummelt durch die Gässchen, trinkt eine Tasse Kaffee in einem der Cafés, bevor die Sirene des Dampfers zur Rückreise ruft.

**Schloss Gripsholm**
s. Entdeckungstour S. 268

**Grafikens Hus**
*www.grafikenshus.se, Mai–Sept. tgl. 11–17 Uhr, Eintritt frei, außer zu Sonderausstellungen*
Die Galerie in einem roten Holzhaus schräg gegenüber von Schloss Gripsholm zeigt wechselnde Ausstellungen mit Grafiken zeitgenössischer Künstler. Man kann einen Blick in die Werkstatt werfen und Drucke zu durchaus erschwinglichen Preisen erwerben.

# Uppsala

Verbreitet heitere Lebensfreude: die hübsche Kleinstadt Mariefred

## Übernachten, Essen

*Spitzengastronomie* – **Gripsholms Värdshus:** Kyrkogatan 1, Tel. 0159 347 50, Fax 0159 347 77, www.gripsholms-vardshus.se. Ein traditionsreiches Hotel (1145 SEK/Pers. im DZ) und Restaurant, Trainingsküche für die schwedische Koch-Nationalmannschaft. Spitzenküche, Hauptgerichte ca. 200–250 SEK.
*Blick auf Schloss und Stadt* – **Mariefreds Camping:** Tel. 0159 135 30, www.camping.se/D01, Mai–Mitte Sept., Stellplatz ab 170 SEK, Hütten ab 750 SEK. Rund 2 km östlich der Stadt, Badestrand und Steg, schöne Lage am See.

## Essen & Trinken

*Im Grünen* – **Gripsholms slottspaviljong:** Lottenlund, Tel. 0159 100 23, www.slotspaviljongen.se, Mitte April–Mitte Sept., Lunch ca. 100 SEK. Restaurant in einem hübschen, lichten hölzernen Pavillon im Grünen mit Aussicht aufs Wasser, Selbstbedienung.

## Infos

### Touristeninformation
**Mariefreds Turistbyrå:** Rådhuset, 64730 Mariefred, Tel. 0159 296 99, www.strangnas.se/turism.

### Verkehr
**Bus:** bis Läggesta (im Sommer auch Museumseisenbahn), von dort **Bahn** nach Stockholm und Eskilstuna/Örebro. Busverbindung nach Strängnäs und Eskilstuna. Im Sommer verkehren historische **Dampfer** nach Stockholm (s. S. 268).

# Auf Entdeckungstour

## Mit Kurt Tucholsky in Schloss Gripsholm

»Es war ein strahlend heller Tag. Das Schloss, aus roten Ziegeln erbaut, stand leuchtend da, seine roten Kuppeln knallten in den blauen Himmel (...) es lag beruhigend und dick da und bewachte sich selbst.« So beschreibt Kurt Tucholsky Schloss Gripsholm im gleichnamigen Roman. 1929 hatte der Schriftsteller mit seiner Freundin Lisa Matthias ein Haus in Läggesta gemietet und von dort aus Mariefred und das Schloss besucht.

**Reisekarte:** ▶ G 8

**Infos:** Gripsholms slott, www.royal court.se, Mitte Mai–Mitte Sept. tgl., sonst Sa/So 10–16 Uhr, 80 SEK.

**Anreise:** Rundtour per Dampfzug von Läggesta (Bahnverbindung mit Stockholm) nach Mariefred, zurück nach Stockholm Dampfer »S/S Mariefred« Mai–Sept. Sa/So, Mittsommer–Mitte Aug. Di–So, Fahrplan: www.oslj.net; Buchung über die Stockholm Tourist Information.

**Lektüre:** s. S. 15

Neben »Rheinsberg« und dem »Pyrenäenbuch« ist der 1931 erschienene, mehrfach verfilmte Bestseller »Schloss Gripsholm« Tucholskys berühmtestes Buch. Im Roman mietet sich das Liebespaar Kurt und ›die Prinzessin‹ ein Sommerdomizil in einem Nebengebäude des Schlosses Gripsholm. Die beiden bekommen Besuch von Freund Karlchen, der am Bahnhof von Mariefred in einem Waggon »angeschnauft« kommt: »So ein winziger Bahnhof war das; eigentlich war es nur ein kleines Haus, das aber furchtbar ernst tat und vor lauter Bahnhof vergessen hatte, dass es Haus war.« Die Anreise nach Mariefred, so wie sie Tucholsky in seinem Roman beschreibt, ist auch heute noch möglich: Auf Schmalspurgleisen verkehrt im Sommer ein Dampfzug zwischen Mariefred und Läggesta.

**Vom Theater fasziniert**

»Ein Kerker war da, in dem Gustav der Verstopfte Adolf den Unrasierten jahrelang eingesperrt hatte (...) Viele schöne Gemälde hingen da«, vermerkte Kurt Tucholsky nach der Schlossführung. Gripsholm begann als Burg, die der Adelsmann Bo Jonsson Grip um 1380 auf einer Insel im Mälarsee errichten ließ. Ende des 15. Jh. kam sie durch Schenkung an das Kartäuserkloster Pax Mariae. Gustav Vasa zog das Kloster ein und ließ die Burg im typischen Vasastil zum Schloss umbauen. Seit 1822 beherbergt Gripsholm die staatliche schwedische Porträtsammlung. Den Theaterkritiker Tucholsky jedoch interessierte besonders eins an Schloss Gripsholm: »... am allerschönsten war das Theater. Sie hatten in der Burg ein kleines Theater, vielleicht damit sie sich während der Belagerungen nicht so langweilen mussten.« Die 1782 auf Initiative des Theaterkönigs Gustav III. (s. S. 54) entstandene Bühne verfügt über eine ausgeklügelte Technik und ist noch immer bespielbar.

**Kleinstadtzauber in Mariefred**

»Mariefred ist eine klitzekleine Stadt am Mälarsee. Es war eine stille und friedliche Natur, Baum und Wiese, Feld und Wald – niemand aber hätte von diesem Ort Notiz genommen, wenn hier nicht eines der ältesten Schlösser Schwedens wäre«, so lässt Kurt Tucholsky seinen Ich-Erzähler den Ort vorstellen, in dem er selbst wenige Jahre später seine letzte Ruhestätte finden sollte. Noch immer zieht es Leser an die Stelle, wo unter einer Eiche auf dem etwas außerhalb vom Zentrum (nicht neben der Kirche) gelegenen Friedhof von Mariefred die Urne mit den sterblichen Überresten beigesetzt wurde. Auf der Steinplatte ein Zitat aus Goethes »Faust«: »Alles Vergängliche ist nur ein Gleichnis«. Gestorben ist Kurt Tucholsky, einer der bekanntesten Autoren der Weimarer Zeit, 1935 in einem Göteborger Krankenhaus nach einer Überdosis Tabletten im Alter von 45 Jahren. 1933 waren seine Bücher verbrannt worden, der Schriftsteller wurde ausgebürgert. In Hindås bei Göteborg lebte er im Exil, unglücklich und krank. Der nationalsozialistische Terror hatte den scharfsinnigen, brillanten Publizisten für immer aus Deutschland vertrieben.

**Nostalgische Dampfertour**

Die Rückreise von Mariefred nach Stockholm kann man im Sommer wie zu Tucholskys Zeiten mit dem Dampfer über den Mälarsee unternehmen. Man sollte rechtzeitig am Anleger sein, bevor die »S/S Mariefred« mit lautem Tuten die Abfahrt verkündet: »Das Schiff nach Stockholm war schon fort; man ahnte nur noch eine Rauchfahne hinter den Bäumen.«

# Uppsala

### Sehenswert
1. Dom
2. Gustavianum
3. Universitätsbibliothek
4. Uppsala slott
5. Upplandsmuseum
6. Bror Hjorths hus
7. Gamla Uppsala
8. Linnémuseet
9. Linnéträdgården

### Übernachten
1. Sunnersta Herrgård
2. STF Vandrarhem Kvarntorget
3. Fyrishov Stugby & Camping

### Essen & Trinken
1. Hambergs Fisk
2. Domtrappkällaren

### Einkaufen
1. Öster om ån
2. Hemslöjden
3. Handwerkerdorf Ulva Kvarn

### Aktiv & Kreativ
1. Abfahrt Dampfzug
2. Startpunkt Bootsausflug

### Abends & Nachts
1. Katalin
2. Flustret

## Uppsala! ▶ G 7

Uppsala hat jene besondere Atmosphäre von Geist und Lebenslust, Unbekümmertheit und Ziellosigkeit, die Universitätsstädten eigen ist. Die 1477 gegründete Universität ist die älteste akademische Institution des Nordens.

Das Flüsschen Fyrisån teilt Uppsala historisch in zwei Hälften. Auf der östlichen Seite, wo im 11. Jh. ein Handelsplatz entstand, finden sich auch heute zahlreiche gut sortierte Geschäfte sowie seit 2008 das moderne Konzert- und Kongressgebäude am Vaksala torg. Das architektonisch reizvollere Zentrum mit dem größten Dom Nordeuropas, der Universität und dem Schloss liegt auf der westlichen Seite des Flusses.

## Innenstadt

### Dom 1
*www.uppsaladomkyrka.se, Mai–Sept. tgl. 8–18, sonst So–Fr 8–18, Sa 10–18 Uhr*

Der mächtige Dom wurde nach über 175-jähriger Bauzeit 1435 eingeweiht. Sein heutiges Aussehen verdankt er mehreren umfassenden Renovierungen, u. a. durch Helgo Zettervall in den Jahren 1885–93 und durch Ragnar Östberg, den Architekten des Stockholmer Stadthauses, in den 1930er-Jahren. Der Innenraum besticht durch seine Harmonie – die Kirche ist 118,7 m lang und genauso hoch. Ein Gang durch die Seitenkapellen des Doms, der früher auch Krönungskirche war, führt zu den Grabstätten einiger zentraler Figuren der schwedischen Geschichte: Gustav Vasa, zwei seiner Ehefrauen und Johan III. sind im Dom beigesetzt. In der Eingangshalle befinden sich die Gräber des Botanikers Carl von Linné sowie des Naturforschers und Theosophen Emanuel Swedenborg. Die **Schatzkammer** *(Mai–Sept. Mo–Fr 10–17, So 12.30–17 Okt.–April Mo–Sa 10–16, So 12.30–16 Uhr, 30 SEK)* zeigt eine hochkarätige Textilsammlung, darunter die goldene Robe von Königin Margareta und die Prachtroben der Bischöfe des Mittelalters.

### Gustavianum 2
*www.gustavianum.uu.se, Juni–Aug. Di–So 10–16, sonst 11–16 Uhr, 40 SEK*

Das Gebäude gegenüber dem Dom, Gustavianum, früher Sitz des Erzbischofs, gelangte um 1620 durch Gustav II. Adolf in den Besitz der Universität. Es beherbergt den Kunstschrank, den

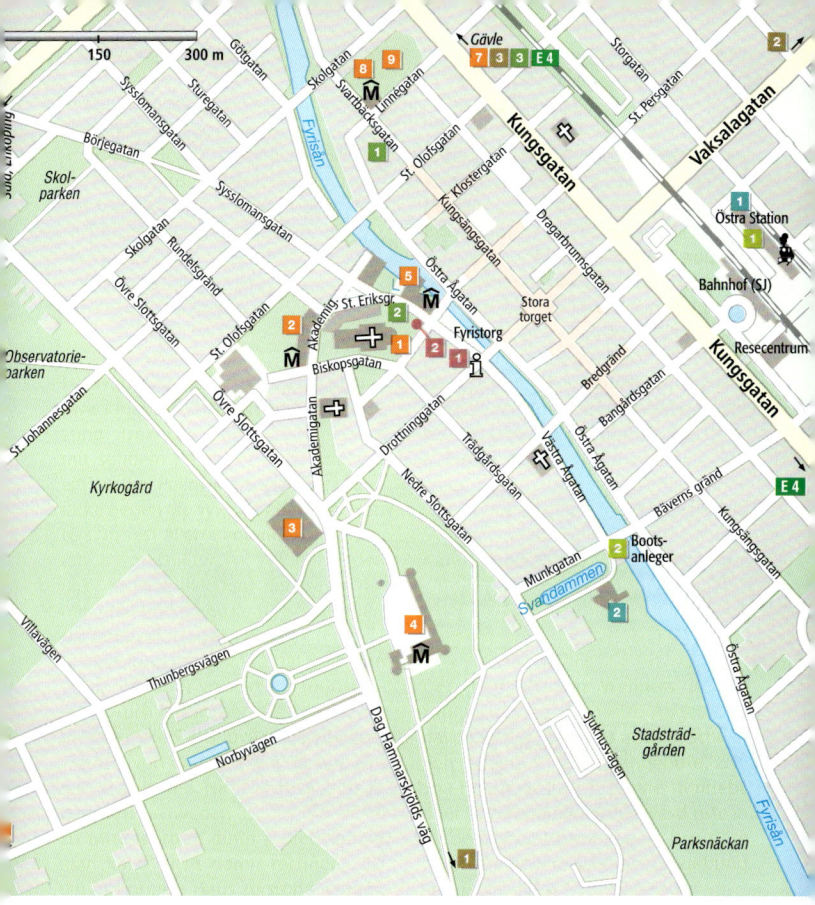

die Stadt Augsburg dem schwedischen König 1632 schenkte. Als Kuriositätenkabinett enthält er interessante Naturalien und Raritäten. Im oberen Stockwerk liegt unter der runden Kuppel das vom Botanik- und Anatomieprofessor Olof Rudbeck entworfene Anatomische Theater, das ihm im späten 17. Jh. zum Sezieren von Leichen vor Anatomiestudenten diente.

### Universitätsbibliothek 3
*www.ub.uu.se, Juni–Mitte Aug. Mo–Fr 9–17, Sa 10–17, So 11–16, sonst Mo–Fr 9–20, Sa 10–17 Uhr*

Zu den größten Schätzen der Universitätsbibliothek Carolina Rediviva, die jedes in Schweden gedruckte Buch aufbewahrt, gehört die **Silberbibel** (Codex argenteus) aus dem 6. Jh., eine Abschrift der Bibelübersetzung des gotischen Bischofs Wulfilas, deren Lettern mit silberhaltiger Tinte geschrieben wurden. Zu den kostbaren Stücken gehört außerdem eine Weltkarte von Olaus Magnus aus dem Jahr 1539.

### Uppsala slott 4
Gustav Vasa legte 1549 den Grundstein für das Schloss, wegen der besseren

# Auf Entdeckungstour

## In die Natur mit Carl von Linné

Der Botaniker Carl von Linné brachte Ordnung in die Natur: Er entwickelte das System lateinischer Namen, nach dem bis heute Pflanzen und Tiere benannt werden. Sein Wirken hat besonders in der Universitätsstadt Uppsala zahlreiche Spuren hinterlassen.

**Infos:** Linnémuseum und -garten, www.linnaeus.uu.se, Haus Mai–Sept. Di–So 11–17, Garten Mai–Sept. tgl. 11–20 Uhr; 60 SEK, Linnés Sävja, www.hembygd.se/uppland/danmark, Mai–Sept. Sa/So 11/12–17 Uhr; Linnés Hammarby, www.hammarby.uu.se, Mai–Sept. Di–So 11–17 Uhr, 60 SEK.

**Wanderung:** Parkplätze am Hafen, Lilla Djurgården, Sävja kyrka, Danmarks kyrka, Linnés Hammarby. Rückkehr ins Zentrum per Bus ab Sävja kyrka und Kuggebro möglich. Bus nach Linnés Hammarby: Upplands Lokaltrafik 808 Richtung Linnés Hammarby (Halt nur im Sommer) oder über Danmarks kyrka (Bus 882). www.ul.se.

Carl von Linné, 1707 im småländischen Råshult (s. S. 158) geboren, kam 1728 fast mittellos zum Medizinstudium nach Uppsala, aber dank seines Ehrgeizes und der Fähigkeit, potente Gönner zu finden, machte er schnell Karriere. Er arbeitete als Hauslehrer bei Olof Rudbeck, den er als Professor für Botanik und Anatomie beerben wollte. Seinen Doktortitel erwarb Linné 1735 in Holland; er reiste viel, u. a. nach Paris und Oxford. 1741 kam er als Professor der Medizin nach Uppsala, wo er bis zu seinem Tod 1778 in der Svartbäcksgatan in Nachbarschaft des damaligen Botanischen Gartens wohnte. Heute sind in seinem als **Linnémuseet** 8 eingerichteten Wohnhaus persönliche Erinnerungsstücke versammelt, sein Schreibtisch und zahlreiche Vitrinen mit Sammelstücken aus der Natur, aber auch Souvenirs seiner Reisen wie die Zaubertrommel eines Schamanen, die er von seiner Reise nach Lappland mitbrachte. Dorthin führte ihn ein Auftrag der Regierung 1732. Spätere Reisen durch verschiedene schwedische Provinzen dienten dazu, einheimische Alternativen zu teuren importierten Heilpflanzen zu finden – Linné war schließlich Mediziner.

**Simpel und doch revolutionär**
Den Garten mit Orangerie, **Linnéträdgården** 9, legte ursprünglich Linnés Lehrer Olof Rudbeck d. Ä. 1655 an. Ab 1741 wurde er unter Leitung von Carl von Linné zum ersten Botanischen Garten der Universität ausgebaut, damals eine Seltenheit in Europa. Die Schildchen an den Pflanzen zeigen den von Linné vergebenen zweiteiligen Namen, der jede Spezies unverwechselbar und eindeutig bezeichnet: Der erste nennt die Gattung, der zweite spezifiziert die Art mit einem Eigenschaftswort: *Viola tricolor* ist ›das dreifarbige Veilchen‹, bekannt als Stiefmütterchen. Linné veröffentlichte die noch heute verwendete binäre Nomenklatur, die Schluss machte mit dem regionalen und recht willkürlichen Namenswirrwarr, erstmals 1735 in »Systema Naturae«. Das 1753 erschienene Werk »Species plantarum« verzeichnet über 8000 Pflanzennamen. Eine ähnliche Einteilung erstellte Linné auch für Tiere und Mineralien.

**Wanderung auf Linnés Spuren**
Im Hafen von Uppsala beginnt ein mit blauen Holzpfosten markierter Wanderweg, auf dem man die ca. 15 km lange Exkursion **Danmarksvandringen** oder Herbatio Danensis, wie sie zu Linnés Zeit auf Lateinisch hieß, absolvieren kann. Auf ungefähr diesem Weg verliefen die Exkursionen aufs Land, die Professor Linné im Sommer mit seinen Studenten unternahm.

Der Weg berührt zwei Naturschutzgebiete: In der Flussniederung des Fyrisån liegen die Feuchtwiesen von **Kungsängen,** die im Mai übersät sind mit den Blüten der Schachblume, auch Kibitzei genannt *(kungsängsliljorna).* Der lateinische Name der Zwiebelpflanze mit der schachbrettartig gescheckten Blüte, Fritillaria meleagris, stammt natürlich auch von Linné, wie ein ›L.‹ hinter dem Namen im Bestimmungsbuch zeigt, und bedeutet ›gefleckte Würfelblume‹.

Danach geht es am Bach Sävjaån entlang in östlicher Richtung nach Lilla Djurgården. Südlich davon erreicht man **Nåntuna lund.** Hier ist der Waldboden, bedeckt mit Scharbockskraut, Leberblümchen und Lerchensporn, im Frühjahr eine Augenweide.

In Sävja kann man einen Blick in ein Haus neben der Kirche werfen, das Linné erworben hatte, **Linnés Sävja.** Es zeigt eine Ausstellung über Arzneipflanzen, auch ein Kräutergarten gehört dazu. Will man die Wanderung nach 7 km beenden, kann man mit dem Stadtbus ins Zentrum von Uppsala zurückkehren. Ansonsten quert man die Bahngleise bei Bergsbrunna und den Sävjaån auf der Brücke Falebro, bevor man jenseits der Autobahn E 4 die Dorfkirche **Danmarks kyrka** erreicht. Von dort sind noch etwa 3 km zu laufen – auf dem Weg, den Linné jeden Sonntag beim Kirchgang nahm.

### Die Sorgen eines Sammlers

1758 kaufte Linné einen Hof in der Nähe des Dorfes Danmark, heute **Linnés Hammarby** genannt. Er diente ihm als Landsitz, hierher nahm er aber auch seine Studenten und Forscherkollegen zu Vorlesungen und botanischen Exkursionen mit. 1769 ließ Linné ein steinernes Gebäude neben dem Holzhaus errichten, um dort seine Sammlung von 19 000 Herbarienbögen, Insekten und Steinen unterzubringen. Das Haus besaß keine Feuerstelle, denn Linné hatte Angst, seine Sammlung könnte dasselbe Schicksal erleiden wie die von Olof Rudbeck, die 1702 beim großen Brand von Uppsala ein Opfer der Flammen geworden war.

Heute ist Linnés Hammarby zu besichtigen – das Schlafzimmer des Professors ist noch so erhalten, wie er es nutzte: Die Wände sind mit Herbarienseiten tapeziert. Ein Spazierweg führt durch den Park mit zahlreichen interessanten Pflanzen und Naturphänomenen am Wege. Botanisiertrommel nicht vergessen!

**Arbeitszimmer in Linnés Wohnhaus in Uppsala, heute Linnémuseet**

# Uppsala

Verteidigungsmöglichkeiten auf einem Hügel über der Stadt. Hier wurde Gustav II. Adolf gekrönt, und hier dankte am 6. Juni 1654 seine Tochter Kristina ab. Sie war zum katholischen Glauben übergetreten und musste daher das Land verlassen. Bei dem großen Brand von 1702 wurde das Schloss im Inneren weitgehend zerstört; heute ist es Sitz des Regierungspräsidenten und **Kunstmuseum** (www.uppsala.se/konstmuseum, Di–Fr 12–16, Sa/So 11–17, erster Mi im Monat 12–20 Uhr, 30 SEK) mit Werken aus der Sammlung der Universität und zeitgenössischer Kunst. Von der Terrasse vor dem Vasaschloss mit den wuchtigen Rundtürmen blickt man weit über die Stadt.

Das **Fredsmuseum** (www.fredsmuseum.se, Mi 14–18, Sa/So 12–16 Uhr, Eintritt frei), Friedensmuseum, ist im Keller des Südturms eingerichtet, auch im Gedenken an den Friedensnobelpreisträger Dag Hammarskjöld, der als UN-Generalsekretär bei einer Friedensmission im Kongo 1961 starb.

## Upplandsmuseum [5]
*www.upplandsmuseet.se,*
*Di–So 12–17 Uhr, Eintritt frei*
Ingmar Bergman, der einen großen Teil seiner Kindheit bei den Großeltern in Uppsala verbrachte, drehte hier später für »Fanny und Alexander« Außen-, aber auch Innenaufnahmen: Die Szenen im Bischofssitz wurden in der Mühle am Fyrisån gedreht. Sie gehörte einst der Universität und sollte deren wirtschaftliche Unabhängigkeit garantieren. Heute zeigt das Upplandsmuseum hier Regionalgeschichtliches.

# Außerhalb des Zentrums

## Bror Hjorths hus [6]
*Norbyvägen 26, www.brorhjorths*
*hus.se, Mitte Juni–Mitte Aug. Di–So 12–16, sonst Do–So 12–16 Uhr,*
*30 SEK, Fr Eintritt frei*
Kunstinteressierte sollten den Besuch des ehemaligen Wohnhauses von Bror Hjorth (1894–1968) nicht versäumen. Er schuf Bilder und Skulpturen, die Züge des Kubismus, Expressionismus, aber auch der ›primitiven‹ Kunst zeigen und in ihrer Rohheit und Farbenfreude einzigartig in der schwedischen Kunst sind – viele seiner Werke sowie Skizzen sind hier zu betrachten.

## Gamla Uppsala [7]
Nördlich von Uppsala liegt eine der bedeutendsten frühgeschichtlichen Stätten Schwedens: Gamla Uppsala mit der alten Kirche und den drei Königshügeln, in denen um 500 der Sage nach die Svear-Herrscher Aun, Egil und Adils begraben wurden. Sicher ist, dass hier lange das geistige und politische Zentrum des schwedischen Reichs lag. Adam von Bremen berichtete im 11. Jh. (nicht aus eigener Anschauung) von einem heidnischen Kultplatz, an dem die Götter Odin, Thor und Frey verehrt wurden. Alle neun Jahre brachte man dort den Göttern Opfer dar. Ab dem 11. Jh. existierten dann Christen- und Heidentum Seite an Seite, bis Uppsala als einer der letzten Orte Mitte des 12. Jh. vollständig christianisiert wurde. Ab 1164 residierte hier der erste schwedische Erzbischof. Von dem ab 1050 neben dem heidnischen Kultplatz erbauten ehemaligen Dom, **Gamla Uppsala kyrka** (tgl. 9–16, April–Aug 10–18 Uhr), sind heute nur Mittelschiff, Chor und Apsis erhalten. Bei einem Großbrand 1245 wurden große Teile des Doms zerstört, 1273 zog der Bischof in das heutige Uppsala um. Dort war im 11. Jh. ein Handelsplatz gegründet worden – der Hafen von Gamla Uppsala verlandete durch die Landhebung.

Bei einer Führung durch das **Gamla Uppsala Museum** (www.raa.se/gamla

# Mälartal und Uppland

uppsala, Mai–Aug. tgl. 11–17, Sept.–Mitte Dez., Jan.–April Mo, Mi, Sa/So 12–15 Uhr) erfährt man Mythen und Fakten aus der spannenden Frühgeschichte des Landes und über die Grabhügel des ›Alten Uppsala‹. Eine gut gemachte Ausstellung widmet sich der Wikingerzeit.

Das nahe **Freilichtmuseum Disagården** (Mitte Mai–Anfang Sept. tgl. 10–17 Uhr) dokumentiert das Leben uppländischer Bauern im 19. Jh.

## Übernachten

*Herrenhof am See* – **Sunnersta Herrgård** 1: Sunnerstavägen 24, Tel. 018 32 42 20, www.sunnerstaherrgard.se, im Herrenhaus ab 700 SEK/DZ inkl. Frühstück, im Vandrarhem 225 SEK/Bett ohne Frühstück und Bettwäsche. Konferenzhotel in historischem Herrenhof, schöne Lage am See 6 km vom Zentrum.
*Citynah* – **STF Vandrarhem Kvarntorget** 2: Kvarntorgsgatan 3, Tel./Fax 018 24 20 08, www.uppsalavandrarhem.se, ab 350 SEK/EZ, ab 400 SEK/DZ, mit Dusche/WC ab 650 SEK. 32 Betten; gute Parkmöglichkeiten. Komfortabler sind die hellen Hotelzimmer mit Eichenparkett (www.hotellkvarntorget.se).
*Mit Erlebnisbad* – **Fyrishov Stugby & Camping** 3: Tel. 018 727 49 60, www.fyrishov.se, Stellplatz Camping ab 205 SEK. Ganzjährig geöffnete Ferienhausanlage mit Campingplatz nicht weit vom Stadtzentrum im Anschluss an das gleichnamige Erlebnisbad, Hütten ab 695 SEK, Frühstück im Restaurant Fyrishov inklusive.

## Essen & Trinken

*Renommiert* – **Hambergs Fisk** 1: Fyristorg 8, Tel. 018 71 00 50, Di–Sa 11.30–22 Uhr, ca. 100–250 SEK. Köstlichen Fisch und Schalentiere kann man in dem renommierten Fischgeschäft nicht nur kaufen, sondern auch professionell zubereitet verzehren.
*Hausmannskost* – **Domtrappkällaren** 2: Sankt Eriksgränd 15, Tel. 018 13 09 55, Mo–Fr 11–14.30, 17–23, Sa 13–23, So 13–20 Uhr. Klassische Hausmannskost und Wild, im Gemäuer aus dem 13. Jh., Lunch ca. 90–100 SEK.

## Einkaufen

*Kunsthandwerksgalerie* – **Öster om ån** 1: Svartbäcksgatan 18, www.osterom an.com. Objekte aus Holz, Ton, Silber.
*Originelles aus der Region* – **Hemslöjden** 2: Sankt Eriksgränd (gegenüber Upplandsmuseum). Kunsthandwerk.
*Am Wasser des Fyriså* – **Handwerkerdorf Ulva Kvarn** 3: ca. 8 km nördlich, www.ulvakvarn.se. In schöner Lage, Kunsthandwerk in der Mühle: Glas, Holz und Textilien; Café.

## Aktiv & Kreativ

*Mit dem Dampfzug* – **Lennakatten** 1 dampft ab Östra Station nach Länna und Fjällnora, Tel. 018 13 05 00, www.lennakatten.se.
*Mit dem Dampfschiff* – **Bootsausflug** 2: Mit dem historischen Dampfer »Kung Carl Gustav« geht es zum Schloss Skokloster (s. S. 279). Infos: Touristenbüro oder Tel. 018 14 48 00.

## Abends & Nachts

Als Studentenstadt hat Uppsala ein ausgelassenes Nachtleben, Hotspots sind Stora torget sowie Stadsträdgården mit dem Lokal Flustret.
*Musiklokal* – **Katalin** 1: Godsmagasinet, Östra Station, Tel. 018 14 06 60.

# Uppsala

Imposanter Wissenstempel: die Universität von Uppsala

Programm unter www.katalin.com. Musiklokal in der ehemaligen Güterbahnhofshalle, guter Livejazz.
*Theater am Fluss* – **Flustret** 2: Svandammen, Tel. 018 13 01 14, www.flustret.com. Traditionsreiches Etablissement; Tanz, Shows und Varieté.

## Infos & Termine

### Touristeninformation
**Uppsala Turism AB:** Fyristorg 8, 75310 Uppsala, Tel. 018 727 48 00, Fax 018 13 28 95, www.uppsalatourism.se.

### Termine
**Vikingarännet** (Mitte Feb.): Schlittschuhrennen auf dem zugefrorenen Mälarsee nach Stockholm; www.vikingarannet.com.
**Valborgsmässoafton:** Die Nacht zum 1. Mai ist in der Studentenstadt ein besonderer Grund zum Feiern: Traditionell erhalten die Studenten ihre Mützen; es gibt Chorgesang und Böllerschüsse.
**Linnévecka** (1 Woche Anfang Aug.): Konzerte und Führungen im Linnéträdgården und andere Veranstaltungen zu Ehren von Carl von Linné.

### Verkehr
**Bahn:** nach Stockholm, Borlänge, Falun, Mora, Östersund und Sundsvall, **Bus:** nach Stockholm, Enköping, Sala.
**Stadtverkehr:** Liniennetzplan und Fahrpläne abrufbar unter www.uppsalabuss.se.

*Lieblingsort*

**Tant Bruns kaffestuga – Schwedische Gemütlichkeit genießen**
Alle Schweden kennen sie: die drei Tanten Tant Grön, Tant Brun und Tant Gredelin. Erfunden hat sie die schwedische Kinderbuchautorin und Illustratorin Elsa Beskow (1874–1953). Vorbilder waren die in Sigtuna lebenden Tanten der Schriftstellerin, bei denen sie nach dem Tod des Vaters aufwuchs. Ob die junge Elsa den Ort damals als Kleinstadtidyll erlebte wie die heutigen Besucher? Jedenfalls ist Tant Bruns kaffestuga der Inbegriff der urgemütlichen, altmodischen, warmen Kaffeestube, wie es sie nur in einem altersbraunen schwedischen Holzhaus mit niedrigen Balken und krummen Wänden oder im Sommer in dem lauschigen Innenhof geben kann. Das Café serviert leckeres Backwerk aus eigener Herstellung zum Kaffee oder Tee und ist das ganze Jahr geöffnet (Laurentiigränd 3, www.tant-brun.se).

**Flug:** Flughafen Arlanda (25 km südlich) mit internationalen Verbindungen.

**Verkehr**
**Bus:** nach Märsta (dort Zugverbindung nach Stockholm) und Uppsala.

# Sigtuna ►G 8

Heute sieht man dem idyllischen, ein wenig verschlafen wirkenden kleinen Ort nicht mehr an, dass er zeitweise einer der wichtigsten Schwedens war. Gegründet wurde Sigtuna um 970 und gilt damit als älteste Stadt Schwedens. Ab 995 wurden hier die ersten Münzen geprägt. Vom einstigen Reichtum Sigtunas zeugen die Ruinen der romanischen Steinkirchen **Sankt Nikolai, Sankt Lars, Sankt Olof** und **Sankt Per,** die nach ihrer Zerstörung u. a. als Steinbruch genutzt wurden. Die **Maria kyrka** (13. Jh.) ist der einzige Überrest eines Dominikanerklosters, das nach der Reformation zerstört wurde. Beliebtes Fotomotiv ist das winzige **Rathaus** (Juni–Aug. tgl. 12–16 Uhr) von 1744.

Ein Bummel durch die ›Hauptstraße‹, Stora Gatan, angeblich die älteste Geschäftsstraße Schwedens, mit schöner alter Holzbebauung, führt an hübschen Geschäften vorbei. Das kleine **Sigtuna Museum** (Stora Gatan 55, www.sigtuna museum.se, Juni–Aug. tgl. 12–16, Sept.–Mai Di–So 12–16 Uhr, 20 SEK) zeigt mittelalterliche Funde aus dem Stadtgebiet und der Umgebung.

## Essen & Trinken

**Tant Brun:** s. Lieblingsort S. 278.

## Infos

**Touristeninformation**
**Sigtuna Turistbyrå:** Drakegården, Stora Gatan 33, Box 117, 19323 Sigtuna, Tel. 0859 48 06 50, www.sigtunaturism.se.

# Umgebung von Sigtuna

**Steninge slott** ► G 8
*www.steningeslott.com, Führungen Juni–Aug. tgl. 12, 14 Uhr, sonst nur Sa/So, 70 SEK; Kulturzentrum April–Dez. Mo–Fr 11–19, Sa/So 10–17 Uhr*
Das hübsche Schloss bei Märsta entwarf im 18. Jh. Nicodemus Tessin d. J., der Architekt von Drottningholm. In den ehemaligen Stallungen ist ein Kulturzentrum untergebracht, mit Glasbläserei, Verkauf von Kunsthandwerk und Wechselausstellungen.

**Skokloster slott** ► G 8
*www.skoklosersslott.se, stdl. Führungen, u. a. auf Englisch; Mai–Mitte Juni und Sept. Sa/So 12–16, Mai Di–So 11.30–16.30, Mitte Juni–Aug. tgl. 11–17 Uhr, Führungen 100 SEK, sonst 70 SEK*
Auf der landschaftlich überaus reizvollen Halbinsel im Mälaren befand sich bis zur Reformation ein Kloster der Zisterzienserinnen. 1611 wurde es dem baltischen Adeligen Herman Wrangel verliehen, der das Anwesen 1643 seinem Sohn Carl Gustav vererbte. Dieser war für seine Verdienste im Dreißigjährigen Krieg reich belohnt worden und ließ von Architekten wie Nicodemus Tessin d. Ä. und Jean de la Vallée ein prächtiges Barockschloss bauen, dessen symmetrische Strenge durch die abgerundeten Ecktürme gemildert wird. Zur größtenteils originalgetreu erhaltenen Inneneinrichtung aus dem 17. Jh. gehören auch Beutestücke aus dem Dreißigjährigen Krieg, die Carl Gustav Wrangel von seinen Feldzügen durch Europa mitbrachte. Die Bauarbeiten am Schloss wurden nie beendet.

# Sprachführer

## Aussprachregeln

Auch als Anfänger versteht man das Schwedische recht gut, allerdings ist die Aussprache im Süden weniger pronociert als im übrigen Land. Abweichungen von der deutschen Aussprache:

| | |
|---|---|
| a | als langer Vokal, ziemlich dunkel, Richtung o, gesprochen, kurz wie im Deutschen |
| o | wird als langer Vokal als langes u: gesprochen, z. B. stor (stu:r) – groß, oder bord (bu:d) – Tisch |
| u | wird als langer Vokal wie ü gesprochen, z. B. ursäkta (ü:schäkta)– Entschuldigung |
| å | wird als langes o gesprochen: ål (o:l) – Aal |
| dj, hj und lj | werden wie j gesprochen, z. B. Djurgården (jü:rgodn) |
| rs | wird immer sch gesprochen |
| sk und k | werden vor ä, ö, e, i wie sch gesprochen, z. B. köpa (schöpa) – kaufen |
| kj, sj, stj und tj | werden wie sch gesprochen, z. B. sjö (schö) – See, tjugo (schügo) – zwanzig |
| g | wie j vor ä, ö, e, i und nach l und r am Silbenende, z. B. berg (berj) – Berg |
| y | wird wie ü gesprochen |

## Allgemeines

| | |
|---|---|
| Guten Tag | hej, hejsan, god dag |
| Guten Abend | god kväll, god afton |
| Gute Nacht | god natt |
| Auf Wiedersehen | hej då |
| ja/nein | ja/nej |
| bitte/danke | varsågod/tack |
| Vielen Dank | Tack så mycket |
| Wie heißen Sie? | Vad heter du? |
| Mein Name ist ... | Jag heter ... |

## Unterwegs

| | |
|---|---|
| Haltestelle | hållplats |
| Bus | buss |
| Auto | bil |
| Ausfahrt | utfart |
| rechts | till höger |
| links | till vänster |
| geradeaus | rakt fram |
| Auskunft | information |
| (Handy) Telefon | (mobil)telefon |
| Postamt | postkontor |
| Bahnhof | station |
| Flughafen | flygplats |
| Hafen | hamn |
| Stadtplan | stadskarta |
| Eingang | ingång |
| Ausgang | utgång |
| geöffnet | öppet |
| geschlossen | stängd/stängt |
| Kirche | kyrka |
| Strand | strand |
| Brücke | bro |
| Steg (Bade-/Anlege-) | brygga |

## Zeit

| | |
|---|---|
| Stunde | timme |
| Tag | dag |
| Woche | vecka |
| Monat | månad |
| Jahr | år |
| heute | idag |
| morgen | imorgon |
| gestern | igår |
| Montag | måndag |
| Dienstag | tisdag |
| Mittwoch | onsdag |
| Donnerstag | torsdag |
| Freitag | fredag |
| Samstag | lördag |
| Sonntag | söndag |

## Einkaufen

| | |
|---|---|
| Einkaufszentrum | köpcenter |
| Geschäft, Laden | affär, butik |
| Markt | marknad |
| Geld | pengar |
| Kreditkarte | kreditkort |
| Zeitungshändler | pressbyrån |

### Essen und Trinken

| | |
|---|---|
| Tisch | bord |
| reservieren | boka |
| Messer | kniv |
| Gabel | gaffel |
| Löffel | sked |
| Flasche | flaska |
| Glas | glas |
| Getränke | drycker |
| vegetarisch | vegetarisk |

### Übernachten

| | |
|---|---|
| Pension | pensionat |
| Hotel | hotell |
| Zimmer | rum |
| Einzelzimmer | enkelrum |
| Doppelzimmer | dubbelrum |
| Bettwäsche | sänglinne |
| Toilette | toalett |
| Dusche | dusch |
| Gepäck | bagage |
| Rechnung | kvitto, notan |

### Notfall

| | |
|---|---|
| Hilfe! | hjälp |
| Polizei | polis |
| Arzt | läkare |
| Zahnarzt | tandläkare, tandvård |
| Apotheke | apotek |
| Krankenhaus | sjukhus |
| Krankenwagen | ambulans |
| Unfall | olycka |

### Zahlen

| | | | |
|---|---|---|---|
| 1 | en | 17 | sjutton |
| 2 | två | 18 | arton |
| 3 | tre | 19 | nitton |
| 4 | fyra | 20 | tjugo |
| 5 | fem | 25 | tjugofem |
| 6 | sex | 30 | trettio |
| 7 | sju | 40 | fyrtio |
| 8 | åtta | 50 | femtio |
| 9 | nio | 60 | sextio |
| 10 | tio | 70 | sjuttio |
| 11 | elva | 80 | åttio |
| 12 | tolv | 90 | nittio |
| 13 | tretton | 100 | ett hundra |
| 14 | fjorton | 150 | etthundra och femtio |
| 15 | femton | | |
| 16 | sexton | 1000 | tusen |

### Die wichtigsten Sätze

#### Allgemeines

| | |
|---|---|
| Entschuldigen Sie! | Förlåt, ursäkta |
| Ich verstehe nicht. | Jag förstår inte. |
| Ich spreche kein Schwedisch. | Jag pratar inte svenska. |
| Sprechen Sie Deutsch/Englisch? | Pratar du tyska/engelska? |

#### Im Lokal

| | |
|---|---|
| Ist hier frei? | Är det ledigt? |
| Guten Appetit!/Prost! | Smaklig måltid/skål |
| Bitte die Speisekarte! | Menyn, tack. |
| Ich möchte ... | Jag vill gärna ... |
| Wieviel kostet ... | Vad kostar ...? |
| Bezahlen, bitte! | Notan, tack |
| Wo sind die Toiletten? | Var finns toaletterna? |

#### Auf der Straße

| | |
|---|---|
| Ich will nach ... | Jag ska till ... |
| Wo kann man ... kaufen? | Var kan jag ... köpa? |
| Wo ist hier eine Apotheke? | Finns det ett apotek här någonstans? |
| Welcher Bus geht nach ...? | Vilken buss går till ...? |

#### Im Hotel

| | |
|---|---|
| Haben Sie ein freies Zimmer? | Har du ett rum ledigt? |
| Ich habe ein Zimmer bestellt. | Jag har bokat ett rum. |
| Wie viel kostet das Zimmer pro Tag/Woche? | Vad kostar rummet per dygn/per vecka? |

# Kulinarisches Lexikon

## Allgemeines

| | |
|---|---|
| Guten Appetit! | Smaklig måltid! |
| Prost! | Skål! |
| Die Rechnung, bitte | Notan, tack |
| Frühstück | frukost |
| Mittagessen | lunch |
| Abendessen | middag |
| Imbiss-Stube | gatukök |
| Gasthaus | gästgiveri, wärdshus |
| Restaurant | restaurang |
| Speisekarte | meny/matsedel |
| Vorspeisen | förrätter |
| Hauptgerichte | huvudrätter |
| Nachspeisen | efterrätter |

## Zubereitung

| | |
|---|---|
| gryta | Eintopf, Schmortopf |
| halstrad | gegrillt |
| rökt | geräuchert |
| söt | süß |
| stekt | gebraten |

## Gewürze und Zubehör

| | |
|---|---|
| ättika | Essig |
| kryddor | Kräuter, Gewürze |
| olja | Öl |
| peppar | Pfeffer |
| pepparrot | Meerrettich |
| persilja | Petersilie |
| salt | Salz |
| senap | Senf |
| smör | Butter |
| socker | Zucker |
| vitlök | Knoblauch |

## Backwaren, Getreide

| | |
|---|---|
| bröd | Brot |
| fralla | Brötchen |
| havre | Hafer |
| kanelbulle | Zimtgebäck |
| lussekatter | Hefeteiggebäck |
| macka | belegtes Brötchen |
| munkar | Fettkringel (Gebäck) |
| råg | Roggen |
| smörgås | Butterbrot |
| tunnbröd | dünnes Fladenbrot |
| wienerbröd | Blätterteiggebäck |
| vete | Weizen |

## Eier-, Milch- und Mehlspeisen

| | |
|---|---|
| ägg | Ei |
| filmjölk | Dickmilch |
| glass | Eis |
| grädde | Sahne |
| ost | Käse |
| pannkakor | Pfannkuchen |
| vispgrädde | Schlagsahne |

## Fisch und Meeresfrüchte

| | |
|---|---|
| ål | Aal |
| fisk | Fisch |
| gös | Zander |
| gädda | Hecht |
| hälleflundra | Heilbutt |
| kräftor | Flusskrebse |
| lax | Lachs |
| löjrom | Maränenkaviar |
| musslor | Muscheln |
| öring | (Meer-)Forelle |
| ostron | Auster |
| räkor | Krabben, Krevetten |
| röding | Saibling |
| rödspätta | Scholle |
| rom | Rogen, Kaviar |
| sill | Hering |
| skaldjur | Schalentiere |
| strömming | Ostseehering |
| sik | Felchen |
| torsk | Dorsch |

## Fleisch

| | |
|---|---|
| älg | Elch |
| anka | Ente |
| gås | Gans |
| fläsk | Schweinefleisch |
| kalkon | Pute |
| kalops | Gulasch |
| kött | Fleisch |
| köttfärs | Hackfleisch |
| korv | Wurst |

| | |
|---|---|
| kyckling | Hühnchen |
| lamm | Lamm |
| nötkött | Rindfleisch |
| oxfilé | Rinderfilet |
| pannbiff | Hacksteak |
| renkött | Rentierfleisch |
| skinka | Schinken |

## Gemüse, Obst, Süßes

| | |
|---|---|
| äpple | Apfel |
| ärter | Erbsen |
| blåbär | Blaubeeren |
| böner | Bohnen |
| fänkål | Fenchel |
| fläderbär | Holunder |
| frukt | Obst |
| grönsaker | Gemüse |
| gurka | Gurke |
| hallon | Himbeeren |
| hjortron | Multebeeren |
| jordgubbar | Erdbeeren |
| kantareller | Pfifferlinge |
| körsbär | Kirschen |
| lingon | Preiselbeeren |
| lök | Zwiebel |
| morötter | Mohrrüben |
| mos | (Kartoffel-)Brei |
| palsternacka | Pastinake |
| päron | Birne |
| plommon | Pflaume |
| potatis | Kartoffeln |
| purjolök | Lauch |
| rödbetor | Rote Bete |
| sallad | Salat |
| sparris | Spargel |
| svamp | Pilz |
| sylt | Marmelade |
| vindruvor | Weintrauben |

## Getränke

| | |
|---|---|
| glögg | Glühwein |
| kaffe | Kaffee |
| läsk | Softdrink |
| mineralvatten | Mineralwasser |
| mjölk | Milch |
| öl | Bier |
| rödvin | Rotwein |
| te | Tee (meist Earl Grey) |
| vatten | (Leitungs-)Wasser |
| vitvin | Weißwein |

## Typische Gerichte

**Ärtsoppa** – Die dicke Suppe aus gelben Erbsen ist das traditionelle Essen am Donnerstag.
**Biff à la Rydberg** – in Streifen geschnittenes Rindfleisch, das kurz gebraten und mit Bratkartoffeln, Zwiebeln und rohem Eigelb serviert wird
**Biff Lindström** – Rindfleischfrikadellen; in den Teig werden auch fein geschnittene Rote Bete und Zwiebeln eingearbeitet
**Dillkött** – Kalbfleischfrikassee in heller, süßsaurer Dillsauce
**Gravad lax** – gebeizter, kalt gegarter Lachs (Rezept s. S. 27); die Filets werden in Scheiben mit süßsaurer Senfsauce (hovmästarsås) häufig als Vorspeise serviert
**Lövbiff** – mageres, in dünne Scheiben geschnittenes, kurz angebratenes Rindfleisch
**Planka** – auf einem Holzbrett serviertes Gericht, oft Hacksteak oder auch Fisch auf Kartoffelbrei
**Pytt i panna** – Die klassische Resteverwertung: in der Pfanne geschmorte Würfel aus Fleisch, Kartoffeln, Zwiebeln, Rote Bete und Gewürzgurken, obenauf wird ein Spiegelei gelegt.
**Räksallad** – Mayonnaise vermischt mit klein gehacktem Garnelenfleisch, Champignon- und Spargelstückchen
**Strömmingsflundror** – panierte, gebratene Ostseeheringsfilets, mit Dill und Kaviar gefüllt
**Wallenbergare** – feine Frikadellen aus Kalbshackfleisch, Sahne und Eigelb

# Register

ABBA 66
Åhus 20, **143**
Aktivurlaub 29
Ales stenar 20, 136, **138**
Allemansrätt s. Jedermannsrecht
Ålö 253, 254
Alsensee 212
Alvastra 7, **204**
Alvesta 21
Andrée, Salomon August **202**, 203
Angeln **29**, 97, 99, 119, 121, 149, 158, 160
Ängsö 265
Anreise 22
Anundshög 264
Apotheken 34
Arboga 260
Arfwedson, Johan August 253
Årjäng 193
Arvika **196**, 197
Ärztliche Versorgung 34
Askersund 18, **210**
Asplund, Gunnar 227, 234
Åstol 118
Astrid Lindgrens Värld 60, 156, **166**
Auskunft 14

Baden **29**, 34, 121, 165, 186, 193, 201, 208, 213, 218, 244
Baldersnäs herrgård 192
Båstad 94
Bengtsfors 19, 191, 193
Berg 215, 216
Bergdala 163
Bergh, Richard **64**, 65
Bergman, Ingmar **68**, 94, 238, 275
Bergman, Ingrid 125
Bergs slussar 215, **216**
Bergslagen 43
Birger Jarl 188, 207, 222, 226
Birgitta, hl. 20, **207**
Birka 18, 42, 52, 53, **251**
Bjärehalvön 94
Blå Jungfrun 169
Blekinge 6, 20, 42, **128**

Bohus fästning 115
Bohuslän 6, 29, **102**
Bolmen-See 20, 157
Bootsausflüge 110, 121, 124, 127, 160, 168, 190
Boren-See 212, 213
Borensberg 214, 215
Borghamn 204
Borgholm 172
Bosjökloster 146
Bovallstrand 122, **123**
Brahe, Tycho **84**, 87
Brahehus 203
Brunneby 215
Bullaren-Seen 19
Bullerby (Sevedstorp) 167
Byfjord 121
Byxelkrok 173

Camping 19, 26
Carl XVI. Gustaf 40, 45, 67, 183

Dahlberg, Erik 152, 153
Dals Långed 19, 191
Dalsland 6, 19, 178, **188**
Dalslands kanal 19, **188**, 192
Derkert, Siri 237
Design 62
Diplomatische Vertretungen 34
Draisinefahrten 143, 193
Drottningholm slott 18, 54, 228, **244**, 279
Dyrön 118

Ebbamåla 149
Einreisebestimmungen 22
Eketorp 53, **175**
Elche 164, **182**
Emmaboda 33, 67, 163, 164, 165
Engelbrekt Engelbrektsson 43, 260
Engsö slott 265
Eriksbergs Viltreservat 150
Eskilstuna 18, **262**
Eugen, Prinz **65**, 227, 240

Fagertärn 212
Fährlinien 22
Falkängen 187

Falkenberg 99
Falsterbo-Halbinsel 82
Feste 32
Feiertage 34
Felsritzungen 19, 42, **125**, **189**, 191
Finspång 220
Fjäderholmarna 254
Fjällbacka 19, **125**
Forshem 186
Foteviken 53, **82**
Fremdenverkehrsämter 15
Frostavallen 146
Fryken-See **194**, 197

Gamla Uppsala 42, 258, **275**
Gate, Simon 62, 163
Geld & Geldwechsel 35
Gibberyd 167
Glafsfjord 196
Glänås 206
Glasreich (Glasriket) 19, 21, 156, 159, **161**
Glimmingehus 141
Gnosjö 158
Golf **29**, 97, 98, 141, 177
Götakanal 20, 30, 198, 204, **212**
Götaland 15, 42, 180
Göteborg 6, 7, 18, 19, 21, 33, 40, 62, 64, 65, 75, 102, **105**, 180, 213, 215, 244
– Avenyn 109
– Christinae kyrka 109
– Göteborgshjulet 105
– Konstmuseum 65, 109
– Kronhuset 109
– Liseberg 110
– Maritima Centrum 105
– Oper 105
– Röhsska museet 110
– Stadsmuseum 105
– Trädgårdsföreningens park 109
– Univerréum 110
– Utkiken 105
– Världskulturmuseum 110
Gotland 40, 46, 69, 168
Gränna 20, **202**, 204
Grebbestad 19, **126**
Gripsholm slott 18, 40, 54, **268**

# Register

Gryt 200
Grönåsens Älgpark 164
Gunnebo slott 115
Gustaf V. 95
Gustafsberg 121
Gustav I. Vasa 40, 43, 75, 160, 183, 207, 210, 221, 232, 261, 265, 266, 269, 270
Gustav II. Adolf 43, 105, 145, 232, 239, 265, 270
Gustav III. 40, 44, **54**, 227, 228, 229, 244, 245, 266, 269
Gustav VI. Adolf 244

**H**alland 6, 29, 30, 31, 42, **72**
Hallands Väderö 95
Halleberg 180, 183
Hällekis 187
Hällevik 147
Hallström, Lasse 69
Halmstad 97
Halmstadgruppe 98
Hammarskjöld, Dag 45, 275
Hårleman, Carl 83, 168, 228, 234, 244, 265
Håverud 19, **188**, 190
Helsingborg 20, 21, **86**, 244
Herrljunga 21
High Chaparral 156, **158**
Hjälmare kanal 261
Hjälmaren-See 258, **259**
Hjorth, Bror 275
Höganäs 91
Höllviken 82
Höö 159
Holsbybrunn 165
Hornborgasjö 188
Hovs hallar 48, 94, **95**
Hultsfred 33, 67
Hunneberg 18, 180, **182**
Hunnebostrand 122
Husaby 42, 180, 186
Huskvarna 202
Hydman-Vallien, Ulrica 163, 175

**I**gnaberga 146
Internetzugang 35

**J**edermannsrecht 29, **35**

Johan III. 172, 217, 270
Jönköping 20, **201**
Jonstorp 94
Jugendherbergen 26
Julita 261

**K**ajakfahren 119, 147, **150**, 151, 153, 194
Källa 173
Kållandsö 18, 180, **185**, 188
Kallinge 150
Kalmar 20, 21, 42, 156, **169**
Kalmarsund 156, 175
Kanufahren **29**, 119, 147, 153, 156, 158, 160, 193, 194, 196, 249, 264
Karl X. Gustav 43, 75, 148, 266
Karl XIV. Johan 259
Karlsborg 204
Karlshamn 148
Karlskoga 18, 197
Karlskrona 20, **152**, 238
Karlstad 18, **193**
Katrineholm 21
Kåseberga 19, **136**
Kindern, Reisen mit 35
Kinnekulle 18, 46, 180, 184, **185**
Kinnekulleleden 31, 186
Kivik 33, 42, **142**
Klädesholmen 51
Klarälven 180, 193
Klässbol 62, 63, **196**
Kleidung und Ausrüstung 17
Kleva gruva 165
Kolmårdens Djurpark 50, **219**
Kosta 163
Koster-Inseln 50, **127**
Kosterhavets Nationalpark 50, **127**
Krapperups slott 90
Kristianstad 48, **145**
Kristina, Königin 43, 228, 245, 270
Kristinehamn 197
Kronan 159
Kullaberg 91
Kullen-Halbinsel 90
Kulltorp 158

Kungsbacka 115
Läckö slott **185**, 188
Lagerlöf, Selma 18, 86, 180, **194**
Läggesta 269
Laholm 96
Landskrona 86
Larsson, Carl 63, **64**, 228, 235, 240
Larsson, Karin 63, **64**
Laxå 21
Lenhovda 161
Lesetipps 15
Lessebo 164
Lidköping 18, 21, **184**
Lilla Djurgården 273
Lindesnäs 121
Lindgren, Astrid 8, 57, **59**, 156, **165**, 218, 239
Linköping 20, 21, 200, **216**
Linné, Carl von 158, **159**, 182, 223, 270, **272**
Listerland-Halbinsel 147
Litsleby 125
Ljung 215
Ljungby 157
Ljungsbro 215
Loftahammar 200
Lund 21, **82**, 141
Lysekil 119

**M**adesjö 161
Magnus Eriksson 42, 207
Mälarsee 18, 42, 48, 53, 226, 244, 254, **258**, **262**, 266
Mälartal 7, 18, 21, **256**
Malmö 19, 20, 21, 33, 40, 69, **75**
– Fiskehoddorna 77
– Form Design Center 75
– Kockska huset 75
– Koggmuseet 78
– Malmöhus 76
– Moderna Museet Malmö 76
– Rådhuset 75
– Residenset 75
– St. Petri kyrka 76
– Tekniska museet 77
– Thottska huset 76
– Turning Torso 78
Malmsten, Carl **62**, 245

285

# Register

Mankell, Henning 15, 131, 132
Mårbacka 194
Mariefred 18, **266, 269**
Märsta 279
Marstrand 114
Mathsson, Bruno 62
Medevi brunn 212
Mellbystrand 31
Mellerud 19
Milles, Carl 194, 216, 234, **245,** 263
Mitternachtssonne 17
Mittsommer 32
Mjällby 98
Moberg, Vilhelm 148, 165
Möckeln-See 158
Möckelsnäs 159
Mölle 90
Mörrum 149
Mora 64
Motala 20, 180, 200, **212**
Mücken 17

Nationalparks 50
– Kosterhavet 50, **127**
– Norra Kvill 167
– Söderåsen 146
– Stenshuvud 31, **141**
– Store Mosse 156, **158**
– Tiveden 18, 31, 46, **208, 212**
Naturreservat Stendörren 222
Nobel, Alfred **56,** 197
Nordens Ark 49, **123**
Norra Kvill-Nationalpark 167
Norrköping 7, 20, 21, 200, 217, **218**
Norrvikens Trädgårdar 95
Nosabyviken 48
Notke, Bernt 229
Notruf 36
Nybro 19, 20, 21, **161,** 163
Nyköping 7, 222

Öbolandet 223
Ödeshög 204
Öffnungszeiten 36
Öland 7, 20, 29, 40, 46, 53, 154, **156, 172**

Omberg 204
Onsala 115
Örebro 18, 40, 44, 258, **259**
Öresund 9, 21, 22, 23, 45, 74, 75, 84, 86, 87, 89, 130
Orrefors 62, 163
Orust 19, **118**
Oskarshamn 168
Östberg, Ragnar 227, 270
Östergötland 19, 20, 204, 212, 216, 217, 218
Österlen 130, 137, 142

Palme, Olof 45
Persson, Sigurd 163
Petersson, Axel 169
Pilo, Carl Gustaf 54
Platen, Baltzar von 212
Polizei 36

Råå 86
Radfahren **29,** 149, 165, 171, 177, 186, **214, 253**
Råshult **159,** 273
Reisezeit 16
Reiten 30
Reuterswärd, Carl Fredrik 237
Risinge 220
Rönnäng 118, 119
Ronneby 31, **150**
Roslin, Alexander 54
Rottneros 194
Roxen 213, 216
Runensteine 53, 187, **262,** 264

Säffle 19
Saltsjöbaden 254
Sandhammaren 136
Sandhamn 255
Sankt Annas Skärgård 20
Sävja 273
Schloss Drottningholm 18, 54, 228, **244,** 279
Schloss Gripsholm 18, 40, 54, **268**
Segeln 31
Sergel, Johan Tobias 54, 233, 245
Sevedstorp 167
Sigtuna 42, 258, **279**

Sigurdsristning 262
Simrishamn 137
Skagerrak 118
Skåne 6, 19, 42, 48, **72, 128**
Skånes Djurpark 50, **146**
Skara 42, **187**
Skärhamn 118, 119
Skokloster slott 279
Skultuna 264
Småland 7, 19, 20, 29, 41, 60, 62, **154**
Smögen 122
Smygehamn 131
Smygehuk 131
Söderköping 31, 200, 212, **217**
Södermanland s. Sörmland
Södertälje 20, **254**
Sofiero slott 20, 21, **89**
Solliden slott 33, **172**
Sölvesborg 147
Sörmland 7, 198, 200, **222**
Sotenäs-Halbinsel 122
Sotenkanalen 122
Sparlösa 187
Sparlösasten 187
Spartipps 19, 20, 25, 28, 74, 82, 111, 239
Spiken 18
St. Anna 200
Stenshuvud-Nationalpark 31, **141**
Steninge slott 279
Stenungsund 19, 119
Stjärnsund slott 211
Stockholm 7, 18, 19, 20, 21, 33, 40, 42, 48, 53, 56, 57, 60, 62, 65, 67, 69, 75, 188, 213, 215, **224,** 258
– Arkitekturmuseet 235
– Birger Jarls torn 232
– Djurgården 65, **238**
– Dramaten 69, 238
– Ekoparken 238
– Fotografiska 243
– Globen/SkyView 245
– Gröna Lund 239
– Haga-Park 244
– Hallwylska museet 235
– Helgeandsholmen 227, **232**
– Historiska Museet 238
– Junibacken 239

# Register

- Kaknästornet 238
- Katarinahissen 242
- Katarina kyrka 242
- Königliches Schloss s. Kungliga slottet
- Konserthuset 56, **234**
- Kulturhuset 233
- Kungliga slottet 54, 227, **228**
- Kungsholmen 227
- Kungsträdgården 234
- Långholmen 226
- Millesgården 245
- Moderna Museet 235
- Monteliusvägen 242
- Nationalmuseum 235
- Nobelmuseet 229
- Nordiska Museet 239
- Norrmalm-City 233
- Östermalm 238
- Östermalmshallen 238
- Riddarholmen 227, **232**
- Riddarholmskyrkan 232
- Riddarhuset 232
- Riksdagshuset 232
- Skansen 242
- Skeppsholmen 235
- Slussen 242
- Södermalm 242
- SoFo 243
- Stadsbibliotek 234
- Stadsholmen 227, **228**
- Stadshuset 227
- Stockholms Medeltidsmuseet 232
- Storkyrkan 229
- Strindbergsmuseet 234
- Sverigehuset 234
- Tunnelbana 236
- Tyska kyrkan 232
- Vasamuseet 239
- Waldemarsudde 65, **240**

Stora Alvaret 172, 173
Store Mosse 156
Strängnäs 266
Strindberg, August 185, 234, 255
Strömsholms slott 265
Strömstad 31, 50, **127**

Sture, Sten 229
Sundbyholms slott 262
Sunne 18, 194
Surfen 31
Svaneholm slott 136
Sverigeleden 30

Tåkern-See 206
Taxås 159
Tanum 125
Tanumshede 19, 104, **125**
Tauchen 121
Telefonieren 37
Tengbom, Ivar 234
Tessin, Nicodemus d. Ä. 172, 244, 265, 266
Tessin, Nicodemus d. J. 153, 228, 244, 279
Tidö slott 265
Tisselskog **189**, 191
Tiveden-Nationalpark 18, 31, 46, **208, 212**
Tjärö 150
Tjolöholm slott 115
Tjörn 19, 51, **118**
Tjörnehuvud 117
Torekov 95
Trelleborg 19, **130**
Trolle-Ljungby slott 146
Trollhättan 18, 68, 69, 180, **181**
Trollhätte kanal 213
Trosa 20, 222, **223**
Tucholsky, Kurt **268**

Uddevalla 121
Uexkull, Jakob von 57, **59**
Ulriksdal slott 244
Übernachten 25
Uppgränna 203
Uppland 7, **256**
Uppsala 21, 42, 69, 258, **270**
Utö **252**, 254

Vadstena 7, 20, 40, 204, **207**
Valdemarsvik 200
Vallåkra 89
Vallée, Jean de la 232, 245, 262, 279

Vallien, Bertil 63, 159, 163, 175, 184
Valsgärde 42
Vänersborg 183
Vänersee 6, 18, 21, 46, 48, **178**, 213
Varberg 20, 21, 31, 64, **99**
Värmland 6, 18, 49, 178, **193**
Värnamo 62, 156, 158
Varnhem, Kloster 180, **188**
Västerås 33, **263**
Västergötland 21, 46, 180
Västervik 156, **167**, 200
Vattenriket 48, **146**
Vättersee 7, 18, 20, 33, 48, 156, 180, **198**, 213
Vaxholm 255
Växjö 21, 156, **159**, 163
Ven **84**, 86
Vendel 42
Verkehrsmittel 22, 24
Vetlanda 165
Vigeland, Gustav 194
Viken 213
Vimmerby 60, 156, **165**
Visingsö 20, **204**
Vitlycke 125
Vogelbeobachtung 146, 158, 188, 206
Vreta kloster 216

**W**anås slott 145
Wandern **31**, 118, 141, 149, 158, **159**, 165, 174, 183, 186, 206, 222
Waräger s. Wikinger
Wellness **31**, 122, 152
Wikinger 42, **52**, 82, 131, 138, 187, 254
Wintersport 31

**Y**stad 19, 69, **131**

**Z**ecken 34
Zoll 22
Zorn, Anders **64, 65**, 110, 240

287

# Abbildungsnachweis / Impressum

## Abbildungsnachweis

AKG, Berlin: S. 55 (E. Lessing), 65
Bildagentur Huber, Garmisch-Partenkirchen: S. 214, 267, 268, Umschlagrückseite (F. Damm), S. 170/171 (S. Damm), S. 190, 206 (Gräfenhain), S. 9 re. (Spiegelhalter)
Bilderberg, Hamburg: S. 265 (M. Engler)
DuMont Bildarchiv, Ostfildern: S. 198 li., 198 re., 205, 217, 232/233, 254/255, 256 li., 256 re., 260, 277 (Michael Riehle)
f1online, Frankfurt: S. 11 u. re., 148, 278 (Johner), S. 49 (P. Lilja), S. 144 (R. Magnusson), S. 30, 250/251 (Tiofoto)
Getty Images, München: S. 10 o. li., 92/93, 182 (Altrendo), S. 11 o. li., 52, 138/139 (A. Blomqvist), S. 155 li., 176 (U. H. Nilssonm), S. 23 (M. Olsson), S. 48 (H. Strand), S. 224 li., 235 (D. Sundberg), S. 157 (S. Walstrom), S. 47 (J. Wikstrom)
Interfoto, München: S. 132 (M. Horn)
Juling, Petra, Lissendorf: S. 10 o. re., 10 u. li., 10 u. re., 102 li., 116/117, 120, 128 re., 129 li., 137, 151, 179 li., 186/187, 189, 199 li., 208/209, 247, 257 li., 272
Kürtz, Hans J., Kiel: S. 108
laif, Köln: S. 12/13, 38/39, 70/71, 72 li., 96 (M. Amme), S. 73., 78/79, 128 li., 140 (M. Galli), S. 51 (J. Grossmann), S. 61 (hemis), S. 72 re., 100/101 (A. Hub), S. 102 re., 122/123 (H. Krinitz), S. 154 re., 173 (J. Meier), S. 11 u. li., 63, 125, 178 li., 192, 220, 224 re., 240/241 (M. Riehle), S. 252 (E. Rodtmann), S. 80 (Spierenburg)
Linnémuseet, Uppsala: S. 274 (Olle Norling)
Look, München: S. 88 (age fotostock), S. 43, 103, 112/113, 154 li., 166, 178 re., 195 (H. Dressler), Umschlagklappe vorn (B. Fath), S. 225 li., 229 (J. Greune), S. 236 (B. Merz), 80 (Spierenburg)
picture alliance/dpa, Frankfurt: S. 50 (Okapia/Delpho), S. 68 (J. Forsell), S. 57 (J. Henriksson), S. 152 (B. Lallo), S. 66 (O. Lindeborg), S. 56 (Montgomery), S. 11 o. re, 174 (Olsson), S. 60 (Schwieder), S. 58
StockFood, München: S. 202 (J. Scherer)
Tycho-Brahe-Museum, Ven: S. 84
Visum, Hamburg: S. 162 (M. Cristofori), S. 211 (J.A. Fischer), Titelbild (G. Krewitt), S. 213 (H. Specht), S. 243 (M. Steinmetz)
Wagner, Hanna, Wörth: S. 134

### Kartografie

DuMont Reisekartografie, Fürstenfeldbruck
© DuMont Reiseverlag, Ostfildern

### Umschlagfotos

Titelbild: Schärengarten am Skagerrak
Umschlagklappe vorn: Calendula (Ringelblumen) in einem schwedischen Bauerngarten

**Hinweis:** Autorinnen und Verlag haben alle Informationen mit größtmöglicher Sorgfalt geprüft. Gleichwohl sind Fehler nicht vollständig auszuschließen. Alle Angaben erfolgen ohne Gewähr. Bitte, schreiben Sie uns! Über Ihre Rückmeldungen zum Buch und über Verbesserungsvorschläge freuen sich Autorinnen und Verlag:
**DuMont Reiseverlag,** Postfach 3151, 73751 Ostfildern,
info@dumontreise.de, www.dumontreise.de

2., aktualisierte Auflage 2011
© DuMont Reiseverlag, Ostfildern
Alle Rechte vorbehalten
Grafisches Konzept: Groschwitz/Blachnierek, Hamburg
Printed in Germany